JN445528

제2의 벤처 열풍!!

창의적 벤처스타트업 入門

박무일 · 정해주 · 서수석

탑북스

머리말

최근 코로나19의 여파로 전 세계적인 경기침체의 장기화로 뉴노멀(New Normal) 시대를 넘어 무역분쟁, 전쟁, 신종감염병 등 여러 가지 불확실성이 커져 혼란은 더해지고 있다. 이제는 뉴애브노멀(New Abnormal) 시대로 가면서 미래 예측조차 어렵게 되었다.

4차산업혁명, 코로나19, 기후변화 등 산업환경의 변화에 대처하기 위해서는 ESG(환경-사회-지배구조)가 선택이 아닌 필수가 되었고, 기존 대기업 중심으로 확산하던 ESG 트렌드가 최근에는 중소기업, 스타트업계까지 전반으로 퍼져나가고 있다. 이러한 환경변화와 어려운 경제 여건 속에서도 창업기업과 벤처투자가 역대 최고치를 경신하며 벤처열기가 확산하고 있다. 4차산업혁명의 가장 성공적인 모델로 평가받고 있는 유니콘 기업들은 혁신과 스타트업의 성공사례로 시사하는 바가 크며, 양적 · 질적으로 성장을 이어감에 따라 본격적인 제2의 벤처붐이 일어나고 있다.

스타트업 관련 키워드가 각종 매체에서 급증하기 시작한 것은 2000년대 중 · 후반부터였다. 이는 스타트업이 기존의 창업기업과 별도의 정체성을 갖고 차별화하려는 시도로 생각된다. 벤처생태계의 태동기이던 1990년대 초중반의 창업기업은 제조부품 공급자로서의 역할이 강조됐으나, 1990년대 후반부터 벤처붐 시기를 거치면서 스타트업이 경제 구조조정과 벤처혁신의 주체가 되었다. 그리고 2000년대 후반부터는 온라인과 모바일 경제성장과 함께 새로운 서비스 제공자로서의 역할이 강조되기 시작했고, 2010년대 중반부터는 4차산업혁명 시대의 주역인 청년 일자리 창출의 새로운 대안으로 벤처스타트업이 주목받고 있다.

이 책의 핵심 키워드는 '벤처스타트업'이다. 이 책을 읽기 전에 벤처스타트업의 정확한 개념과 의미를 이해하고, 벤처기업과 관련된 오해와 편견을 바로잡고자 한다. 벤처스타트업은 '벤처기업'과 '스타트업'의 합성어로 서로 표현은 다르지만, 의미의 차이는 없다. '벤처'는 영어가 아니라 일본 재플리시인 '벤챠(ベンチャー)'를 한국에서 그대로 사용한 용어이고, '스타트업'은 영어권에서 등장해 전 세계적으로 통용된 말이라는 점이 다르다. 2010년대 들어 실리콘밸리 창업 열풍을 소개한 도서들이 한국에 들어오면서 '스타트업'이라는 용어가 자주 쓰이고 있다. 필자는 '스타트업'보다는 '벤처'가 짧고 정책적으로 이미 쓰이고 있으며, 벤처창업이나 벤처신생기업의 관점에서 이를 설명하기 위해 '벤처스타트업'이라는 용어를 사용하였다.

또 하나의 키워드는 '창의성(creativity)'이다. 창의성은 새로운 생각이나 개념을 찾아내거나, 기존에 있던 생각이나 개념들을 조합해 새로운 것을 만들어내는 정신적이고 사회적인 과정이다. 창조성(創造性)이라고도 하며 이에 관한 능력을 창의력(創意力), 창조력(創造力)이라고 한다. 구글, 페이스북, 아마존 등 글로벌기업들의 성장에는 창의성이 토대를 이루고 있다. 창의성은 이 시대를 선도하는 정치 · 경제 · 사회 · 문화의 모든 분야에서 발휘되고 있으며, 따라서 학생뿐만 아니라 직장인이나 기업가를 막론하고, 모두가 사회생활을 위해 갖추어야 할 기본적인 소양으로 강조되고 있다. 이제 우리는 창의성을 발휘하지 않고는 세상을 선도하는 주류에 포함될 수 없는 시대를 살고 있다.

이 책 "창의적 벤처스타트업 입문"은 독창적인 사고 발상의 전환과 기술혁신을 기반으로 한 뉴노멀 시대를 대비한 창업 도서로, 유니콘 스타트업을 꿈꿀 수 있는 벤처스타트업에 특화된 입문서이다. 이 책의 내용은 성공 창업을 위해 창업자가 가져야 할 창의적이고 위험을 감수할 수 있는 성향, 기업가의 역량과 가치관을 함양할 수 있을 것이다. 창업을 준비하거나, 유니콘 스타트업에 관심이 있는 독자를 위해 기본적인 소양을 튼튼히 하는 데 주안점을 두고 총 6편 12장으로 구성하였다.

제1편은 벤처 환경변화와 전략에 관한 내용으로, 1장에서는 산업혁명의 전개 과정과 4차산업혁명의 특징, 제2의 벤처붐과 ESG 경영을 소개하면서 기업환경의 변화를 설명한다. 창업 입문단계로에서 반드시 알아야 할 스타트업의 용어 정립을 통해 창업의 기초지식과 벤처생태계의 새로운 변화에 대해 이해할 수 있을 것이다. 2장에서는 벤처스타트업의 경영전략과 성공전략에 관한 내용으로 기업이 경쟁우위를 유지하기 위한 전략과 벤처의 성공요건에 대해 설명한다.

제2편은 기업가정신에 관한 내용으로, 3장에서는 기업가, 기업가정신의 개념과 사례를 통해 스타트업에서 왜 기업가정신이 필요하고 중요한가에 관해 소개하고, 4장에서는 기업가정신을 기반으로 벤처스타트업 조직의 특성과 창업팀 구성 및 스톡옵션에 대해 알아본다.

제3편은 스타트업에서 가장 중요한 사업아이템에 관한 내용으로 창업가가 사업 아이템을 개발하는 방법과 과정, 지속적인 기업의 성장을 위해 새로운 아이디어를 발견하고 기술 진보와 같은 내생적 결과물을 얻는 과정을 설명한다. 5장에서는 창의력의 본질과 창의력계발의 사례를 통해 아이디어를 구체화하는 단계를 알아보고, 6장에서는 아이디어 개발 실습을 통해 창업아이디어의 원천과 스타트업의 기회를 독자 스스로 찾아볼 수 있도록 구성하였다.

제4편에서는 사업계획을 수립하는 내용으로, 7장에서는 제3편에서 다룬 창의적 아이디어를 실제 제품으로 연결시키는 과정을 설명한다. 이를 통해 시장의 수요를 창출해 사업의 성공 가능성을 키울 수 있는 체계적이고 합리적인 분석 과정으로 "아이디어는 돈이다."라는 말이 아이디어의 중요성을 강조하는 표현일 뿐, 아이디어가 돈이 되게 하기 위한 사업타당성과 위험평가 등의 과정을 이해할 수 있을 것이다. 8장에서는 사업계획서 작성에 관한 내용으로 사업계획서는 사업에 대한 타당성을 분석하는 설계도이자 추진하고자 하는 사업을 타인에게 설득하는 중요한 도구이다. 치밀한 준비와 현장 중심의 사업계획서는 창업자의 성공 가능성을 높일 수 있으며, 독자들은 직접 창업을 위한 사업계획서를 작성하고 이를 경험할 수 있을 것이다.

제5편은 자금조달과 투자유치에 관한 내용으로 창업자는 스타트업 기업이 필요한 자금을 예측하고, 충분한 자금을 확보하는 것이 필요하다. 계획된 과제를 정해진 시기에 수행할 수 있도록 창업자는 적시에 자금조달을 할 수 있어야만 죽음의 계곡(Death Valley)을 무난히 넘길 수 있을 것이다. 9장에서는 창업자가 관심 있게 검토해야 할 재무제표 등 재무관리와 회계에 대해서 알아보고, 10장에서는 벤처스타트업의 자금조달 형태와 방안에 대해서 알아본다.

마지막으로 제6편은 성장전략과 회수(exit strategy)에 대해 설명한다. 벤처스타트업은 창업 초기부터 성장기를 거치면서 중요한 의사결정을 통해 시장에서의 경쟁우위를 가질 수 있는 제품개발과 경쟁 지위 확보를 위한 전략적 위치를 설정할 수 있다. 11장에서는 지속적 경쟁우위와 벤처스타트업의 글로벌화에 대해 다루고, 12장에서는 창업의 궁극적인 목표에 대한 고민과 창업의 이해관계자에 대한 적절한 보상방안인 회수에 관해 설명한다.

이처럼 전체의 흐름은 창업의 3요소인 기업가정신(창업자, 팀원), 창의적 아이디어 발굴(아이템, 제품), 자본(자금조달, 투자유치)을 중심으로 사업화에서 회수의 과정까지를 아우르는 내용을 포함하였으며, 각 과정에 필요한 주요 이슈를 이론과 실제 사례를 통해 독자가 쉽게 이해할 수 있도록 구성하였다.

오늘날 기업 경영환경은 따라가기 어려울 정도로 빠르고 복잡하게 변화하고 있으며, 책에서 다루고 있는 새로운 정보들도 빠르게 과거가 된다는 위험을 무릅쓰고 가급적 최근 벤처스타트업 관련 내용과 앞으로의 변화에 대한 정확한 예측을 담아 집필하고자 노력하였다. 필자는 20여 년에 걸쳐 공공기관 기업지원업무와 대학 산학협력단 업무를 수행하면서 창업 관련 프로젝트를 여러 차례 진행해 왔고, 학생들에게 창업과목과 기업가정신 등의 강의와 연구를 통해 창업자의 애로와 스타트업의 생태계에 대한 이해를 높이면서 벤처스타트업에 관한 정확하고 체계적인 지식 전달과 확산의 필요에 관해서도 절감하고 있다.

이 책은 필자의 벤처스타트업에 관한 이해와 체계적인 지식 전달의 필요성에 대한 결과물로 예비창업자, 벤처기업가 등 독자들에게 조언하자면, 일반적으로 소비자(고객)들은 새로운 요소를 찾는 것을 즐긴다. "천재는 99%의 노력과 1%의 영감으로 만들어진다."는 에디슨의 말처럼 수많은 실패를 거치더라도 새로운 것을 지속해서 탐구하는 것이 중요하다. 매사 부정적인 생각보다 역발상을 통해 숨겨진 해답을 찾아가는 과감한 용기와 도전이 필요하다. 눈에 띄는 기발한 아이디어가 생기면 요즘 같은 SNS 시대에는 비용부담 없이 수많은 고객을 확보할 수 있는 새로운 기회가 있다. '창의적 아이디어는 돈'이라는 점을 다시 한번 명심하자.

마지막으로 이 책이 스타트업에 관심이 있는 학생, 예비창업자나 창업기업가들에 도움이 되었으면 하는 필자의 마음을 잘 헤아려주기를 바라며, 시간적인 제약에도 불구하고 이 책을 발간해주신 탑북스 김광식 대표님과 디자인과 편집을 위해 애쓰신 직원 모두에게 감사의 마음을 전한다.

2022년 3월

대표 저자 박무일

차 례

제1편 벤처 환경변화 및 전략

제1장 4차산업혁명과 벤처스타트업

제2장 벤처스타트업의 창업전략

제2편 기업가정신과 조직

제3장 기업가정신

제4장 벤처 조직과 경영팀

제3편 창의적 아이디어 발굴

제5장 창의성과 창의력계발

제6장 기회 포착과 아이디어 개발

제4편 사업계획수립

제7장 사업타당성분석과 위험평가

제5편 자금조달과 투자유치

제9장 재무관리

제10장 자금조달과 투자유치

제6편 성장전략과 회수(Exit)

제11장 벤처스타트업의 성장전략

벤처 환경변화 및 전략

제1편

제1장 4차산업혁명과 벤처스타트업
제2장 벤처스타트업의 창업전략

제 1 장
4차산업혁명과 벤처스타트업

제 1 장
4차산업혁명과 벤처스타트업

제1절 4차산업혁명과 기업환경변화

1. 4차산업혁명 시대 도래

1) 산업 환경의 변화

오랜 인류의 역사에서 산업혁명과 같은 과학 기술적 사건(Events)은 매우 최근에 발생하였다. 최초의 인류인 호모 사피엔스가 등장한 시기가 20만 년 전에서 7, 8만 년 전이고, 농경 중심의 사회에서 현대 사회로의 첫 번째 전환점이라고 할 수 있는 제1차 산업혁명이 약 200여 년 전에 발생했다는 점은 우리 사회가 매우 짧은 시간 동안 발전하고 변화하였다는 것을 보여준다. 또한, 현대 사회로 진입할수록 새로운 기술과 기술적 혁신이 나타나는 주기가 극단적으로 빨라졌으며, 기술의 파급 속도도 급격하게 빨라지고 있다는 것을 알 수 있다.

이처럼 인류 역사의 흐름은 새로운 문명의 발전과 같이하고 있다. 환경에 적응하고 효율적인 문명을 창조한 종족은 타 종족보다 우월한 지위를 누리고 자원과 부를 우선으로 점유하는 결과를 가져왔다.

1876년 벨(Bell)이 발명한 유선 전화기의 보급률이 10%에서 90%까지 도달하는 데 걸린 기간이 73년이었으나, 1990년대에 상용화된 인터넷이 전화기의 보급률까지 확산하는 데 걸린 시간은 20년에 불과했고, 휴대전화가 대중화 된 기간이 14년이라는 점은 기술 발전의 속도와 더불어 기술의 파급력이 엄청나게 빠르다는 점을 보여주고 있다. 즉, 기술의 주기는 짧아지고 그 영향력은 급속도로 커지고 있다는 것이다. 현재 사람들이 스마트폰이 없이는 생활할 수 있을까를 생각하면 쉽게 이해할 수 있을 것이다.

산업혁명은 18세기 중엽부터 19세기 중엽까지 영국을 중심으로 발생했던 기술적·조직적·경제적·사회적 변화를 지칭한다. 기술적 측면에서는 도구가 기계로 대체되고, 조직적 측면에서는 기존의 가내수공업을 대신하여 공장제도가 정착되었다. 경제적 측면에서는 국내시장과 해외 식민지를 바탕으로 광범위한 자본축적이 이루어졌으며, 사회적 측면에서는 산업자본가와 임금노동자를 중심으로 한 계급사회가 형성되었다. 산업혁명을 통하여 인류사회는 자본주의의 발전에 필요한 토대를 구축하게 되었으며, 농업사회에서 공업사회로 급속히 재편되기 시작했다.

우리 사회는 지금까지 3차례의 산업혁명으로 인한 변화를 경험했고, 현재 4차 산업혁명 시대 걸음마 단계에 살고 있다. 이들 산업혁명은 역사적으로 아주 짧은 기간에 발생하였으나, 새로운 기술의 등장은 개인 일상생활에서부터 전 세계의 정치, 경제, 사회, 문화 등 모든 시스템을 뒤바꾸어 놓을 만큼 혁신적이었다. 기술적 혁신은 지금도 계속 진행되고 있으며 또 다른 산업혁명의 토대가 되고 있다.

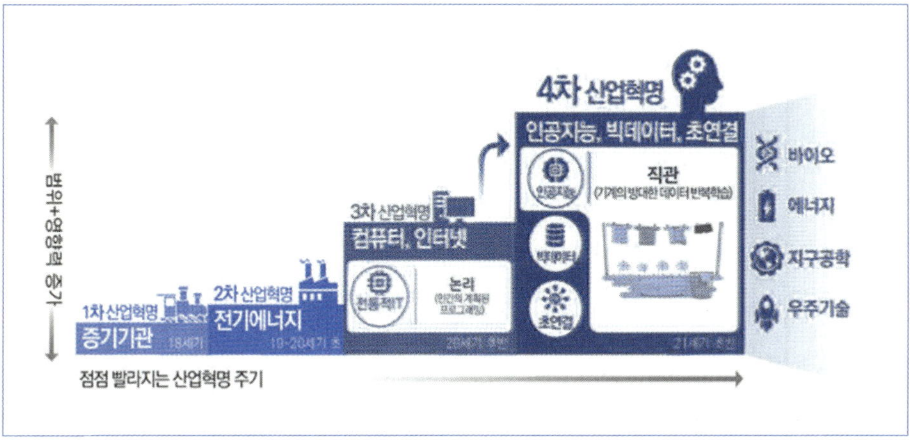

[그림 1-1] 산업혁명의 발전단계별 전개과정

산업혁명의 시대별 발전단계별 과정과 특징을 정리하면 다음과 같다.

1차 산업혁명은 1784년 영국에서 증기기관이 발명되었던 시점을 말한다. 증기기관은 생산방식을 인간의 손에서 기계로 넘기는 결정적인 계기를 제공하였고, 이러한 변화 덕분에 노동생산성은 전과 비교해 2~3배 이상 급증하게 된다.

2차 산업혁명은 1870년경, 전기를 활용한 대량생산이 이루어진 시점을 말한다. 이를 통해 철도 건설과 대규모 철강 생산이 가능해졌고, 광범위하게 퍼져 있는 제조업 기계들이 발판이 되었다. 2차 산업혁명의 가장 큰 특징은 전기와 이를 기반으로 한 통신 기술의 발달이다.

3차 산업혁명은 1969년 컴퓨터를 활용한 정보화, 자동화 생산 시스템의 등장 시점을 말한다. 특히 1990년대 중반에 들어 정보통신과 신재생에너지 개발이 활성화되면서 3차 산업혁명은 가속화되었다. 제레미 리프킨은 인터넷 기술과 재생에너지를 3차 산업혁명의 두 가지 중요한 요소로 꼽은 바 있다.

마지막으로 4차산업혁명은 인공지능(AI) 등 최첨단 기술의 융합을 말한다. 현실과 가상의 통합으로 사물들을 자동, 지능적으로 제어하는 가상물리시스템(Cyber-Physical system, CPS)이 구축되는 것을 말한다.

4차산업혁명의 핵심 요소는 개별적으로 발달한 각종 기술의 '융합'이라고 할 수 있다. 디지털, 바이오, 오프라인 기술들이 다양하고 새로운 형태로 융합되어 새로운 부가가치를 창출해내는 것이다.

또 다른 주요한 특징은 '속도'라고 할 수 있다. 새로운 물건이나 기술이 발명되거나 발견되면 이것이 파급되는 속도는 과거와는 비교할 수 없을 정도로 빠르게 진행되는 것이다. 이러한 4차산업혁명은 단순히 기술적 발전에 그치는 것이 아니라 정치, 경제, 사회 등 모든 분야에 큰 파문을 초래할 수 있다는 것에 주목할 필요가 있다.

2) 4차산업혁명과 메타버스 미래

코로나바이러스감염증(이하, 코로나19)이 우리 일상을 점령하기 바로 직전까지 4차산업혁명이 우리 삶을 획기적으로 바꿀 것으로 주목받았다. 2016년 세계경제포럼(WEF)에서 클라우스 슈바프가 세상을 바꿀 키워드로 제시한 지 7년이 흘렀을 뿐인데 벌써 구시대적 느낌이 든다. 이는 그만큼 우리 사회가 엄청나게 빠른 속도로 변화하고 있다는 것을 알 수 있다.

4차산업혁명과 코로나19 팬데믹은 절묘하게 공존했고, 코로나19 이후 산업 지형은 비대면, 비접촉으로 변모했으며, 우리의 경제, 산업, 문화, 교육 등 사회 전반에 걸쳐 이전에 상상하지 못했던 모습들이 현실에서 펼쳐지고 있다.

4차산업혁명에서 언급됐던 핵심적 기술변화 중에서 특히, 주목받는 기술인 가상물리시스템에서 출발한 것이 메타버스(metaverse)라고 할 수 있다. 이는 4차산업혁명의 핵심기술을 통한 인터넷 기반의 온라인 중심 사회에서 포스트 인터넷 가상융합 사회로의 전환을 의미한다.

많은 전문가는 메타버스가 특정 산업에 국한되지 않고, 최근 급속히 발전된 정보통신기술(ICT)과 환경의 변화에 따라 기술 간, 영역 간, 산업 간 융합을 통해 전 산업과 사회 전반에 걸쳐 혁명적 변화를 가져올 것으로 예상한다.

메타버스는 1992년 미국 작가 닐 스티픈슨이 쓴 '스노 크래시(Snow Crash)'라는 소설에서 최초로 등장했다. 2007년 미국의 기술연구단체인 미래가속화연구재단(Acceleration Studies Foundation, ASF)은 메타버스를 증강현실, 라이프 로깅, 거울세계, 가상세계 등 4가지 유형으로 구분했다.

〈표 1-1〉 메타버스의 네가지 유형[1]

구분	증강현실 (Augmented Reality)	라이프 로깅 (Life Logging)	거울세계 (Mirror World)	가상세계 (Virtual World)
정의	현실공간에 가상의 물체(2D, 3D)를 겹쳐 상호작용하는 환경	사물과 사람에 대한 경험·정보를 저장, 가공, 공유, 생산, 거래하는 기술	실제 세계를 그대로 반영하되, 정보적으로 확장된 가상세계	디지털 데이터로 구축한 가상 세계
특징	위치기반 기술과 N/W를 활용해 스마트 환경 구축	센서·카메라·SW 기술을 활용해서 사물과 사람의 정보 기록·가공·재생산·공유	3차원 가상지도, 위치식별, 모델링, 라이프 로깅 기술 활용	이용자의 자아가 투영된 아바타 간의 상호작용
활용 분야	AR글래스, 차량용 HUD, AR원격협업	웨어러블 디바이스, 지능형CCTV	지도기반 서비스	온라인 멀티플레이어 게임, 소셜 가상세계
사례	포켓몬고	애플워치	구글어스, 에이비엔비	리니지, 제페토, 로블록스

1) 미국 미래가속화연구재단(ASF)에서 2007년 발표한 메타버스 로드맵에서 대안적 개념 제시(메타버스 관련기업 옥석가리기, 메리츠증권, 2021.4.29.)

ASF는 이용자의 현실 공간에 2차원 또는 3차원 가상의 이미지를 겹쳐 보이며 상호 작용하는 증강현실(AR), 사물과 사람에 대한 일상의 경험과 정보를 캡처하고 저장하고 공유하는 라이프 로깅(life logging)과 실제 세계를 사실적으로 반영하되 디지털로 확장한 거울세계(mirror worlds)와 디지털 기술을 적용해 실제 현실을 모사하거나, 전혀 다른 대안적 세계를 구축한 가상세계(virtual worlds)로 나누어 설명한다.

현재는 이러한 유형별 기술들이 서로 융합・복합화되고 경계를 넘어 상호작용을 하며 발전하고 있다. 수년 전 유행했던 모바일 애플리케이션 기반 게임인 포켓몬고와 자동차의 헤드업디스플레이(HUD), BMW의 AR 스마트팩토리 등이 대표적인 증강현실 사례다.

일찍부터 메타버스의 사례로 일컬어지는 포트나이트, 마인크래프트, 로블록스, 세컨드라이프, 동물의 숲 같은 VR 게임과 최근 선풍적 인기를 끌고 있는 제페토 및 각종 시뮬레이션 플랫폼이 가상세계의 대표적인 사례라 할 수 있다.

메타버스가 포스트 인터넷 시대를 열어갈 신산업의 게임체인저로 등장하면서 페이스북, 구글, 애플, 마이크로소프트 등 글로벌 메이저 기업들이 시장을 주도하며 기술과 서비스, 시장 선점을 위해 치열한 경쟁을 벌이고 있다.

게임 산업을 중심으로 형성된 시장이 비대면 환경으로의 급격한 변화와 5세대(5G) 이동통신 기술과 빅데이터 축적, 관련 디바이스의 성능향상 및 컴퓨팅 파워의 증가 등 사회적・기술적 인프라의 변화로 인해 우리 사회는 새로운 전환기를 맞고 있다.

코로나19로 인한 언・온택트 시대라는 상황적 요인과 함께 어린 시절부터 인터넷, 스마트기기 등 디지털 문화를 몸소 체득하고 자란 MZ(밀레니얼+Z)세대를 중심으로 삶의 활동 공간을 가상공간에서도 빠르게 확장하고 있다.

오프라인에서만 가능했던 상상할 수 없었던 다양한 활동들이 이제는 메타버스 플랫폼에서 이루어지고 있다. 대표적인 가상 부동산 거래 사이트인 어스(EARTH)2는 지구를 그대로 복제해 가상세계에서 지구의 부동산을 판매하며, 최근 직방은 부동산 거래의 모든 절차를 가상공간에서 가능하게 하는 서비스를 개시했다. 이 밖에도 대학의 입학식 또는 축제 등도 가상공간에서 이루어지는 등 메타버스는 이미 우리의 생활에 깊숙이 자리잡았다.

더 나아가 이제는 이용자들이 직접 플랫폼에 참여해 콘텐츠를 생산하고, 거래하면서 새로운 경제구역을 생성하고 있다. 가상화폐와 블록체인 기술이 결합하고, 대체 불가능 토큰(Non-Fungible token, NFT) 등을 통해 가상의 공간에서 실제 경제활동을 가능하게 하고 있다. 아직은 엔터테인먼트 분야를 중심으로 이루어지고 있으나 머지않아 다양한 산업 분야로 확대될 것으로 보인다. 이와 관련해 글로벌 대기업들의 투자 강화와 기술개발이 급속히 진행되고 있으며, 투자자본도 메타버스 관련 산업에 크게 주목하고 있다.

시장조사 업체 스트래티지애널리틱스(SA)는 메타버스 세계시장이 2021년 460억 달러에서 2025년에는 2800억 달러에 이를 것으로 예측했다. 프라이스워터하우스쿠퍼스(PwC)는 메타버스의 기반이 되는 확장현실(XR) 기술의 2030년 전 세계 시장 규모를 1조 5,000억 달러로 전망했으며, 이는 전체 국내총생산(GDP)의 1.81%에 해당한다.

가트너의 하이프 사이클(기술성장주기 곡선)에 따르면 가상현실(VR) 기술은 이미 안정화 단계에 있으며, AR은 시장에 적응해 성장기에 진입하기 직전이며, 혼합현실(MR)은 기술이 아직은 불안정해 소수 기업만이 투자를 이어가는 단계로 보고 있다. 이들 메타버스 관련 기술들은 기술 간 융합과 인프라의 고도화를 통해 통합적 시장을 형성하며, 2022년 이후에는 폭발적인 시장 확장이 이루어질 것으로 예상된다.

메타버스는 현재 인게임 아이템 판매 형태에서 마케팅 솔루션 제공을 거쳐 이커머스, 콘서트 등 현실 세계와의 연계를 통해서 수익모델을 진화하고 있다. 구찌와 제페토 협업 사례에서와 같이 인게임 아이템 판매에 그치지 않고 소셜네트워크서비스(SNS) 공유와 2차·3차 콘텐츠 창작 및 판매로 이어지는 브랜드 마케팅 플랫폼으로서의 활용성을 높이고 있다.

나아가 메타버스 제작 플랫폼을 활용하는 개발자 생태계가 지속적으로 확대되고 있다. 존 리치텔로 유니티(Unity) 최고경영자(CEO)는 “50만 명 이상의 학생들이 유니티를 통해 3차원 입체 세계를 구성해내는 작업을 공부하고 있고, 수년 안에 100만 명을 돌파할 것”이라고 밝혔다. 또 그는 “모바일 앱 개발자가 세계 1,200

만 명 정도로 늘어난 것처럼, 3차원 가상현실을 만드는 수많은 개발자 생태계가 형성될 것"이라고 말했다. 이처럼 대형 플랫폼 기업들은 누구나 쉽게 쓸 수 있는 개발 도구를 개발하고 저렴하게 제공할 것이다.

이용자들은 이를 활용해 직접 콘텐츠를 생산할 것이다. 또한 이용자가 공급자가 되고 공급자가 이용자가 돼 공동의 작업과 양면의 역할을 동시에 가능하게 하면서 그 진화의 속도가 폭발적으로 빨라질 것이다. 이는 기존의 공급자와 수요자, 온라인과 오프라인, 가상과 현실이 구분되는 산업구조가 완전히 바뀌어 앞으로는 이들의 경계가 허물어지며 새로운 세계가 열리는 완전히 다른 비즈니스 패러다임의 변화를 예시하고 있다.

이것이 우리가 산업과 사회와 기술적 발전 방향을 설계하면서 메타버스의 중요성을 강조하는 근거라고 할 수 있다.

3) 4차산업혁명의 특징

4차산업혁명이라는 용어는 2010년 발표된 독일의 국가전략 프로젝트 미래기술 정책 「High-tech Strategy 2020」의 10대 프로젝트 중 하나인 「Industry 4.0」에서 출발하였다. 제조업과 정보통신이 융합되는 단계를 의미하였으나, 2016년 스위스의 다보스에서 열린 세계경제포럼(World Economics Forum: WEF)에서 4차산업혁명이 언급되며 전 세계적인 화두로 등장하게 되었다.

세계 제조업의 선진국인 독일은 공장 대부분을 해외로 이전하고 있다. 저출산 고령화로 인해 숙련공들은 감소하고 있지만, 기술을 전수할 젊은이들이 많지 않기 때문이다. 또한, 미국 ICT 기업들이 급성장하면서 자국 기술 경쟁력이 떨어지고 있는 현실을 극복하기 위해서 산업의 미래(산업협회, 정부, 노조의 합의 기구)가 주체가 되어 2011년부터 스마트팩토리(Smart Factory)를 추진하고 있다.

스마트팩토리는 전통제조업의 컨베이어 대량생산을 넘어서는 차세대 맞춤형 생산체제를 지향하며, 몇 개 기업이 아니라 한 국가 전체를 네트워크형 스마트공장 산업단지로 재편한다는 장기적인 관점을 가지고 있다. 독일의 스마트팩토리 시범공장에서 어느 정도의 성과가 나타나자, OECD에서는 생산공장을 넘어서 제조업 전체에 이러한 실험을 확대하는 차세대 제조 혁명을 주장하였다.

클라우드 슈밥은 4차산업혁명을 '디지털혁명(3차 산업혁명)에 기반하여 물리적 공간, 디지털적 공간 및 생물학적 공간의 경계가 희석되는 기술 융합의 시대'라고 정의하고, 가상물리시스템에 기반한 4차산업혁명은 전 세계의 산업구조 및 시장경제 모델에 커다란 영향을 미칠 것이라고 전망하였다.

제4차산업혁명은 '초연결성(hyper-connected)', '초지능화(hyper-intelligent)'라는 특성이 있다. 우리 사회는 이미 초연결 사회로 진입하고 있다. 정보통신기술(ICT) 기반으로 첨단 디지털 기술이 빅뱅(big-bang)으로 융합되고 인간과 인간, 인간과 사물, 사물과 사물이 인공지능을 기반으로 초연결되는 새로운 세상이다. 4차산업혁명이 이전의 1~3차 산업혁명과 근본적으로 다른 것은 사물인터넷(IoT), 클라우드(cloud), 빅데이터(big-data), 모바일(mobile), 소셜미디어(social media)의 ICT 기반 기술에 인공지능(AI), 로봇(robot), 메타버스(metaverse), 3D프린팅, 바이오 기술, 양자컴퓨터 등 첨단 디지털 기술들이 동시다발적으로 융합하여 일어나는 기술 주도형 사회의 대혁명이라는 점이다.

그리고 앞으로는 더욱 빠르고 광범위하며, 많은 영향력으로 우리들의 생활을 상상하기 어려울 정도로 변화시킬 것이다. 우리는 이미 4차산업혁명의 시대에 살고 있다. 우리는 상상의 시대, 창조의 시대, 기술의 시대에 살고 있다. 4차산업혁명은 상상으로 시작되는 새로운 시대이다.

4차산업혁명의 특징은 다음의 〈표 1-2〉와 같이 속도, 범위, 영향력 등의 측면에서 3차 산업혁명과 차별화되고, 획기적인 기술적 진보, 파괴적 기술에 의한 산업재편, 전반적인 시스템의 변화 등으로 설명할 수 있다.

〈표 1-2〉 4차 산업혁명의 특징

구분	특징
속도(Velocity)	인류가 전혀 경험하지 못한 빠른 속도의 획기적 기술 진보
범위(Scope)	각국 전 산업 분야에서 파괴적 기술(Disruptive Technology)에 의해 대대적으로 개편
시스템의 영향(System Impact)	생산, 관리, 지배구조 등을 포함하여 전체적으로 시스템의 큰 변화가 예상

출처 : 김진수 외, 기술창업론, 2018.

(1) 기술발전의 속도(Velocity)

4차산업혁명 진입단계의 기술 발전을 보면 인류가 경험해 보지 못했던 빠른 속도를 경험할 수 있다. 인터넷 통신 속도의 세대별 발전단계를 보면 전화 통화만 하던 시절의 1세대부터 현재 5세대(5G)의 인터넷 전송 속도는 기하급수적으로 빨라졌으며, 4G시대보다는 무려 200배 이상 빨라졌다.

'지식 두 배 증가 곡선'[2]에 따르면 인류의 지식 총량은 100년마다 두 배씩 증가해왔다. 그러던 것이 1990년대부터는 25년으로, 현재는 13개월로 그 주기가 점점 단축되고 있다. 이러한 근거로 보면 인류의 지식 총량은 과거에는 10년간 2배로 확대되었지만 2030년이 되면 지식 총량이 3일에 두 배씩 증가할 정도로 빨라짐에 따라 산업혁명 주기 역시 획기적으로 단축될 것으로 전망하였다.

고든 무어(Gordon Moore)[3]는 1965년에 마이크로칩의 용량이 매년 2배가 될 것으로 예측하면서 '무어의 법칙'을 만들었다. 1975년 24개월로 수정되었고, 그 이후 지금과 같은 18개월로 바뀌게 되었다. 이 법칙은 새로운 3세대의 칩 개발에 2년 정도가 소요되지만, 가격에는 큰 변화가 없었다는 무어의 경험적인 사실에서 나왔다. 실제로 무어의 예측대로 CPU는 점점 커져, 어제 산 PC가 내일이면 구형이 되어버리는 현실을 맞이하게 되었다.

레이 커즈와일[4]은 2029년에 인간 수준의 지능을 갖춘 컴퓨터가 등장할 것이며, 2045년에 기계지능이 인간지능을 완벽하게 뛰어넘는 '특이점(singularity)'[5]이 도래한다고 했다.

미래학자 이안 피어슨도 2050년이면 우리 뇌를 슈퍼컴퓨터에 업로딩(up-loading) 시킬 수 있게 될 것이라고 예언했다. 20~30년 안에 인공지능 시대의 변화가 만들어진다고 하지만 여전히 미래를 향한 변화의 향방과 속도가 어떻게 될지는 아무도 모른다. 하지만, 세상의 판을 흔드는 변화가 가속화되고 있고 지

2) 미래학자 버크민스터 풀러(R. Buckminster Fuller)는 인류가 가진 지식의 총량(All df Human Knowledge)이 비약적으로 늘어나는 속도를 '지식 두 배 증가 곡선' 발표하였다.

3) 고든 무어는 페어차일드 반도체(Fairchild Semiconductor)의 연구원이었다. 페어차일드 반도체는 처음으로 상업용 집적회로를 발표하였고, 1960년대에 실리콘밸리의 혁신기업 중 하나이며, 반도체기업으로 유명하다.

4) 커즈와일(Raymond "Ray" Kurzweil)는 구글의 이사이며, 인공지능과 인간의 미래를 예측한 책 '특이점이 온다'의 저자

5) 오는 2045년 인공지능이 생물학적인 진화를 추월하는 순간이 온다. 특이점이 오면 인공지능의 컴퓨팅 파워는 인간의 지능보다 10억배 정도 높아질 것이다.

난 10년의 변화보다 더 빠른 변화의 시대를 향해 가고 있음은 분명하다.

(2) 산업변화의 범위(Scope)

4차산업혁명의 변화 범위는 매우 넓고 파격적이다. 파괴적 기술은 산업 간의 장벽을 없애고 서로 통합되고 융합하게 할 것이다. 경쟁의 원천은 자원, 시설, 장비 등의 하드웨어가 대부분이었지만 4차산업혁명이 진행될수록 정보 및 지식 자원이 경쟁력의 원천이 될 것으로 전망된다.

기업의 경쟁방식에서도 누가 더 지능형 플랫폼을 중심으로 제품과 서비스가 통합된 서비스를 제공할 수 있는가에 따라 좌우될 것이다. 단순히 하나의 제품 또는 서비스를 제공하는 수준으로는 경쟁에서 사라지게 될 것이다. 하나만의 플랫폼은 경쟁력이 떨어지기 때문에 2개 이상 다수의 플랫폼을 통합하거나 융합해야만 경쟁력을 확보할 수 있게 될 것이다.

자동차를 예로 들면, 기존에는 운전자가 직접 자동차를 운전해야 하기에 자동차 구매 시 빠르고 튼튼하고, 세련된 디자인이 주요 구매기준이 되었다. 하지만, 자율주행 자동차가 상용화되면, 고객이 더는 운전할 필요가 없기에 자동차 구매 시 튼튼하고 빠른 자동차보다는 자동차 플랫폼을 기반으로 자율주행 능력, 주행거리 관리, 부품관리, 정비 및 보험관리 등을 통합적으로 서비스할 수 있는 융합 서비스 능력이 구매기준이 될 것이다.

따라서 앞으로는 우수한 단일제품, 서비스보다는 플랫폼을 기반으로 우수한 융합 서비스를 제공하는 역량이 중요할 것이다. 4차산업혁명의 주요 기술들은 기존 제품 및 서비스의 개선이 아닌, 사회 전반에 영향을 미칠 수 있는 혁신제품 및 서비스가 지속해서 등장할 수 있는 기반이 될 것이다.

(3) 산업 시스템의 영향력

4차산업혁명은 기업의 경영활동인 기술개발, 생산, 관리, 마케팅, 지배구조 등의 시스템에도 많은 영향이 미치게 될 것이다.

이미 구글, IBM 등의 기업들은 온라인에서 오프라인으로, 오프라인에서 온라인으로 산업의 영역을 넘나들면서 4차산업혁명을 주도하고 있다. 이들 기업은 새로운 형태의 생산·판매 시스템에 큰 비용을 투자하고 있다.

바이오 기술(BT, Bio Technology)의 분야에서도 새로운 생산・판매 시스템이 출현하고 있다. 바이오 기술은 유전공학을 포함하여 농업, 축산업 등의 모든 생물을 다루는 산업의 범위로 광범위하게 적용할 수 있다. DNA 재조합 기술을 활용하여 새로운 DNA를 창조할 수 있는 새로운 과학 분야도 바이오 기술에 포함된다.

2. 제2벤처붐

1) 벤처붐이란

벤처붐은 1990년대 말~2000년대 초반 본격적으로 형성돼 혁신 정보기술(IT)의 발달, 기술주 시장의 동반 상승 등 세계적 조류와 함께 국내의 기술창업과 벤처투자가 급증한 사회적 흐름 또는 현상을 의미한다.

벤처붐은 혁신 창업과 벤처투자가 활발해지는 현상으로, 그 배경과 기술 및 산업 분야, 참여 주체 등에 따라 제1벤처붐과 제2벤처붐으로 나뉜다. 제1벤처붐은 정부 주도와 닷컴기업 중심이었다. 최근에는 시장과 민간 주도의 제2벤처붐이 활성화되고 있다.

제1벤처붐은 IMF 외환위기를 전후로 본격적으로 성장하기 시작했다. 1996년 개장한 코스닥 시장으로 신뢰성 있는 자금조달 및 투자비 회수가 가능해졌고, 침체된 경제 극복을 위해 정부는 창업을 주도적으로 지원하기 시작했으며, 정보기술(IT)의 발전과 인터넷 보급 보편화로 IT 관련 이른바 닷컴 창업이 활성화됐다.

제2벤처붐은 2020년을 전후하여 본격 가시화됐다. 그동안 민간 창업자・벤처투자자들의 경험과 역량이 축적되고 정부도 대기업 중심에서 혁신 중소벤처 주도로 경제성장 정책을 전환하였으며, 벤처・스타트업에 대한 전폭적인 지원과 과감한 제도혁신을 추진하면서 제2벤처붐이 도래하였다.

〈표 1-3〉 벤처붐의 변화 비교

구분	제1벤처붐	제2벤처붐
사업모델	- 수입대체, 닷컴기업 중심 *소프트웨어(SW)/정보통신(IT)업종 벤처기업 비중 : ('00) 30% → ('20) 20%	- 바이오 · 의료 · 유통 업종 다양화 *바이오 · 의료 · 유통 벤처투자 비중 : ('07) 19% → ('20) 45%
벤처투자	- 직접투자 위주(59%) * '00년 평균투자액 10.6억 원 - 투자자의 경험 · 노하우 부족	- 모태펀드 및 자(子)펀드를 통한 간접투자 (직접투자 2%) * '20년 평균투자액 20.2억원 - 숙련된 벤처캐피탈
벤처창업가	- 인터넷 등장에 자극받은 대기업 정보통신(IT) 계열사 출신	- 기존 벤처기업의 분사인력 등 숙련인력 중심으로 다변화
창업인프라	- 입주공간 중심 창업보육센터 - 보육(액셀러레이팅)개념 미흡	- 창업보육시설의 전문화 · 대형화 - 전문 창업기획사(액셀러레이터) 확대
글로벌화	- 국내 투자 유치 중심	- 유니콘 및 해외 투자유치 등 글로벌 지향

2) 제2벤처붐

제2벤처붐으로 불리는 벤처투자 열기가 확산하면서 스타트업 업계는 새로운 바람이 불고 있다. 특히 코로나19 여파에도 혁신 창업과 벤처투자가 오히려 늘어나는 이례적인 현상이 나타난 것이다. 2020년 법인창업(12만 3천 개), 벤처투자(4조 3천억 원), 벤처펀드(6조 6천억 원) 모두 역대 최대 기록을 경신했으며, 기업가치가 1조 원이 넘는 비상장기업인 유니콘기업은 2017년 3개에서 2021년 7월 15개로 늘어났다.[6)]

또한 비대면 · 언택트 문화의 확산으로 메타버스가 새로운 패러다임으로 급부상하면서 관련 스타트업에 대한 투자도 활발하다. 국내 제2벤처붐은 해외에서도 관심이 많다. 일본의 니혼게이자이신문(日本經濟新聞)에서는 한국의 유니콘기업 10개를 소개하면서 일본을 앞지른 것이라며 일본의 스타트업 육성 노력과 글로벌 기업가정신이 뒤처지고 있다는 위기의식을 드러냈다.

2021년 2월 쿠팡의 뉴욕증권거래소 상장, 영상통화 애플리케이션(앱)을 운영

6) 중소벤처기업부 "제2벤처붐 공고히 해 글로벌 4대 벤처강국으로 도약" (나라경제, 2021.10월호)

하는 하이퍼커넥트의 2조 원대 글로벌 기업합병(M&A) 성공 이후 넥스트 쿠팡과 하이퍼커넥트를 찾는 해외 벤처캐피털(venture capital)이 늘어나고 있다.

한국벤처투자가 2021년 발간한 'VC트렌드리포트'에 따르면 벤처캐피털들의 최근 1년간 투자는 바이오, 헬스케어, 정보통신기술(ICT) 서비스 업종에 집중됐다. 이 중에서도 AI, 메타버스, 디지털 헬스케어 기업에 높은 관심이 있는 것으로 조사됐다.[7)]

정부는 해외 벤처캐피털을 대상으로 2,000억 원 규모의 글로벌 벤처펀드를 운용할 운용사를 모집했는데 무려 27개 사가 출자를 요청하면서 약 4:1의 경쟁률을 기록했다. 덕분에 기존 계획의 4배가 넘는 9,000억 원 규모의 펀드를 조성해 해외에 진출하려는 한국기업 등에 투자할 계획이다.

또한 정부는 제2벤처붐을 넘어 지속성장 가능한 벤처생태계가 조성되도록 민간과 함께 부족한 부분을 보완해나가고 있으며, 벤처기업이 유니콘기업으로 성장하는 데 가장 중요한 인재와 자금 문제 해소에 중점을 두고 있다. 또한, 대기업 등의 벤처투자를 확대하기 위해 기업형벤처캐피털(CVC) 제도를 시행할 예정이며, 비상장 벤처기업의 복수의결권 주식 및 실리콘밸리식 투·융자 복합금융 제도를 도입하기 위해 올해 중 벤처기업법 및 벤처투자법 개정도 추진하고 있다.[8)]

3. ESG 경영

1) 기업환경 변화

기업의 경영활동은 기업이 속한 사회의 가치관과 생활양식뿐 아니라 기업의 경영활동에 의해 영향을 받는 이해관계자 집단에 의해서 제약을 받는다. 따라서 기업은 사회 가치관의 변화와 이해관계자가 중요하다고 생각하는 현상과 기준이 어떻게 변화하고 있는지에 면밀한 관심을 가져야 사회 구성원의 역할을 할 수 있

---

7) 중소벤처기업부에 따르면 2021년 3분기 누적 벤처투자는 5조2593억원으로 전년 동기 대비 81.8% 증가했다. 투자액이 5조원을 넘은 것은 사상 처음이며, 올해 연간 벤처투자 규모는 최소 6조원이 될 것으로 전망된다.(아주경제 2021.12.26.)

8) 동아일보 기고 '제2의벤처붐, 한국경제 새성장동력으로' 2021.6.29

을 것이다.

코로나19와 같은 팬데믹(pandemic) 현상은 기업에게 불확실성 시대의 새로운 성공 전략을 요구하고 있다. 예측 가능한 것에 대한 기업들의 갈망은 '성장중심' 경영에서 '지속 가능' 경영으로의 패러다임 전환을 이끌어냈다. 지속 가능 경영이란, 기업의 경제적·사회적·환경적 책임을 바탕으로 지속 가능한 발전을 추진하는 경영 패러다임을 말한다. 기업경영을 보다 안정적으로 지속시키기 위해서는 '환경(Environment)과 사회(Social)를 해치는 의사결정(Governance)을 해서는 안 된다.

이러한 지속 가능 경영의 성과는 재무적인 수치나 정보로는 그 수준을 비교하기 어렵기 때문에 이를 객관적으로 측정하고 평가할 수 있는 공통의 기준인 ESG로 구현된다. ESG는 이러한 지속 가능 경영 성과를 비교 측정하고 평가할 수 있는 공통의 지표이며, 기업 간 비교를 통해 사회적으로 책임 있는 투자가 이루어질 수 있도록 활용된다.

2) ESG 경영의 의의

과거 기업의 목표는 이윤 추구를 위한 기술혁신이었지만, 코로나 시대를 거치며 기술은 인류의 안전과 보호를 위한 최우선 수단으로 인식되고 있다. 산업 발전을 위한 혁신적인 기술보다 환경과 사회 문제를 해결하는 기술에 더 주목하게 된 것이다. 이에 따라 기업의 이윤 추구는 환경과 사회, 사람을 중시하는 가치 창출을 위한 'ESG 경영'으로 빠르게 변화하고 있다.

지구와 인류가 살아가야 하는 환경의 지속가능성을 담보하지 않고서는 인간의 삶을 위협하는 각종 위험에서 벗어날 수 없으며, 이를 위해서는 근본적인 변화가 필요하다. 이에 따라 사회의 구성원 중 하나인 기업들이 전면에 나서 단순한 이익 창출을 넘어 사회적으로 긍정적인 가치를 만들며 이를 실천하기 위한 글로벌 스탠더드로 자리 잡게 된 것이 ESG라 말할 수 있다.

ESG는 기업의 비재무적 요소인 '환경(Environment), 사회(Social), 지배구조(Governance)'의 약자로, 기업이 고객 및 주주·직원에게 얼마나 기여하는가, 환경에 대한 책임을 다하는가, 지배구조는 투명한가를 다각적으로 평가하는 것이다.

	환경 Environment	사회 Social	지배구조 Governance
핵심 키워드	기후변화 대응, 탄소배출 저감, 자원 절약, 재활용 촉진, 청정 기술 개발	노동환경 개선, 사회적 약자 보호, 인권 존중, 고용 평등 및 다양성 지향	투명한 기업 운영, 고용 평등, 법과 윤리 준수, 반부패 및 공정성 강화

[그림 1-2] ESG 구성요소

단순히 재무적 이익만을 추구하는 것이 아니라 윤리적인 책임을 다하는 기업에게는 '사회적 책임투자'를 위한 지표가 된다. 즉, 아무리 시공 능력이 뛰어나도 산업재해를 예방하고, 친환경 제품을 최우선으로 사용하며, 폐기물 처리에도 능숙한 건설사가 더 높은 평가를 받게 된다. 또한, 품질 경쟁력이 앞선 기업보다 고객을 먼저 생각하는 아낌없는 서비스를 제공하는 착한 기업을 선호한다. ESG 경영의 최종 목표는 장기적인 관점에서 지속적인 성장을 추구하고, 사회적 이익에 큰 영향을 주는 것이다.

3) ESG 경영의 특징

ESG는 기업 재무제표에는 드러나지 않지만, 중장기적 기업가치에 막대한 영향을 미치는 지속가능성 평가 지표이다. 막연히 환경과 사회, 지배구조의 기준에 부합하는 좋은 일을 해야 한다는 당위성이 아니라 기업의 지속가능성을 개선하는 기준으로 볼 수 있다.

과거엔 기업의 이익 중 일부를 좋은 일에 사용하는 것이 최선이었다면, 지금은 착하게 버는 과정을 투명하게 공개하고 준수하는 것이 더욱 중요해진 것이다. 이것이 ESG와 기존의 사회공헌 활동과의 차이라고 볼 수 있다. 즉, '사회공헌 활동(CSR)'은 기업의 관점에서 사회적 책임을 완수하기 위한 활동을 경영에 통합시키는 것이라면, ESG는 투자자의 관점에서 사회적 책임을 다하는 기업에 투자하기 위한 정보를 말한다. 다시 말해 CSR은 기부나 후원 등의 자발적 돕기 수준으로 기업경영을 책임감 있게 만드는 것을 목표로 하지만, ESG는 기업의 행동이 미치는 영향 등을 구체화하고 그 노력을 측정할 수 있도록 지표화하여 투자를 이끄는 것이다.

CSR보다 진화된 개념인 '공유가치창출(CSV)'은 기업과 지역사회가 상생하는 개념으로 볼 수 있다. CSR은 선행을 통해 사회에 기업의 이윤을 환원하는 것이고, CSV는 기업의 비즈니스 기회와 지역사회의 니즈가 만나는 곳에 사업적 가치를 창출하여 경제적·사회적 이익을 추구하는 것이다.

구분	내용
CSR (Corporate Social Responsibility)	기업이 영리 활동을 하며 발생시키는 사회불평등, 환경오염 등에 대한 책임감을 갖고 사회적 의무를 수행하는 활동
CSV (Creating Shared Value)	사회적 가치를 창출하면서 동시에 경제적 수익을 추구하는 기업 활동
ESG (Environment, Social, Governance)	비재무적 성과를 판단하는 기준으로 투자자 관점에서 지속가능 경영 수준을 평가한 것

[그림 1-3] ESG경영의 특징

정리하면, ESG 평가가 높을수록 단순히 사회적 평판이 좋은 기업이라기보다 리스크에 강한 기업이 될 수 있다. 기업이 직원과 고객, 환경, 사회단체 등 모든 이해관계자를 위한 가치를 만들어냄으로써 기업의 가치를 높이고, 이를 통해 뉴노멀, 뉴애브노멀 시대의 예측조차 어려운 상황에서도 충분히 대처할 수 있는 경쟁력을 갖추게 된다.

4) 벤처스타트업과 ESG 경영

(1) 기업의 ESG 경영

이윤 추구를 위한 비용 절감과 효율을 최우선으로 하는 전통적인 경영 방식으로는 더 이상 변화에 대응할 수 없다. 사회적 책임과 의무를 다하면서 이익을 추구하는 ESG 경영은 단순한 마케팅이나 기업 홍보를 위한 기부나 자선 활동이 아닌 명확한 비전 아래에서 기업가치를 높일 것을 강조한다.

ESG 경영의 주된 목적은 착한 기업을 키우는 것이 아니라 불확실성 시대의 환경, 사회, 지배구조라는 복합적 리스크에 얼마나 잘 대응하고 지속적으로 생존하고 성장할 수 있느냐 하는 것이다. 지속적인 성장을 보장받을 수 있는 기업은 환경과 사회 문제의 해결을 위해 앞장서며 투자자들의 장기적 수익을 추구하고, 기업활동이 사회적 이익에 긍정적인 영향을 줄 수 있는 기업이다. 그러므로 각 기업은 ESG에 대한 올바른 이해와 이를 어떤 방식으로 경영에 접목하고 투자에 활용해야 할 것인가를 고민해야 한다.

투자자들은 환경과 재무적 요소를 동시에 고려하여 매출액이 증가하면서도 탄소 배출량은 감소하는 기업에 주목하고, 다양한 ESG 활동을 통해 사회적 문제의 해결에 적극적인 기업의 가치를 높이 평가한다. 또한 조직문화 개선과 이해관계자와의 협력을 통해 가치를 창출해낼 수 있는 선순환 구조를 갖춘 기업의 가능성을 중요하게 여긴다.

이와 함께 예측할 수 없는 미래 환경에 대비해 적극적으로 디지털 기술을 도입하여 리스크를 효과적으로 관리해야 하며, 이를 위해서는 더욱 정확하고 체계적인 ESG 경영 활동을 통해 다양한 방식으로 ESG 성과를 수치로 나타낼 수 있는 ICT 기술도입이 필수이다. 특히, 인공지능과 클라우드로 친환경 에너지와 사회공헌 역량을 관리하거나, 이사회의 전자투표 시스템과 CMS 자산관리 서비스 등으로 지배구조 역량을 강화해 나가야 한다.[9)]

(2) 벤처스타트업계의 ESG 확산

대기업을 중심으로 확산하던 ESG 트렌드가 최근 중소기업, 스타트업 등 업계 전반으로 퍼져나가고 있다. 대한상공회의소가 발표한 300개 기업 대상의 ESG 실태 조사에 따르면,[10)] 약 70%의 기업이 ESG 경영이 중요하다고 생각할 정도로 ESG 경영에 대한 화두는 스타트업계에서도 가속화되고 있다. 환경과 자기가 속해있는 사회에 미치는 영향에 대해 공감하고 고민하는 스타트업 대표들이 늘면서 ESG 관련 스타트업들도 증가하고 있기 때문이다.[11)]

9) 지속가능 경영을 위한 ESG 경영(효성 FMS 뉴스룸 2021.7.28.)에서 일부 인용
10) 스스로가 ESG 경영 수준은 보통 정도인 것으로(2.9점/5점 만점) 평가했다. (한국일보 2022.1.4.)
11) 스타트업으로 번지는 ESG 화두(서울경제 2021.10.14.)

비즈니스 모델의 혁신성만큼이나 경영 방식의 혁신 또한 스타트업에게 중요하다. ESG 경영은 매출 증대와 스타트업의 인재 확보·유지에도 큰 영향을 미치게 되며, 단순히 마케팅 차원을 넘어 전 사업 과정에서 ESG 요소를 내재화해야 한다.

이러한 트렌드와 함께 벤처투자 업계에서도 ESG에 관한 관심이 높다. 전 세계적으로 ESG 투자에 관한 관심이 기후 위기와 함께 촉발된 만큼, 벤처캐피털(VC) 사이에서 '임팩트 투자'가 주목을 받고 있다. 임팩트 투자는 사회와 환경에 긍정적인 영향을 미치는 사업이나 기업에 돈을 투자하면서 수익을 창출하는 것을 말한다. 국내 임팩트투자 전문 벤처캐피탈인 인비저닝파트너스는 최근 667억 원 규모의 '클라이밋 솔루션 펀드'를 만들었다. 기후변화가 불러 올 문제를 해결하려는 스타트업에게 전문적으로 투자하는 벤처펀드다. 이 펀드에는 한화솔루션, GS, 무신사 등 기후변화 대응에 관심이 높은 기업과 기관이 출자자로 참여하여 화제가 되었다.[12)]

대기업도 앞장서 ESG 스타트업 투자를 확대하려는 움직임을 보인다. 네이버와 카카오는 기업형 액셀러레이터(초기창업투자)를 통해 한국축산데이터, 누비랩 등 친환경 스타트업에 투자를 진행하고 있다. 최근 카카오는 SK텔레콤과 총 200억 규모의 ESG 펀드를 조성해 ESG 분야 혁신 스타트업에 본격적으로 투자할 전망이다.[13)]

(3) 벤처스타트업의 ESG 추진방안

앞에서 설명한 바와 같이 과거에는 기업의 사회적 역할을 경영 이외의 부수적인 것으로 여기거나 사회적 공헌 측면에서만 다뤄 왔다. 반면 ESG 경영은 직접적으로 기업의 경영 성과에 영향을 미칠 수 있는 비재무적 요소로 중요성이 인식되기 시작했다. 기업이 경영에 환경과 사회·거버넌스를 고려할 때 리스크가 적고, 수익 면에서도 건강한 기업이 될 수 있기 때문이다.

일반적으로 스타트업의 경우 인력이 적고 빠르게 성장해야 하는 탓에 ESG까지 고려하지 않아도 된다고 생각하지만, 스타트업 초기 단계부터 이를 고려하는 것이 장기적 관점에서 건강한 기업으로 성장하는 데 도움이 된다. 벤처스타트업

---

12) "착한기업에 투자"…ESG에 꽂힌 VC(한경(2021.10.29.)
13) 카카오-SKT, 업계 최초로 'ESG 펀드' 공동 조성 (카카오뉴스 보도자료 2021.8.12)

의 ESG 추진방안으로 다음 3가지로 설명할 수 있다.

① 기업의 핵심 가치 정의

기술스타트업은 기업 핵심 가치를 정의하는 것이 중요하다. 창업 초기 단계부터 자사 기술이 사업화되면 어떤 의미가 있을지 고민해 봐야 한다. 초기 스타트업은 비즈니스 모델이 변경되는 경우가 많다. 시장 상황 때문일 수도 있고 창업 구상 단계에서 생각한 것과는 소비자 반응이 다르기 때문일 수도 있다. 이때 중요한 것이 바로 핵심 가치이다. 비즈니스 모델은 바뀔지라도 추구하는 방향과 기업가정신과 공감대를 지탱하는 힘이다.

② 의사결정 체계화를 위한 거버넌스 구축

리스크를 줄이고 건강하게 성장하기 위해 ESG를 핵심 가치로 두는 것이 스타트업 경영에 ESG를 적용하는 첫걸음이다. 하루에도 수많은 의사결정을 해야 하는 스타트업 입장에서 흔들리지 않는 기준과 투명하고 다양성이 보장된 의사결정 구조를 확립하는 것, 초기 경영진과 주주 간 이해관계 확립을 위해 독립적 시각을 제공하는 이사회 거버넌스를 구축하는 것이야말로 초기 단계 스타트업에 가장 중요한 ESG 경영일 것이다.

③ 가치를 추구하는 인재 유치

ESG 경영은 스스로 성장뿐만 아니라 가치 있는 일을 하길 원하는 인재를 채용하는 데도 좋다. 실제 미국 초기 투자사 500스타트업이 조사한 바에 따르면 90% 이상 스타트업이 'ESG 경영이 인재 확보에도 도움이 된다.'라고 답변했다.[14] 환경과 사회 문제에 나쁜 영향을 미치는 기업의 제품을 소비하지 않는 '가치 소비'를 중요하게 생각하는 요즘 분위기가 '자신이 일할 곳'을 선택하는 데에도 영향을 미치기 때문이다. ESG를 고려하는 것이 기업 스스로 성장을 지속 가능하게 한다는 뜻이다.

이런 관점에서 기술 스타트업 초기부터 기술과 ESG를 고려하는 것은 사업 범위를 좀 더 넓고 긴 시야에서 보는 일이라는 생각이 든다. 스타트업이기 때문에 ESG는 시기상조라고 생각하기보다 이를 기업 문화로 형성하는 것이야말로 더 큰 기업으로 도약할 시작점이라는 인식이 필요한 때다.[15]

---

14) SK텔레콤 ESG혁신그룹(2021.10.29.)
15) [기고] 기술 스타트업의 ESG경영 (전자신문 2022.1.20.)

제2절 스타트업과 창업

1. 스타트업 용어의 탄생

스타트업(start-up)의 어원은 미국 실리콘밸리에서 생겨났다. 영국 런던이 신사, 프랑스 파리가 예술과 낭만의 느낌을 준다면, 실리콘밸리는 기술과 혁신에 대한 아이콘으로 자리매김했다고 볼 수 있다. 스타트업이라는 개념의 확산이 급속도로 진전했던 지난 수십 년을 돌이켜보면, 스타트업은 '신화'와 '역동성'이라는 상징성까지 내포한다.

스타트업 컴퍼니(startup company) 또는 스타트업(startup)은 설립한 지 오래되지 않은 신생기업을 뜻한다. 우리말로는 창업(創業)으로 해석되지만. 일반적인 관점에서 스타트업은 테크(tech)라는 조건을 동반하게 된다. 혁신적 기술과 아이디어를 보유한 설립된 지 얼마 되지 않은 창업기업이며, 자체적인 비즈니스 모델을 가지고 있는 작은 그룹이나 프로젝트성 회사라고 할 수 있다.

이러한 회사들은 대부분 신생 기업으로 새로운 비즈니스 모델을 개발하거나 새로운 시장을 찾아 나서는 데 주력한다. 스타트업이란 용어는 닷컴 버블 이후 함께 등장하는데 당시에는 닷컴 회사들을 지칭하는 의미로도 쓰였다.

미국 스타트업 환경은 2011년을 기점으로 정부 차원에서 교육, 멘토링, 벤처투자유치 등을 지원함에 따라 전 지역으로 발전을 거듭했다. 당시 오바마 정부는 스타트업과 기업의 발전을 도모하기 위해 백악관 산하의 기업 친화 정책으로 스타트업 아메리카정책(Startup America Initiative)을 시행한 바 있다.

이처럼 실리콘밸리는 IT 분야를 중심으로 비약적으로 성장하면서 '스타트업'이라는 단어를 전 세계로 확산했다. 현재까지도 실리콘밸리는 대다수의 신사업에 대한 대규모 투자금을 집결시키는 본거지이다. 실리콘밸리에서 사용했던 스타트업의 주요한 의미로는 영세한, IT 기술 기반의 고위험 및 고성장 가능성 등을 내포한다.

2. 창업의 개념

1) 창업의 정의

창업(創業)이란 일반적으로 영리를 목적으로 개인이나 법인회사를 새로 만드는 일 또는 창업자가 사업아이디어를 갖고 자원을 결합하여 사업 활동을 시작하는 일이라고 정의할 수 있다. 이런 내용을 고려하면, 창업가의 기술 및 경험, 전문성을 바탕으로 이루어지는 창업을 의미하며, 기술창업으로도 이해되기도 한다. 영미권에서는 기술 기반 창업에는 기술 기업가정신이 수반되는 것으로 인지하고 있다.

창업기업은 주로 제조업과 지식서비스업에 해당하는 7년 이내의 기업을 가리키며, 유사한 의미로는 벤처기업, 스타트업 등이 있다. 창업의 형태에 따라 일반창업, 벤처창업, 기술창업으로 구분한다.

창업은 법률적 의미에서 다음의 〈표 1-4〉와 같이 다양한 유형으로 구분할 수 있다.

〈표 1-4〉 창업기업의 유형

창업기업의 유형	세부 내용
중소기업 창업	• 중소기업창업지원법에서 "창업", "창업자" 정의 • 창업자란 중소기업을 창업하는 자, 창업하여 사업을 개시한 날부터 7년이 지나지 않은 자
벤처기업	• 벤처기업육성에 관한 특별조치법에서 "벤처기업의 요건" 정의 • 법 제2조2항의 요건을 갖춘 기업
소기업/소상공인	• 소기업 및 소상공인 지원을 위한 특별조치법에서 "소상공인" 정의 • 소상공인이란 소기업 중 상시 근로자가 10명 미만인 사업자로서 업종별 상시 근로자 수 등이 기준에 해당하는 자
사회적기업	• 사회적기업육성법에서 "사회적기업" 정의 • 사회적 목적을 추구하면서 재화 및 서비스의 생산·판매 등의 영업활동을 하는 기업
1인 창조기업	• 1인 창조기업 육성에 관한 법률에서 "1인 창조기업" 정의 • 창의성과 전문성을 갖춘 1인이 상시 근로자 없이 지식서비스업, 제조업 등을 영위하는 자

쉽게 설명하자면, 창업이란 각종 업(業)을 새롭게 창조(創造) 즉, 시작하는 것을 의미한다. 제품이나 서비스를 생산 또는 판매하기 위하여 이제까지 존재하지 않았던 새로운 기업조직을 설립하는 행위를 말한다.

창업의 행위는 기업 유기체 관점으로 보면 기업이라는 생명체(生命體)를 탄생시키는 과정이며, 본질적으로 불확실성(不確實性)을 내포한 의사결정이다. 이러한 특성으로 창업기업가들은 진취적이고 창조적이며 위험을 감수하는 모험적 성격을 가지게 되는 것이다.

2) 창업의 중요성

창업은 창업자 개인은 물론 국가 경제적인 측면에서도 중요하다. 개인적인 측면에서 보면 개인의 꿈을 실현(자아실현)하는 중요한 수단이 되며, 국가 경제발전의 중추적 역할을 담당하는 것이 기업이고, 그 기업은 창업을 통해 태어나는 조직이기 때문이다.

창업이 개인과 사회에 미치는 영향을 구체적으로 보면 다음과 같다.

첫째, 창업자의 새로운 아이디어나 혁신 활동을 통해 자원의 새로운 활용을 꾀하며, 둘째, 생산성의 향상 등으로 부(富)를 창출하며, 셋째, 새로운 일자리를 만들어 사회에 제공한다. 이는 일상의 대부분을 보내는 생활공간을 제공한다는 의미이다. 넷째, 새로운 기술과 아이디어는 과학기술의 발전에 촉매 역할을 한다. 다섯째, 창업으로 인한 기업의 수출 경쟁력 강화 등은 국가의 국제수지 개선에 기여하며, 여섯째, 친환경적인 제품과 기술의 개발은 환경을 개선하기도 하지만, 기업활동으로 인한 환경의 파괴를 초래하는 등 부정적인 영향을 가져오기도 한다.

3) 창업 시 주요 의사결정

창업가(기업가)는 많은 의사결정을 하게 된다. 이러한 의사결정은 5W1H를 활용하여 확인할 수 있다.

(1) Who : 창업 멤버 구성

Who는 창업 아이디어나 기술에 대한 보유 및 정보수집자, 창업자의 사업적성 및 경영 능력, 동업 관계 및 조직, 인력구성 등 사람에 관한 사항을 포함한다. 즉 창업의 주체에 관한 의사결정이다.

(2) What : 창업 아이템 선정

What은 내게 맞는 업종과 종목의 선정과정이다. 평생을 투자해도 아깝지 않을 사업 대상을 찾는 과정으로 창업의 대상에 관한 의사결정이다.

(3) When : 창업 시기

When은 창업 시기의 결정이다. 준비상황이나 개인적인 상황을 고려해야 하며, 비전을 담은 사업계획서의 작성을 포함한다. 준비되지 않은 창업은 많은 위험과 불확실성을 극복하는 데 실패할 확률이 높다. 창업이 최초의 선택이어야지 마지막이어서는 안 된다.

(4) Where : 창업 입지

Where는 창업 입지 결정 과정으로 기업의 설립 위치, 크기, 설비 등을 사전에 파악하고 적합 여부를 검토하여야 한다. 입지는 기업의 운영 전략과 밀접한 관계가 있으며, 요소 중심 또는 시장 중심에 따라 기업의 설립 위치와 규모가 달라질 것이다.

(5) How : 사업의 구체화

How는 사업의 구체화를 위한 전략과 자원의 조달 등으로 자금조달 및 최적의 사업 규모, 사업 형태, 경영전략 결정 등이 이루어진다. 사업 진행 일정 및 방법이 계획대로 진행되지 않을 경우를 대비한 방안 등 구체적인 사항이 체계적으로 검토되어야 한다.

(6) Why : 기업가정신

Why는 창업기업의 비전, 목적, 경영철학의 결정으로 기업의 장기적 존재의 이유로 창업 후 성장 과정에 있어 발생할 수 있는 방향성의 혼돈을 극복하며, 정체성을 유지하는 중요한 지침이다.

4) 창업의 3요소

창업은 일정한 자원을 활용하여 제품이나 서비스를 만드는 경제적 활동이다.

이러한 창업에 필요한 기본적인 요소는 창업자, 사업아이디어, 자본이다. 창업은 창업자가 사업아이디어를 자본과 결합하여 제품과 서비스로 전환하여 판매하는 조직을 구성하는 행위이다. 따라서 창업은 창업자가 이윤을 추구하기 위해 사업 아이디어에 인적 요소와 물적 요소를 결합하여 기업을 조직화하는 활동이다. 다음의 [그림 1-4]는 창업의 구성요소이다.

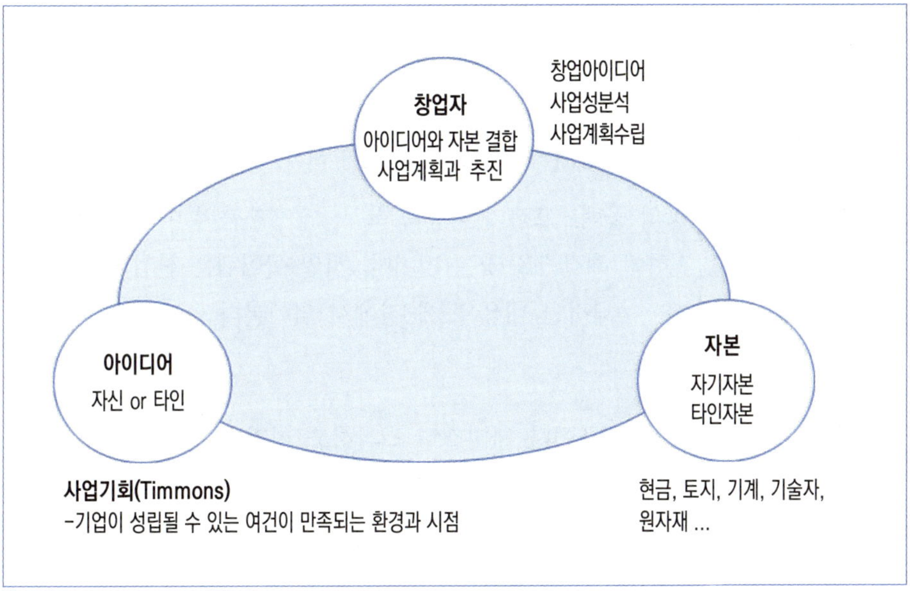

[그림 1-4] 창업의 구성요소

(1) 창업자

창업자는 창업의 인적 요소로 사업을 주도적으로 계획하고 추진하며, 사업에 필요한 자금과 위험을 책임진다. 또한 시장, 고객과 경쟁자의 분석을 통하여 사업아이디어를 계발하고, 이를 제품이나 서비스로 전환하는 전반적인 역할을 담당한다.

창업자는 고객의 욕구와 문제를 해결하는 해결책을 마련하고, 이를 인적, 물적 자원과 결합하여 제품이나 서비스로 전환한다. 또한 이러한 제품과 서비스의 경제성과 사업성을 분석하고, 사업계획서를 작성하며, 생산과 판매에 필요한 자원을 동원한다.

창업자의 경험, 지식, 기술, 가치관, 열정, 집념, 헌신, 리더십, 인맥, 정력, 성격, 친화력과 자원 동원 능력 등은 창업기업의 성공과 직결된다. 창업자의 성패 요인은 기업가정신의 능력과 자질이 요구되며, 제3장에서 구체적으로 알아본다.

(2) 사업 아이템(제품, 아이디어)

사업 아이템은 창업을 통해 시장이나 고객에게 제공할 가치로 기업의 존재 이유와 목적이다. 사업 아이템은 시장에서 제공하지 못한 고객 욕구의 문제와 이에 대한 해결책이다. 창업기업이 제공할 제품이나 서비스는 소비자가 지각하는 가치가 가격보다 커야 하고, 충분한 시장수요가 있어야 한다. 이러한 사업 아이템은 창업자나 창업 구성원의 상상력과 창조성 등 인적 요인에 의해 이루어진다.

사업 아이템은 시장의 공백, 고객의 미충족 욕구, 경쟁제품의 미제공이나 과소제공에서 문제를 발견하여 해결책을 찾은 것이며, 사업 아이템은 산업의 매력성과 수익성이 있어야 한다. 구체적인 내용은 제6장에서 알아본다.

(3) 자본

자본은 사업 아이템을 제품이나 서비스로 전환하고 기업을 운영하는데 필요한 금전적 자원뿐만 아니라 기술, 토지, 건물, 기계설비, 부품, 원재료 등을 포함한다. 창업의 요소 중 가장 중요한 비중을 차지하는 자본은 사업아이디어를 구체적으로 제품화하는 데 필요한 기술이나 자원 등을 조달하는 데 사용된다.

또한 인적 자원은 자본에 따라서 그 질과 양을 결정할 수 있다. 따라서 창업기업에 필요한 적절한 자본은 제품이나 서비스의 생산과 판매에 매우 중요하다. 자본에는 창업자의 자기자본과 타인자본이 있다. 창업자금의 조달 원천은 대체로 70%대 30% 법칙이 적용된다. 즉, 창업 시에 자기자본과 타인자본의 비율은 7:3이 이상적이다.

창업자금은 대체로 시설자금과 운전자금으로 사용된다. 시설자금은 사업장 매입이나 임차비용, 집기 비품의 구매비나 제품생산에 필요한 생산설비의 구매비다. 운전자금은 사업을 시작한 후 회사 운영에 필요한 재료비, 인건비, 경비 등이다.

창업의 초기에는 타인자본의 조달에 한계가 있어서 창업자의 자기자본에 의존할 수밖에 없다. 벤처기업의 요건을 충족하면 자본의 조달 원천으로써 벤처캐피탈을 활용할 수 있다. 상세 자금조달 및 투자유치는 제10장에서 구체적으로 알아본다.

3. 기술창업과 일반창업

1) 기술창업

기술창업이란 특정한 분야의 혁신적인 기술을 창출하는 기업의 창업을 지칭하지만, 해당 기업군을 정의하는 일관된 용어가 없어 벤처·기술혁신·혁신선도·기술집약형 기업의 창업을 포괄하는 의미로 사용되고 있다. 보통 '기술창업'이라 하면 벤처기업(venture company)을 떠올리는데, 이는 벤처(venture)의 개념이 '기술집약형 중소기업'이라는 의미로 HTSF(High Technology Small Firm), NTBF(New Technology Based Firm) 등의 의미로써 통용되어 사용 되어왔기 때문이다.

해외의 경우를 살펴보면 미국의 「중소기업투자법」에서는 '위험은 크지만 성공하면 높은 기대수익이 예상되는 신기술 또는 아이디어를 독립적인 기반 위에서 영위하는 신생기업의 창업'으로 정의하며, OECD(Organization for Economic Cooperation and Development : 경제협력개발기구)에서는 'R&D의 집중도가 높은 기업 또는 기술혁신이나 기술적 우월성이 성공의 주요 요인인 기업의 창업'으로 정의한다.

또한, 기술창업의 정의에 관한 다른 해석은 사업유형과 사업수행 형태로 분류하여 기술창업과 일반창업으로 나누어 설명할 수 있다. 기술창업은 신기술 또는 새로운 아이디어를 가지고 제품을 생산하고 판매하는 활동을 말하며, 고위험·고수익이 특징이고 중견기업으로의 고성장이 가능한 것으로 정의된다. 기술창업에 해당하는 업종은 제조업(기술 수준별로 첨단기술·고기술·중기술·저기술로 구분)과 지식서비스업이 대상이다.

2) 일반(생계)창업

기술창업과 달리 일반창업은 낮은 진입장벽, 빈번한 창업과 폐업, 소자본 창업으로 보통은 영세성과 낮은 부가가치를 주요 특징으로 한다. 해당 업종으로는 도매 및 소매업과 숙박 및 음식점업을 포함하는 생계형 창업과 건설업, 기타 일반

서비스업 등이 포함된다. 다음의 기술창업과 일반창업은 다음의 〈표 1-5〉과 같이 분류할 수 있다.

〈표 1-5〉 기술창업과 일반창업 분류

<table>
<tr><th>구분</th><th colspan="3">해당 업종</th><th>혁신형 산업</th></tr>
<tr><td rowspan="10">기술 창업</td><td rowspan="4">제조업</td><td>첨단기술</td><td>의료용 물질 및 의약품, 전자부품 · 컴퓨터 · 영상 · 음향 및 통신장비, 의료 · 정밀 · 광학기기 및 시계, 항공기 · 우주선 및 부품 제조업</td><td rowspan="2">혁신형 제조업</td></tr>
<tr><td>고기술</td><td>화학물질 및 화학제품(의약품 제외), 전기장비, 기타 기계 및 장비, 자동차 및 트레일러, 철도 및 기타운송장비(항공기 제외)</td></tr>
<tr><td>중기술</td><td>코크스 · 연탄 및 석유정제품, 고무제품 및 플라스틱제품, 비금속 광물제품, 1차금속, 금속가공제품(기계 및 가구 제외), 선박 및 보트건조업</td><td rowspan="2">비혁신형 제조업</td></tr>
<tr><td>저기술</td><td>식료품, 음료, 담배, 섬유제품(의복 제외), 의복 · 의복 액세서리 및 모피제품, 가죽 · 가방 및 신발, 목재 및 나무제품(가구 제외), 펄프 · 종이 및 종이제품, 인쇄 및 기록매체 복제업, 가구, 기타 제품 제조업</td></tr>
<tr><td rowspan="6">지식 서비스업</td><td colspan="2">출판, 영상, 정보통신 및 정보서비스업</td><td rowspan="6">혁신형 서비스업</td></tr>
<tr><td colspan="2">전문, 과학 및 기술 서비스업</td></tr>
<tr><td colspan="2">사업지원 서비스업</td></tr>
<tr><td colspan="2">교육 서비스업</td></tr>
<tr><td colspan="2">보건업 및 사회복지 서비스업</td></tr>
<tr><td colspan="2">예술, 스포츠 및 여가서비스업</td></tr>
<tr><td rowspan="4">일반 창업</td><td rowspan="2">생계형 창업</td><td colspan="2">도매 및 소매업</td><td rowspan="2">비혁신형 서비스업</td></tr>
<tr><td colspan="2">숙박 및 음식점업</td></tr>
<tr><td rowspan="2">기타 서비스업 및 건설업</td><td colspan="2">일반서비스업</td><td rowspan="2">기타</td></tr>
<tr><td colspan="2">건설업 등</td></tr>
</table>

출처: 김진수 외, 기술창업론, 2018.

제3절 벤처스타트업의 생태계

1. 벤처스타트업

1) 벤처스타트업의 개념

벤처스타트업은 '벤처기업'과 '스타트업'의 합성어로 서로 표현은 다르지만, 의미의 차이는 없다. '벤처'는 영어가 아니라 일본 재플리시인 '벤챠(ベンチャー)'를 한국에서 그대로 사용한 용어이고, '스타트업'은 영어권에서 등장해 전 세계적으로 통용된 말이라는 점이 다르다. 2010년대 들어 실리콘밸리 창업 열풍을 소개한 책이 한국에 들어오면서 '스타트업'이라는 용어가 자주 쓰이고 있다.[16)]

벤처와 스타트업은 다른 개념이다. 우리나라에서 창업 붐이 일어난 건 1990년대 말부터다. 지금 국내 굴지의 IT 기업이 된 네이버와 카카오(다음)도 이 시기 태동했다. 하지만 창업과 관련해 '스타트업(Start-Up)'이라는 단어가 국내에서 사용되기 시작한 것은 2010년대 초반이다.

업계에서는 보통 혁신적인 아이디어와 신기술 기반으로 사업화 전략을 추진해 로켓 성장이 가능한 기업들을 스타트업이라고 분류하고 있다. 인재들의 도전 정신이 맞물려 스타트업 생태계라는 하나의 판이 확장하는 가운데 생소한 용어들에 대한 정립이 필요하게 되었다.

과거 국내에서는 '벤처'라는 용어 사용의 빈도가 훨씬 더 높았지만, 벤처기업과 스타트업을 최근 들어서 엄밀히 분류하고 있다. 2016년 '중소기업창업지원법'을 개정하면서 '초기 창업자'라는 개념이 추가되면서 업계에서는 이를 '초기 창업자=스타트업'으로 풀이하는 관점이 지배적이다. 이에 따라 벤처는 '벤처기업육성에관한특별조치법'에서 정해진 조건을 따르고, 스타트업은 '중소기업창업지원법'에서 정하고 있다.

---

16) 필자는 '스타트업'보다는 '벤처'가 짧고 정책적으로 이미 쓰이고 있으며, 벤처창업이나 벤처신생기업의 관점에서 이를 설명하기 위해 '벤처스타트업'이라는 용어를 사용하였다.

스타트업 생태계의 급속한 확산 배경에는 신기술 기반의 고도성장이라는 무한한 '가능성'이 가시적으로 입증됐던 지난 10년간의 역사가 자리한다. 기존 산업의 패러다임을 변화시키거나 재창조한다는 측면에서 '파괴적 혁신(disruptive innovation)'이라는 용어를 만들어내기도 했다. 미국의 에어비앤비, 페이스북, 우버, 넷플릭스 등 이미 성공 가도를 달리는 스타트업들이 내세웠던 혁신적이고 창의적인 아이디어는 기존 강자를 위협하며 산업의 지형을 재편한다는 의미에서 '게임 체인저'라고 불리고 있다.

벤처는 법률상으로 기술평가보증기업으로부터 보증을 받거나 매출액 대비 연구개발비의 비율 등 요건을 충족하여 벤처기업 인증을 받은 회사를 말한다. 벤처스타트업은 고도의 전문능력, 창조적 재능, 기업가정신을 살려 대기업에서는 시작하기 힘든 특수한 신규 산업에 도전하는 연구개발형 기업이다. 20세기에는 전자・화학・기계 등의 산업 중심의 하드웨어 영역에 많이 진출하였으나, 4차산업혁명 시대에 들어서는 IT・바이오・유통・서비스・사회개발 등의 산업으로도 확산하고 있다.

성공적인 벤처스타트업 중에 구글, 페이스북과 같은 정보통신 분야의 기업이 많은 관계로 벤처기업은 대체로 IT 분야가 많다는 통념이 있으나, 에볼라 바이러스 백신으로 유명한 바이오 분야의 Z맵을 비롯해 농업 분야의 네타핌(Netafim), 폐수처리 분야의 에메프시(Emefcy) 등 다양한 분야에 벤처스타트업이 존재한다.

벤처스타트업은 성장 속도가 매우 빠르지만, 도산될 위험도 크다. 그 원인으로는 창업자의 1인 체제, 마케팅과 재무 능력의 취약성, 과대 설비투자, 기술개발 체제가 벽에 부딪히는 상황 등이 있다. 소규모 체제에서 대기업으로의 성장에 성공한 벤처기업들은 다양한 인재의 유치 및 투자유치의 성공 등으로 이러한 약점을 극복했다는 공통점을 가지고 있다.

2) 벤처기업의 발전 배경

미국의 경우 1950년대 NASA 중심의 군사・우주개발 기술과 인력들이 냉전체제의 와해로 인해 새로운 일자리 및 기회 창출의 필요성을 가지게 되었다. 이들은 우수한 군사・우주개발 기술을 민간용 제품의 생산에 활용하고자 서부의 실리콘밸리, 동부의 루트 128 지역을 중심으로 기술 기반 기업 창업 붐을 일으켰다. 이는 1960년대 반도체 산업, 1970년대 유전공학과 전통적 전자공학 기업 및 1980년대에 들어 우주항공산업, 정보통신산업 및 S/W 산업 발전의 근간이 되었다.

일본의 경우는 기술도입 및 모방에 의한 기술혁신 패턴을 보이고 있으며, 우리나라는 1980년대 초 큐닉스, 삼보컴퓨터 등 최초의 벤처기업이 전기·전자산업에서 시작되었다. 1980년대 중반 한글과 컴퓨터, 메디슨, 미래산업 등 벤처 1세대라고 불리는 초기 벤처기업이 탄생하였다. 1986년 「중소기업창업지원법」이 제정되어 중소기업 육성의 기반을 만들었고, 1987년 「벤처기업육성에관한특별조치법」이 제정되어 본격적인 벤처기업 육성이 시작되었다. 특히 1997년 외환위기 이후 이를 극복하기 위한 경제체질 개선에 벤처육성정책이 지대한 역할을 하였으나, 정책에 의한 정부 주도의 육성에 따른 부작용으로 2000년 이후 심각한 후유증을 앓기도 하였다.

하지만 벤처기업은 경제 패러다임의 변화에 적응한 기업 진화의 결과로 사회의 변화와 경영환경의 변화에 따라 육성하고 지속되어야 할 기업형태라 할 것이다.

3) 국내 벤처기업 해당 요건

벤처스타트업으로 인정하는 벤처확인요령에서 정한 기준은 우리나라에만 있는 제도로 「벤처기업육성에관한특별조치법」의 일정한 조건을 가진 기업들을 위해 규정으로 정하고 있다. 현재의 규정은 기존의 정부 주도에서 2006년 시장친화적으로 개선한 제도이며 벤처기업으로 인정받으면 조세, 자금, 인력 등 많은 혜택이 주어진다.

벤처기업 유형은 벤처투자기업, 연구개발기업 및 기술평가보증·대출기업, 예비벤처기업으로 구분하고 있으며 벤처기업 확인증 발급기관은 기존의 중소벤처기업부에서 인증 유형에 따라 한국벤처캐피탈협회, 기술보증기금 또는 중소벤처기업진흥공단 등에서 발급하고 있다. 인정 기간은 2년이며, 제외 업종은 숙박 및 음식점업, 공공·수리 및 기타 서비스업, 부동산업이나 임대업, 오락업이나 문화업이다.

- ㅇ 벤처투자기업 : 벤처캐피탈이 기업 자본금의 10% 이상 투자하고, 투자금액이 5천만 원 이상인 기업
- ㅇ 연구개발기업 : 기업부설 연구소를 보유한 기업으로서 연구개발비가 총매출액에서 차지하는 비율이 중소기업청장이 정하여 고시하는 비율(5~10%) 이상이고, 5천만 원 이상인 경우
- ㅇ 기술평가보증기업 : 기술보증기금 또는 중소기업진흥공단이 기업의 기술 평가를 실시한 후 담보 없이 총자산의 10% 이상, 최소 8천만 원 이상을 보증하는 경우
- ㅇ 기술평가대출기업 : 기술보증기금 또는 중소기업진흥공단이 기업의 기술 평가를 실시한 후 자금 대출을 하는 경우
- ㅇ 예비벤처기업

4) 벤처기업의 일반적 특성

벤처스타트업이 가지고 있는 일반적인 특성은 경영자 측면과 기업경영 측면으로 구분하여 정리할 수 있다. 벤처기업의 경영자 측면의 특성으로는 위험 감수(Take Risk), 고학력의 엔지니어, 30대의 직장 경험 보유, 강한 개성과 왕성한 활동력을 보유하고 있다는 점이다.

벤처스타트업의 기업경영 측면의 특성은 독자적인 기업 특성, 시장 지향적이며 개성적인 전문기업, 첨단기술 집약지역에 입지, 전문가 인적 자원의 축적으로 성공의 관점은 시장성이며 빠른 성장성과 지식 집약적 경영의 모습을 보인다. 벤처기업의 제품은 기술혁신의 속도가 빠른 분야가 많고, 조직에 기동성이 있으며, 의사결정이 빠르고, 기술과 경영이 분리됨으로써 부단한 기술혁신을 이루어 시장을 선도한다.

벤처기업의 성장에 따른 효과로는 기술개발 기반의 강화, 생산성의 증대, 산업구조의 고도화, 국민경제적 효과 및 중소기업의 활성화로 산업의 균형적 발전에 기여함을 들 수 있다.

기존 연구의 결과로 정리한 우리나라 벤처기업의 특성은

첫째, 고학력(대학원 이상 38.9%, 대졸 54.7%)이며 자신의 분야에서 전문적인 기술 능력을 보유하고 있는 창업자 특성을 보이며,

둘째, 창업 동기는 전 직장에서 개발 습득한 기술 등을 사업화하는 파생형 창업(50.2%)이 가장 높다. 이전 직장은 대기업(37.4%)과 중소기업(38.4%)이 유사한 비율을 보인다.

셋째, 기술력은 국제경쟁력을 보유하고 있으며 – 세계 유일(최고) : 50.5%, 약간 미흡 : 43% –, 경쟁우위 요소는 품질과 성능(59%), 신제품 개발(21%) 등 비가격 경쟁력을 확보한 것으로 나타났다.

넷째, 시장진입에 있어 산업 성장단계 경로의 신규시장이 25.1%, 확장단계에 있는 시장이 30.5%, 성숙 시장이 15.8%로 창업 초기에 자신이 가장 잘 할 수 있는 틈새시장에 집중하고 있음을 볼 수 있다.

다섯째, 연구개발에 매출 대비 7.0%를 투자하고 있으며 규모가 작을수록 더 높은 투자 비율을 보이는 등 매출 대비 높은 R&D 투자로 기술혁신에 의한 차별화 추구를 지향하고 있는 특성을 보인다.

여섯째, 내부자원의 부족에도 장기적 관점에서 기술개발에 투자하고 있으며, 광고 및 홍보, 생산비 등에 다소 과중한 투자를 하는 경향이 있다.

일곱째, 명확한 경영이념으로 정보 및 이익을 사원들과 공유하여 공동체적 문화를 형성하는 문화적 특성을 보인다.

2. 벤처스타트업 생태계

1) 벤처생태계의 정의

생태계[17]는 기업의 유기체적 관점에서 성장, 진화, 융합 그리고 분화가 이루어지는 자기증식시스템(Self-proliferation System)이다. 즉 벤처스타트업의 생성(탄생), 성장, 성숙, 퇴출이 순환적으로 이루어지는 시스템이라 할 것이다. 벤처생태계[18]는 일반적으로 "창업자・대학 등 창업지원 기관과 투자자 등이 유기적으로

17) 생태계 용어는 1930년대 이래 생물 진화에 있어서 생물적 요소와 무생물적 요소가 상호작용하고 있음을 사회현상에 적용해왔는데 현재는 사회학・경제학・경영학 등과 접목해 그 이론적 체계를 넓혀가고 있음.

18) 필자는 '창업생태계', '벤처생태계', '벤처스타트업 생태계'를 같은 의미로 사용함.

상호작용해 지속해서 창업이 활성화되는 환경"이라고 이해할 수 있다.

다시 말해 벤처생태계란 "창업자, 대학·멘토·인큐베이팅 등의 창업지원기관, 엔젤·벤처투자가·투자은행 등의 투자자가 상호 유기적으로 작용해 출현, 확장, 성숙, 자기 재생 또는 쇠퇴 등 자연생태계와 유사하게 "창업이 지속적으로 활성화되는 환경"이다.

생태학적 관점에서의 벤처·창업 연구는 1990년대 이래 등장하기 시작했다.[19] 무어는 1996년 비즈니스 생태계(ecosystems of business)라는 개념을 도입하면서 스타트업 생태계(ecosystems for start-ups)라는 용어도 처음 사용했다(Moore 1996). 그는 새로운 기업·기술 등 기존의 조직 형태와 경쟁방식을 무너뜨리는 상황을 생태학에서의 유기체와 환경 간의 상호작용, 즉 공진화(co-evolution)의 관점에서 분석한 바 있다. 현대의 비즈니스는 단순히 '시장'과 '기업'이라는 이분법만으로는 설명하지 못할 정도로 기업 간 협력·경쟁의 네트워크로 복잡하게 얽혀 있다는 것이다.

국내에서는 삼성경제연구소가 1998년 '벤처기업 창업 및 육성 5개년 계획'에서 네트워크로서의 벤처를 강조하면서 벤처생태계 개념을 도입했다. 벤처생태계는 생산자·소비자·분해자라는 자연생태계의 개념을 벤처 창업환경에 적용해

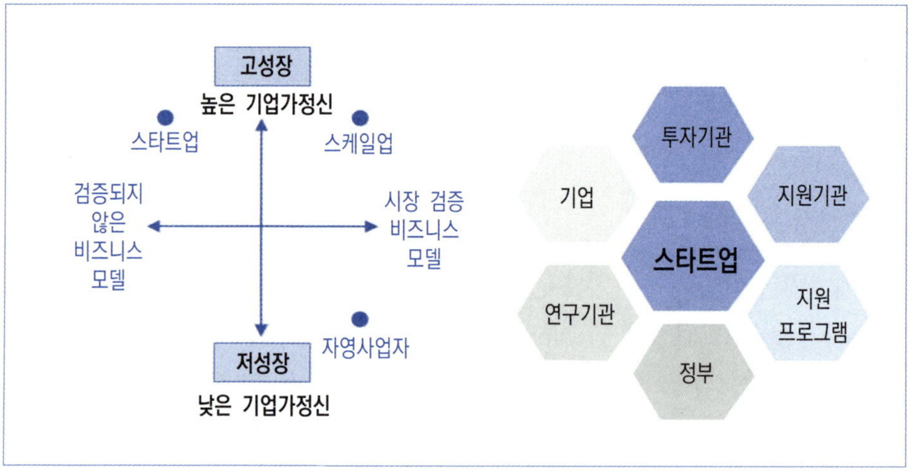

[그림 1-5] 스타트업 개념과 벤처생태계 구성요소

19) 문미성, 창업생태계의 변화와 대안적인 공간전략 (국토 제456호(2019. 10))

벤처기업(생산자), 벤처캐피털(소비자), 그리고 회수시장(분해자)을 중심으로 순환하고 있으며, 벤처기업을 둘러싼 제도 · 법 · 입지 조건 등의 무기적 환경이 존재하고 있다는 것이다.[20]

2) 벤처생태계의 구성

벤처스타트업 발전을 위해서는 그에 적합한 환경조건과 지원정책이 마련되어야 한다. 벤처스타트업 생태계로서의 환경조건인 infra-structure는 사회문화, 정치/법률, 과학기술, 경제 · 산업 기반 등으로 역사성을 가지고 축적됨에 따라 단기간에 개선하거나 향상하기에는 어려움이 있다. 또한 기업(산업)발달에 근본적 제약조건으로 작용한다.

인프라 구조로서의 사회문화는 창업과 개척자 정신, 성취 의욕이 고취되는 사회 분위기, 도전에 의한 실패를 관용하는 풍토 등의 사회적 인식이 필요하며, 정치적/법적으로는 각종 규제의 완화, 기업을 하기 위한 유리한 법적 여건 및 재기할 수 있는 여건 조성 등의 정책과 제도의 정비가 요구된다. 또한 과학기술 측면에서는 과학기술 인력과 투자, 기술혁신, 지식과 정보의 축적이 지속해서 이루어져야 하며, 특히, 대학과 벤처스타트업의 발전은 밀접한 연관성 있다. 경제/산업 측면에서는 시장의 규모와 성장성, 금융 산업의 기반, 산업 차원의 경쟁력 등 벤처스타트업의 시장진입에 양호한 환경이 조성될 필요가 있다.

벤처스타트업의 성장 발전에는 이러한 각 요인이 복합적으로 작용하여 창업을 촉진 또는 저해하는 역할을 한다. 우리나라의 경우 벤처스타트업의 활성화를 위한 인프라가 선진국과 비교해 매우 취약한 실정이다. 특히 실패에 대한 재기의 기회가 주어지지 않는 사회문화적 배경은 높은 위험과 실패를 안고 있는 벤처스타트업의 탄생과 발전에 최대의 장애요인으로 작용하고 있다.

벤처생태계의 핵심이 되는 구성요소는 벤처스타트업, 벤처캐피탈 그리고 회수(eixt)시장이다. 벤처기업은 벤처생태계의 주체이자 가치 창출의 원천이다. 벤처캐피탈은 벤처기업의 자금원으로서 벤처기업의 성장을 지원하며 회수시장은 자금의 선순환을 위한 기본적인 기관이다.

20) 고정민 · 김정호. 2000. 벤처생태계의 형성과 진화. CEO Information 240호. 서울: 삼성경제연구소.

이러한 핵심 요소를 지원하는 기반 요소로 대학을 포함한 교육기관, 연구소, 창업보육센터, 법률회사, 회계사, 컨설팅사 등이 있다. 이들은 벤처기업의 위험을 감소시키고 부족한 경험과 지식을 제공하여 성공과 성장에 도움을 준다.

벤처생태계를 구성하는 배경인 외부요소의 역할 또한 중요하다. 이에는 정부나 해외벤처 등이 있다. 정부는 벤처생태계의 기반 요소를 지원하여 벤처기업 육성의 토양을 형성하는 역할을 한다.

다음의 [그림 1-6]은 국내 벤처스타트업 생태계를 구성하는 주체나 이들 간의 연결 관계를 도식화하여 「스타트업 생태계 Map」을 구성하고, 스타트업의 성장 및 사업화 단계에 따른 요구 역량을 함께 표시하였다.

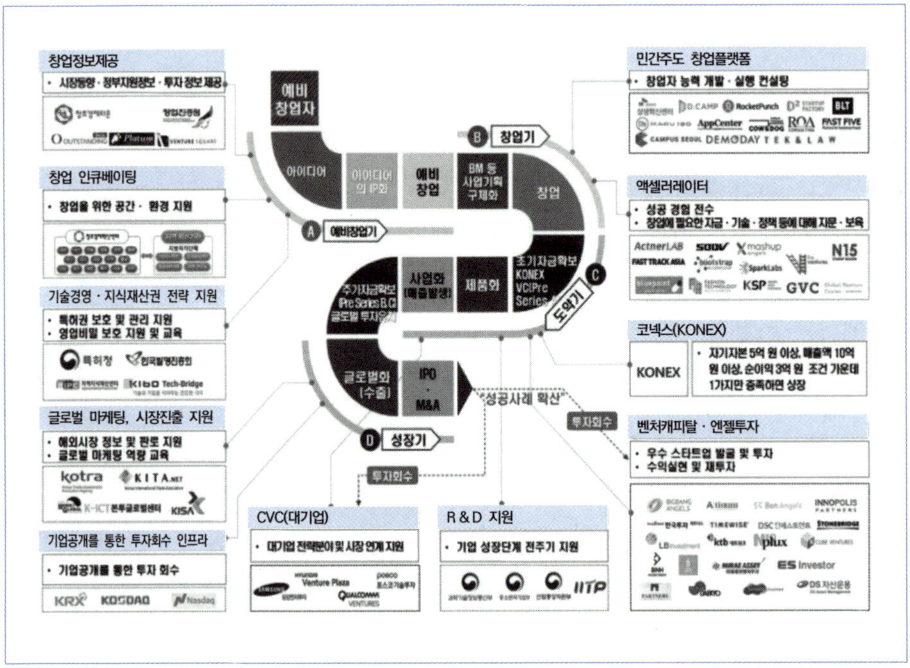

[그림 1-6] 벤처스타트업의 생태계

3) 벤처생태계의 비즈니스 모델 변천

벤처생태계를 구성하는 비즈니스 모델로는 다음의 [그림 1-7]과 같이 2017년 이후 4차산업혁명 관련 인공지능(AI), 빅데이터(big data), 가상 · 증강현실(VR/AR),

사물인터넷(IoT)이 주목받고 있다. 공유경제 활성화와 비대면 전환 가속화에 따라 서비스와 상품을 중개하는 서비스플랫폼 분야도 벤처생태계에서 차지하는 비중이 크게 증가하고 있다.

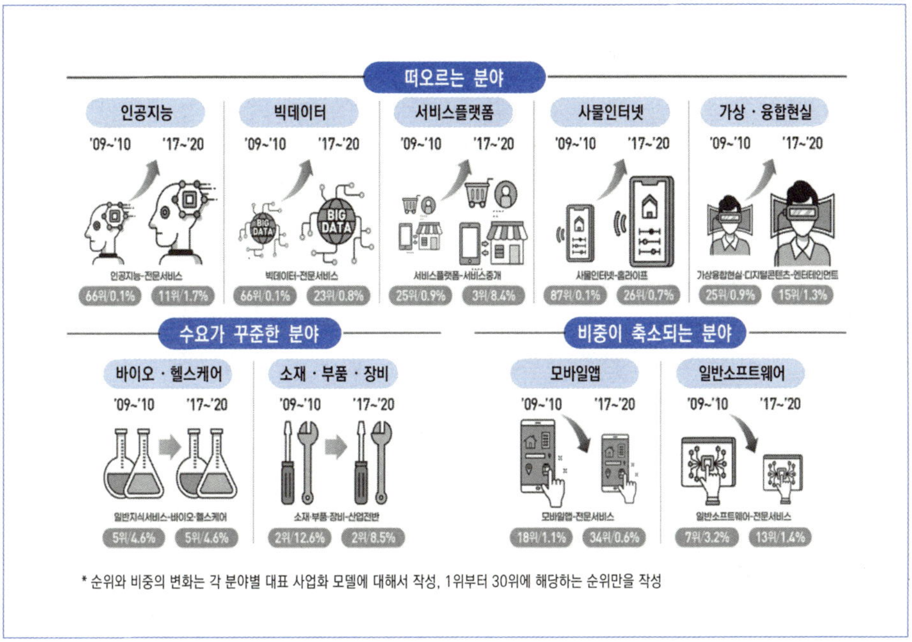

[그림1-7] 벤처생태계의 비즈니스 모델 변천

출처 : 중소벤처기업부 보도자료

4) 정부 벤처생태계 활성화 정책

정부는 2017년 5월 벤처·창업생태계 조성을 통해 경제성장을 위해 '중소벤처가 주도하는 창업과 혁신성장'을 목표로 혁신을 응원하는 창업 국가 조성'을 핵심 국정과제로 창업지원 정책을 전개했다.

또한, 국내 벤처생태계가 활성화되도록 2017년 11월 중소기업청을 중소벤처기업부로 승격해 제2벤처붐 가속화를 지원해 왔다. 또한 산하 준정부기관인 창업진흥원을 통해 창업기업 단계별 사업화 지원사업, 혁신 분야 창업패키지, 메이커 스페이스 구축·운영, 로컬크리에이터 지원, 대학기업가센터 등 다양한 창업 지원사업을 추진하고 있다.

- 투자 중심 창업생태계 조성 : '22년 신규 벤처펀드 5조 원 돌파를 목표로 기업투자촉진법(가칭) 제정, 엔젤투자 활성화 및 펀드 조성 확대 등을 추진하고, M&A 규제 완화, 세제 특례 등 제도를 개선하여 원활한 회수환경 조성
- 혁신 창업 활성화 : '22년까지 기술창업자 5.6만 명 육성 및 성장단계별 정책자금 확충으로 기술 인력 혁신 창업을 촉진
- 창업기업 성장 촉진 : '18년에 창업기업 부담금 면제범위 확대, 공공 조달 의무구매제도 도입, 벤처기업 확인제도 개편 등 추진
- 재도전 인프라 확충 : '17년에 정책금융 연대보증 면제 대상 확대(창업 7년 이내) 및 사업 실패자의 소액 체납세금 한시적 면제, '18년 정책금융 부실채권 채무조정 범위 확대 등을 통해 재도전 창업자의 실패 부담을 완화하고, 성실 실패 재창업자를 대상으로 맞춤형 교육, 사업화, 자금 등 패키지식 지원을 확대('22년까지 5.5천 명)
- 유니콘 탄생 생태계 조성 : 스타트업을 예비 유니콘으로, 예비 유니콘을 유니콘으로 육성하는 "K-유니콘 프로젝트" 추진, 포스트 코로나 시대 성장이 기대되는 비대면·바이오·그린뉴딜 분야 펀드 조성

또한 정부는 국가 혁신성장의 핵심축으로 창업·벤처 선순환 생태계 조성을 위한 세부 정책을 마련하여 창업-투자-회수환경을 대폭 개선하였으며, 창업비자 제도의 확대를 통해 국내 생태계의 글로벌화를 추진하고 있다.

- 창업환경 : 핵심 기술 인력의 창업 도전 확대, 민간 중심의 혁신기업 선별·지원, 부담금 등 창업 걸림돌 해소
- 투자환경 : 재정·정책금융을 마중물로 대규모 모험자본 공급, 세제 혜택 및 규제 완화를 통한 벤처투자 확대
- 회수환경 : 회수시장 기능 회복 및 활성화, M&A 활성화, 재도전·재창업 지원을 위한 안전망 강화
- 글로벌화 : 기술창업비자(D-8-4) 및 기술창업준비비자(D-10-2)에 대한 취득 방법 확대를 통해 해외 기술인재의 국내 창업을 촉진

벤처투자 관련 제도는 초기에 「중소기업창업지원법」과 「벤처기업특별법」으로 이원화된 법률체계로 구성하였으나, 이로 인해 투자조합별로 복잡하고 서로 맞지 않는 규제가 적용되면서 투자업계에서는 체계적인 통합법 체계를 요구하고 나섰다. 이에 정부는 둘로 분산된 벤처투자 관련 제도를 하나의 법체계로 묶어 「벤처

투자 촉진에 관한 법률」을 제정(2020년 2월)했다. 벤처투자제도를 근본적으로 시장친화적인 관점에서 ① 체계화 ② 단순화 ③ 최소 규제의 방향으로 다음의 〈표 1-6〉과 같이 개편했다.

〈표 1-6〉 벤처투자제도

구분	내용
벤처투자제도 체계화 및 단순화	- 투자제도 체계화 : 개인투자조합 → 창업기획자 → 창업투자회사 → 벤처투자조합 → 모태펀드 및 한국벤처투자
	- 벤처펀드 일원화 : 창업투자조합, 한국벤처투자조합(KVF) → 벤처투자조합
벤처투자 진입장벽 완화	- 창업기획자의 벤처투자조합 결성 허용
	- 창업투자회사의 창업 · 벤처PEF 결성 · 운용 허용 & 펀드운용 현황 보고
	- 공모벤처투자조합 재정비
투자관련 규제 완화 또는 폐지	- 투자방식 다양화(조건부지분인수계약 추가)
	- 창업 · 벤처기업 등에 대한 투자의무(펀드의 40%)의 유연한 적용
	- 투자대상 업종 확대(금지업종 열거 → 사행성 등 포괄적으로 금지)
	- 중견 · 해외기업 · SPAC 투자 허용 등

유니콘(Unicorn) 기업

유니콘 기업(Unicorn)은 기업 가치가 10억 달러(=1조 원) 이상이고 창업한 지 10년 이하인 비상장 스타트업 기업을 말한다. 원래 유니콘이란 뿔이 하나 달린 말처럼 생긴 전설상의 동물을 말한다. 스타트업 기업이 상장하기도 전에 기업 가치가 1조 원 이상이 되는 것은 마치 유니콘처럼 상상 속에서나 존재할 수 있다는 의미로 사용되었다. 2013년 벤처 투자자인 에일린 리(Aileen Lee)가 처음 사용한 용어이다.

데카콘(decacorn) 기업

데카콘(decacorn) 기업이란 기업 가치가 100억 달러(=10조 원) 이상인 비상장 스타트업 기업을 말한다. 원래 데카콘(decacorn)이란 머리에 10개의 뿔을 가진 상상 속의 동물을 말한다. 기업 가치가 1조 원 이상인 비상장 스타트업 기업을 머리에 뿔이 1개인 상상 속의 동물인 유니콘(unicorn)에 비유했듯이, 기업 가치가 10조 원 이상인 비상장 스타트업 기업을 머리에 뿔이 10개인 상상 속의 동물인 데카콘에 비유하였다. 미국의 경제통신사인 블룸버그가 처음 사용한 용어이다.

제 2 장

벤처스타트업의 창업전략

제 2 장 벤처스타트업의 창업전략

제1절 전략 수립

1. 경영전략

조직의 기본적인 장기목표를 정하고 이들 목표를 달성하는 데 필요한 행동 방식을 채택하여 이에 소요되는 자원을 배분하는 일을 전략이라 한다. 즉 전략에는 기업의 목표 수립과 그 목표를 달성하기 위한 여러 가지 계획이나 정책이 포함된다. 경영전략에 있어 주요 관심은 경쟁자와 비교해서 경쟁우위를 어떻게 가질 것인가 하는 문제이다.

기업이 경쟁우위를 유지하기 위해서는 장기적 목표(미션), 정책, 자원의 효율적 배분 등으로 모든 자원을 통합하되 구체적인 목표를 지향하는 일종의 책략으로서 전략이 수립되는데 이는 기업규모의 확대, 환경의 불확실성, 경영의 복잡성 증가 등 경영환경의 급변에 따라 중요성이 더하고 있다.

1) 전략의 역할

기업이 보유한 자원을 바탕으로 산업 환경에 대응하는 의사결정의 패턴으로서 전략은 조직의 다음과 같은 역할을 한다.

첫째, 계획(plan)으로서 기업이 처하는 특정 상황에 대응하기 위한 의도적인 행동 방향이다. 기업의 비전과 목표의 설정과 이를 달성하기 위한 행위의 기준이 된다.

둘째, 정책(poly)으로서 경쟁자의 의표를 찌르기 위한 일종의 책략이다. 경영활동의 세부적인 활동으로 마케팅 전략, 기술개발과 제품출시 전략, 자금 전략 등이다.

셋째, 행위유형(pattern)으로서 사전 의도에 상관없이 일관되게 나타나는 행위 결과의 흐름이다. 장기적으로 기업 문화로 발전하며 타 기업과 차별화된다.

넷째, 위치선정(position)으로서 외부환경 속에서 기업조직의 위치를 결정하는 수단이다. 장기적으로 기업의 생존유형과 직결된다.

다섯째, 관점(perspective)으로서 기업 내부조직을 적절하게 위치시키는 수단으로 작용한다.

2) 전략 수립과정

전략 수립은 기업의 존재 이유인 미션을 확립한 후 전략적 및 재무적 목표를 수립한다. 이러한 전략적 목표의 달성을 위해 우선 검토해야 할 사항으로 외부환경이 기업에 미치는 기회와 위협을 분석하고 이에 대한 기업 내부능력을 강점과 약점으로 확인한다. 경영목표와 실행전략은 외부환경과 내부자원분석을 바탕으로 기업이 나아가야 할 전략적 방향을 결정하며, 기능별 전략과 활동 계획에는 연구개발, 마케팅, 생산, 인사, 재무관리가 포함된다. 기업이 사업 단위로 구분되어 있지 않았으면, 제품별로 구분하여 전략을 수립할 수 있다.

전략 수립과정을 도표로 나타내면 다음의 [그림 2-1]과 같다.

미션(사명)은 기업의 존재 근거이자 기업의 장기적 목적으로 우리 회사는 장기적 관점에서 무엇을 바라는가? 또는 장기적 관점에서 무엇을 피해야 하는가? 에 대한 대답이다. 이러한 사명은 기업의 성과에 영향을 줄 수도 있고 또는 아무 영향을 주지 않을 수도 있다. 하지만 사명과 목적은 기업의 모든 활동에 스며들어 있다.

목표 설정은 상세하고 측정할 수 있게 설정되어야 하며, 사명을 달성하기 위해 기업이 해야 할 일들로 구성된다. 이는 전략경영 과정의 다른 요소들에 영향을 주어야 하며, 좋은 목표는 기업의 사명과 직접 연결된다.

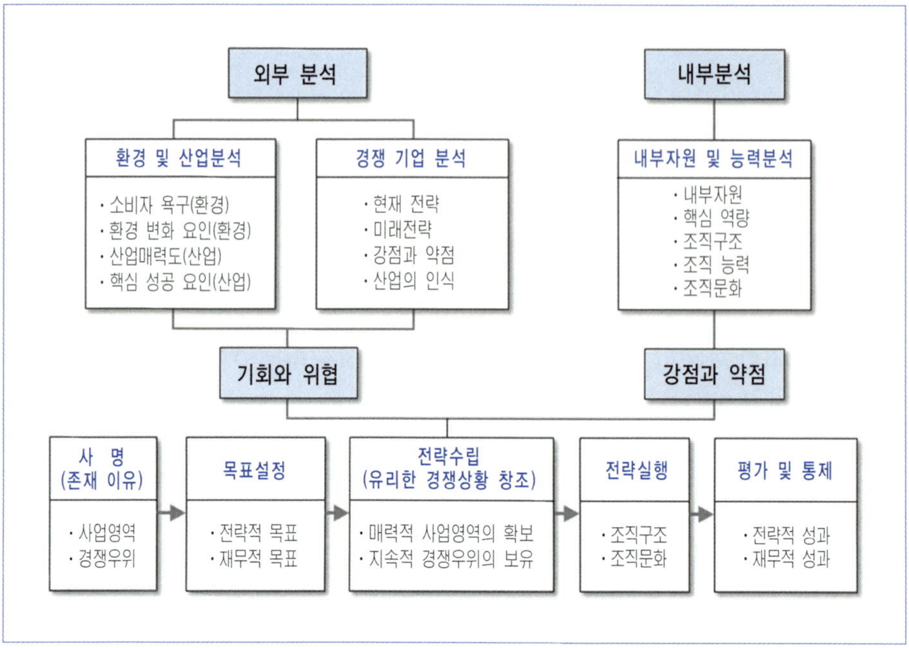

[그림 2-1] 경영전략 수립과정

전략 수립은 기업에 가장 유리한 상황을 창조하는 과정으로 사업부 수준과 기업 수준의 전략으로 구분할 수 있다. 사업부 수준의 전략은 주어진 시장에서의 사업 포지셔닝으로 낮은 원가 전략, 차별화 전략이 있다. 전사적 수준의 전략은 어느 시장 또는 사업에 진출할 것인가를 결정하는 것으로 수직적 통합, 다각화 전략, 전략적 제휴 및 인수합병 전략이 있다.

전략 선택의 기본적 논리는 기업의 사명을 뒷받침하는가?, 기업의 목표와 일치 여부, 외부기회와 내부강점의 활용 가능 여부, 외부 위협과 내부 약점 회피 가능 여부가 될 것이다.

수립된 전략의 실행은 선택한 전략과 일치하는 조직적 정책과 행동이 실현될 때 전략적 목표가 달성될 수 있다. 실행에는 전략이 수행되는 방법(how), 누가(who) 무엇을(what) 할 것인가?, 조직의 구조와 통제인 누가 누구에게 보고하는가?, 채용, 승진, 보상 등은 어떻게 하는가? 등 구체적인 조직정책과 행동 지침이 포함된다. 예를 들면 정규 조직구조, 정규적 · 비정규적 구성 및 업무와 역할, 경영통제 시스템, 종업원 보상정책 등이 있다.

3) 경영전략의 내 · 외부요인

경영전략에서 고려되어야 하는 외부요인으로는 산업 내 경쟁, 대체재, 잠재적 진출기업, 공급자와 소비자가 있다. 외부 영향 요인으로서 산업 내 경쟁자 분석에는 산업의 집중도, 제품차별화, 초과 생산능력, 변동비 대 고정비의 비율, 시장성장률, 산업의 경기변동, 퇴출장벽 등의 비교우위를 확인해야 한다.

우리 기업의 제품(서비스)의 대체재에 대한 구매자의 성향, 대체재의 상대가격 및 잠재적 시장 진출기업에 대한 규모의 경제, 절대 비용우위, 자본 소요량, 제품차별화, 유통망에 대한 접근, 정부와 법적 규제, 기존 기업의 보복 등도 중요한 확인 요소이다. 또한 공급자와 구매자와의 관계에서는 가격 민감성에 영향을 미치는 원자재비용의 비중, 구매자의 이윤율 수준 및 제품 품질의 중요성과 구매자의 교섭력인 공급자에 대한 상대적 크기, 전환비용, 구매자의 정보, 구매자의 후방통합 능력이 검토되어야 한다.

경영전략에서 고려해야 하는 내부요인으로는 기업의 능력으로 경쟁력의 기반이 되는 조직의 역량이며, 유형자산과 무형자산을 모두 포함한 경쟁역량을 확인해야 한다.

비즈니스 기능의 측면에서 문제점과 이슈를 파악하고, 조직구조 및 운영과 조직문화 등의 업무스타일이 긍정적으로 작동하는지를 파악하며, 비즈니스의 성공요소를 얼마나 보유하고 있는가 등을 검토해야 한다.

프로이센 군사전략가 클라우제비츠(Clauzewitz)는 전략의 핵심은 결정적 순간(critical moment)에 결정적 자원(critical resource)을 동원하는 일이라고 하였다. 자원기반이론에 의하면 지속적 경쟁우위를 위한 자원의 조건으로 Value(가치가 있는 자원), Rarity(산업 내 희소성이 있는 자원), Inimitability(모방할 수 없는 자원), exploited by Organization(조직에의 활용)을 제시하고 있다. 특히 모방 불가능성은 독특한 역사적 조건(history), 인과관계의 모호성(casual ambiguity), 복잡한 사회적 관계(social complexity)를 바탕으로 생성된다고 하였다. 이러한 조건을 충족하는 자원을 non substitutable resource(대체할 수 없는 자원)라 하고 이의 보유 여부가 기업의 지속적 경쟁우위를 유지해준다고 설명하고 있다.

경영자원의 특성과 기업의 성과 간의 관계는 다음의 [그림 2-2]와 같다.

자원의 특성				경쟁적 시사점	성 과
가치 (V)	희소성 (R)	모방불가성 (I)	조직 (O)		
No	--	--	--	경쟁열위	저수익
Yes	No	--	--	경쟁등위	평균 수익
Yes	Yes	No	--	간헐적 경쟁우위	간헐적 수익
Yes	Yes	Yes	No	한시적 경쟁우위	한시적 고수익
Yes	Yes	Yes	Yes	지속적 경쟁우위	지속적 고수익

[그림 2-2] VRIO와 기업의 성과

4) 자원의 종류

자원의 종류에는 인적 자원, 조직자원, 명성자원, 물적자원, 재무자원, 기술자원 등으로 구분할 수 있다.

인적 자원(human resources)은 종업원의 교육훈련 정도, 보유 전문지식, 충성과 헌신, 경험, 판단, 지능, 관계, 통찰력 등과 창업자와 창업팀의 지식, 훈련, 비전, 지능 수준 등과 조직원의 관계 자본(Relational Capital)이 포함된다. 또한 조직 구성원이 가지는 network도 인적 자원의 구성요소이다.

조직자원(organization resources)은 기업의 구조와 시스템으로서 보고체계, 공식 및 비공식 계획, 통제 및 조정, 문화와 명성, 이해관계 집단 간의 관계 등을 포함한다. 구성원들의 창의성과 혁신, 열정을 고취할 수 있는 조직구조와 문화는 경쟁자와의 차별화를 위한 중요한 무형 자원이다.

명성자원(reputational resources)은 회사에 대한 타인의 인식으로 제품 차원은 브랜드 충성도, 기업 차원에서는 기업의 전반적인 이미지이며, 명성자원의 요소에는 경영 수준, 기업자산의 활용, 재무 건전성, 투자가치, 제품과 서비스의 품질, 혁신성, 우수인력의 개발과 유치, 지역과 환경에 대한 책임 등이 있다. 이는 벤처기업에 있어 네트워킹에 중요 요소로 작용한다.

물적자원(physical resources)은 설비와 기업에서 사용되는 물적 기술을 포함하며, 공장과 설비, 지리적 입지, 원재료에 대한 접근성 등이다. 물적자원은 특별한 역사적 상황에 의해 형성된 경우를 제외하고는 지속적 경쟁우위의 원천이 되기 어렵다.

재무자원(financial resources)은 기업의 전략 수립과 실행에 사용할 수 있는 금전적 자원, 차입, 증자, 내부유보 등을 포함한 자금조달 역량으로 평가된다. 금융의 공급이 원활한 상황에서는 재무자원이 경쟁우위의 원천이 되기 어렵다.

기술자원(technological resources)은 특허권, 저작권, 영업비밀, 연구 설비 및 기술 인력 등의 요소로 R&D에 의해 획득되고 특허, 의장권, 상표 등에 의해 보호될 때 핵심 자원으로서의 기능을 한다. 기술자원 자체로는 지속적 경쟁우위의 원천이 될 수 없고, 인적 자원과 결합할 때 가능하다.

경영자원과 경쟁우위와의 관계는 다음의 [그림 2-3]과 같이 정리할 수 있다.

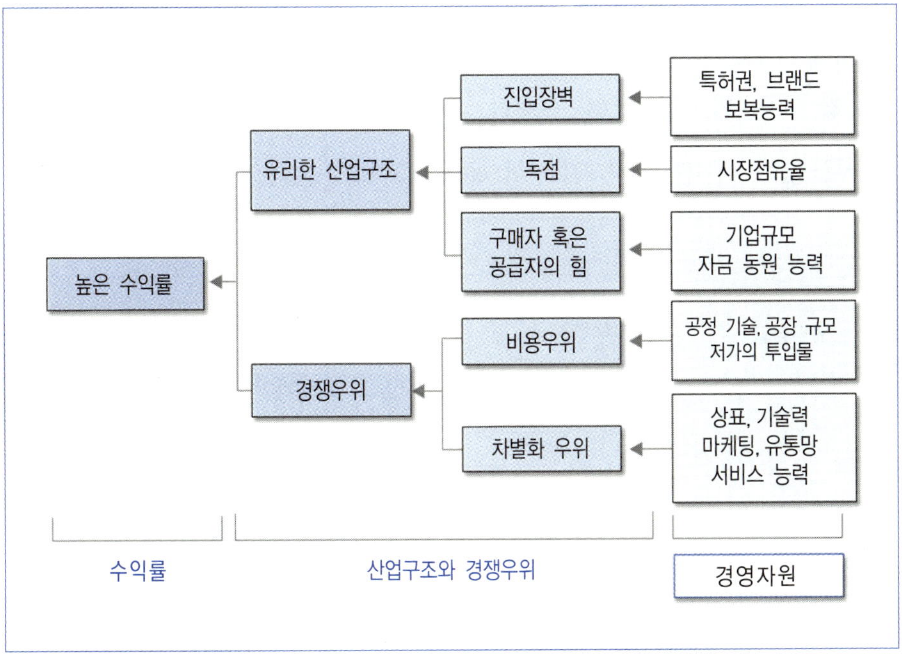

[그림 2-3] 경쟁우위의 원천

2. 전략 수립을 위한 분석 도구

1) SWOT 분석

기업의 전략 수립에 있어 사용되는 분석 도구로 기업의 성공 판단 원천은 기업의 환경이 우호적이냐 아니냐에 의해 결정된다는 포터(M. Porter)의 일반적 전략과 포터의 이론이 가지고 있는 비슷한 환경에 있는 기업은 수익성이 같아야 한다는 약점을 보완한 기업의 수익 원천이 외부가 아닌 내부요인에 의해 결정된다는 루멜트와 바니의 자원기반이론을 바탕으로 한 SWOT 분석이 사용된다. 이는 환경변수와 자기 잠재력을 고려해 창업의 방향을 설정하고자 할 때 많이 사용하는 방법의 하나다.

SWOT 분석은 자신이 가지고 있는 강점(Strength)과 약점(Weakness)을 파악하고, 환경 분석을 통해 기회요인(Opportunity)과 위협요인(Threat)을 발견하여 이를 연결해 타당한 방향을 찾는 방법이다. 기회요인은 지금의 환경변화가 창업할 때 어떤 점에서 유리할지를 찾아내는 것이며, 위협요인은 환경변화 중에서 창업자들에게 불리하게 작용할 변수들을 말하며, 현재 전개되는 각종 환경변화에는 경제・기술적 환경 변화, 법・정치적 환경 변화, 사회・문화적 환경변화 등이 있다.

외부환경과 내부역량의 구체적 분석 내용을 도식화하면 다음의 [그림 2-4]와 같다.

	기회(opportunities)	위협(threats)
외부환경	・시장 확대 조망 ・고객수요 변화 ・정부 시책 ・관련 업종 부가 상승 ・감세, 면세	・경쟁 격화 ・스태그플레이션 ・국제시장 개방화 ・관세장벽 ・수요패턴 쇠퇴
	강점(strengths)	**약점(weaknesses)**
내부자원	・인재 확보 ・신 시설, 최신장비 ・우수한 기업 문화 ・자금동원력 ・원가 우위 제품 보유 ・신제품 개발 능력	・인재 부족 ・시설 노후화 ・시장인지도 부족 ・유동자금 부족 ・핵심기술 부재 ・장기전략 부재

[그림 2-4] 외부환경 및 내부자원 분석

외부환경 및 내부역량 분석을 통해 기업이 취할 수 있는 전략의 방향을 정리하면 다음의 〈표 2-1〉과 같다. 기존사업 분야와 보유 역량에 대한 외부환경의 변화에 따라 기업에 적합한 전략의 수립이 요구된다.

〈표 2-1〉 SWOT 분석을 통한 전략 수립

	강점(S)	약점(W)
기회(O)	공격적 전략	방향 전환전략
위협(T)	다각화 전략	방어적 전략

창업기업의 경우 SWOT를 활용한 창업 방향의 도출은 다음의 〈표 2-2〉와 같이 정리할 수 있겠다. 강점을 활용하는 전략의 수립을 기반으로 외부와의 경쟁 패러다임을 변화시킴으로써 기회를 창출하는 전략의 수립이 필요할 것이다.

〈표 2-2〉 SWOT를 활용한 창업전략 도출

구분	기회(0)	위협(T)
강점(S)	기회를 살리고 강점을 활용 (S0 전략) → 1순위(성공 전략화)	강점을 살리되 위험을 축소 (ST 전략) → 2순위(위험회피)
약점(W)	기회를 살리되 약점을 고려 (W0 전략) → 3순위(성공 전략화)	위협과 약점을 동시에 고려 (WT 전략) → 4순위(위험회피)

2) 제품수명주기 분석(Product Life Cycle)

기업이 생산 판매하는 제품에 대하여 시장에의 진입에서 퇴출까지를 유기체의 생애주기에 대비하여 단계별 특징에 대응하는 전략을 수립하는 방법이다. 주기별 특징과 대응 전략은 다음의 〈표 2-3〉으로 정리된다.

〈표 2-3〉 제품수명주기 분석

시기	도입기	성장기	성숙기	쇠퇴기
특징	투자 비용 유출 이익보다는 손실	이익 증대 매출 증대 경쟁 격화	현금유입 매출 둔화 시작	매출 감소 이익 감소
대응 전략	공격전략 판매·광고비 전략 기술혁신 투자	시장 확대	기존고객 만족 생산성 향상 신제품 개발 착수	현상 유지 비용 통제

3) 제품/시장 믹스 분석(Product/Market Grid)

진입하고자 하는 시장과 제품의 존재 여부를 결합하여 기업의 취하고자 하는 전략의 방향을 결정하는 방법이다. 제품과 시장의 조합에 따라 기업이 취할 수 있는 전략은 다음의 [그림 2-5]와 같다.

시장 \ 제품	기존 제품	신제품
기존 시장	기존 시장 침투	신제품 개발
신시장	신시장 개척	다각화

[그림 2-5] 제품/시장 믹스 분석

4) BCG 매트릭스 분석

BCG 매트릭스(BCG Matrix)는 미국의 보스턴 컨설팅 그룹(BCG)이 개발한 기업의 장기적 제품 구성을 위한 전략 수립평가 기법이다. BCG는 기업이 사업에 대한 전략을 결정할 때 '시장점유율'(market share)과 '사업의 성장률'(Growth)을 고려한다고 가정한다. BCG 매트릭스는 이 두 가지 요소를 기준으로 기업의 사업의 제품군을 '스타(stars)', '현금젖소(cash cows)', '물음표(question marks)', '개(dogs)'로 명명하고 있다. 제품군의 관계는 다음의 [그림 2-6]과 같다.

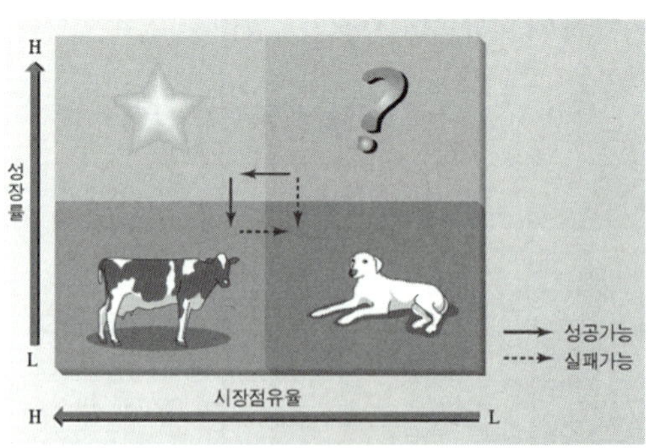

[그림 2-6] BCG 매트릭스 분석

각 제품군의 특성은 다음과 같다.

- **스타**(stars) : 시장 성장률이 높아 많은 수익을 발생시키나, 시장의 성장에 따른 생산설비의 확충, 광고 및 시장 확대 유지를 위한 비용 또한 많이 발생하여 이익의 수준은 낮다. 제품수명주기의 성장기에 해당한다.
- **물음표**(question marks) : 시장 성장률은 높은데도 불구하고 시장점유율이 낮아, 수익보다 지출이 많아 현금 발생은 마이너스 상태이다. 시장진입 초기의 제품으로 지속적 성장 여부는 알 수 없다. 제품수명주기의 도입기에 해당한다.
- **현금 젖소**(cash cows) : 시장 성장률은 낮은데도 불구하고 시장점유율이 높아, 현재 많은 수익을 발생시키고 있으며 앞으로도 수익 발생이 가능하여, 현금 발생은 플러스 상태이다. 제품수명주기의 성숙기에 해당한다.
- **개**(dogs) : 시장 성장률도 낮고 시장점유율도 낮아 현금 발생은 극히 저조한 상태를 보이며 시장에서도 철수를 고려해야 하는 제품군이다. 제품수명주기의 쇠퇴기에 해당한다.

각 제품군의 상대적 시장점유율과 성장률에 따른 제품과 현금의 이동 경로는 다음의 [그림 2-7]과 같다. Cash Cows 제품군에서 창출한 현금은 미래의 Cash Cows 제품을 확보하기 위해 STARS 및 Problem Children 제품군에 투자함을 알 수 있다.

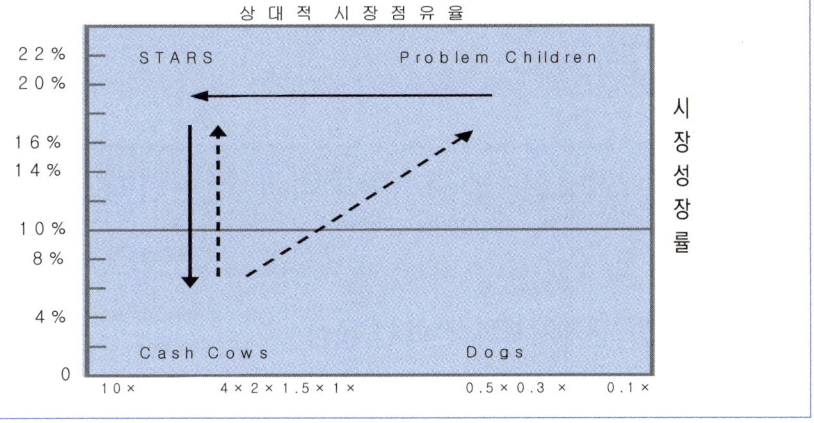

[그림 2-7] BCG Matrix의 현금, 상품 이동

＊ 실선 : 상품이동, 점선 : 현금이동

5) 전략목표와 대응 전략

다양한 경영전략 분석 도구를 활용하여 도출된 전략들은 기업의 전략목표에 따라 활용 방법 및 시기가 달라진다. 시장에서 경쟁자와의 관계에 있어 우위를 위한 경쟁우위전략으로는 원가우위전략, 차별화 전략, 집중화 전략 등이 활용된다.

시장의 변화와 트렌트에 적극적으로 대응하기 위한 시장 대응 전략으로는 제품수명주기 전략, 포트폴리오전략, 제품/시장 믹스 전략이 있다.

이를 종합하면 다음의 [그림 2-8]과 같다.

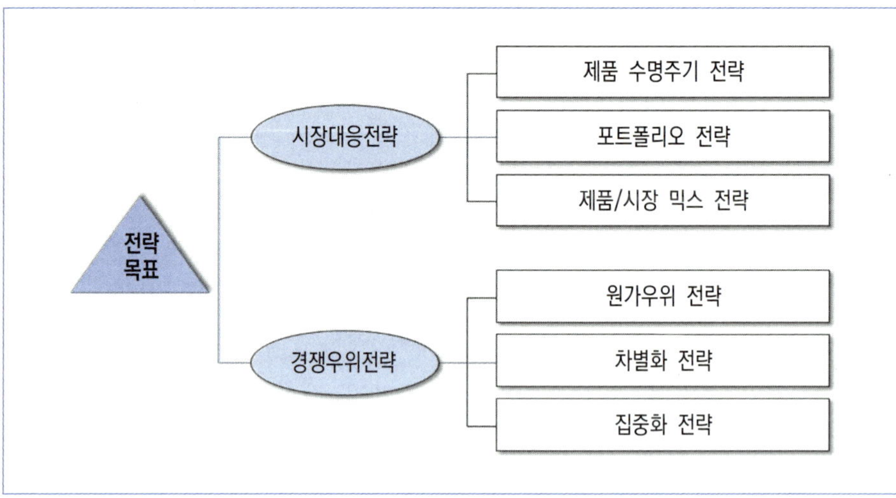

[그림 2-8] 전략목표와 대응 전략

제2절 벤처스타트업의 경영전략

1. 스타트업 단계에서의 전략 중요성

벤처스타트업(창업) 단계에서는 시장에 진입한 제품이 없는 상태이므로 경쟁우위의 원천이 되는 시제품의 개발과 벤처기업의 시장진입 전략의 수립이 최우선이다. 벤처 제품의 성공은 제품의 경쟁우위 확보와 진입의 타이밍에 좌우된다.

벤처기업이 새로운 제품을 개발하여 시장에 진입하면 신생기업의 어려움(liability of newness)에 부딪힌다. 알려지지 않은 기업의 제품에 대한 신뢰와 제품에 대한 인지도가 낮음으로써 겪는 어려움이다. 이는 일방적인 경쟁우위(unfair advantage)의 확보로 상쇄할 수 있다. 특허나 독점적 점유권 등으로 인해 받는 유리한 조건으로 이의 확보전략이 중요하다.

또한 초기의 경쟁우위를 지속해서 유지하는 문제이다. 이는 경쟁 기업과 차별화되는 핵심 역량(distinctive competence) 보유 여부에 의존한다.

벤처창업자가 범하는 오류로 시장의 정태적 판단에 따라 경쟁위험의 간과이며, 특히 시장진입 당시 분석한 환경조건은 시장진입 후 변화되기에 지속 가능한 경쟁우위의 유지라는 문제점 해결이 매우 중요하다.

2. 벤처스타트업 경영전략에 대한 외부영향 요인

벤처기업의 경영전략 수립 시 고려해야 하는 주요한 외부영향 요인으로 진입장벽, 교섭력, 산업의 진화가 있다. 이는 기존의 기업과는 다른 신생 벤처기업이 부담해야 하는 요인들이다.

(1) 진입장벽(Entry Barriers)

기존 기업이 신규진입기업과 비교해 가지는 우위로 발생의 원인으로는 규모의 경제(economy of scale), 다양한 제품군에 의한 제품차별화, 유통채널의 확보, 자본 소요량, 절대적인 비용우위, 기존사업자의 보복 등으로 인해 시장진입에의 어려움이 발생한다.

(2) 교섭력(Bargaining Power)

공급자나 구매자 간에 상대적인 힘의 격차에서 발생하는 불평등으로 발생의 원인은 구매자나 공급자의 시장집중도, 대체재의 존재 여부, 구매에서 차지하는 비중, 교체 비용, 전후방통합의 위협 등이다.

(3) 산업의 진화(Life Cycle)

유기체적 관점(도입, 성장, 성숙, 쇠퇴)에서 기업은 물론 산업, 제품에 있어 다양한 생애주기를 가지고 있다. 창업기업이 진입하고자 하는 시장의 위치에 따라 다른 전략을 구사하여야 한다. 생애주기의 발생 원인으로는 인구추세와 인구구성의 변화, 기술혁신, 가치관과 생활양식의 변화, 구매자 영역 변화 및 독점적 지식의 확산 등이 있다.

또한 Life Cycle은 일정하게 변하지 않으므로 시장진입 초기에 정확한 분석이 필요하다. 산업 Life Cycle의 불규칙성은 다음의 [그림 2-9]와 같다.

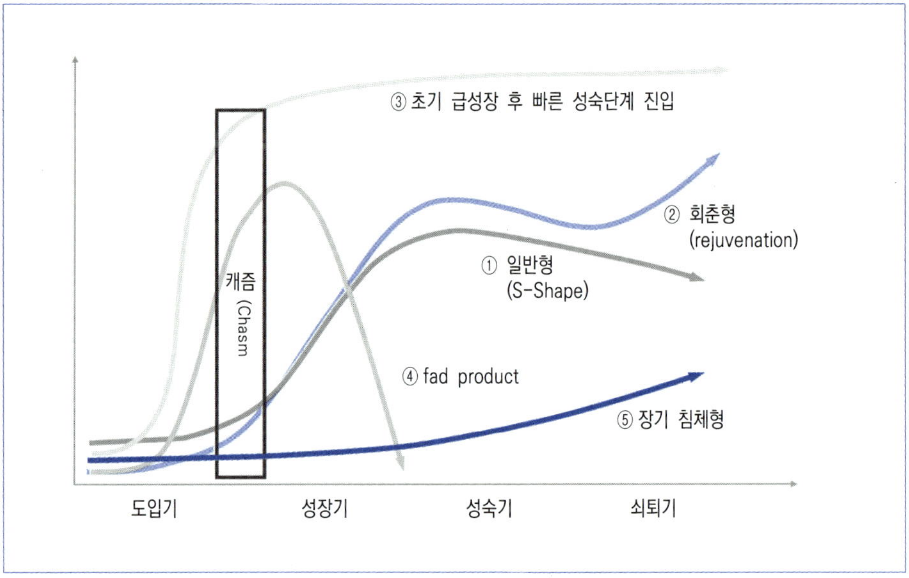

[그림 2-9] 산업 Life Cycle의 불규칙성

3. 벤처경영전략과 성장위험

사업이 균형적인 성장을 유지해 나가기 위해서는 종합적인 경영방침이 집약된 경영계획에 의하여 리스크를 피하는 경영전략이 필요하다. 따라서 벤처기업이 계속기업으로 존속하기 위해서는 다음과 같은 위험을 잘 관리해야 한다.

(1) 개발위험

연구개발은 기업의 성장 과정에서 위험이 가장 많은 단계이다. 따라서 많은 나라에서 연구개발비를 국가가 정책적으로 지원하거나 대기업에서 투자하게 된다. 벤처비즈니스의 연구개발이나 기술창업을 도와주기 위해 선진각국에서 활성화되고 있는 제도로 창업보육센터가 있다. 이는 기술집약형 벤처비즈니스가 비서, 행정보조원, 작업 공간, 경영 마케팅, 회계, 재무 등의 지원을 통해 기업발전을 가속하도록 하는 것이다.

(2) 제조위험

제품의 제조나 생산과정에서 중요한 것은 기술성과 제조원가이다. 기술성 부문은 연구개발 위험과도 연결되는 것으로서 신제품의 기술이 기존 경쟁상품보다 우수하지 못하면 불리하다. 또한 시제품은 제대로 만들어졌으나 대량생산 시에는 원제품과 동질의 제품이 나오지 않는 경우 고정비만 계속 투자하다가 도산하는 기업도 많이 있다. 또한 제조원가가 너무 비싼 경우는 경제성이 없다. 따라서 시판가격이 너무 비싼 경우 경쟁제품이나 대체 제품과 비교해 수요가 늘어나기 어렵다.

(3) 마케팅위험

제품이 생산되어 시장에서 판매가 되어야 비로소 기업은 살아갈 수 있다. 시장에 수요가 존재하고 다른 제품보다 경쟁우위에 있어서 시장에 진입이 순조로워야 벤처비즈니스는 성장할 수 있다. 생산된 제품이 잘 팔릴 수 있도록 정확한 수요예측과 품질과 가격 등 경쟁우위 요소를 많이 확보하고 있다면 마케팅위험은 줄일 수 있다.

(4) 관리위험

기술성이 뛰어나 여러 가지 특허를 가지고 있다 하더라도 관리능력이 없으면 기업경영이 방만해지기 쉽다. 특히 기업은 계속성의 원칙에 따라 판매관리, 자금관리, 인력관리 등을 짜임새 있게 운영하여야 한다. 관리능력 부족으로 어음 관리 및 자금조달 등의 차질을 빚어 결국 부도가 발생하게 되면 생산 및 판매를 눈앞에 두고서도 주저앉는 경우가 많다.

(5) 성장위험

성장위험은 기업의 영업실적이 증가하고 조직이 커짐에 따라 증가하게 되는 위험이다. 벤처비즈니스는 성장하면서 맞게 되는 여러 가지 위기를 극복할 수 있도록 금융기관, 원재료공급처 및 판매처, 동 업계 관계기관 등 이해관계자들과 유대를 강화하여야 한다.

4. 성장단계별 경영전략

벤처기업은 초기 시장진입의 어려움을 극복하고 난 이후에도 기업으로서의 체계화 및 경험이 미숙함에 따라 많은 위험이 상존한다. 성장단계에 따라 예상되는 리스크의 회피 및 경영전략은 다음과 같다.

1) 창업기

창업기에는 보통 부족한 자본과 인재로 새로운 기술과 노하우를 바탕으로 사업을 시작하는 단계이다. 이 시기에는 시간적인 압박과 제한된 자원 때문에 비즈니스로서 기본적인 사항이 무시되며 여러 종류의 경영상 리스크가 존재하는 복합 리스크 단계이다.

이 리스크를 어떻게 제어하고 관리하여야 하는가를 기업설립 단계에서 면밀한 기획과 실행이 필요하다. 이 단계에서 경영전략은 다음과 같다.

① 회사의 형태, 조직, 주주 관리 등을 명확히 결정한다(이 결정은 후에 금융 수요, 개인의 경제 및 상속대책, 법인세 및 소득세의 최소화, 경영권 등의 문제에 크게 영향을 미칠 수 있다.).

② 전체를 포괄하고 신뢰할 수 있는 사업계획을 작성한다.

③ 성장에 필요한 자본금을 확보한다(유상증자, 전환사채 등 공모 · 사모를 통한 금융과 벤처캐피탈 이용계획, 정부의 지원이나 은행으로부터 차입, 설비와 기계의 리스 등 다양한 방법이 있을 수 있다.).

④ 특허권과 실용신안권 등을 획득한다.

⑤ 기술개발에 주력한다.

⑥ 원재료공급처를 확보한다.
⑦ 공인회계사, 세무사 등 전문가를 선정한다.
⑧ 회사설립에 따른 창업자와 임원의 개인소득세에 대한 영향을 조사한다.
⑨ 관리회계, 세무, 업무상 절차 등에 관한 방침을 확정한다.

2) 창업자에 의한 성장 초기

아이디어의 상품화에 성공하여 사업이 순조롭게 진행되는 단계이다. 이 단계에서는 시장의 수요에 맞추기 위하여 인적 자원, 공장, 기계, 설비 등 물적자원과 자금을 총동원하여 생산에 전념하는 시기이다. 또한 창업경영자가 영업, 재무 및 기타 거의 모든 부분에 책임을 지는 리더십 리스크가 존재한다. 이 시기에는 판매와 리더십 리스크를 어떻게 관리하느냐가 가장 중요한 문제이다. 첨단기술과 연구개발에만 기업 에너지를 사용해서는 안 되며, 기업의 조직화에 초점을 맞춤으로써 다음 단계로의 성장을 기대할 수 있다. 이 단계에서의 중요한 관리사항은 다음과 같다.

① 고도 정보화 사회에서 경쟁에 이기기 위해서는 제조와 마케팅에 관한 종합적이고도 지속적인 최신 정보가 필요하다. 이를 위해 경영정보시스템과 사무기기 자동화 등과 같이 컴퓨터의 이용이 불가피하게 된다.
② 기업규모에 맞는 재무 보고 시스템을 만들지 않으면 안 된다. 이 단계에서는 신속한 재무 보고가 필요하며, 특히 사업에 필수적인 업무, 즉 자금조달, 재고, 시제품, 예측, 예산 등에 관해서는 보고 시스템을 잘 갖추어야 한다.
③ 사업이 성장하는 데에 따라 최고경영자의 교육·훈련이 필요하다. 인간의 선천적인 능력이나 기술적 능력과는 달리 경영관리 능력은 교육·훈련에 의해 증진될 수 있다.

3) 경영관리에 의한 성장 중기

시장에서 제품의 수요가 증가하고 이익이 발생하기 시작하는 시기이다. 수요가 많아지면 첨단기술 사업 초기에는 조직과 관리상의 리스크를 간과하기 쉽다.

기업은 언젠가는 경쟁이 치열해지고 시장확보와 지속적인 연구개발을 위한 요소자금이 필요하게 된다. 조직과 관리상의 문제점이 계속 방치된다면 다른 문제가 파생되기 쉽다. 예를 들면 다음과 같다.

① 매출을 정확히 예측할 수 없음
② 생산 일정이 불규칙하게 됨
③ 부문 간의 의사소통이 어려워짐
④ 비용이 상승함
⑤ 재고자산이 누적됨
⑥ 매출채권의 회수에도 문제가 생김
⑦ 제2의 후속 제품개발과 그 시장전략에 지장이 있음

조직과 관리 부문에의 투자가 경시되고 경영관리의식이 모자라기 쉬운 이 단계에서의 중요한 경영전략을 살펴보면 다음과 같다.

① 실정에 맞는 조직적인 제조 및 재고관리를 한다.
② 적절한 재무관리 시스템을 구축해야 한다.
③ 기업의 시스템화·조직화에 초점을 두는 동시에 경험 있는 경영진의 충원도 고려할 시기이다.

4) 권한이양에 의한 성장 가속기

기업의 규모가 상당히 큰 단계로 성장을 지속해 나가기 위하여 관리직의 동기부여가 필요하게 된다. 이를 위한 방안으로 권한이양에 의한 분권화를 이루는 분산된 관리체제가 필요하게 된다.

즉, 분산된 관리체제를 총괄해야 한다는 의미에서 통제 위험이 문제로 등장하게 된다. 이 단계에서의 중요한 경영전략은 다음과 같다.

① 다각화가 진행되어 제휴와 매수가 확대 정책의 하나로 된다.
② 경영체제와 조직의 점검·진단이 필요하게 된다.
③ 인적 자원의 재교육·재배치를 통하여 분권관리와 전체 통제 시스템을 완성한다.

5) 협조에 의한 성장 안정기

권한의 분권화가 진행되면 조직의 통일관리가 어렵게 된다. 이 단계는 경영자가 다시 중앙집권화를 지향하는 시기로 조직이 비대해지고 효율적인 경영을 막는 관료 리스크가 중요한 과제로 나타나게 된다. 이 단계에서의 중요한 경영전략은 다음과 같다.

① 효율적인 조직의 확립, 새로운 인재의 충원, 컴퓨터의 도입, 종업원의 재교육을 하는 것이 중요하다.
② 생산성 향상을 위한 QC 활동도 중요하다.
③ 새로운 경영전략의 검토가 필요하다.

6) 조직 활성화에 의한 성장 성숙기

기업규모의 확대에 따라 조직의 거대화가 진행되어 유연하고 창조적인 경영의 유지가 곤란하게 된다. 즉 조직의 관료화가 보다 진전되어 조직의 '경직화 리스크'가 발생한다. 이 단계에서는 다음과 같은 점에 유의해야 한다.

① 해외 자회사, 지점, 관련 회사의 관리, 내부통제의 충실화와 더욱 정밀한 재무 보고서의 작성 등이 필요하다.
② 규모가 커진 벤처비즈니스를 활성화하기 위하여 사내벤처제도 등이 고려되어야 할 것이다
③ 새로운 경영 기법을 구사한 전략형 리스크 관리제도의 도입에 의한 조직 활성화가 필요하다.

7) 주식의 상장에 의한 성장 지속기

친인척 또는 소수 주주에 의한 사적 기업에서 다수 주주에 의한 공적 기업으로 전환되는 시기이다. 그 결과 기업에 대한 이해관계자가 많아지기 때문에 자유로운 기업경영이 어려워지게 된다. 즉 주식공개 리스크가 존재하게 된다. 따라서 기업으로서 경영권을 확보할 수 있는가 신중한 검토를 해야 한다. 이 단계에서는,

① 주식공개에 대한 영향과 기업가에 대한 영향 등을 검토해야 한다.

② 주식매점에 대한 대응책을 세우지 않으면 안 된다.

③ 공적 기업으로서 책임을 다하는 경영체질의 개선, 체제구축이 필요하다.

이제까지 성장단계별 리스크와 그 경영전략에 관해서 설명했지만, 이것은 어디까지나 공통사항으로서의 문제점을 지적한 데에 불과하다. 실제로는 각각의 벤처비즈니스에 대한 독특한 문제점과 리스크가 존재한다. 이는 성장단계별의 모든 리스크를 예상하고 이들을 관리할 수 있는 기업 경영자가 있어야 기업이 창업에서 계속기업으로서 성장할 수 있는 것이다.

기업의 성장단계별 리스크와 경영전략을 정리하면 다음의 [그림 2-10]과 같다.

구분	창업기	성장 초기	성장 중기	성장 가속기	성장 안정기	성장 성숙기	성장 지속기
성장	창업기	창업자	경영관리	권한이양	협조	조직활성화	주식상장
규모							
리스크	복합	리더십	관리	통제	관료화	조직경직화	주식공개
시기	초기 〈———— 성장단계 ————〉 후기						

[그림 2-10] 벤처기업의 성장단계와 위험

제3절 벤처스타트업의 성공 전략

1. 벤처스타트업의 성공 전략

벤처기업이 성공하기 위해서는 적절한 아이템의 선정, 자원의 확보 그리고 경영팀이 조화롭게 균형을 이루어야 한다. 벤처가 성공하기 위한 필요조건은 다음과 같다.

- 역량 있는 창업 팀의 구성
  - 창업자의 부족한 부분을 보완해 줄 수 있는 팀을 구성하여야 한다.
  - 다양한 분야의 전문가 확보를 위해 창업 주주를 영입한다.
  - 설득력 있는 비전을 제시하는 역량과 태도가 중요하다.
- 효과적인 시장진입전략
  - 차별화를 통해 진입장벽 우회전략을 개발(제품, 마케팅, 유통, A/S)한다.
  - 유통과 고객 요구의 결합 등 새로운 BM 개발(델컴퓨터의 성공사례)한다.
  - 틈새시장을 공략하는 전략을 추진한다.
- 초기비용 부담을 줄이기
  - 자금흐름이 안정될 때까지 비용 최소화에 노력한다.
  - 월별 자금소진율(burning rate)에 관심을 가지고 관리한다.
  - 초기 고정비 줄이는 방법으로 아웃소싱을 적극적으로 활용한다.
  - 외주업체 선정 시에는 품질 및 납기 등을 신중히 검토하여 결정한다.
- 경쟁우위 지속화
  - 경쟁우위의 소멸 현상으로 경영성과가 떨어짐을 주의한다.
  - 기술수명주기 짧은 것이 원인으로 2차 제품과 기술개발에 노력한다.
  - 핵심기술이 유출되지 않도록 보호책을 마련한다.
  - 기업이 보유한 핵심 역량을 정확히 파악하여 우위지속에 활용한다.
- 균형감각 유지
  - 원칙과 현실 사이에서 균형을 유지한다.
  - 기업의 성장성, 안정성, 수익성 간의 균형을 유지한다.
  - 투명성과 신뢰성의 확보가 중요함을 인식한다.
  - 일과 가정의 균형을 유지한다.
- 직원에 대한 동기부여
  - 핵심 인력의 확보와 유지가 중요하다.
  - 금전적 보상뿐만 아니라 정신적 보상도 제공되어야 한다.
  - 직원들의 역량을 강화하기 위한 투자(전문성+감성)를 적극적으로 한다.
- 외부자원 활용
  - 자원을 획득하기 위해 사회적 관계를 활용한다.

- 전략적 제휴나 인수・합병(인수・합병)을 통해서 외부자원을 적극적으로 활용한다.
- 정부 지원을 적절하게 활용하도록 한다.

2. 성공 벤처와 경영자원

1) 벤처 성과와 경영자원

벤처기업은 단기간에 조직 능력이나 학습을 통하여 기술과 브랜드 등 경영자원을 어떻게 구축하는가가 기업성과에 큰 영향을 미친다. 하지만 모든 자원이 전략적으로 중요한 것은 아니며 남들이 쉽게 모방하기 힘든 경쟁우위를 창출하는데 기여하는 자원이 전략적 자원이다.

따라서 독특한 내부자원(핵심 역량) 개발이야말로 지속적 고수익의 원동력이다. 이러한 내부역량은 특허 산업재산권, 리더십 스타일, 기업 문화, 의사결정 시스템, 보상체계 등으로 기업의 독특한 문화를 형성하고 있다.

기업의 성장단계에 따라 필요자원의 유형과 규모가 달라지며, 적절한 자원의 투입이 중요하다. 특히 외부자원의 적극적 활용이 필요하다. 창업 초기에 필요한 자원을 외부로부터 효과적으로 조달할 수 있는 창업자의 명성이나 신뢰, 네트워크 등이 중요하다. 벤처기업은 유연성과 신속성을 특징으로 하므로 이를 유지하기 위해서는 자원의 소유보다 관리역량이 기업 성장과 성과 창출에 기여한다.

벤처기업은 시장가격보다 낮게 자원을 획득하기 위해 사회적 관계를 활용하며 이러한 점에서 네트워킹은 유용한 사회적 자산(Social Asset)이다. 효과적인 네트워킹을 위해서는 주체 간의 신뢰 관계가 매우 중요하다. 하지만 벤처기업의 과도한 네트워킹으로 인한 문제점도 발생하고 있는바, 이의 활용에 균형감각이 필요하다.

성공 벤처기업의 자원 특성을 살펴보면 다음과 같은 공통점을 발견할 수 있다
- 외부자원의 적극적 활용
- 자금조달 원천의 다양화
- 연구개발 투자와 기술 확보

- 우수인력의 확보와 유지
- 강한 내부결속력
- 자율과 창의성
- 경영시스템의 구축

2) 벤처기업의 성공 요인

벤처기업의 성공 요인에 관한 기존의 연구들에서 사용된 주요 변수들은 기업가 본인의 특성, 산업 환경, 경영전략, 자원과 능력 및 조직의 특성 등이다. 이들 요인은 상호 복합적으로 작용하여 벤처기업의 성공에 영향을 미치고 있다.

창업자 특성에는 심리적 특성, 동기적 특성, 경력 특성이, 산업 환경은 산업 환경 특성, 경쟁 구도, 산업구조영역과 발전단계, 진입장벽, 수명주기 등이 영향 변수로 확인되었다. 전략은 전략적 범위, 경쟁전략, 자원축적 전략 등이 영향 요인으로 밝혀지고 있으며, 자원과 능력에는 자금조달 능력, 기술 능력, 제품의 특성이, 조직특성으로는 구조적 특성, 문화적 특성 및 인적자원관리 제도가 영향 요인으로 확인되고 있다.

이를 정리하면 기업가, 자원, 산업 그리고 전략이 벤처기업 성과에 영향을 미치고 있음을 알 수 있다. 이를 벤처기업의 성과 결정 모형이라 하고 다음의 [그림 2-11]과 같이 표현할 수 있다.

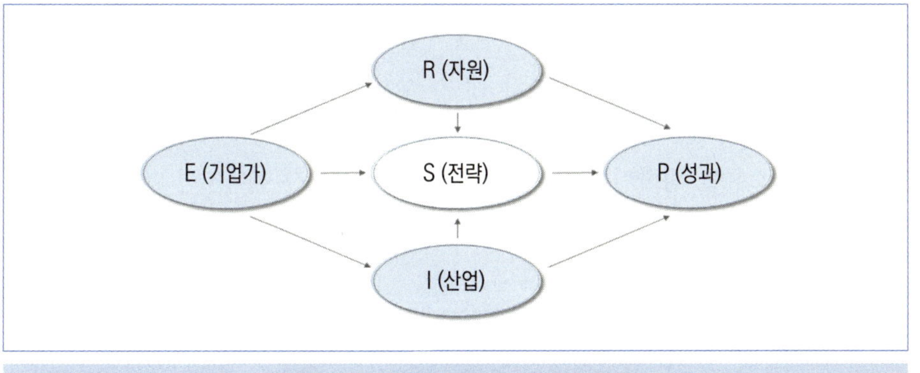

[그림 2-11] 벤처기업의 성과결정모형

VP = f(E, R, I, S)

E : Entrepreneur, R : Resource, I : Industry, S : Strategy, P : Performance

3. 벤처 실패의 7가지 함정

벤처기업이 창업 후 실패하는 이유는 다음의 몇 가지에 해당하는 경우이다. 이러한 함정에 빠지지 않도록 하여야 할 것이다.

(1) 잘못된 창업 아이템 선정

선택의 함정으로 창업 아이템 선정의 잘못은 실패 원인 중 가장 많다. 사업 의사결정 시 판단에 필요한 지식과 정보가 불충분한 상태에서 조급한 결정은 시행착오를 가져오게 된다. 특히 사업은 해보면서 알게 되는 특성(learning by doing)이 있다. 또한 트렌드에 과도한 쏠림 현상이나 무리한 분야에 도전하는 경우 실패의 위험이 크다.

(2) 제품개발의 시간과 비용이 과다 소요

개발의 함정으로 예상보다 시간과 비용이 많이 들어가는 경우이다. 운전자금의 압박으로 개발조직의 와해를 가져와 제품을 출시도 하지 못하고 실패하는 경우이다. 또한 개발제품의 성능이나 품질의 결함이 있는 경우나 지식재산권 분쟁에 휘말리게 되면서도 실패할 위험이 크다.

(3) 시장을 무시

시장의 함정으로 창업의 성공과 실패를 결정하는 가장 중요한 요소인 시장을 무시하는 경우이다. 창업자의 '기술 중심 사고'로 '쥐덫의 오류'에 빠짐에 따라 시장과 동떨어진 팔리지 않는 제품을 개발, 생산하는 경우이다. 또한 진입장벽인 전환비용의 문제, 제품차별화, 정책이나 유통망 등에 같은 기회가 주어지지 않음을 무시하는 오류를 범하기도 한다. 아울러 경쟁 강도가 높아지면 우위가 지속되기 어려우며, 소비자의 욕구 변화, 경쟁업체 등장, 모방제품과 대체재 등 시장에는 다양한 위험이 존재하고 있다.

(4) 조직의 관리 복잡성

관리의 함정으로 조직의 규모가 커지고 관리의 복잡성 증가에 따라 갈등의 증폭과 조직 응집력이 떨어지는 원인이 된다. 이런 현상은 비효율로 인한 낭비와 생산성 저하를 가져오게 된다. 일반적으로 모호한 원칙이 내부 갈등의 원인이 되며 자금관리의 미흡은 전반적인 금융비용을 높이며, 생산 및 품질 관리의 부족은 경쟁력 저하와 고객 불만족을 초래하게 된다.

(5) 지나친 자신 확신

태도의 함정은 지나친 자기 확신, 과도한 통제 욕구, 과시욕 등으로 창업 리더의 성격적 특성으로 인한 위험이다. 완벽주의적 성격의 리더는 독선과 권위주의에 매몰되어 조화와 균형을 파괴하며 조직의 분열을 일으키게 된다. 세심함과 주의력 부족으로 뜻하지 않은 실수를 초래하거나 직관적 판단이나 감정에 치우친 경우도 일순간에 조직을 함정에 빠뜨릴 수 있다.

(6) 인간관계

관계의 함정으로 창업은 수많은 이해관계자의 관계 속에 이루어진다. 성장 과정에 창업 멤버와 영입인력 간의 갈등이 초래되거나, CEO의 도덕적 해이로 리더십의 위기 초래, 갈등 증폭의 위험이 남아있다.

(7) 불운

불운의 함정으로 '운'이란 내부나 외부에서 통제가 어려운 심각한 사건인 경우다. 예를 들면 급격한 경기변동, 정책변화, 사고, 사기 등 예측 불능의 상황으로 실패할 위험을 말한다. 또한 거래처의 부도로 인한 연쇄도산의 위험 등이 존재하고 있으므로 이러한 위험에 대한 사전대응력과 위기관리 역량이 필요하다.

제2편

기업가정신과 조직

제3장 기업가정신
제4장 벤처 조직과 경영팀

제 3 장
기업가정신

제3장 기업가정신

제1절 기업가

1. 기업가의 개념

기업가(entrepreneur)는 원래 '수행하다, 시도하다 또는 모험하다' 등을 의미하는 불어 동사 'entreprendre'에서 유래되었다. 말 그대로 번역하면 '중개상'(between-taker, go-between)을 의미한다. 사전적 의미는, 기업가란 "사업을 조직하고 운영하며 이익을 위해서 위험을 감수하는 사람"으로 정의되어 있다. 일반적 의미로는 위험을 예상하고 기업의 관리를 담당하는 합리적인 의사결정자로 묘사된다.

밀(Mill)은 기업가와 경영자를 구분하는 핵심적인 요소를 '위험감수성향'으로 정의함으로써, 이를 계기로 경제학자들 사이에 위험감수성을 일반적으로 받아들이기 시작하였다.

슘페터(Schumpeter)는 기업가를 소유주 또는 경영자와 구별되는 연구 가치가 있는, 실체로서 파악한 최초의 연구자이다. 그는 기업가를 "생산수단의 새로운 결합을 수행하는 역할을 하는 사람"으로 보았다. 여기서 새로운 결합이란, ① 신제품의 소개, ② 새로운 생산수단의 소개, ③ 새로운 시장의 개척, ④ 새로운 공급원의 개척, ⑤ 산업에서 새로운 조직의 창출 등으로 이들을 통해서 혁신이 이루어진다고 보았다.

드러커(Drucker)는 기업가가 자신이 소유하고 새로운 소규모의 사업을 시작하는 사람으로 잘못 정의되고 있음을 지적하면서, 기업가란 "변화를 탐구하고, 변화에 대응하며 또한 변화를 기회로써 이용하는 사람"으로 정의하였다. 그리고 기업가정신을 발휘하는 특유의 수단을 '혁신'으로 보고 있다.

이처럼 용어가 오래되었음에도, 기업가의 정의는 학자마다 불일치가 여전히 존재하며 통일된 정의를 내리기가 매우 어려운 실정이다. 한편, '기업가' 또는 '기업가정신'에 대한 대부분의 과거 문헌들은 슘페터가 기업가정신을 창업자에 한정하여 정의를 내린 이후, 그 전통에 따라 대다수가 창업경영자에 관한 고유한 것으로 인정하고 있다.

그러나 '기업가정신'은 '창업가'에게만 요구되는 것은 아니다. 왜냐하면 이미 설립된 중소기업, 더 나아가 대기업의 경영자도 갈수록 환경의 불확실성이 높아지고, 과거와는 비교할 수 없을 정도로 치열해지는 생존경쟁 속에서 장기적인 생존이 어렵기 때문이다.

특히, 우리나라의 경우는 외국과는 달리 소유와 경영이 아직 분리되지 않아 기업의 설립에서부터 시작해서 기업의 제반 활동에 책임을 지는 사람에 국한하는 전통적인 정의에 따르더라도 대기업까지 포함한 소유경영자로 인식해야 할 것이다(대한상공회의소, 1996).

2. 기업가(entrepreneur)와 경영자(manager)

지금까지의 문헌을 살펴보면, 기업가와 경영자의 차이점에 대한 비교는 심리적인 특성, 배경, 역할 등 3가지 측면에서 고려됐다.

① 심리적인 특성 면에서 기업가는 경영자와 여러 가지 차이를 보인다. 예컨대 성취동기, 모호성 인내도, 열정, 위험 감수, 사회적 재능, 자율성, 변화 항목은 기업가가 높지만, 순응, 대인적 정서, 손실 회피, 의존성 측면은 경영자가 높은 경향이 있다.

② 기업가들은 그들의 배경 면에서 경영자와 차이를 보이는데, 예를 들어 기업가들이 일반인들보다 교육 수준이 높으나 경영자보다는 교육 수준이 비교적 낮고, 아버지가 기업가인 경우가 더 많다. 그 외에도 나이나 과거의 경험 면에서 차이가 나는 것으로 확인되고 있다.

③ 기업가와 경영자의 심리적 특성이나 배경보다는 그들이 조직 내에서 행하는 역할에 초점을 맞추어 이들을 구분하는 것이다. 예컨대, Penrose(1959)는 기업가를 "새로운 시장 기회의 발견과 이를 기업화하는 사람"으로, 경영자는 "기업가의 사고와 계획을 실행하고 관리하는 사람"으로 구분하고 있다.

吉森 賢은 기업가와 경영자를 여러 가지 측면에서 비교하였는데, 다음의 〈표 3-1〉과 같다. 기업가는 환경과의 상호작용을 중시하고 사전 대응적이며, 성장과 혁신이 목표의 초점이고, 주 업무가 전략이며, 효과성이 성과의 척도가 된다고 하였다. 반면, 경영자는 조직과의 상호작용을 중시하고, 사후 반응적이며, 안정성과 수익성이 목표의 초점이고, 주 업무가 관리이며, 효율성이 성과의 척도가 된다고 하였다.

〈표 3-1〉 기업가와 경영자의 비교

구 분	기업가	경영(관리)자
적응대상	환경에의 적응	조직에의 적응
적응방식	사전 대응적(pro-active)	사후반응(re-active)
환경변화	비연속적	연속적
역할	전략중시	관리중시
결정대상	목적	수단
성과척도	효과성	효율성
목표의 중점	성장, 혁신	안정성, 수익성
결정영역	신사업에의 진입, 기존사업에서의 철수, 대규모적 기술혁신	생산성 향상, 생산기술개선, 원가절감
위험부담	개인적	조직적
필요분야	성장산업, 쇠퇴산업	성숙산업, 안정산업
사업환경	불안정	안정

출처 : 吉森 賢, 企業家精神 衰退の 研究, 日本東洋經濟新聞社, 1990.

기업가와 경영자를 구분하는 또 다른 기준은 비교의 기준, 전략의 출발점, 기회 포착, 자원의 확보, 자원의 관리, 기업의 경영구조, 가치 창출의 특징, 결과에 대한 책임소재로 비교하기도 한다.

기업가는 시장에서 기회를 인식하고 무에서 유를 창조하는 주체자로서 외부로부터 다양한 방법을 동원하여 자원을 확보하여 현실적이고 단기간에 목표를 효과적으로 달성함을 성과로 한다. 이들은 성공과 실패에 대한 책임의 범위에서 다르다.

이를 정리하면 다음의 〈표 3-2〉와 같다.

〈표 3-2〉 기업가와 경영자의 특성 비교

비교의 준거	기업가	경영(관리)자
전략의 출발점	기회를 인식함 (외부시장지향)	통제 하의 자원 (내부자원지향)
기회 포착	현실적이고 단기간	점진적이고 장기간
자원확보	많은 단계를 밟지만 각 단계가 잘 드러나지 않음	위임된 권한 구조 하에 체계적 의사결정으로 이루어짐
자원관리	획일적 활용 / 기존자원을 최적 활용	한정된 기존자원을 활용
경영구조	다양한 비공식 네트워크를 가진 평면조직	계층조직(관료조직)
특징(가치 창출)	無에서 有를 창출	작은 有에서 큰 有를 창출
책임	최종 책임 (재산권에 대한 책임)	경영책임 (경영권에 대한 책임)

한편, 기업가와 경영자를 구분하기보다는 기업가가 경영자에 포함된다는 견해도 있다. 모든 기업가는 조직의 목적을 설정하고 창업 당시부터 그 조직을 운영하므로, 모두 경영자라 할 수 있다는 것이다. 예컨대, 민쯔버그(Mintzberg)는 '경영자의 역할'을 설명하면서 그 안에 기업가로서 해야 할 역할을 포함하고 있다. 그에 의하면, 경영자는 상호 관련된 임무를 수행하며, 이를 크게 나누어 대인적 역할, 정보가 역할, 의사결정자 역할로 구분할 수 있다고 하였다. 이 중 의사결정자 역할 내에 조직의 발전을 위한 변화의 주도자로서의 기업가적 역할이 포함됨을 설명하고 있다. 다음의 〈표 3-3〉은 이를 정리한 것이다.

〈표 3-3〉 민쯔버그에 따른 경영자의 역할

대인관계역할 (interpersonal roles)	정보역할 (informational roles)	의사결정역할 (decisional roles)
대표자(figurehead) 리더(leader) 연결자(liaison)	감시자(monitor) 전달자(disseminator) 대변인(spokesperson)	기업가(entrepreneur, 창업자) 갈등해결사(disturbance handler) 자원분배자(resource allocator) 협상자(negotiator)

그러나 대다수 연구자가 정도의 차이는 있을지라도 기업가와 경영자는 엄연한 차이가 있다는 것을 인정하고 있다.

제2절 기업가정신

1. 기업가정신의 개념

기업가정신은 여러 학문 분야에서 다루어지는 복합적인 개념이라, 이 분야에 관한 연구는 다양한 목적에서 이루어져 왔고, 서로 다른 분석단위, 이론적 관점 그리고 방법론을 채택했다. 이러한 다양성으로 인해 기업가정신에 대한 정의 역시 매우 다양한 형태를 보인다. 다음의 〈표 3-4〉는 여러 학자의 정의 중 대표적

〈표 3-4〉 기업가정신의 다양한 정의

연 구 자	정 의
Knight(1921)	미래를 성공적으로 예측할 수 있는 능력
Schumpeter(1934)	새로운 결합을 수행하는 것
Hoselitz(1952)	불확실성에 대한 감수, 생산적 자원의 조합, 혁신의 소개와 자원의 준비
Cole(1959)	이윤지향적 사업 시작, 유지, 개발하기 위한 목적을 가진 활동
Maclelland(1961)	위험의 감수
Leibenstein(1978)	자신의 경쟁자보다 현명하게 그리고 열심히 일할 수 있는 능력
Gartner(1985)	새로운 조직의 창조
Low & Macmillan(1988)	새로운 기업의 창조
Stevenson, Robert & Grousbeck(1989)	현재 통제 가능한 자원보다는 기회의 지각으로 움직이는 것

인 것의 일부를 예시하고 있다.

어떤 학자들은 '기업가정신'을 '기업가'의 개념에 포함해 정의하기도 하고, 또 어떤 학자는 '기업가가 행하는 행동' 또는 '창업 과정'으로 정의를 내리기도 한다.

Gartner(1990)는 기업가정신에 대한 의미를 파악하고 정의상의 혼란을 정리하기 위해 델파이기법을 이용하여 조사를 한 결과, 8개의 차원, 즉 기업가의 특질, 혁신, 가치창조, 이익, 성장, 독특함, 소유경영자 등이 사용됨을 밝혀냈다. 이러한 결과는 아직 기업가정신의 정의에 통일된 견해가 없음을 증명하는 결과라 할 수 있다.

Cunningham과 Lischeron(1991)은 개인적 특질, 기회 추구 행위 또는 기존 기업의 적응 등 연구목적에 따라 지금까지 나온 기업가정신의 정의에 대한 분류를 시도하였고, 그 결과 6개의 서로 다른 관점이 있음을 밝혀냈는데, 그것들은 위인 관점, 심리적 특성 관점, 고전적 관점, 관리 관점, 리더십 관점, 사내 창업 관점이며, 이들의 연구관점 각각의 목적, 가정, 기업가정신의 정의는 다음의 〈표 3-5〉와 같이 정리할 수 있다.

〈표 3-5〉 기업가정신에 대한 다양한 관점

관점	핵심 초점 또는 목적	가정	정의
위인 관점 (great person school)	기업가는 태어날 때부터 기업가적 능력을 갖춘다.	기업가적 기질은 선천적이다.	특출한 성취자
심리적 특성 관점 (psychological school)	기업가들은 독특한 가치관, 태도, 욕구를 가진다.	사람은 자신의 가치관에 따라 행동한다.	설립자 생산수단의 통제
고전적 관점 (classical school)	기업가적 행동의 핵심 특징은 혁신이다.	기업가정신의 중요성은 소유보다는 행동에 있다.	위험과 불확실성하에서 혁신, 창조적 파괴
관리 관점 (management school)	기업가는 기업을 조직하고 소유하고 관리하며 위험을 감수하는 사람이다.	기업가정신은 개발되고 훈련으로 강화된다.	의사소통과 관리기법을 통해, 위험관리, 기회 인식을 통해 가치를 창출
리더십 관점 (leadership school)	기업가는 조직원의 리더이며, 그들의 욕구에 자신의 스타일을 맞춘다.	기업가는 목적을 혼자 달성하지 못하고 다른 사람에 의존적이다.	사회적 건축가 가치의 촉진과 방어
사내 창업 관점 (intrapreneurship school)	기업가적 기질은 복잡한 조직에 유용하며, 시장창조를 위해 독립적 단위를 개발한다.	조직은 생존하기 위해 적응이 필요하다. 기업가적 행동은 조직적 수준의 행동이다.	혁신을 촉진하기 위한 협력의 도모

다양한 관점에서의 기업가정신에 대한 정의에도 불구하고 최근의 기업가정신에 대한 개념은 창업 과정을 중시하는 경향을 보인다. 즉 자원이나 인력의 제약을 기꺼이 감수하고 기회를 포착하여 사업화하려는 행위 또는 과정이라는 의미이다.

이는 기업가정신의 의미가 곧 기업가론 이라는 학문적 접근을 의미한다. 정신이라는 단어에서 의미하는 기업가의 심리적인 상태가 아니라 심리적 특성을 포함한 기업가에게 필요한 능력 자체를 의미하고 있다. 따라서 기업가정신에서 다루고 있는 내용을 보면 벤처창업과 기업설립, 재무, 생산 및 마케팅 등 전반적인 경영실무가 주 내용을 이루고 있다.

이상의 논의를 종합하면 기업가정신이란 기업가가 보유해야 하는 주도적 역할 수행 능력(기술, 투자, 경영 능력), 자원 활용의 효율화, 최적화에 대한 의사결정 능력 및 위험과 실패의 수용 자세라 할 수 있다.

2. 기업가정신 연구의 접근방법

1) 경제학적인 접근방법(economic approach)

'기업가정신'에 대한 관심은 경제학에서부터 시작되었다. 경제학자들은 '기업가적 행동의 결과', 즉 기업가의 행동이 전반적인 경제체제에 미치는 영향에 관심이 있었다.

경제학적인 접근은 대개 기업가는 '합리적인 행위자'라는 가정하에 균형분석에 초점을 맞추고 있다. 반면, 일부 경제학자는 기업가정신의 결과를 다른 시각으로 해석하기도 하였다.

즉, 기업가정신의 발휘가 시장균형의 파괴를 통한 경제 수준의 향상이 아니라, 기업가의 업무가 균형을 유지한다는 것이다. 이처럼 새로운 기회를 창출하는 환경의 변화로 시장이 균형으로부터 멀어짐에 따라 기업가는 렌트(rent)를 얻기 위해 자원을 재할당함으로써 시장을 균형으로 돌아가게 하는 사람으로 보는 것이다.

앞선 관점은 슘페터의 주장으로 기업가정신을 경제활동 과정에서 시장균형을 파괴하는 요소로 인식하고, 그 수단은 혁신이라고 주장한다. 즉 창조적 파괴(creative destruction) 활동이 기업가정신의 발현이고 이러한 파괴를 통해 새로운 부의 창조를 이룬다고 하였다.

반면 Kirzner는 균형의 유지 관점에서 기업가정신의 발휘가 시장균형의 파괴를 통한 경제 수준의 향상이 아니라, 기업가가 균형을 유지하는 임무를 수행한다고 하였다.

새로운 기회를 창출하는 환경의 변화로 시장이 균형으로부터 멀어짐에 따라 기업가는 렌트(rent)를 얻기 위해 자원을 재할당하여 시장을 균형으로 재편하는 임무를 수행하고 이러한 과정이 기업가정신이라는 것이다.

2) 사회문화적 접근방법(socio/cultural approach)

사회문화적 접근은 기업가정신을 사회문화적 상황과 연결하고자 하는 방법이다. 이 접근방법은 기업가를 배출해 내는 문화적 특질을 파악하고자 하므로, 문화를 '기업가적 행동'의 결정요소로 본다.

이 분야에서는 불이익을 받는 소수가 현상을 벗어나기 위한 수단으로서의 기업가적 행동에 대한 모델에서부터 기업가를 특정한 사회문화적 환경하에서의 의사결정자로 보는 모델까지 벤처창업에 대한 몇 가지 모델들이 제시되고 있다.

그 예로, 기업가정신에 영향을 미치는 사회적 요소를 개인적 요소와 상황적 요소로 나누어 정리하면 다음의 [그림 3-1]과 같다.

기업가정신은 발현은 개인적인 경험, 문화적 유인 등 개인의 인간적 특성과 개인을 둘러싸고 있는 환경요소에 영향을 받고 있음을 보여주고 있다.

사회 및 문화적 영향에 관한 여러 모델은 많은 상황적, 문화적 요소들의 상호작용을 고려하고 인과관계 파악에 유용한 동적(動的)인 기업가정신의 틀을 제공해 주고 있다.

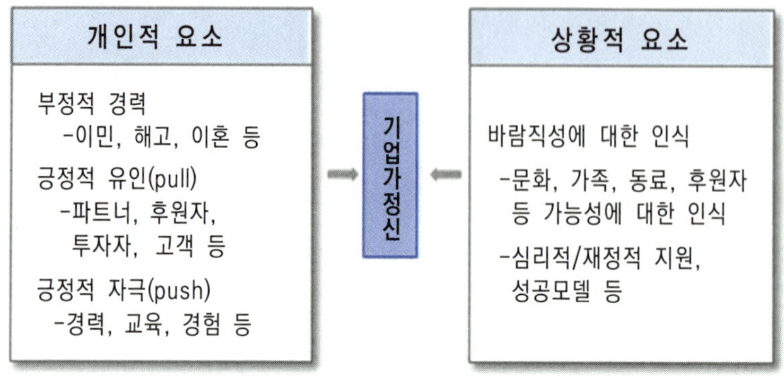

[그림 3-1] 기업가적 행동의 사회적 영향 요소

출처 : 최종열 외, 벤처창업과 기업가정신, 2017.

3) 네트워크 접근방법(network approach)

네트워크 접근은 '기업가적 과정'이 '연속적인 사회관계'라는 네트워크 속에 포함되어, 이것이 기업가, 자원 그리고 기회 사이의 연계를 활성화하기도 하고 제약시키기도 하는 것으로 보는 관점이다.

창업 과정에서 네트워크의 역할은 주로 5가지로 요약되고 있는데, ① 아이디어를 현실적인 계획으로 전환하고, ② 열망을 북돋우고, ③ 아이디어를 자극하며, ④ 실질적 도움을 주고, ⑤ 원조해주고 있다(Dubini & Aldrich, 1991).

기업가들은 공식적 네트워크로 은행, 공인회계사, 법률가, 중소벤처기업부등과 비공식적 네트워크로 가족, 친구, 친지, 기업 등을 가지고 있으며, 창업 당시에는 비공식 네트워크에 크게 의존하는 반면, 공식 네트워크는 거의 의존하지 않는 경향이 있다. 이들은 성장 과정에서 공식 네트워크를 확장해 나가고 또한 활용의 폭과 깊이를 더해간다.

네트워크의 중요성은 배태조직(incubators)에 관한 관심 증대를 통해서 나타나는데, 배태조직은 실험실과 사무실, 보조 서비스, 기술이나 사업에 관한 컨설팅 서비스 그리고 다른 기업가와의 연결을 제공하기 위해 공식적으로 조직된 기관이거나, 단순히 창업 이전에 기업가가 근무하던 조직을 의미한다.

기업가적 파생(spin-off)창업에서 배태조직의 역할을 한 대표적인 기업이 페어차일드사(Fairchild Co.)이며, 적어도 35개의 기업을 배출시켰다.

4) 개인 특성적 접근방법(trait approach)

기업가의 개인적 특성은 '인구통계학적 요소'와 '심리적 요소'를 의미한다. 이 접근방법은 기업가는 누구인가에 대한 답을 찾는 것으로, 여기서 기업가는 특정한 개성적 유형, 고정된 존재의 상태 또는 그 형상이 표현 가능한 사람으로 가정하고 있다. 따라서 기업가정신 연구의 중심은 기업가로 알려진 이 실체를 나타내는 일련의 특징들을 찾아내는 것이다.

이처럼 개인 특성적 접근방법은 개인에게 초점이 맞추어지므로, 조직은 개인 목표가 투사(projection)되고, 그 목표를 달성하면서 자원에 의존하는 것으로 간주하고 있다. 지금까지의 많은 연구가 이 접근방법을 따랐는데, 성취욕구, 통제 소재(locus of control), 위험 감수, 가치관, 나이 등에 관한 특성 연구들이 그 예라 할 수 있다.

이 접근방법은 기업가의 특성에 대한 측정 및 모든 특성을 찾아내는 데 한계가 있어 그 효용성에 제한이 있음에도 불구하고 현재도 계속 주된 연구 대상이 되고 있다. 즉 어떤 사람이 혹은 어떤 인적 특징을 보유한 사람이 뛰어난 기업가정신을 발휘할 것인가가 주된 관심이다.

5) 행위적 접근방법(firm-behavioral approach)

기업의 행위적 접근방법은 기업가는 무엇을 하는 사람인가에 대한 답을 찾고자 하는 연구 방법으로 이 관점은 조직의 창조를 상황적 사건과 많은 영향 요소의 산물로 보고 있다. 즉 기업가는 조직창조과정 일부분이다.

이 접근방법에 따르는 기업가정신의 연구들은 분석의 수준을 조직으로 보고, 개인은 조직의 존재를 유지하기 위한 행위자로 보고 있다. 기업의 행위적 접근방법은 개인 수준의 연구에 초점을 맞춘 다른 연구들에 비해 여러 가지 이점이 있다.

우선, 기업 수준에서의 연구는 기업가정신의 효과성을 성과 측면에서 평가할 수 있도록 해주고 있다. 과거, 개인의 기업가정신과 성과를 연결한 연구들은 개인과 조직의 기업가정신 성향이 같음을 가정하였다. 그러나 개인이 가지고 있는 기업가정신이 반드시 조직의 그것과 일치하는 것은 아니다. 또한 개인의 행위는 조직을 통해 성과로 나타나므로 조직 수준에서 평가될 때 기업가정신과 성과 간의 관계가 더욱 명확해진다고 할 수 있다.

조직 수준에서의 기업가정신을 연구하면 새로운 기업은 물론 기존 기업까지 폭넓은 적용이 가능하다. 예로서, 최근 기존 기업들에 활력을 불어넣어 주는 주요 수단이 사내 기업가정신에 관한 연구가 그것이다. 또한 속성보다는 행위를 측정함으로써 기업가적 과정을 보다 의미 있게 해준다. 개인의 심리적 특성이 반드시 기업가로 연결되는 것은 아니며, 그들의 행위를 통해서 기업가임을 알 수 있는 것이다.

3. 경제발전에서 기업가정신의 역할

경제발전에 있어 기업가정신의 역할은 국민소득의 증가뿐만 아니라 기업과 사회구조의 변화를 주도한다. 기업과 사회에서 이러한 변화는 성장과 산출물의 증가로 이루어지며, 다양한 구성원들에게 분배된다.

한 분야에서 필요한 변화와 발전을 촉진하는 것은 무엇인가? '경제성장 이론'에 의하면, 혁신이 새로운 제품이나 서비스의 개발뿐만 아니라 새로운 벤처에 대한 투자 의욕을 부추기는 데 결정적인 역할을 한다는 것이다. 이러한 새로운 투자는 수요와 공급 양쪽 모두에 영향을 미친다. 즉 새로 유입된 자본은 성장 능력을 확충시키고, 그 결과 나타나는 새로운 소비는 새로 증가한 산출물로 충당되는 것이다.

그러나 경제발전에 있어 투자와 혁신의 중요성에도 불구하고 제품 진화과정(product-evolution)에 대한 정확한 이해가 부족한 실정이다. 이 과정은 혁신이 경제성장을 촉진하는 기업가적 활동을 통해서 개발되고 상업화되는 과정이다. 바꿔 말하면 경제발전의 중요한 요소인 투자와 혁신이 '기업가정신'에 의해서 촉진된다는 것이다.

기업가정신이 경제발전에 중요한 역할을 해왔다는 것은 대다수의 학자 간에 동의가 이루어져 왔다. 특히 중소기업의 중요성과 직업 창출 측면에서 기업가정신의 역할이 강조되고 있다. 즉 갈수록 규모의 경제는 그 중요성이 반감되어 기업의 규모가 줄어들고 있고, 새로 생겨나는 대다수의 제조업은 소규모이며, 중소기업도 대기업 못지않게 혁신적이다. 결국 기업가정신이 충만한 이들 중소기업이 생겨나면서 그 비율만큼 새로운 직업이 창출되는 것이다. 슘페터는 기업가정신이야말로 경제발전의 기본현상이라고 주장하였다.

우리나라도 1960년대 이후 급속한 경제성장을 이룩하는 데는 정부, 근로자 등 많은 요소가 영향을 미쳐왔지만, 특히 기업가 및 기업가정신의 역할을 빼놓을 수 없다.

이러한 중요한 역할을 하는 기업가정신의 바람직한 방향을 보면 전략적 사고의 함양, 상생(win-win) 전략의 중시, 인간중심 전략 및 정보화 전략을 들 수 있다.

전략적 사고의 함양은 기업과 관련된 이해관계자의 역할을 파악하여 자신의 부가가치를 정확하게 인식하고, 기업활동에 관련된 거래 관행, 계약, 관습, 법률 등의 파악이 요구된다. 또한 경쟁자의 인식을 파악하여 조정하는 전술적 능력 필요하며 부분과 전체를 고려한 전략적 사고 필요하다.

상생(win-win) 전략의 중시는 경쟁자들은 상생을 통해 각자의 이익을 극대화할 수 있으며 이러한 상생 전략은 공급자뿐만 아니라 경쟁자에게 적용되어야 한다. 이를 위해 경쟁 조건을 바꾸는 노력을 통한 상생 효과 향상을 추구할 필요도 있다.

인간중심 전략은 기술과 조직의 혁신은 결국 인간의 혁신 여부에 좌우된다. 따라서 혁신 관련 당사자 간의 신뢰 관계 구축이 매우 중요하다. 신뢰 형성의 대상에는 내부고객, 외부 고객, 계층 간 또는 계층 내의 신뢰가 있으며 특히 가족의 신뢰는 모든 활동의 기본이라 할 것이다.

정보화 전략은 정보화 수준을 향상하기 위한 정보화 설비에의 투자 및 정보를 효과적으로 처리하고 실질적인 노하우와 경쟁 무기로 실현할 정보시스템의 구축을 포함한다. 정보를 획득하고 이를 가공, 활용하는 능력이 지식사회에서는 중요한 자산이라 할 것이다. 또한 입수된 정보에 근거하여 신속하게 판단하고 실행하는 능력을 보유하는 모든 것이 바람직한 정보화 전략이라 하겠다.

제3절 벤처기업가에 대한 이해

벤처기업가는 사업 기회를 인지하여 계획을 세우고, 사업에 필요한 자원을 동원하고 사업 과정에 직면하는 위험을 극복하면서 조직을 만들고 운영하는 사람으로 일반적으로 인식되고 있다.

이러한 벤처창업 기업가는 기회의 인지와 창업의 추진을 넘어 기업이 성장함에 따라 창업가인 동시에 경영자가 되어야 한다. 장기적으로 기업의 성장을 유지하고 궁극적인 목표를 달성하는 데 핵심적인 것은 창업경영자가 지녀야 할 능력 보유와 이를 개발하는 역량이다.

창업가에게는 필요한 경영 기술과 경험이 부족하므로 좋은 창업가가 일반적으로 좋은 경영자는 아니다. 반대로 경영자는 무에서 회사를 시작하는 데 필요한 개인적인 특성이나 적응력이 부족하므로 창업가가 아니라고 인식되어 진다.

좋은 벤처기업가는 창업가인 동시에 기업의 성장단계에 따른 경영자가 지녀야 할 능력을 개발, 보유할 필요가 있다. 이들 벤처기업가에게 필요한 역량은 다음의 [그림 3-2]와 같다.

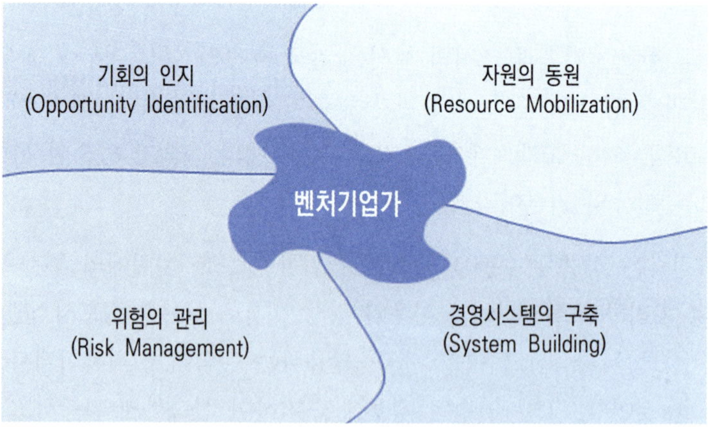

[그림 3-2] 벤처기업가의 필요 역량

1. 벤처의 활동유형과 주요 추진력

기업이 탄생, 성장, 성숙 단계에 따라서 또는 조직의 의사결정과정의 특징에 따라 벤처 활동의 주요 영향 요인이 달라진다. 다음의 [그림 3-3]은 창업가 영역과 관료 범주, 각 범주에서 주요 지배 논리와 역동성 그리고 그 결과인 활동유형을 보여준다. 이는 벤처의 단계(상단), 벤처에 수반되는 변화와 불확실성의 정도(우측 세로), 벤처의 관료적인 정도(하단)와 창업가적인 정도(좌측 세로)에 의해 정의된다. 창업가적 범주는 그림의 위쪽 두 칸이며, 각 영역은 벤처가 직면한 변화와 불확실성 그리고 벤처의 성장단계의 함수이다.

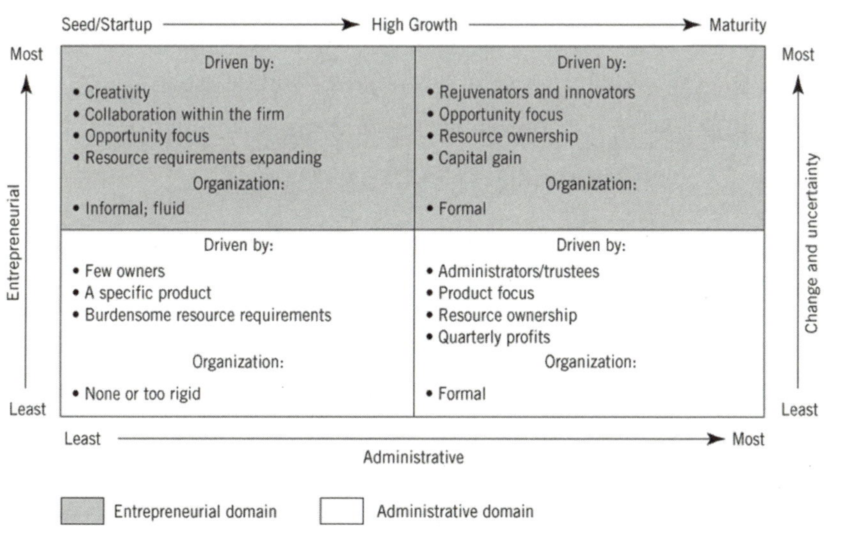

[그림 3-3] 벤처 활동유형과 주요 추진력

출처 : 최종열 외, 벤처창업과 기업가정신, 2017.

각 범주는 주요한 특징에 따라 활동 방식이 다를 것이다. 예를 들면 창업단계의 벤처가 높은 불확실성과 변화의 특징을 가지므로 새롭고 혁신적일 것이다. 팀에 의해 운영될 것이고, 창업가의 목표, 가치, 몰입, 그리고 기회에 대한 지각으로 추진될 것이며, 자원의 사용은 최소화할 것이다. 대각선 아래쪽에 있는 범주의 기업은 성숙한 기업으로 성숙 단계에 있다. 적은 변화와 낮은 불확실성에 의해 특징지어지며, 안정적으로 전문경영인에 의해 자원의 보유 및 효율적 운영이 이루어질 것이다. 또는 상황 주도적이 아닌 환경의 변화에 대한 반응적(reactive) 형태로 운영된다.

범주별 요구되는 역량에도 차별화되는바 창의성이나 포괄적 경영 기술들은 창업가적 범주인 상단 두 영역의 기업을 운영할 때 요구된다. 기업이 고속 성장단계로 이동하면 요구되는 경영역량에도 변화가 온다.

2. 벤처기업가의 특성

벤처기업가들이 가진 특성은 새로운 기회를 추구하는데 반응이 빠르고 유연하며 적응성이 높은 사람이다. 본인이 세운 비전을 실현하는 능력과 새로운 기술을 배우고 투자하는 데 적극적 태도를 보인다. 또한 우수한 사람들을 끌어모으고 이들에게 동기를 부여하며 유지하는 능력을 보유하고 있다.

John Kao는 이러한 벤처기업가의 11가지 공통적 특성을 정리하였는데 ① 전적인 몰입, 결단력, 인내 ② 성취와 성장에 대한 열망 ③ 기회 및 목표 지향성 ④ 주도성의 발휘와 개인적 책임감 ⑤ 끈질긴 문제해결 ⑥ 현실주의와 유머 감각 ⑦ 피드백의 추구와 활용 ⑧ 내적통제소재 ⑨ 계산된 위험부담과 추구 ⑩ 성실성과 신뢰성 ⑪ 지위와 권력에 대한 낮은 욕구를 들고 있다.

이들 벤처기업가가 보유하는 특성은 창업벤처가 가지는 특징들을 파악함으로써 요구되는 역량들을 파악할 수 있다.

1) 창업벤처의 특징

다음의 [그림 3-3]의 상단에 있는 두 기업가적 범주의 창업 벤처기업들은 기업의 성장 과정에서 기존 기업과는 다른 특성을 보이고 있으며 기업가의 새로운 경영 자세를 요구하고 있다. 이들에게는 기존 기업과 달리 권력과 통제의 위임이 요구된다. 이들은 사업을 성장시키는 데 주력하며, 권력과 영향력은 자신의 목표를 성취함으로서뿐 아니라 다른 사람의 성취에 기여함으로서도 획득된다고 생각한다. 영향력은 전반적인 목표를 인지함으로써, 차이점들을 해결함으로써, 그리고 결과를 성취하는 사람, 다른 사람을 관리할 줄 아는 사람, 경영적 재능을 성장시키는 사람이라는 명성을 쌓음으로서도 획득된다.

이들이 직면하는 상황들은 첫째, 시간과 변화의 영향, 둘째, 비선형적이고 불연속적인 사건들, 셋째, 비교적 얕은 경험, 넷째, 직관과 통념에 반대되는 의사결정, 다섯째, 유동적인 조직과 절차, 여섯째, 창업문화이다.

창업기업의 창업단계에서 성장 과정에 걸쳐 유일하게 변하지 않고 일정한 것은 변화, 모호성, 불확실성이다. 계속된 변화는 높은 수준의 불확실성, 모호성, 그리고 위험부담을 만들어내며, 이것들이 혼합되어 벤처기업의 가장 소중한 자원인 시간을 축소한다. 변화의 결과는 새로운 소비자, 기술, 경쟁자, 시장을 통해 벤처기업에 충격을 주고 있다. 급진적인 기술의 변화나 급격하게 유행이 변하는 산업에서는 변화와 시간의 효과는 극단적이다. 이와 같은 시간의 압박은 60년대의 전자와 항공산업, 70년대에서의 소형 컴퓨터, 집적회로, 반도체 칩, 80년대에서는 PC, 90년대에는 통신과 생명기술 분야에서 변화과정을 볼 수 있다.

창업 벤처기업의 경영에서는 의사결정 문제들이 비선형적이고 불연속적인 사건들로 이루어진다. 기업에서 일어나는 각종 문제는 일정한 선을 따라 또는 점진적인 발전의 과정으로 발생하지 않는다. 이들은 단계적으로 도약하며 동시다발적으로 발생한다. 또한 이들은 이러한 문제를 해결하기에 벤처경영 팀들은 비교적 경험이 부족하다. 벤처창업기업들의 성장 과정은 다시 반복될 수 없는 특이한 상황들로 이들을 구성하고 있는 요소들인 기술, 제품, 소비자, 기업 구성원 그리고 회사 자체도 일반적으로 새로운 것이다.

창업 벤처기업의 또 하나의 특징은 직관이나 일반 통념과는 상반되는 의사결정 패턴이다. 이들은 시장의 기회에 대하여 가장 효율적인 대안을 선택하는 일반적인 의사결정보다는 시장의 기회에 대하여 가능성에만 초점을 두어 모든 기회에 자원을 투입하는 경향을 보인다. 즉 동시적으로 여러 사업 부문으로 발전시켜가는 직관적이고 비통념적인 의사결정을 보인다. 이러한 의사결정 형식은 전통적인 조직구조가 아닌 벤처기업 특유의 유동적이고 평면구조의 빠른 변화의 흡수와 반응적 의사결정 조직의 결과일 것이다.

마지막으로 벤처창업기업에는 명확하게 정의하기 어렵고 측정하기에는 더욱 어렵지만, 이들의 행동과 태도에 나타나는 공통적인 가치체계가 있다. 성장, 성취, 진보, 성공을 믿고 이를 위해 몰입하며, 팀원들은 '함께 일한다.'라는 느낌이 있다. 목표나 시장이 우선순위를 결정하는 것이지, 누구의 영역이나 특권이 도전받는다는 것이 우선순위를 결정하지 않는다. 경영자는 지휘, 권력, 통제에 무관심한 것처럼 보인다. 이들은 의사결정 시 판단에 영향을 미치는 주장을 하는 개인의 직함이나 형식적인 위치에 의해 주어지는 지위에 관심이 있기보다는 주장의 논리, 증거, 능력, 지식에 더욱 관심이 있다.

2) 창업벤처기업가의 필요 역량

벤처기업의 독특한 특성으로 인해 벤처기업가에 요구되는 역량은 기존의 경영교육에서의 준비와는 차이가 필요하다. 즉 기존의 관리 효율성, 유지, 자원의 소유권 등 보다는 갈등 해소, 차이의 해결, 다양한 입장과 요구의 균형 맞추기, 팀워크와 합의를 유도하는 기술이 필요하다. 벤처기업의 성장 과정과 단계의 특성은 다음의 [그림 3-4]와 같다.

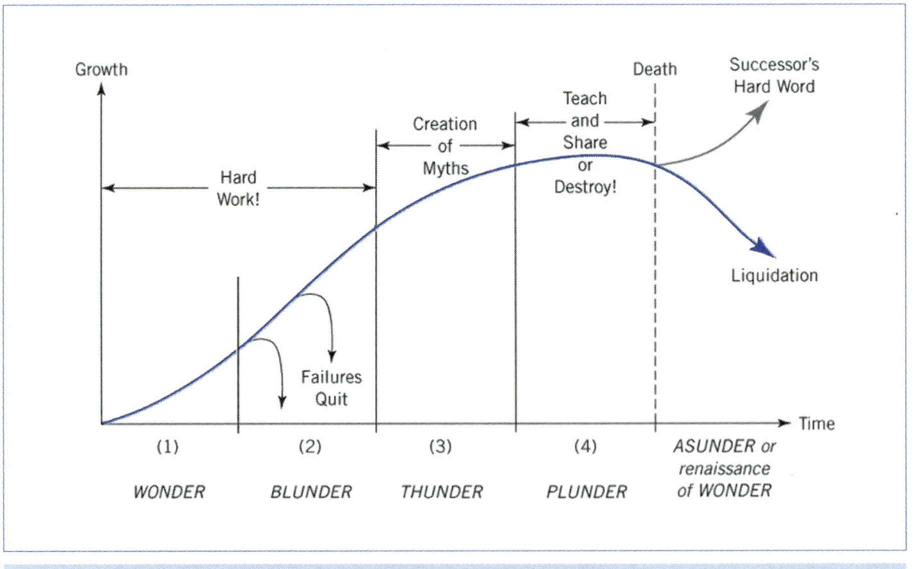

[그림 3-4] 벤처기업의 성장단계와 이슈

출처 : 최종열 외, 벤처창업과 기업가정신, 2017.

각 단계에서의 기회와 자원의 균형화, 지속적인 몰입, 창조된 부의 균등 분배와 회수 문제 등 전통적인 기업과는 다른 경영의 기술(skill)이 요구된다.

성공적인 벤처기업가에게 요구되는 역량으로는 창업문화를 만드는 기술과 경영적 능력 및 전문기술 능력이 있다. 100억 이상의 매출과 100명 정도의 직원을 가진 규모로 성장시킨 창업가들은 좋은 창업기업가인 동시에 경영자이다. 하지만 이들은 기업경영의 다양한 영역들(마케팅, 생산, 재무 등)에서 오랫동안 경험을 축적해 왔을 것이다.

일반적으로 한 창업가가 모든 영역에서 탁월한 경우는 드문 일이다. 따라서 다양하고 상호보완적인 능력의 결합으로 이루어지는 경영 팀의 구성이 성공적인 벤처기업으로 성장시키는 길이다. 벤처기업가에게 요구되는 역량을 확인함으로써 필요한 경영 팀의 구성에 도움을 줄 수 있을 것이다.

(1) 창업문화형성 능력

벤처창업기업가들은 주요 실패 요인들을 완화해야 하며 혁신, 위험 감수, 신속한 반응과 대처의 필요가 있다. 유능한 창업기업가는 열광적이거나 무질서한 시기를 좌절이나 혼돈으로 받아들이기보다는 도전이나 자극으로 받아들인다. 그들은 동기화되고 몰입하는 팀을 만들기 위하여 합의적인 접근방법(consent approach)을 사용하며, 갈등적인 요구와 우선순위의 균형을 맞추고, 갈등을 특히 능숙하게 해결한다.

이러한 대인관계와 팀워크의 기술은 경영을 통하여 높은 수행을 끌어내는 분위기를 만드는 능력으로, 이에는 잘한 일에는 보상을 하지만, 수행에 대한 압박을 가하며 혁신, 주도성, 그리고 계산된 위험부담을 권장하는 것들을 포함한다. 또한 과제 그리고 리더와 구성원 간의 관계를 이해하는 능력과 적절한 상황에서 리드하는 능력으로 이는 적극적으로 관리하고 지시나 제안 등을 통해 다른 사람의 행동을 통제하거나 지휘 감독하려는 의지를 포함한다. 이러한 능력들은 경영자들이 다른 사람에게 영향력을 행사하는 방식과 많은 관련이 있으므로 창업가의 영향력 능력이라 할 수 있다.

구체적으로 이들 능력은 리더십, 갈등관리, 팀워크 창조 능력이라 할 수 있다. 창업기업가들은 혼란, 모호함, 그리고 불확실성으로부터 명확함을 만들어내는 능력이 있다. 누가 무슨 책임과 권위를 가졌는지를 잘 판단하고 이에 대하여 동의를 얻는 특출한 능력이 있다. 특히 단지 편협하거나 일부의 이익이 아니라 여러 부서나 기업의 목표에 대한 동기나 몰입을 만들어내는 방식으로 리더십을 발휘한다. 높은 질적 수준의 의사결정은 모든 방향으로부터 빠르게 흐르는 정보가 필요하다는 점에 대한 인식을 보유하고 있으며, 지식, 능력, 논리, 증거가 조직의 공식적 지위나 형식적 직위에 우선함을 수용한다.

유능한 기업가는 갈등을 다루거나 합의를 통한 결정을 끌어내거나 그들의 권력과 정보를 공유하는 데 매우 창의적이고 능숙하다. 모든 문제에 있어 최상위 목표인 기업의 목표에 대한 합의를 끌어내고 이에 바탕을 둔 동기, 몰입 그리고 팀워크로부터 얻을 수 있는 성과는 매우 놀라운 결과를 창출한다.

창업가의 영향력의 다른 형태는 완벽하지 못함을 처벌하고 비난하기보다는 혁신성과 예측된 모험을 권장함으로써 신뢰를 형성한다. 또한 자신을 영웅이라고 생각하기보다는 다른 팀원이나 공헌자 중에서 영웅을 만드는 능력이나 다른 사람이 주목의 대상이 됨을 인정하는 능력을 갖추고 있다. 이들은 솔직함으로 신뢰를 주며 약속한 일을 꼭 지킨다.

이러한 신뢰를 바탕으로 한 같은 동기와 목적에의 몰입을 끌어내 창업기업의 위험과 부족한 자원환경을 극복하는 창업문화 창조의 능력은 창업기업가에 가장 중요한 능력이라 할 수 있다.

(2) 경영 능력

창업기업가가 가져야 하는 또 다른 능력은 전통적 경영 능력이라 표현되는 것으로 여겨지는 것들로 관리능력, 세무를 포함한 법률 지식, 마케팅, 재무, 생산과 운영지식 및 컴퓨터 능력이다.

▸ 관리지식은 다음과 같다.

- **문제해결** : 잠재적 문제를 예측하는 능력, 문제에 관한 사실들을 수집하고 실질적 원인을 찾기 위해 정보를 분석하고 해결을 위한 효과적 행동을 계획하는 능력, 특정한 문제의 세부 사항을 다루는 데 철저하며 후속 조처를 하는 능력 등이다.

- **의사소통** : 언론, 일반 소비자, 대중, 동료 및 부하 직원에게 말이나 글을 사용하여 효과적이고 효율적으로 의사소통하는 능력이다.
- **계획 능력** : 현실적이고 달성 가능한 목표를 설정하며, 목표 달성에 대한 장애물을 확인하고, 극복하기 위한 상세한 행동계획을 개발하는 능력이며 개인적 시간 관리를 체계적으로 수립하는 능력이다.
- **의사결정** : 의사결정이 필요할 때 불완전한 자료에 대한 최선의 분석을 바탕으로 의사결정을 하는 능력이다.
- **프로젝트 운영** : 프로젝트팀을 조직하고, 프로젝트의 목표를 설정하며, 과제를 정의하고 문제점과 비용 대비 예상 품질에 제약이 발생하였을 때 이를 조정하는 능력이다.
- **협상 능력** : 협상에 효과적으로 대응하는 능력과 지불한 가치와 제공받을 가치의 균형을 빨리 맞추는 능력이다. 일회성 관계와 지속적 관계성을 구별하여 인식하는 능력을 포함한다.
- **외부전문가 관리** : 법률, 재정, 금융, 회계, 컨설팅 그리고 다른 필요한 분야의 적절한 외부 자문가를 확인하고 관리하는 능력이다.
- **인력자원** : 모집, 선발, 교육훈련, 급여, 승진, 전환 등 인적 자원의 효율적 관리능력이다.

▸ 법률과 세무 지식의 세부 능력은 다음과 같다.

- **상법 및 유가증권 관련 법** : 조직의 형태, 임원, 주식 보유자 및 이사의 권리와 의무 등을 포함한 상법, 비상장 유가증권 규정 등에 대한 지식이다.
- **계약법** : 상거래 계약, 면허, 임대차 계약, 고용 계약 등 주주와 창업기업가에 영향을 미치는 계약에 관련된 지식이다. 부동산 관련 법을 포함한다.
- **특허권 등** 산업재산권 : 기업의 주요 자산인 기술 및 제품과 관련된 지식재산권의 출원 및 보호 등에 관한 지식이다.
- **세법** : 기업운영과 관련되는 세무 및 주주, 이사의 권리 및 의무와 관련되는 국세 및 지방세, 관세 등에 대한 지식이다.
- **파산법** : 파산 및 구조조정과 관련되는 절차 및 창업기업가, 임원에게 허용되는 면책의 범위 및 허용되지 않는 채무 등에 관한 지식이다.

▸마케팅 관련 세부 능력은 다음과 같다.

- **시장조사와 평가** : 경쟁자의 위협이 어느 곳에 있고, 어느 곳에 기회가 있는지를 아는 것과 소비자의 니즈를 인지하는 능력이 창업기업가에 가장 중요한 능력이다. 이를 위한 시장조사 설계 및 수행 방법, 산업과 경쟁자 정보를 찾고 해석하는 능력, 설문조사 방법과 분석 그리고 해석하는 능력이다.
- **마케팅 계획** : 매출 추정, 홍보, 광고 프로그램의 기획과 효과적이고 효율적인 유통체계를 구축하고 관리하는 능력이다.
- **가격정책** : 경쟁력 있는 가격과 이익구조를 결정하고, 가격에 있어서 상품의 위치 결정과 이익을 극대화하는 가격정책 개발 능력이다.
- **판매 활동** : 판매팀의 구성 및 지도, 동기화를 포함한 시장점유율을 최대화하기 위한 관리능력과 새로운 소비자를 발굴하고 확인하는 기술을 포함한다. 또한 유통경로 상의 비용 및 경로 관리기법 등 상품이 소비자에게 도달하는 흐름을 관리하는 능력이다.
- **기타** : 서비스와 부가적인 니즈를 확인하고 공급 여부를 결정하며 소비자의 불만을 해결하는 최고의 방법을 계획하고 실행하는 능력인 서비스 경영능력이 요구된다. 또한 신상품의 마케팅 계획과 유통계획 등의 능력이 요구된다.

▸생산과 운영관리 능력은 다음과 같다.

- **제조관리** : 상품의 생산에 필요한 제조공정, 설비, 인력 및 생산공간에 관한 지식과 시간, 가격, 품질의 제약에 부합하는 상품생산에 적합한 생산관리 기술이다. 이에는 작업공정의 분석과 매출 수준에 따른 작업계획을 포함한다.
- **재고관리** : 현재 생산 중인 상품 및 이미 중단된 상품의 원자재나 상품의 적정재고 유지 및 발주관리 기술이다.
- **구매관리** : 적절한 공급원의 개발과 적절한 품질의 원자재를 적기에, 적정한 공급가에, 충분한 양을 받을 수 있도록 관리하는 능력이다.
- **비용관리** : 노동과 원자재 비용을 계산하고, 표준비용을 개발하며, 직무평가를 통한 노동수요와 비용을 계산하는 능력이다. 이에는 외부 가공비

용과 초과근로비용과의 비교 검토를 포함한다.

- **품질 관리** : 원자재나 상품의 효과적인 품질 관리를 위한 기준의 설정 및 품질검사 체계를 수립하는 능력이다.

▸재무 및 기타 능력으로는 재무 관련 지식과 컴퓨터활용능력 및 전문적인 기술 능력이다. 기업의 자본금 확보의 방법 및 현금 유동성 관리, 채권의 회수와 관리능력, 각종 채무 관련 계약에 대한 이해, 사모 및 공모 증자, 회계에 대한 기본적 이해의 능력이다. 아울러 컴퓨터를 이용한 정보의 취득 및 가공 능력, 계산과 분석 및 네트워크 기법의 활용 능력이 필요하다. 그 외 기업에 필요한 전문적인 기술이 있다.

모든 창업기업가는 위의 내용에 있는 모든 영역에 정통할 수 없을 것이다. 따라서 이들은 창업 전 기업에서 경험하거나 전문가의 도움이 필요하다. 다만 전문가 중 변호사나 회계사 같은 뛰어난 전문가들이 기업에 막대한 이익을 주긴 하지만, 이들이 사업가적인 생각을 항상 가진 것이 아니라는 점과 이들이 조언받는 사람들을 위해 최선의 판단을 할 수 없는 경우도 종종 있음을 염두에 둘 필요가 있다.

3) 벤처기업가의 심리적 특성

벤처기업의 성공과 실패에 관한 사례에서 창업기업가의 개인적 역량이 차지하는 비중이 높다는 결과를 얻고 있다. 실제로 창업단계의 벤처기업 성과는 대부분 창업자의 능력과 자질에 의해서 결정된다고 볼 수 있다. 이는 창업기업의 경우 규모가 소규모로 기업가 개인이 미치는 영향이 크기 때문이다. 특히 초기의 창업자 경영철학 또는 이념이 조직 내에 체화되어 나타나는 것이 기업 문화 또는 조직 분위기이다. 창업자는 사내 분위기를 고취하고 종업원들을 동기화시키는 중요한 임무를 수행하는 것이다.

창업기업가에 관한 많은 연구에서 창업기업가의 심리적 특성, 행동 방식 및 사회적 배경 등의 요소가 창업기업의 성과에 미치는 영향이 매우 크다고 밝히고 있다. 미국의 벤처캐피탈리스트들이 투자 시 가장 중시하는 요소가 창업기업가에 대한 평가인 것도 이러한 이유에서 이다.

벤처기업가의 특성에서 언급한 능력 외에 벤처기업가의 심리적 특성에 관한 연구에서 벤처기업가들이 가진 가장 공통적인 요소가 성취욕, 위험감수성향, 내적통제소재 그리고 모호함에 대한 관용으로 확인되고 있다.

성취욕(Need for Achievement)은 맥클랜드(McClelland) 등에 의해 오랫동안 연구되어 온 인간의 핵심 욕구 중 하나다. 성취욕구는 안정된 직장을 떠나 위험부담을 안고 창업을 결심하게 되는 가장 핵심적인 요인이다. 창업자 등은 목표지향적이고 이익과 부의 획득, 기업 성장의 실현, 신제품의 제공 등과 같은 도전적인 목표를 달성하기 위한 성취욕구에 의해 동기부여 된다.

위험감수성향(Risk-taking Tendency)은 성취욕구와 관련성이 있다. 기업가는 불확실성과 위험에 도전함으로써 새로운 기회와 가능성을 추구한다. 하지만 무모한 도전과 위험을 감수하는 것이 아니라 신중한 계산을 통해 수익과 위험의 교환 정도인 위험 수준을 결정하고 이 범위 내에서 계산된 위험을 감수(Calculated Risk-taking)한다. 즉 이들은 위험이 큰 벤처를 불필요하게 추구하는 사람(risk seeker)이 아니라 어느 정도의 위험은 감수할 각오가 되어 있는 사람(risk assumer)이다.

내적 통제 소재(Internal Locus of Control)는 창업기업가가 자기 자신을 믿는 성향을 의미한다. 사업의 성패가 운이나 타인이 아닌 자신의 노력과 통제에 달려 있다고 믿기 때문에 높은 성취욕을 발휘한다. 따라서 '스스로 잘 할 수 있다.', '하면 된다.'라는 신념이 강하고, 되도록 주변의 상황을 통제하고 싶어 한다.

모호함에 대한 관용(Tolerance for Ambiguity)은 창업기업가가 사업을 수행하는 중 환경변화, 돌발적 사건 등에 의해 야기되는 불확실성에 대한 수용 경향을 의미한다. 즉 불확실성을 생활의 한 부분으로 인정하는 것을 말한다. 이들은 때로는 완벽하고 정확한 정보를 갖지 못한 불확실성 하에서도 의사결정을 할 의사를 가지고 있다.

이외에도 장기적인 안목과 비전 제시, 위험평가 및 대응능력, 몰입과 집중성(일에 대한 열정), 의사소통 능력, 고객 욕구에 대한 민감성 및 벤처팀의 구성, 결단력과 끈기(책임감), 도전 의식과 탁월성의 추구(자신감과 긍정적 태도) 등이 성공 벤처기업가의 행동 특성으로 언급되고 있다.

3. 기업가가 직면하는 어려움

1) 창업기업가의 위험

창업 과정에서 기업가는 개인적으로 다양한 위험에 직면하게 된다.

첫째는 재무적 위험(Financial Risk)이다. 미국의 경우 벤처기업 성공확률은 5% 내외로 조사되고 있다. 창업기업에 본인이 가진 투자자산의 손실 위험은 물론 외부 조달자금에 대한 보증 및 상환책임을 지는 일도 있다. 또한 일정 기간의 무수익 상태를 견디는 과정을 겪기도 한다.

두 번째는 경력에 대한 위험(Career Risk)으로 창업에 실패한 후 직장의 확보가 가능한지이다. 특히 우리나라와 같이 실패에 대한 관용 정도가 낮은 사회적 분위기가 있는 경우 문제가 매우 심각하다. 즉 안정된 직장을 두고 위험을 수반한 창업의 길에 들어서는 것이 매우 어렵다.

세 번째는 가족과 사회적 위험(Family and Social Risk)이다. 창업은 개인의 시간과 에너지를 엄청나게 소모한다. 따라서 사업 관련 외의 생활에는 소홀해지기 쉽다. 가정생활에 문제발행 위험 및 자녀와의 관계 소원, 친구 등 교우관계가 멀어지는 어려움을 겪게 될 위험이 많다.

네 번째로 심리적 위험(Psychic Risk)이다. 창업가의 개인적 행복에 영향을 미친다. 사업에 성공하면 경제적 풍요가 지나치게 돈 중심의 사고를 형성하게 할 수 있다. 자만심이나 절제 부족에 빠질 위험이 있다. 반면에 사업에 실패하여 재정적 파탄에 이르는 경우 심리적 좌절감 등으로 인해 회복하기 힘든 상태에 빠질 수도 있다.

2) 창업기업가의 성격적 단점

창업기업가를 성공으로 이끈 성격적 특성이 극단으로 치우치면 부정적인 결과를 초래할 수 있다. 이에는 통제에 대한 과도한 욕구, 불신감, 성공에 대한 지나친 욕구, 비현실적 낙관주의의 경향 등이 있다.

통제에 대한 과도한 욕구는 자신의 회사와 운명을 스스로 통제하려는 강한 욕구를 의미한다. 내적 통제 소재가 과도한 지나친 내재론자가 되면 모든 것을 통제하려는 경향을 보인다. 자율과 통제에 대한 강박관념은 자신이 원하는 방식으로 만든 구조에서만 일하려고 한다. 타인을 자신의 의지대로 복종시키려 하다 보면 네트워킹 관계에 심각한 문제를 발생한다.

창업기업가는 경쟁자, 고객, 정부의 규제나 법령의 개정 등에 민감하게 대처하기 위해 끊임없이 환경변화를 탐지하여 다른 사람보다 먼저 예견하고 대처하고자 한다. 대응에 대한 불안감이 지나치면 사소한 것에도 과도한 관심을 두거나 모든 것을 믿지 않게 되고 논리나 합리성을 잃게 된다. 즉 과도한 자기 신뢰와 함께 타인과 종업원에 대한 불신, 권한위양 회피로 본인에게는 과도한 업무 부하가 타인에게는 신뢰 상실 및 기피의 대상이 된다.

또한 창업기업가는 성공에 대한 높은 욕구와 열망을 가진 사람들이다. 난관을 극복하면서 성취를 하고, 무의미한 존재가 되는 것을 강력히 거부한다. 성공을 회사의 외형적인 모습, 즉 건물의 크기나 외양, 사무실의 크기나 인테리어, 승용차의 종류 등을 통해 보이고자 하는 개인적 과시욕에 사로잡히면 기업에 파괴적인 결과를 가져올 수 있다.

창업기업가의 지칠 줄 모르는 낙관적 태도는 사업 성공의 중요한 요소이다. 이러한 태도는 어려운 시기에도 타인이 자신을 신뢰하고 열정을 가지고 일하도록 하는 데 도움이 된다. 그러나 이도 지나치면 사업에 대한 현실감각이 떨어지게 된다. 자신이 추진하는 사업마다 성공적인 결과를 가져올 것이라는 생각 또는 모든 사업환경이 본인이 계획한 대로 움직일 것이라는 비현실적 낙관주의에 빠지게 된다.

3) 창업기업가의 스트레스와 갈등

(1) 창업기업가의 스트레스

스트레스(stress)의 개념은 “유기체에 해를 가하는 감정 상태” 또는 “유기체의 스트레서(stressor)에 대한 반응”이라고 정의된다. 즉 기업가의 스트레스란 기대(목표)와 능력 또는 인성(personality) 사이의 모순에서 발생한다.

따라서 직무 스트레스는 어떤 개인의 기능이나 능력과 직무요구 간의 부적합 또는 욕구 만족의 불일치에서 발생한다. 즉 개인의 육체적 · 심리적 · 행동적 반응을 유발하는 외부상황에 대한 적응적 반응이라고 할 수 있다.

이러한 스트레스는 부정적 측면으로 인식되어 있다. 스트레스는 질병의 유발, 직무에 대한 불만족, 이직, 결근, 조직몰입 저하 및 생산성 감소 등의 원인으로 알려져 있다. 하지만 스트레스의 긍정적 측면은 목표 달성을 이룰 수 있도록 자극이 된다는 점이다.

스트레스의 원천은 쓸쓸함과 고독감(Loneliness), 성취욕(Need to Achieve), 일에의 함몰(Immersion in Business), 인간관계 문제(People Problem) 등이 있다. 기업가는 혼자서 생각하고 계획하며 행동 방안에 대하여 골몰하기 때문에 언제나 고독함을 느끼게 된다.

또한 자기가 없으면 안 된다고 생각하며, 사업과 결혼하는 경향으로 휴가나 휴식을 취할 수 없다. 기업가는 다양한 사람과의 의존 및 관계를 형성하면서 사업을 진행하는 데 실망, 분노, 좌절을 느낀 기업가는 이들 인간 문제에서 스트레스를 받기도 한다. 지나친 성취욕구는 역 효과적인 측면이 크기 때문에 기업가에게 스트레스를 유발할 수 있게 된다.

이러한 스트레스의 관리방안으로는 또 다른 사업을 해서 사업장 간에 네트워킹하는 것이다. 그들 사업의 성공과 실패가 치료법이 되는 것이다. 또 다른 방법으로 현실 탈출이 있다. 일정 기간 사업에서 벗어나는 것이다. 또한 친구, 직원 등과의 커뮤니케이션 확대 및 회사 밖에서 만족을 찾을 수 있는 취미활동이나 사회활동 등을 하면서 안정감을 회복하여 스트레스를 벗어날 수 있다. 아울러 이를 위한 대리인 양성 또는 업무 대행자의 육성과 권한위양을 통한 시스템에 의한 기업의 운영 등이 필요하다.

(2) 창업기업가의 갈등

갈등(conflict)은 "둘 이상의 실체가 적어도 적대적인 심리 관계의 한 형태에 의해서 또는 적대적인 상호작용의 한 형태에 의해서 연결된 어떤 사회적 상황 또는 과정"이라고 정의된다. 마일스(Miles)는 "조직의 한 단위나 단위 전체 구성원들의 목표지향적인 행동이 다른 조직 단위 구성원들의 목표지향적인 행동과 기대로부터 방해를 받을 때 표현된 조건이다."라고 설명하고 있다.

이러한 갈등에 대한 전통적 견해는 인간관계 과정에서 불일치감, 반한감, 저항심이 존재하며, 역기능적이므로 이를 제거하거나 억제 또는 회피의 대상으로 보고 있다. 반면 근대적 견해는 인간관계에서 필연적이고 바람직한 요인으로 일정한 범위에서는 고무 또는 격려할 필요가 있다고 본다.

따라서 갈등은 적극적으로 관리해서 아이디어의 개발, 환경변화에 적극적인 적응, 새로운 도전과 다양성 개발, 혁신적 문제해결에 필연적이고 유익하게 활용될 수 있는 순기능적 역할을 해야 할 필요가 있다.

갈등의 원인으로는 집단 또는 개인 간 상호 의존성, 목표의 상이성, 지각(知覺)의 차이, 지나친 성취욕구 등이 있다.

갈등관리의 해소 방법으로는 당사자 간 대면을 통한 문제해결, 상위목표의 도입, 자원의 확충, 단기적 해결이 불가능할 경우 의사결정을 유보하는 회피, 당사자 간 의견 차이가 없다고 하는 무마, 각각의 일부 양보에 의한 타협, 공식적 권한을 이용한 명령, 갈등유발 중심자들의 태도나 행동을 변화시키는 인적 변수의 변화, 조직 단위의 변화 또는 인사교류, 보상체계의 개편 등을 통한 구조적 요인의 변화 등이 있다.

갈등이 없는 상태에서는 동기부여나 혁신의 의지가 미약하게 나타날 것이고, 갈등이 있는 상태에서는 조직성과가 높게 나타난다. 따라서 갈등의 순기능을 확대하기 위해 갈등을 조장할 필요도 있다. 갈등의 조장 방법으로는 커뮤니케이션의 경로 이탈, 억제, 정보의 과다 및 모호하고 위협적인 정보 등을 유통하는 커뮤니케이션 요인과 구조 변수 및 개인행동 요인이 있다. 구조는 계층의 수, 리더십 유형, 상호 의존도 등이 포함되며, 개인행동 요인은 성격, 역할 부조화 및 지위불일치 등이 포함된다.

갈등과 경쟁을 조장함으로써 조직 전체에 득이 되도록 하는 것으로 메기 이론이 있다. 양식장의 미꾸라지가 약해지고 죽어가는 것을 보고 메기 몇 마리를 넣으니 미꾸라지가 튼튼하게 자랐다는 것이다. 메기로 인해 잡아먹히지 않기 위해 열심히 움직임으로 해서 활동력이 많아지고 식욕이 왕성해서 튼튼해지게 된다는 것으로 갈등 조장의 예로 활용되고 있다.

기업가의 자질테스트

1. 개인적 특성 검사에 의한 방법

번호	질 문 내 용	예	아니오
1	내 생활방식을 구체적으로 설명할 수 있다.		
2	일을 계획적으로 한다.		
3	일단 일을 맡으면 적극적으로 한다.		
4	실패하더라도 크게 실망하지 않는다.		
5	약속을 잘 지키는 편이다.		
6	창업 정보를 수집 중이다.		
7	친구가 많다.		
8	나와 다른 의견에도 귀를 기울인다.		
9	함께 고민해 줄 친지가 세 명 이상 있다.		
10	도전 정신이 왕성하다.		
11	의사 표현이 분명한 편이다.		
12	건강에 자신이 있다.		
13	기초적인 재무 지식이 있다.		
14	좋아하는 일이라면 먹고 자는 일도 잊어버린다.		
15	창업하기 위해 가족을 설득할 자신이 있다.		
16	일이 생각대로 잘 안 풀려도 곧 잊어버린다.		
17	즐겁지 않은 모임에 가서도 참고 즐길 수 있다.		
18	누군가에게 맞으면 반드시 반격한다.		
19	모르는 사람이 말을 걸어와도 일단 들어준다.		
20	친한 친구의 출세가 마음에 걸린다.		

※ 창업가적 자질 검사 및 해석

- 20개 문항을 각각 '예/아니오'로 체크하고, '예'는 5점, '아니오'라는 0점으로 계산

* 60점 이상 : 창업환경이 성숙하여 있고 창업자로서 자질이 충분하다. 업종 선택과 필요한 정보수집이 끝났다면 언제 창업해도 좋다.

* 35~60점 : 그런대로 창업할 환경이 조성돼 있으나 업종 선택에 유의하고 좀 더 폭넓은 정보를 수집해야 한다.

* 35점 이하 : 창업 동기가 명확하지 않다. 월수 1천만 원 보장 광고에 현혹될 위험이 크다.

2. 적합도 검사에 의한 방법

기업가의 특성에 관한 질문

1. 추진력은 풍부한가?
2. 자신이 세운 목표를 달성할 수 있는 자신감이 충만하여 있는가?
3. 일시적이 아니라 장기적으로 특정 사업에 참여하는가?
4. 금전을 평가의 척도로써 사용하는가?
5. 문제해결에 끈기를 가지고 임하는가?
6. 명확한 목표를 설정할 수 있는 능력과 결단력이 있는가?
7. 자신의 노력으로 성공 가능성을 높일 수 있는 일에 모험심을 가지고 있는가?
8. 실패하였을 때 실망하지 않고 문제점을 밝혀내는 능력이 있는가?
9. 피드백을 활용하여 개선하여야 할 문제를 파악하고 시정조치를 하는가?
10. 독립심이 강하고 책임감을 느끼는가?
11. 주변 자원의 활용을 위해 사내 외의 상황을 잘 이용하는가?
12. 자신이 세운 목표와 경쟁을 하는가?
13. 운명을 외적 요인으로 보지 않고 스스로 개척할 수 있는 자신감이 있는가?
14. 불확실성을 불안감 없이 극복할 수 있는가?

기업가로서 업무수행에 필요한 요건에 관한 질문

1. 사업과 가정을 잘 조화시킬 수 있는가?
2. 창업을 자기 인생의 모든 것으로 보는가?
3. 기업가로서의 창의성과 기술혁신 능력이 있는가?
4. 업종에 대한 전문적인 지식은 갖추어져 있는가?
5. 경영 팀을 구성할 수 있는 능력이 있는가?

6. 자유경제 체제에 대한 경제관이 확실한가?
7. 기업 윤리관이 있는가?
8. 종합력을 갖추고 있으며, 타인으로부터 신뢰감을 받는가?

측정 방법

각 항목에 대하여 긍정적이면 1점, 부정적이면 0점. 특성과 요건의 각 총점을 산출하여 예시와 같이 2차원으로 표시하여 적합도 판단.

측정 예시

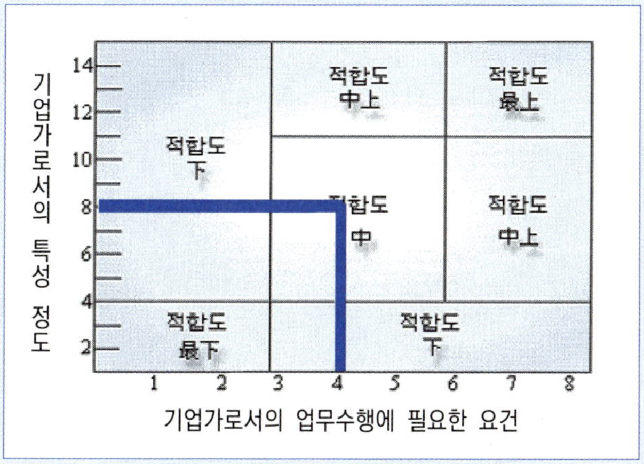

제 4 장

벤처 조직과 경영팀

제4장 벤처 조직과 경영팀

제1절 기업조직

1. 조직의 개념

조직이란 조직 설립목적을 효과적이며 효율적으로 달성하기 위해 수직적·수평적으로 업무를 구조화하고 담당업무에 대한 권한과 책임 관계를 명확히 하는 것을 말한다. 조직을 설계하는 과정을 통해 조직도라는 조직구조가 만들어진다.

1) 조직설계(organizational design, 조직화) 및 구조

조직설계는 조직의 내부구조를 설계하고 과업, 구성원, 권한, 책임 사이에 적절한 분업과 권력관계가 체계적으로 이루어지도록 하는 것이다. 이는 여러 업무와 관리행위가 효과적으로 실행될 수 있도록 하는 일련의 과정(process)으로 조직을 형성·유지하기 위한 과정이다. 경영자의 주요한 기능이다.

조직구조(structure)는 조직설계의 결과로서 갖추어진 비교적 안정적인 짜임새로 조직에 대한 정태적 표현이다. 조직화의 결과로 형성된 실체이며 경영자를 포함한 전 구성원의 활동 배경이 된다.

2) 기업조직 설계 시 유의 사항

기업조직의 설계 시 고려해야 하는 영향 요인으로는 기업의 연혁과 규모, 사용

기술, 시장변화, 경영전략 및 기업이 속해있는 사회문화가 있다.

기업의 연혁에 따라 규모에 따라 조직의 관료적 성향 및 계층 수를 포함한 조직의 분화 정도가 결정되며, 사용 기술의 특성에 따라 다음의 [그림 4-1]과 같이 조직구조가 달라진다.

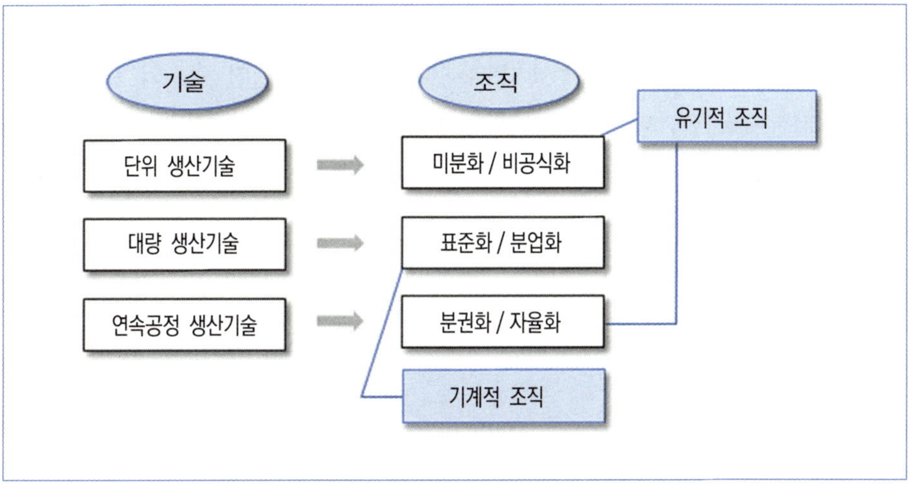

[그림 4-1] 사용 기술과 조직구조

시장변화는 외부환경(시장)의 특성에 따른 것으로 환경이 단순하고 안정적이며 불확실성이 적은 환경에는 기계적 조직이, 복잡하고 불확실성이 큰 환경에서는 외부의 충격을 흡수하여 융통성 있는 대응이 가능해야 효과적인 유기적 조직으로 조직이 설계된다.

경영전략은 조직이 사용할 기술의 특성이나 일상적인 업무의 내용에 영향 미치는 요소로 원가우위전략의 경우 낮은 원가를 통한 저가격을 추구하고 있다. 따라서 규정과 공식이 조직의 주요 행동 기준이며 집권화를 통한 효율과 생산성을 강조하는 기계식 조직이 유용하다. 차별화 전략은 독특한 제품이나 서비스를 추구하므로 자율권과 비공식화를 통해 융통성과 창의성을 유도하도록 하는 유기적 조직이 더 효율적이다. 집중화 전략은 한정된 시장을 집중하여 공략하는 전략으로 초점이 원가 우위나 차별화 중 어떤 것이냐에 따라 조직설계가 달라질 것이다.

사회문화에 있어 문화는 타 조직과 차별화되며 보존할 가치가 있다고 인정되는 조직의 가치관 및 행동양식으로 조직원의 사고와 행동에 영향을 미친다. 수직문화의 경우 높은 조직 계층화가 이루어지며 평등문화는 자율과 권한 위임이 되는 조직이 유용하다.

이러한 배경을 바탕으로 조직설계 의사결정 단계에서의 결정해야 하는 내용으로 ① 조직목표 달성을 위해 수행되어야 할 전체 업무의 명확화, ② 전체 업무를 구성원, 집단에 의해 적절히 수행되도록 나눔, ③ 나누어진 업무와 담당자들을 업무 성격에 따라 집단화, ④ 맡겨진 일의 수행에 필요한 권한을 구성원, 집단에 배분, ⑤ 구성원들에 의해 수행된 일들이 어우러져 통합되도록 조정, ⑥ 위의 일들이 잘 진행되는지를 평가, 필요한 수정조치를 취하는 일련의 과정이 요구된다.

2. 조직설계의 원칙

조직설계의 원칙은 과업을 나누는 분업화, 나누어진 과업을 연결하여 집단화하는 통합화, 통합된 과업에 권한을 배분하는 분권화를 어떻게, 어느 정도로 하느냐가 관심의 대상이다.

1) 조직(과업)구조의 차원

조직구조의 차원은 과업 수행 활동(구성원)들의 배열 관계를 나타내며 이에는 복잡성, 공식화, 집권화의 방향과 정도를 결정한다.

복잡성(complexity)은 과업의 분화가 이루어지는 정도로 전문화된 하위 단위, 직무 전문화 또는 부문화와 밀접한 관련이 있는 수평적 분화, 조직계층의 깊이, 상하관계, 위계를 결정하는 수직적 분화, 물리적 시설, 인력의 지역(지리)적 분산 정도를 결정하는 지역적 분산 차원이 있다.

공식화(formalization)는 직무의 표준화 정도인 재량권 문제로 직무의 성격에 따라 단순·반복적인 직무가 고도로 전문화된 직무보다 공식화 정도가 높다. 조직 내 계층 측면에서는 상위 계층일수록 공식화가 낮다. 기능적 측면에서는 생산부문이 판매, 연구 부문과 비교해 공식화 정도 높다.

집권화(centralization)는 의사 결정권의 집중 정도로 조직의 규모, 제품의 조합, 시장 분포, 업무 기능의 성질, 직무의 성질, 구성원의 특성, 외부환경 등이 영향 요인이다.

2) 분업화 및 부문화

구성원이 처리해야 할 과업들을 구체화하여 할당하는 과정인 직무설계(job design)의 기본 단위는 조직에서 수행되는 일들 하나하나를 의미하는 과업(task)과 과업들의 묶음인 직무(job)가 있다. 직무의 기본적 특성은 직무에 서로 다른 과업들이 포함된 정도인 다양성과 의사 결정권으로 담당자가 스스로 결정할 수 있는 영역인 재량권을 포함하고 있다.

분업은 복잡성(complexity)의 문제와 관련되는 것으로 수평적 분업은 과업의 분화이며, 수직적 분업은 관리의 분화, 지역적 분업은 물리적 시설, 인력의 지역(지리)적 분화를 의미한다.

분업화의 정도는 경제적 비용, 연결의 지연, 연결의 혼돈, 부서 간 갈등, 소극적 태도 등을 고려하여 결정해야 한다. 적용되는 직무설계의 원칙으로는 직무를 작고 간단한 과업들로 구성하는 직무 단순화(job simplification), 전문적 지식, 능력이 요구되는 한두 개의 업무를 각 구성원에게 전담시켜 생산성 향상을 기하는 직무 전문화(job specialization) 원칙이 있으며, 다른 과업을 추가하여 다양한 과업들로 구성하여 흥미와 근로의욕을 높이고자 하는 목표를 가진 직무확대(job enlargement), 업무수행과 관련된 재량권 부여, 직무에 관한 권한을 허용하여 자율성과 책임감을 높이는 직무충실화(job enrichment)가 있다.

부문화인 과업의 연결은 규칙 및 법과 약속의 문제이며, 공식화(formalization)와 관련된 사항이다. 부서화는 서로 관련 있는 업무 활동이 함께 이루어지도록 직무 담당자를 한데 모아 같은 경영자의 감독을 받게 하는 것으로 특정 부서의 이름으로 표현된다.

예를 들어 기능별 부서화인 기능조직의 경우 기능적으로 관련 또는 같은 직무를 한 부서에 집합한 조직구조로 초기 성장단계에 적합한 조직구조라 할 수 있다.

분업화 및 부문화는 조정과 통합의 필요성을 가져온다. 조직의 업무는 상호 의존성을 가지고 있으므로 갈등을 유발한다. 조정(coordination)은 개별, 집단 구성원의 노력이 조직목표 달성을 위해 적절히 통합될 수 있도록 유도하는 과정이며, 통합(integration)은 부서별 관심이나 업무 우선순위 등을 잘 조정하여 조직 전체의 목표 달성에 기여할 수 있도록 부서별 활동을 통합하는 것을 말한다.

조정 방법으로는 전통적 관리기법으로 지휘 명령체계, 규칙과 절차, 계획과 목표의 활용과 경영정보시스템(MIS)을 활용한 업무추진과 목표 달성 정보의 공유, 또한 위원회 등을 통한 직접적 대면으로 연결함으로써 업무수행 관계의 향상을 기하는 방법이 있다.

3) 분권화

권한은 어느 정도 위임할 것인가? 와 관련되는 문제로 분권화의 필요성은 ① 권한자의 한계, ② 변화상황에 적절하고 신속한 대응, ③ 구성원의 동기부여에 의한다. 분권화(decentralization)는 일상적 의사결정은 일선 근로자가 비일상적 의사결정은 경영자 담당함에 따라 경영자의 업무 하중이 경감된다. 분권 조직은 집권화보다 적은 수의 경영자를 필요로 하며, 경영자 계층의 수를 감소시키며, 평평한 조직을 구축하여 관리의 폭이 넓어지는 효과가 있다. 이러한 분권화의 영향변수는 담당자 능력, 최고책임자의 독재성, 환경의 가변성, 기술의 복잡성에 영향을 받는다.

권한의 원천은 권력(power)으로 특정인(집단)에게, 그(집단)의 저항에도 불구하고, 자신(집단)의 이해관계목표를 달성하게 하는 행위를 강제할 수 있는 능력(관계)이다.

이러한 권력의 본질적 성격은 의존적인 두 사람(집단) 사이에 존재하며, 한 사람(집단)의 권력이 크면 상대는 작다. 또한 권력은 이해관계목표 달성에 있어 근원적 수단이다. 반면에 권한(authority)은 상위 직위로부터 위임을 통해 주어진 권력으로 결정권, 명령권, 승인권, 심사권, 발안권, 대리권, 대표권과 같다.

권력의 종류를 권력 기반에 근거하여 구분하면 다음의 [그림 4-2]와 같이 표시할 수 있다.

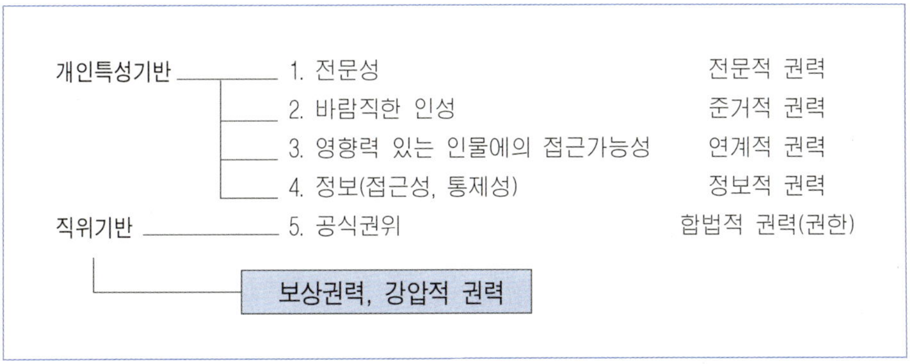

[그림 4-2] 권력의 기반 및 원천

전통적인 견해는 보상의 제공으로 가지는 보상 권력, 상대의 의사와 무관하게 강제할 수 있는 강압적 권력과 전문적 권력, 준거적 권력, 합법적 권력으로 구분하고 있다.

최근에는 네트워크와 정보의 중요성이 대두됨에 따라 보상과 강압적 권력보다 연계적 권력과 정보적 권력으로 구분하고 있다.

책임과 권한 배분 시 유의 사항으로는 책임에 상응하는 권한(의사 결정권)이 주어져야 한다는 책임-권한 균형 원칙(parity principle), 각 구성원은 한 상급자에게서 지시받고 자신의 업무처리 결과를 보고하도록 권한 배분이 이루어져야 하는 명령 통일 원칙(unity of command principle), 권한을 배분할 때 최고경영자에서 일반종업원에 이르는 각 계층이 명령체계에 의해 연쇄적으로 연결되어야 한다는 명령 계층화 원칙(scalar principle) 및 한 사람이 통제할 수 있는 부하 직원의 수에 제한을 두는 통제범위의 원칙(span of control)이 있다.

3. 조직의 유형

조직설계의 결과인 조직구조는 전통적이고 보편적인 구조인 기능별 조직과 사업부제 조직, 프로젝트 조직 및 최근에 조직유형인 팀 조직, 네트워크 조직 및 가상조직 등 기업의 특성 및 환경에 따라 다양한 형태를 보인다.

1) 기능별 조직

조직의 부문화 결과 분류된 기능에 따라 조직을 구분한 형태로 라인조직, 라인 스탭 조직이 대표적이다. 기능별 조직의 장점으로는 커뮤니케이션과 정보흐름이 좋으며, 의사결정 속도가 빠르다. 또한 관리가 쉽고 인사평가도 정확히 할 수 있으며, 자율관리조직을 만들어가기 쉽다. 반면 단점으로는 one stop service 식의 고객 만족은 어렵다.

(1) 라인조직

라인조직은 비용 절감 등 효율성과 생산성 제고가 목표로 창업 초기기업, 중소기업에 적합하다. 위계질서 및 분업의 원리에 의거 부서가 분화되며 동시에 부문화가 진행된다. 직접 접촉 관계 속에서 작업이 수행되며, 명령 통일, 전문화, 통제 폭, 권한위양, 권한과 책임 대응의 전통적 조직원칙이 적용되고 있다. 장점은 신속한 기동성을 보유하며, 강력한 추진력도 보유하고 있다.

경영자의 개인 능력 발휘 기회가 제공되며, 일사불란한 지휘가 가능하고, 개별 부서의 조정이 쉽다. 단점으로는 경영환경 변화 탐지 능력이 부족하고, 혁신적 태도 촉진에 한계가 있으며, 대규모 조직의 시너지 효과의 기대가 어렵다. 불확실성이 높거나, 규모가 큰 경우에는 상대적으로 그렇지 않은 경우보다 덜 효과적인 조직구조이다.

(2) 라인 스탭 조직

라인 스탭 조직은 중견기업의 효율성과 생산성 제고에 목표가 있으며, 명령 통일, 전문화의 원칙과 조화하며, 경영관리기능의 복잡화에 대응하기 위한 조직구조이다. 라인조직에 전문가인 스탭의 전문적 지식이 제공되어 의사결정의 효율성과 효과성을 높이고자 한다.

장점은 종합적인 의사결정을 위한 정보의 축적과 활용 가능하며, 라인은 스텝으로부터 유익한 조언과 권고 취득할 수 있다. 단점으로는 라인과 스탭 간의 대립이나 갈등이 발생할 위험이 있으며, 부문과 계층의 분화로 조직의 비대화로 인한 관료제화가 촉진될 가능성이 있다. 조직이 대규모화되는 초기기업이거나, 경영환경이 안정적이며 확실성이 높은 상황에서 효과적인 조직구조이다.

2) 사업부제 조직

기업규모의 증대와 제품, 시장의 복잡화에 대응한 조직구조로 제품, 시장, 고객, 지역별로 부문화한 조직이다. 주요 특징으로 사업 부문은 부문 책임자가 완전한 권한을 보유하여 자주적이며, 독립적이다. 장점으로는 효과적인 경영통제가 쉬워 성과와 기여도를 명확히 파악할 수 있다. 전문화되기 때문에 품질 향상과 고객서비스가 잘 된다. 단점으로 사업부는 독자적 이익중심점이 되어야 하나 현실적인 분할의 어려움이 있으며, 장기적 관점의 전체와 단위 사업부 목표간 상충하며, R&D와 같은 특정 지출이 제한되기도 한다. 동일 업무를 담당하는 부서의 중복으로 비효율이 발생하며, 관리자 수가 증대된다. 부서별 커뮤니케이션이 낮아지며, 한정된 자원을 놓고 부문 간의 갈등이 발생할 위험이 있다.

3) 매트릭스 조직

효율성과 유연성의 목적을 동시에 달성하고자 하는 목표를 가지고 있다. 기능 부분은 종적, PM(Project Manager)은 기능 부문을 넘어 횡적인 권한을 행사하는 격자 조직이다. 조직의 장점은 기술과 시간에 좌우되며, 고도로 전문화된 재화나 용역을 소량주문 생산하는 조직이나, 고도 정보처리가 요구되는 불확실성에 직면하는 조직, 또는 인적, 물적 자원의 제약이 있는 조직에 유용하다. 단점으로는 구성원의 역할갈등과 역할모호성에 따라 스트레스가 발생하며, 이해관계자의 복합적 연결로 의사결정 자체가 복잡하다. 기능부서와 프로젝트 구성원 간 권력투쟁이 발생할 위험도 있다.

4) 프로젝트 조직

특수한 과업의 수행을 목적으로 한 일시적 조직(task force team)으로 전문 인력으로 구성되며, 지위가 독립적이고, 과업이 매우 구체적인 조직이다. Project는 목적 지향적이고, 상호 관련 활동의 조정 과업이 포함되어 있으며, 일시적이며 시작과 끝이 있는, 독특하고 비반복적인 업무이다. 조직의 장점은 상황과 필요에 의거 설치와 해산, 확충, 긴축이 쉬운 신축성을 가지고 있으며, 구성원의 과업 집중도가 높다.

또한 필요한 인재의 획득이 가능하며, 과업의 명확화로 구성원의 성취감과 만족감이 제공된다. 단점으로는 공식적인 조직과의 충돌이 우려(특히 파견의 경우)되며, 팀 구성원의 과업에 대한 객관성 상실이 우려되며, 경영진의 과도한 관심이 오히려 간섭화로 변하여 신축성과 창의성의 저하를 초래할 위험이 있다. 팀의 성과가 팀의 해체로 지속적인 지지를 획득 곤란하여 성과가 활용되지 못하는 결과를 초래하기도 한다.

5) 최근의 조직 경향

(1) 팀 조직

기능적으로 분리된 조직의 한계를 극복하고 지휘, 명령의 위계 조직을 초월하여 팀의 책임자에만 명령받는 조직이다. 자율적으로 의사결정을 하며, 조직 전체의 flat 화와 slim 화를 가져온다. 계속 유지되는 항구적 성격의 조직이다.

(2) 네트워크 조직

지식과 정보의 소통, 공유, 창조가 중요한 목표이며, 정보통신 기술을 이용하여 서로 간의 유기적 연계를 극대화하는 조직이다. 수평적으로 연결과 왕래를 할 수 있으며 구성원들의 참여와 토론이 개방적이다. 조직의 핵심 역량은 가지고 있으면서 외주를 통해 전체 서비스나 제품을 생산하는 조직이다. 최근에 나타나는 1인기업도 네트워크 조직의 한 형태로 볼 수 있다.

(3) 가상조직

급변하는 환경이 원인으로 고정된 조직 형태로는 역부족을 느껴 발생한 형태이다. 형체가 없음은 수시로 변화할 수 있다는 의미이며, 핵심 골격만 갖추고 나머지는 외주로 과업을 처리한다. 업종도 수시로 변경할 수 있다. 예를 들면 가상기업(virtual corporation)은 정보기술로 연결된 독립적인 회사들의 네트워크로 정보기술, 기회주의, 우수성, 신뢰, 경계가 없음을 특징으로 하고 있다. 가상 팀(virtual work team)은 지리적 한계를 극복하고 전문화된 직원 재능 활용하기 위함이다. 다만 물리적 접촉이 없는 구성원들의 집중력 유지와 동기부여가 과제이다.

6) 조직유형의 이상형

조직구조의 가장 이상적인 형태로 언급되고 있는 것으로 오케스트라 조직, 모래시계조직, 꽃송이 조직 등이 있다. 오케스트라 조직은 자율적으로 연주하도록 권한이 주어져 있으며, 악보 형태의 가이드라인만 나눠주고 지휘를 통해 통제되며, 실무자가 많은 낮은 계층의 조직이다. 또한 이를 뒷받침하는 고도의 네트워크를 가진 조직을 말한다.

모래시계조직은 정보기술의 발달로 중간층을 제거한 조직으로 의사소통의 직접화(MIS)와 보상제도의 변화를 가져온 조직이다. 다만 소통 불능 시 해소방안이 없다는 단점이 있다.

꽃송이 조직은 교차 다기능 조직으로 다기능소유자에 의한 one stop service가 가능한 조직 형태이다.

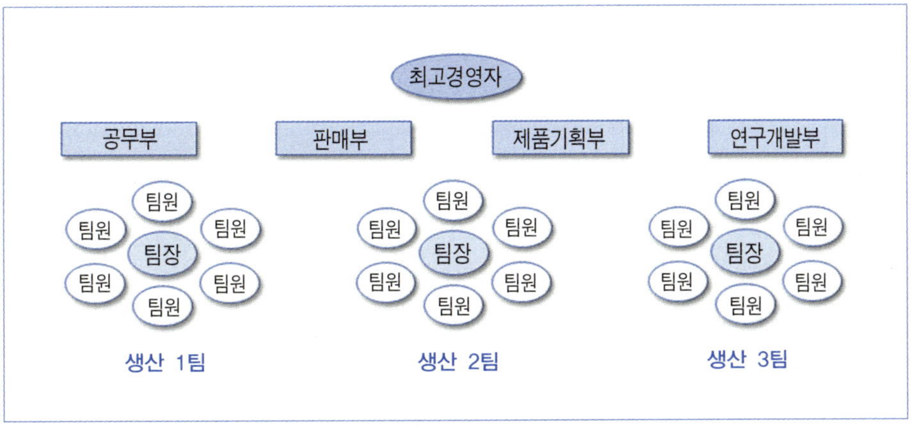

[그림 4-3] 조직유형의 이상형

4. 비공식 조직

조직원의 비공식적 관계에 기초한 관계 네트워크와 의사소통 통로로 공식적인 조직과 대비되는 자연발생적인 조직이다. 그레이프바인(Grapevine)으로 표현되며 입소문 출처(rumor mill)이며, 정보네트워크(intelligent network)의 기능을 한다.

조직 구성원을 위한 동료애와 사회적 접촉의 근거를 제공하며, 회사에 대한 유대감, 종업원들에게 지위와 인지도 제공, 신입사원의 사회화 및 조직의 모든 곳에 정보를 신속 전달한다.

반면 회사의 기준과 충돌할 우려가 있으며 변화에 대한 저항이 될 수 있다. 공식조직과 비공식 조직의 비교는 다음의 〈표 4-1〉과 같다.

〈표 4-1〉 공식조직과 비공식 조직

구분	공식(인위적)조직	비공식(자연적)조직
가입 동기	지명, 선발	자연발생적, 자의적
조직구조	안정적, 불변	가변
지도자	투표, 공식지명	자연적 지도자 탄생
과업	미리 정해져 있음	다양함, 변함
존속기간	미리 정해짐	구성원들 의도대로
행동 기준	능률, 효율	감정, 인간

제2절 벤처기업의 조직

1. 벤처 문화(가치관)

조직설계의 영향 요인으로 문화가 중요하며 특히 벤처기업은 기존 기업과는 차별화되는 독특한 문화를 가지고 있다. 창의와 도전, 혁신, 다양성의 인정, 수평적 사고, 성과에 대한 적정한 보상, 나눔의 정신 및 진화적 발전으로서의 실패를 수용하는 특성을 보인다.

대기업과 벤처기업의 조직문화를 조직구조, 의사결정 과정, 정보의 공유, 상사의 역할, 교육훈련에 대한 인식, 근무 형태를 기준으로 비교하면 다음의 〈표 4-2〉와 같다.

〈표 4-2〉 대기업과 벤처기업의 조직문화 비교

구분	전통적 대기업	벤처기업
조직구조	피라미드식 수직적 계층구조 위계질서, 직급 중시 내부지향적 정형화된 조직	중간계층이 없는 얇은 조직 위계보다는 전문성과 능력 중시 네트워크를 중시하는 개방적 조직
업무처리 의사결정	절차·규정 중시, 수동적 상호합의·협의 중시, 하향식	자율적, 자발적 업무추진 공감·가치 중시, 쌍방향식
정보공유	제한적 공개, 상의하달 집합 회의, 문서·매체 활용	공개·투명성·토론 중시 인터넷 게시판·토론방 활용
상사·임원 역할	의사결정 평가자 직무와 권한의 부여자	업무와 아이디어 도출의 지원자·촉진자·업무 동료
교육훈련	집합 연수 교육 중시	자발적, 시뮬레이션식 교육
근무 형태	같은 시간에 출근해서 근무 (Managed Time) 물리적 공간에서 업무수행 복장, 업무수행 방식의 제한	스스로 일하는 시간 결정 (Creative Time) 가상·열린 공간을 적극 활용 최소한의 제한사항만 규제

2. 벤처기업의 조직특성

(1) 강력한 비전 제시와 공유

벤처기업은 구성원에게 강력한 비전을 제시하고 공유하도록 함으로써 불확실성이 높은 환경에서 구성원의 이탈을 막고 높은 성과를 달성하는 수단으로 활용한다. 창업 초기 자원의 동원에 제약이 있는 벤처기업에 있어 강력한 비전의 존재는 우수한 인력의 확보 및 창업 팀에게 강력한 동기를 유발하는 데 효과적이다.

비전은 기업의 미래 사업 방향을 결정하는 중요한 나침반 역할을 하며 경영이념을 정립하는 핵심이다. 벤처기업은 경제적 동기만으로는 구성원의 창의성과 능력을 극대화하기 어렵다. 근무 환경의 열악함을 목표를 이루겠다는 열정으로 충당해야 한다. 이는 구성원을 하나로 묶을 수 있는 비전과 가치관의 공유를 통해 이룰 수 있다.

"새로운 기술과 아이디어로 최고의 기술기업이 되겠다." 또는 "특정 분야에서 몇 년 이내에 세계 선두기업이 되겠다." 와 같은 목표나 희망을 비전으로 제시하고 이러한 목표가 기업가의 윤리성, 진실성 및 창의성과 결합할 때 모든 구성원에 공유된다.

(2) 투명성 유지 및 팀워크 중시

벤처기업에 있어 투명성 유지는 내·외부의 신뢰성 유지를 위한 중요한 요소이다. 벤처기업은 경영정보의 적극적 공개 및 공유로 내부 신뢰 문화를 형성하고 투자자와의 신뢰 구축에 활용한다. 특히 Homepage나 Internet을 활용하여 조직 내·외부의 이해관계자들과 실시간으로 회사의 경영상황 및 회사의 정책과 비전에 대한 안내와 설명으로 정보를 공유하여 투명성을 유지한다.

열린 정보 접근과 의사소통 경로를 바탕으로 구성원은 공식·비공식적 채널을 이용하여 의사소통을 시도한다. 업무에 관한 개인적인 의견이나 주요한 의사결정에 대한 자신의 의견을 피력할 수 있다. 교세라의 '콤파', 안철수연구소의 '사내 인트라넷' 등이 그 예이다.

팀워크의 대명제는 사람의 가치를 인정하고 상호 간에 인격과 전문성을 존중하는 것이다. 선발 시 학력, 성, 연공 서열을 무시하고 실력 위주 인재를 발굴하며 직급 체제가 없는 완전 연봉제와 상호평가 시스템으로 공정성과 능력주의를 중시한다. 이는 선발된 팀원에 대하여는 전적으로 신뢰하고 외부에 대하여 개방적인 태도를 보임으로써 상호 이해 증진의 폭을 넓혀 나간다.

(3) 우수 인적 자원 확보와 개발

선발된 구성원에 대하여 주어진 업무에 관한 재량권을 부여하며, stock option을 포함한 다양한 인센티브의 제공으로 업무에 몰입하도록 동기부여 한다. 또한 교육훈련의 기회 제공과 자기 계발에 적극적인 지원(예: 도서구입 등)을 하며 해외 시찰 및 연수 기회를 활용하여(예 : 해외전시회, 포럼 적극 참가) 글로벌 감각을 갖춘 인재로 육성한다.

이는 벤처기업의 경쟁력은 창의성과 지식에 기반을 둔 새로운 사업영역의 개발에서 창출됨으로 인재의 확보와 유지·개발에 기업의 많은 자원을 투자하는 것이다.

벤처기업의 역량은 지식기반에서 핵심 역량이 구축되기에 지식관리시스템을 도입하며, R&D 투자 및 지속적 기술혁신에 노력한다. 또한 실패의 자산화를 통해 원인을 파악하고 이후의 교훈으로 활용한다. 3M의 경우 프로젝트의 내용과 결과를 데이터베이스화하여 보관함으로서 모든 구성원이 열람할 수 있도록 하고 있다.

여기에는 성공사례뿐만 아니라 더 많은 실패 사례도 축적하고 있다. 이러한 직간접의 경험과 지식을 바탕으로 창의성 및 자율성 중시하는 조직환경을 구축하여 차별화되는 경쟁력을 창출하고 있다.

3. 벤처기업 조직의 문제점과 해결방안

벤처기업은 높은 성장산업에 존재하며, 높은 기술적 불확실성을 가지고 있다. 또한 새로운 비즈니스 모델을 정립하여야 하며, 높은 외부환경 효과와 높은 인적자원관리의 중요성으로 인해 기존 조직의 전통, 습관, 표준공정 등에 있어 혁신을 요구받는다.

반면에 벤처기업의 조직은 내·외부적으로 높은 환경 불확실성에 직면하고 있지만 빠르게 성장하는 조직이다. 개방적이며 민주적인 조직문화를 가지고 있으며, 같은 공유가치와 명확한 전략을 소유하고 있다. 정열적이고, 헌신적이며, 높은 비공식적 의사소통 경로의 활용과 슬림형 조직구조로 되어 있다. 창의적이고, 혁신적인 아이디어의 적극적 수용과 빠른 의사결정의 특징을 가지고 있다.

이러한 벤처기업 조직의 특성으로 인한 문제점은 조직의 성장이 조직 내부의 비효율성과 비합리성의 문제를 희석한다. 또한 리더십의 딜레마에 빠지거나 기업사명으로부터 이탈, 의사소통의 불확실화 및 인적 자원 관리능력 부재 등의 문제가 발생한다. 이러한 문제를 전체적으로 조정하고 통제할 수 있는 조직 관리능력의 부재가 벤처기업을 힘들게 한다.

벤처기업 조직의 문제점을 해결하는 방안으로는 조직적 차원과 개인적 차원에서 접근할 수 있다. 조직적 차원으로는 ① 기대하지 못한 것을 기대하게 하라. ② 빠른 성장이 끝난 시기를 대비하라. ③ 기업의 사명과 성장의 의미를 명확히 하라. ④ 외부 시각에서 기업의 리더십을 살펴보라. ⑤ 조직 내의 중복요소를 제거하라. ⑥ 기업의 사명을 반복적으로 명확히 하라. ⑧ 조직관리 시스템을 확립하라. ⑨ 조직의 유연성을 유지하라. ⑩ 활동성과 자율성에 기초한 조직문화를 형성하는 방법이 있다.

개인적 차원의 방법으로는 ① 올바른 인재 채용 시스템의 수립, ② 채용된 인재가 동화될 수 있는 문화 정립, ③ Cross-functional communication 확립, ④ 정보의 비대칭성을 감소, ⑤ 공정한 보상 시스템의 수립, ⑥ 지속적인 자기계발을 유도, ⑦ 창의성을 통한 지속적인 혁신 유도하는 방법이 있다.

성공적 벤처기업 조직을 위한 7단계 전략을 기술하면 ① 열정적이고 동기 부여된 인원의 채용, ② 공영할 수 있는 문화 정립, ③ 조직의 사명, 방향, 구조, 성과측정 도구의 명확화, ④ 개인의 가치관과 조직의 가치관 공유, ⑤ 적절한 보상 시스템의 도입, ⑥ 실험적 학습 태도를 존중하는 분위기 창조, ⑦ 성과물에 대한 적극적인 향유와 실패를 통한 학습의 단계를 통해 조직구축을 할 수 있다.

제3절 경영팀의 구성과 보상정책

1. 창업 과정과 경영팀

벤처기업의 성공 여부에 경영팀의 주요한 역할을 한다는 것이 밝혀지고 있다. 벤처캐피탈리스트나 투자자들의 의사결정에도 주요한 평가요인으로 간주하고 있다.

조사에 의하면 미국의 경우 루트 128의 성공 벤처 기업 중 70% 이상이 창업팀을 보유하고 있는 것으로 확인되었다. 심지어 John Doerr는 “사업아이디어가 A급이고 사업가와 그 팀이 B급인 경우보다, 사업가와 그 팀이 A급이고 아이디어가 B급인 경우를 더 선호한다.”라고 할 정도로 경영팀의 중요성은 두드러지고 있다.

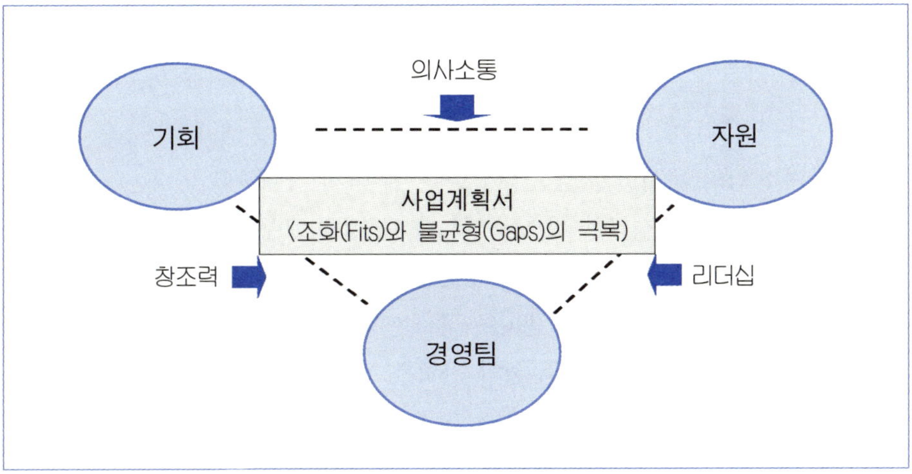

[그림 4-4] 창업 과정과 경영팀

이는 경영팀이 벤처의 성공과 실패에 영향을 미칠 뿐 아니라, 벤처 조직의 형태에도 지대한 영향을 미치기 때문이다. 창업 초기부터 창업기업가의 부족한 부분을 보완하기 위해 우수한 팀원을 찾게 된다. 특히 엔지니어 출신의 창업기업가라면 경영 부문의 보완을 절실히 필요로 한다.

창업의 과정은 기회와 자원에 대한 창업 팀의 갭(gap) 메우기 과정이다. 기회의 구체화를 위한 자원의 부족을 메우고, 확보된 자원의 효율적이고 효과적인 운영을 위한 기회의 확대 과정이 창업 팀에 의해서 이루어진다. 즉 팀의 역할은 창업 과정에 있어 갭을 조화롭게 함으로써 벤처기업을 성공으로 이끈다.

우수한 경영팀을 만들기는 절대 쉽지 않은 일이다. 창업 경영팀으로 참여하기 위해서는 창업가의 비전과 목표에 공감해야 하며, 창업가를 절대 신뢰하고 주어진 업무에 몰입할 수 있어야 한다. 또한 창업가는 경영팀 참여자에 대한 조직 내의 위치와 역할, 소유권 문제 등 다양한 의사결정이 필요하다.

우수한 경영팀의 특성은 적정한 양과 질적 측면에서 모두 고려되어야 한다. 관련 분야의 경험과 경력을 보유하여야 하며, 성취 지향적인 동기와 위험과 모호함에 대한 인내력을 가져야 한다. 장기적인 헌신과 투지를 가지며 창의성을 중시하고, 의사소통이 원활해야 하며, 팀워크 및 응집력이 강해야 한다. 또한 환경에의 적응력이 뛰어나야 하며, 기회(가치창조)에 대한 몰입 정도가 강해야 한다. 리더십과 용기를 보유하고 있으며, 회수(exit)의 태도(성공 시 분배)가 명확해야 한다. 소유권에 있어 동등한 불평등을 인정해야 하며, 공정성과 회수의 공유 의지가 있어야 한다. 주요 조건의 내용은 다음과 같이 설명된다.

- **응집력** : 팀의 구성원은 자신들이 이 일에 함께 참여하고 있다는 점과 회사가 성공하면 모두 성공한 것으로 믿는다. 구성원 모두가 성공하지 않으면 아무도 성공하지 않은 것으로 생각하며, 한 사람이 실패하면 모두가 실패한 것으로 생각한다. 보상이나 인센티브 구조는 회사의 가치를 키우는 데 달려 있으며, 함께 일한다는 데 최우선의 가치를 두고 만족감을 느낀다.
- **팀워크** : 혼자 일하면서 개인을 영웅으로 만들어내는 방식이 아니라 하나의 팀으로 일하는 경영팀이 잠재력이 큰 회사를 만들어내는 것이다. 다른 사람의 일을 쉽게 도와주고 파트너와 핵심 인물이 영웅이 되도록 협조하며 성공을 축하함으로써 사람들에게 서로 동기를 부여하는 행동이다.
- **통합성** : 개인적인 욕심이나 부서 이기주의에 의하기보다는 고객, 회사, 가치 창출을 위한 판단을 우선하는 행동이다.
- **높은 몰입의 수준** : 몰입의 정도에 따라 벤처의 성공 여부가 결정된다. 벤처는 오랜 시간이 걸린다는 것을 알고 있으며, 당장 벼락부자로 만들어 주는 것이 아님을 인식하고 있다. 오히려 벤처는 회수에 오랜 시간이 걸릴 수 있는 만족 지연의 게임으로 간주하고 있다. 주식 스톡옵션 계약의 반환조건이 이 오랜 시간의 몰입과 헌신을 잘 대변하고 있다.
- **회수(exit)의 정신** : 개인의 성공이 나중의 성공적인 회수율의 크기로 측정되는 것이지 월급의 크기나 사무실의 위치나 크기, 자동차의 종류 같은 것으로 평가되지 않는다고 생각하고 있다.
- **가치창조에의 헌신** : 팀의 구성원들은 가치창조에 헌신한다. 고객에 대하여는 부가가치를 높이고 공급자와 win-win 관계를 유지하며, 구성원 모두와 주주들 모두 돈을 벌게 해주는 등 모두에게 돌아가는 파이를 키우는 일에 헌신한다.
- **동등한 불평등** : 창업 구성원에 대한 보상과 주식의 소유 지분은 장기간에 걸친 기여, 업무수행, 성과에 기초한다는 사실을 구성원 모두 인정하는 것이

중요하다. 특히 소유 지분에 대하여는 불평등이 당연하다는 인식을 둬야 한다. 소유 지분의 차별화에 실패하면 기여도에서 차이가 나는 문제가 발생하게 되어 벤처기업의 성장에 심각한 타격을 받게 된다. 즉 민주주의와 맹목적인 평등주의는 일반적으로 도움이 되지 않으며, 핵심과제에 누가 어떤 책임을 지는가의 기본적인 기준을 정해두어야 한다.

- **공정성** : 핵심 구성원에 대한 보상과 주식 지분은 장기간에 걸친 기여, 업무수행, 성과에 기초한다. 이들은 미리 계산될 수 없으며, 예상과 달리 긍정적이거나 부정적인 결과가 나타나게 되어 있다. 따라서 이러한 불평등을 조정할 필요가 있다. 경영자는 구성원의 동의를 얻어 조정의 재량권을 가져야 한다. 또는 조정에 쓰일 지분이나 보상책을 따로 준비해 두는 것도 방법이다.
- **회수(exit)의 공유** : 성공적인 기업가는 벤처기업의 성과가 이루어지는 시점에 아무런 법적, 윤리적 의무가 없음에도 공평성과 공정성의 이슈를 회수에까지 적용한다. 자신의 몫의 상당한 부분을 구성원 전체에게 나누어주기도 한다.

2. 창업자의 경영팀 구성 시 고려사항

경영팀 구성에 대해 간단하고 손쉬운 해결책은 없다. 창업가의 수만큼이나 팀 구성 방법도 여러 가지이다. 성공적인 기업가는 파트너를 찾아 나서서 기회가 요구하는 바와 시기에 맞추어 팀을 구축한다. 팀 구성원들은 창업기업가를 그리고 서로를 보완하거나 균형을 맞출 때 벤처는 높은 가치를 창출할 수 있다.

창업팀을 구성할 때 가장 중요한 것은 누가, 언제 필요한가를 판단하고 결정하는 과정으로 역동적이며, 단번에 이루어지는 문제가 아니라는 것이다. 어떤 노하우, 기술 그리고 전문성이 요구되는가? 어떤 핵심과제와 행동 단계를 밟아야 하는가? 성공을 위한 필수 조건은 무엇인가? 회사가 남과 다르게 가지고 있는 능력은 무엇인가? 어떤 외부 계약이 필요한가? 갭이 얼마나 크며 얼마나 결정적인가? 벤처기업이 얼마를 지불할 수 있는가? 이사나 고문을 영입함으로써 회사가 필요로 하는 전문성을 얻을 수 있는가? 이러한 질문들이 언제 그리고 어떻게 이러한 요구를 충족시켜야 할지를 결정한다. 이러한 질문들은 시간이 지나면서 변화할 것이다. 새로운 벤처경영팀을 구성하는 데 기본적인 지침은 다음과 같다.

먼저 창업자는 자신이 대접받기를 원하는 방식으로 남을 대접해야 하며, 부의 창출에 이바지한 모든 사람들과 이를 나누려는 기본적인 자세를 가져야 한다.

다음으로 고려해야 할 이슈들로는 ① 어떤 산업, 시장 및 기술적 노하우와 경험이 필요하며, 자신이 이러한 요소들을 동원할 능력이 있는가? ② 필요한 상대방과 네트워크를 가지고 있는가? 아니면 파트너의 도움이 필요한가? ③ 팀을 뛰어난 파트너로 구성할 수 있는가? 이들은 효과적으로 관리할 수 있는가? ④ 왜 이 사업을 시작하려고 하며, 얻고자 하는 바가 무엇인가? (목표와 얻고자 하는 소득의 정도는?) ⑤ 어떤 희생과 헌신이 필요한지를 알고 있으며, 이를 위한 준비가 되어 있는가? ⑥ 위험은 무엇인가? 이 위험을 다루는 데 능숙한가? 이다.

경영팀 구성의 필요성은 창업하기 전 아이디어 단계에서부터 창업기업가가 끊임없이 생각해야 한다. 팀을 만들기 위해 무엇이 필요한가는 창업기업가와 기회 간의 배합과 기업가가 얼마나 신속하고 공격적으로 일을 진행할 계획인가에 달려 있다. 여기서 고려해야 할 질문들은 다음과 같다.

① 나는 사업의 부가가치와 경제성을 명확하게 규정했는가? ② 내가 시작하고자 하는 사업에서 결정적인 성공 요인은 무엇이며, 이런 요인들에 긍정적인 영향을 미치려면 무엇이(또는 누가) 필요한가? ③ 나는 투자자, 법률가, 은행가, 고객, 공급자, 규제 당국 등 기회를 추구하는 데 결정적으로 필요한 외부와 관계를 맺고 있거나 이런 외부요인에 접근할 수 있는가? 이 영역에서 도움이 필요한가? ④ 어떤 경쟁적 우위와 전략을 중심적으로 사용하여야 할 것인가? 이 전략이나 장점을 추구하기 위해 어떤 사람들이 필요한가? 이다.

다음으로 벤처기업은 외부의 이사, 회계사, 법률가, 컨설턴트 등의 외부자원을 활용할 수 있다면 갭을 메울 수 있다. 일시적인 필요가 아닌 지속적인 도움이 필요하거나 그 전문성을 창업기업가가 신속히 배울 수 없는 것이라면 이들을 파트너로 맞아야 할 것이다. 여기서 고려해야 할 것은 다음과 같다. ① 전문성이 특수하고, 한 번 또는 파트타임으로 필요하며 주변적인가? 아니면 결정적인 경로에 있는가? ② 이 전문성을 외부에서 얻는다면 사업 비밀을 누출하게 되는가? 이다.

추가적인 고려사항으로 팀의 가치, 목표를 잘 이해하고 있어야 한다. 또한 기업의 목표에 헌신할 준비가 되어 있어야 할 것이다. 아울러 누가 핵심과제를 잘 해결할 수 있으며, 누가 어떤 책임을 갖는가를 면밀하게 검토하여 능력이나 책임의 중복을 최소화하기 위해 역할 규정을 명확히 해야 한다.

마지막으로 가족, 친지, 친구, 동료들의 지지와 성원이 중요하다. 이들 준거집단의 승인은 개인의 직업 선택과 전체적인 자기 이미지와 정체성에 대한 정적 강화에 중요한 원천이다. 이상적으로는 경영팀의 구성원은 준거집단의 지지를 받아야 한다.

창업 팀의 구성에 있어 창업기업가가 창업 초기의 허니문 기간을 활용하지 않는 실수를 하는 경우가 많다. 창업 초기 참여 팀 구성원들은 다음의 이슈들에 대하여 무관심하거나 간과함에 따라 차후에 어려움에 봉착하게 된다. 우리는 이를 빠지기 쉬운 함정이라 하고 다음과 같다.

① 최종 책임의 소재, 최종 의사결정자, 이견의 조정은 누가 어떻게 할 것인가에 대한 답을 가지지 않는다. ② 경영팀이나 리더에 아무런 결함이 없다는 믿음을 가지고 있다. ③ 한 가지 아이디어에 지나치게 매몰된다. ④ 벤처기업의 창업과 성장은 매우 역동적인 과정임을 인식하지 못한다. ⑤ 신뢰를 당연시한다.

3. 보상체계의 정립 방향

벤처의 보상체계는 재정적 보상인 주식, 봉급, 부가급여 등과 개인의 성장에 대한 보상인 목표를 실현하고 자율성을 행사하고 특정 역할을 맡아 기술을 발전시킬 기회를 얻는 두 가지를 포함한다.

벤처기업의 성과에 대한 보상 시스템은 기여에 따른 차별화에 의하며, 보상은 노력의 정도에 의해서가 아니라 성과에 의존함을 명확히 하고, 팀 구성의 변화와 시간의 경과에 따른 조정을 위해 유연성을 가짐이 공정성에 도움이 됨을 명심해야 한다. 즉 시간(시기)에 대한 고려가 필요하다. 성과는 전 기간에 걸친 수행에 관한 결과로 이에 적절한 보상방안이 필요하다.

또한 성과의 기여에 대한 역할의 중요성에 대한 가중치 부여도 중요하다. 사업 아이디어(Idea)의 창출, 최초 사업계획서(Business plan preparation)의 작성, 헌신과 위험 감수(Commitment and risk), 능력, 경험, 경력 및 네트워크(Skills, experience, track record, or contacts)의 보유, 신뢰(Responsibility)에 대한 기여 정도에 대한 평가가 필요하다.

보상이 이처럼 중요하고, 또한 초기 벤처기업이 제공할 수 있는 보상에 제한이 있으므로 벤처 사업화 과정의 전 기간을 통한 전체적인 보상체계는 매우 주의 깊게 충분한 생각을 거쳐 결정해야 하며, 벤처의 기여 수준이 달라질 때 또는 새로운 인원이 투입될 때 벤처의 보상 능력이 제한되지 않도록 해야 한다.

벤처기업의 전체적 보상 시스템의 예시는 다음의 [그림 4-5]와 같다.

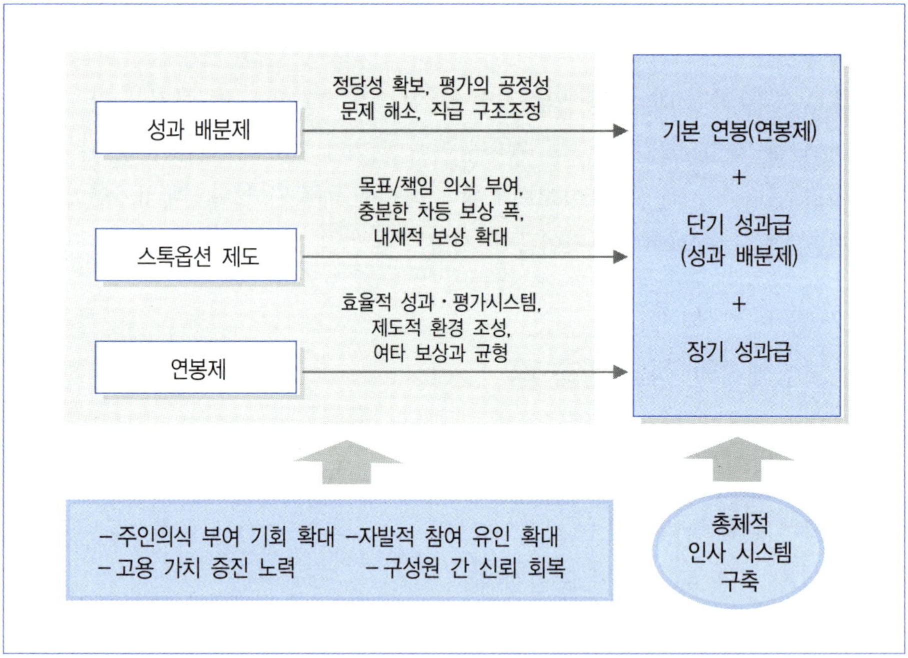

[그림 4-5] 벤처기업의 보상체계

벤처기업에 있어 급여 보상정책으로 가장 보편적인 방법이 연봉제이다. 연봉제란 임금 총액의 결정에 영향을 주는 요소의 평가를 통해 이것을 기초로 연간 기초임금을 계약에 반영하여 임금을 지급하는 능력 중시 형태의 임금 지급방식이다.

연봉제는 종업원들이 자발적인 노력과 전문능력을 발전시키도록 하는 성과 중심적인 인력관리의 효율성과 연봉 급여의 문제점 개선 및 경영환경의 변화에 따른 대응의 필요성 때문에 많은 기업이 채용하고 있는 급여 시스템이다.

연봉제의 시행은 우선 도입목적을 명확히 하고, 임금제도 및 인사제도까지 정비하여 단순히 임금제도의 개선이 아닌 능력주의 인사제도가 유지, 발전될 수 있도록 인사평가 제도의 개선을 포함한 인사제도 전반의 개선이 포함되어야 한다.

연봉제의 단점으로는 정확한 평가 기준의 정립과 평가의 어려움, 실적과 연계한 연봉 금액 설정 등의 어려움이 있다. 결국 연봉제는 "열심히 일한 사람이 우대받는다."라는 기본 원칙과 이를 평가하는 인사고과제도에 종업원이 동의하고, 회사는 '열린사고'의 경영으로 종업원의 신뢰를 받을 때 성공적으로 정착할 수 있다.

4. 스톡옵션 제도

1) 스톡옵션의 개념과 절차

벤처기업 보상제도 중 기업의 소유 지분과 관련되는 것으로 가장 많이 활용되는 제도가 스톡옵션(stock option, 주식 선택 매수권)이다. 스톡옵션은 회사가 특정 임직원에게 일정한 권리행사 기간 내에 사전에 정한 행사가격으로 자사 주식을 매입할 수 있는 권리를 부여하는 것을 의미한다. 즉 스톡옵션이란 회사의 임직원이나 특수 관계인이 기업의 주식을 미래에 획득할 권리를 가지는 것을 말한다.

창업 초기 자금력의 부족으로 우수인력을 유치하기 힘든 벤처기업에서 우수인력을 유치하기 위한 수단으로 활용하거나, 전문경영인 체제에서 경영자와 임직원의 성과향상을 위한 동기부여 수단으로 많이 활용하고 있다.

부여 가능 법인은 상장기업, 벤처기업 및 모든 주식회사가 가능하며, 부여 대상자는 법인의 설립과 경영 기술혁신 등에 기여하였거나 기여할 능력을 갖춘 당해 법인의 임직원(세법은 옵션행사 후 발행주식총수 10% 초과 보유자, 최대 주주 및 주요 주주와 그 특수 관계인 제외)으로 하고 있다.

총 부여 한도는 주권상장법인 또는 협회등록법인의 경우 발행주식 총수의 15% 이내(조세감면규제법에서 세제 혜택을 받기 위한 1인당 총 부여 한도를 발행 주식 총수 10% 범위로 연간 3천만 원이다. 단, 상장법인 또는 협회등록법인은 5천만 원이다), 벤처기업[상장(등록)된 법인 제외]은 발행 주식 총수의 50%, 기타 주식회사는 발행주식 총수의 10%이다.

부여 방식 및 행사가격은 다음의 〈표 4-3〉과 같다.

〈표 4-3〉 스톡옵션 부여 방식

종류	부여 방식	행사가격 설정
신주교부 방식	옵션을 행사할 때 행사가격으로 신주를 발행하여 교부하는 방식	스톡옵션 부여일을 기준일로 하여 산정한 시가와 당해 주식의 액면가 중 높은 가액 이상으로 설정
자기주식 교부 방식	회사가 자기주식을 취득 보유한 다음 옵션을 행사할 때 행사가격으로 주식을 양도하는 방식	스톡옵션 부여일을 기준일로 하여 산정한 시가 이상으로 설정[상속세 및 증여세법(63조)에 따른 시가평가 방법에 의해 산정] (상장, 협회등록법인 주식은 옵션부여 이전과 이후 각 2개월간 종가평균)
주가차액 보상방식 (SAR)	옵션을 행사할 때 행사가격과 시가와의 차액을 현금 또는 자기주식으로 교부하는 방식	신주교부방식과 동일

(※ 기업의 정관에 위의 부여 방식을 모두 이용할 수 있도록 명시해두는 것이 유리하다)

2) 스톡옵션의 유형 및 기타 인센티브형 제도

스톡옵션은 전 종업원을 대상으로 하여 일괄적으로 주식을 취득하게 하는 종업원지주제와는 달리 옵션에 따라 여러 유형이 있을 수 있는데 부여 대상인 주식의 유형, 옵션 행사 시의 과세 여부, 옵션 제공의 수단 등에 따라 크게 3가지 유형으로 분류할 수 있다.

(1) 투자형(Investment)

가장 일반적으로 사용되는 스톡옵션으로 임직원에게 일정기간 동안 일정한 가격으로 회사의 주식을 살 수 있는 옵션을 제공하는 형태이다. 따라서 이 유형의 옵션을 부여받는 자는 옵션행사 시에 일정한 자기 자금을 투자해야 한다. 이러한 투자형 스톡옵션에는 인센티브형과 비적격 스톡옵션이 있다.

① **인센티브형**(Incentive Stock Option : ISO)

유리한 세금 처리를 조건부로 하여 일정 기간에 걸쳐 회사의 주식을 매입할 수 있는 권리를 부여하는 것으로 후술하는 바와 같이 우리나라에 도입된 것이 인센티브형이라고 할 수 있다. 이처럼 인센티브형은 옵션의 행사 시에는 과세하지 않고 취득한 주식을 양도하는 때에만 시가와 행사가격에 대한 자본이득세(양도세)가 부과된다.

② **비적격 스톡옵션**(Non-Qualified Stock Option)

가장 일반적인 스톡옵션의 유형으로 일정 기간에 일정한 가격으로 회사의 주식을 살 수 있는 권리를 부여하는 형태로 운영된다.

(2) 보상형(Appreciation)

보상형 스톡옵션은 옵션을 부여받은 임직원이 옵션을 행사할 때의 시장가격이 옵션을 부여할 때의 권리행사가격보다 상회할 때 그 차액만큼을 회사가 주식, 현금 또는 주식과 현금을 혼합해서 지급하는 형태의 스톡옵션이다. 보상형에는 주가 상승 보상형과 가상주식형이 있다.

① **주가 상승 보상형**(Stock Appreciation Right : SAR)

주식평가 인권이라고도 하며 옵션의 행사 시점에서 권리행사가격과 시장 가액과의 차액만큼을 회사로부터 현금, 주식 또는 현금과 주식의 혼합형으로 보상받는 제도이다. 따라서 스톡옵션을 부여받는 종업원은 주식을 실제로 매입하기 위한 자기 자금의 조달이 필요 없다는 장점이 있다.

② **가상주식형**(Phantom Stock)

실제로 존재하지 않는 가상의 주식을 임직원에게 부여하고 일정 기간 후에 주가와 가상주식의 기준가격과의 차에 가상주식의 수를 곱한 금액을 현금 또는 주식으로 지급하는 형태이다.

(3) 전체가치형(Full-value)

전체가치형의 경우 회사 주식의 전체가치나 특정한 가치를 부여받은 종업원의 실적에 연계하여 조건부로 제공하는 유형의 스톡옵션이다. 이에는 성과형과 양도제한형으로 구별된다.

① **성과형**(Performance Share)

부여 대상자가 부여 시점에서 일정 기간의 실적을 정하고 그 기간 경과 후에 실적의 달성 정도에 따라 처음 받은 주식의 일정 배수만큼 수익을 올릴 수 있게 하는 유형이다.

② **양도 제한형**(Restricted Stock)

옵션의 수혜자가 일정 기간에 매각이나 양도를 할 수 없는 조건부 옵션의 주식을 발행하여 지급하는 것으로 제한되었던 동안은 회사로부터 배당만 받는 유형이다.

스톡옵션의 유형을 정리하면 다음의 〈표 4-4〉와 같다.

〈표 4-4〉 스톡옵션의 유형

<table>
<tr><th colspan="2">구 분</th><th>특 징</th><th>제공 수단</th></tr>
<tr><td rowspan="2">투자형
스톡옵션</td><td>장려형
(적격)
스톡옵션</td><td>· 법정 자격요건을 갖춘 스톡옵션으로 세금 면제 혜택
· 우리나라에서는 적격스톡옵션만 인정</td><td>주식</td></tr>
<tr><td>비적격
스톡옵션</td><td>· 적격스톡옵션의 요건을 가지지 못해 세제 혜택을 받지 못하는 스톡옵션</td><td>주식</td></tr>
<tr><td rowspan="2">평가
보상형
스톡옵션</td><td>주식평가
보상권</td><td>· 스톡옵션의 행사가격과 옵션행사 시의 주가 간의 차액만큼 주식이나 현금으로 제공하는 유형
· 수혜자의 자기 자금조달 불필요
· 우리나라에서는 법정 요건을 갖추면 적격스톡옵션으로 세제 혜택을 받을 수 있음</td><td>현금,
주식
혼합형</td></tr>
<tr><td>가상주식</td><td>· 공기업이나 주식이 상장되지 않은 회사에서 사용
· 주가가 아닌 별도의 대용 지표 사용(매출성장률 등)</td><td>현금</td></tr>
<tr><td rowspan="2">주식
가치형
스톡옵션</td><td>성과연계형
주식</td><td>· 기업의 장기목표와 연동하여 사전에 옵션을 정하고 목표 달성 시 옵션행사 할 수 있게 함
· 목표 달성을 하지 못하는 경우 권리의 소멸
· 현금 급여와 같이 인건비로 간주 세금부과 대상</td><td>현금,
주식</td></tr>
<tr><td>양도제한부
주식</td><td>· 일정 기간 양도 불가 주식을 발행하여 임직원에 제공
· 제한 기간 만료 전에 수혜자가 계약을 해지 시 주식가치 소멸</td><td>현금,
주식</td></tr>
</table>

기타 유사한 인센티브 유형으로 다음과 같은 형태가 있다.

▸ **우리사주조합 제도**

종업원에게 자사 주식을 소유하게 하는 제도로 종업원지주제의 시행에 따라 종업원의 주식을 일괄 취득하고 관리하는 종업원단체를 우리사주조합이라고 한다. 이러한 종업원지주제로서의 우리사주조합 제도는 '74년 자본시장육성방안의 하나로 제도화되어 현재에 이르고 있는데, 이 제도는 기업 측면으로는 종업원의 재산형성을 지원함으로써 근로의욕을 증진함은 물론 자사 내에 안정 주주를 확보함으로써 경영권의 안정을 도모할 수 있는 장점이 있고 종업원으로서는 자사 주식의 취득 · 보유에 대한 각종 지원 혜택을 받을 수 있는 이점이 있다.

우리사주조합 제도는 회사의 종업원에게 자사주를 취득하게 함으로써 종업원의 복리 후생을 증진하고 기업발전을 위한 인센티브를 도모한다는 측면에서는 스톡옵션제와 유사하지만, 우리사주조합 제도가 모든 임직원을 대상으로 하여 유상증자나 기업공개 시에 일률적으로 부여되는 제도임에 반해 스톡옵션제는 옵션의 형태에 따라 그 유형이 다양하고 특정 종업원에 한정되어 실시되기 때문에 그 인센티브로의 효과가 크다는 장점이 있다.

- **자사주 구매제도**(Stock Perchase)

자사주 구매제도란 스톡옵션제의 변형적인 방법의 하나로 임직원이 연봉의 일정 비율에 해당하는 주식을 무상으로 지급하는 일종의 주식 상여금제도이다. 스톡옵션의 경우 미래의 일정 시점에 권리를 행사함으로써 주식을 취득할 수 있지만, 자사주 구매제도의 경우 현시점에서 바로 주식을 취득할 수 있다는 데 차이점이 있다. 이러한 자사주 구매제도는 종업원들이 자사 주식을 매입함으로써 주식의 수요를 증가시켜 단기적으로 주가 상승의 요인이 되기도 하며 또한 매입 수량에 비례하여 무상으로 주식을 받게 되어 종업원들에게 인센티브로의 효과가 있을 뿐 아니라 적대적 M&A에 대한 좋은 방어 수단이 되기도 한다.

우리나라에서는 '96년 (주)삼보컴퓨터에서 실시한 사례가 있으며, 동사의 경우 임직원이 전년 연봉의 5~10% 범위에서 자사주를 매입하면 2년 후에 취득 주식의 50%에 해당하는 주식을 무상으로 받을 수 있게 하였다.

3) 도입 효과와 역기능

스톡옵션제도는 기본적으로 회사와 근로자 간의 이해관계를 일치시킨다는 점이 특색이다. 즉 회사로서는 미래 일정 기간이 지난 후 주식을 매입할 수 있는 권리만을 부여함으로써 현재 현금의 지출이 없이 고급인력을 확보할 수 있고, 종업원들은 노력에 대한 보상이 주어짐으로써 근로의욕이 살아난다.

이처럼 기업의 경쟁력 제고라는 목표와 종업원들의 보상이라는 목표를 일치시키는데 본질이 있는 이 제도는 다음과 같은 긍정적 효과가 있다.

(1) 고급인력의 확보와 기업경쟁력 증대

기업은 현재의 현금지출이 없이 고급인력을 확보하여 기업경쟁력을 제고시킬 수 있다. 특히 첨단정보통신산업 등 기술집약형 벤처기업의 경우 고급인력을 통한 첨단기술력을 확보하여 잠재적인 성장성을 극대화할 수 있고 대기업의 경우 임직원들의 주인의식을 고취해 경쟁력을 제고시킨다.

(2) 임직원에 대한 보상과 근로의욕의 동기부여

지금까지는 회사가 급성장하여도 근로자는 정해진 임금 외에 특별히 보상받지 못하여 열심히 노력한 결과 기업주의 부만 늘어나는 부의 불균등 배분에 기인한 갈등이 심했던 것이 사실이다. 따라서 종업원에 대한 적정한 보상을 통해 복지를 증진하고 또한 조세 혜택 등을 줌으로서 재산증식의 기회를 잡는 동기를 부여함으로써 근로의욕을 고취한다.

(3) 경영의 민주화와 투명성 제고

임직원을 점진적으로 주주화함으로서 주인의식을 갖게 하는 것은 물론 종업원이 주주가 됨으로써 기업의 소유분산이 촉진되고, 종업원이 경영에 참여함으로써 책임경영 및 경영의 민주화를 이룰 수 있다. 또한 스톡옵션제는 스톡옵션을 부여받은 자가 객관적 가치에 따라 평가된 가격에 의하여 보상을 받게 되므로 회사의 내재가치를 올려 주가에 반영될 수 있도록 경영활동을 함으로써 회사경영의 투명성이 제고될 수 있다.

스톡옵션제도의 시행이 잘못되면 오히려 역기능을 가져올 수 있다. 스톡옵션을 부여받은 종업원과 부여받지 못한 종업원 간의 갈등으로 조직이 이원화될 가능성이 있고, 주식을 부여받지 못한 직원의 상대적 열등감으로 직원 간의 결속력이 약화할 수 있다. 또한 주식을 과다하게 부여받은 종업원이 하루아침에 부자가 되는 경우 근로의욕이 오히려 감소하는 경우가 있을 수 있고, 특정 경영진에게 부여된다면 단기간에 경영성과는 올리기 위해 근시안적인 경영으로 기업의 장기적인 성장 가능성을 떨어뜨릴 수 있다.

따라서 스톡옵션제를 시행하려는 기업은 스톡옵션 부여 대상자의 선정은 물론이고, 부여 한도, 기업의 장기적인 보수체계와의 균형 등 여러 가지 요소들을 고려하여야 한다.

〈표 4-5〉 스톡옵션의 장단점

구분	수혜자 측면	기업 측면
장점	· 회사가 성장하면 상응하는 보상을 받을 수 있음. · 스톡옵션을 통해 얻는 수익에 대해 근로소득세를 면제 혜택	· 기업 주가 상승과 임직원의 보상증대 동시에 달성 가능 · 현금의 지출이 미래에 발생하므로 적은 비용으로 임직원 사기 진작 가능 · 기업에 우호적인 임직원(주주)을 많이 확보함으로써 협조적 노사관계 구축과 적대적 M&A로부터 경영권 방어 가능
단점	· 주가 하락 시 인센티브를 받을 수 있는 기회 상실 · 단기적인 성과에 집착 · 위화감의 조성	· 스톡옵션을 부여하기 위해 복잡한 절차를 밟아야 함 · 소유지배권의 변동을 막기 위해 보완 조치 필요 · 단기적인 성과에 집착할 가능성 증대 · 경영진의 과다한 이익 향유로 주주 이익의 침해 가능성 · 외부효과와 경영진의 노력을 분리하기 힘든 경우가 발생

4) 스톡옵션의 회계

스톡옵션의 회계는 현행 기업회계 기준상 당해 연도 말 주식의 시가와 행사가격과의 차이를 권리 부여 일로부터 권리행사 가능일까지의 기간에 안분하여 손익으로 회계처리를 하도록 규정되어 있다.

스톡옵션 도입기업의 회계처리 기준을 내재가치법과 공정가액법 중 선택하여 결정한다. 지금까지의 방식은 주가 상승분만큼을 매년 비용으로 회계에 반영토록 하여 회계연도 말의 주가에 따라 회사의 손익이 좌우되는 단점이 있었다. 주가로 인정되는 공정가액법에 따른 회계처리는 스톡옵션을 부여한 시점에서 공정가액을 계산하여 이를 3년간 균등 배분하는 방식으로 회계처리가 가능하며 이럴 때 기업의 손익이 예측 가능해진다. 3년간 균등 배분 후 실제 스톡옵션이 행사되는 시점에서 차액을 조정하게 된다.

스톡옵션의 행사 시 전기 말 시가와 행사 당시의 시가와의 차이를 손익으로 처리할 수 있다.

창의적 아이디어 발굴

제3편

제5장 창의성과 창의력계발
제6장 기회 포착과 아이디어 개발

제 5 장

창의성과 창의력계발

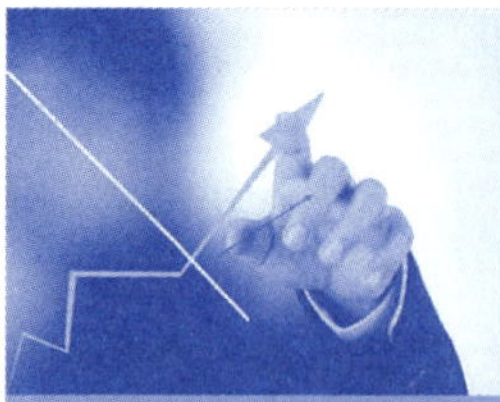

제5장 창의성과 창의력계발

제1절 창의성과 창의력

1. 창의 융합형 인재 요구

1) 창의성과 융합

4차산업혁명 시대에 사는 우리는 끊임없는 변화를 요구하고 있으며, 여러 방면에서 구호로 외치고 있는 창의력 교육의 중요성을 듣고 있지만, 실제로는 창의력이 무엇인지 개념도 명확히 정립하지 않은 채 이 시대의 인재상으로 창의 융합 인재양성을 요구받는 상황이다.

창의성은 흔히 아이디어, 사물, 기술, 접근방법을 새로운 방식으로 결합하여 독창적인 산출물을 만들어내는 능력의 의미로 사용된다. 창의성은 지금뿐만 아니라 미래에도 여전히 중요한 가치를 지닐 것이다. 창의성이 학교 교육을 통해 길러야 할 중요한 능력 중 하나이다.

한편 융합은 다양한 의미로 사용되지만, 대체로 학제 간 결합 또는 연결의 의미로 사용되는 것이 일반적이다. 융합은 서로 떨어져 있던 것을 관련짓고 연결하여 새로운 가치를 창출해낸다는 점에서 그 중요성이 점차 커지고 있다.

많은 사람이 미래 사회에는 어느 한 분야에 갇힌 지식 혹은 능력만으로는 성공적인 삶을 살아가기 어려울 것이라고 이야기한다. 스타트업 분야도 앞으로 다가

올 사회의 변화를 예측하여 모든 기업가가 변화에 능동적으로 대처하고 비즈니스의 목적을 달성할 수 있도록 필요한 능력을 길러주어야 할 사회적 책임을 가질 수 있다.

2500년 전 고대 그리스의 철학자 헤라클레이토스도 "이 세상에 변하지 않는 것은 단 하나뿐이다. 그것은 모든 것이 변한다는 사실이다."라고 말했듯이 변화는 시대와 위치에 관계없이 우리와 함께 해왔다. 다만 지금은 과거에 비해 그 변화의 속도가 더욱 가속화됨에 따라 체감하는 정도가 심할 뿐이다.

이러한 급속히 변하는 사회는 아무리 뛰어난 발상이라도 한순간의 반짝이는 아이디어만으로는 올바른 성공을 보장받을 수 없다. 빠르게 변화하는 환경 속에서 하나의 아이디어로 얻는 효과는 오래 지속되지 않기 때문이다. 누군가에 의한 모방이나 더 나은 아이디어로 시장의 관심을 끌어가는 것은 우리 주위에서 일상화되고 있다.

그렇다면 성공의 정상에 지속해서 머물러 있기 위해서 우리에게 필요한 것은 무엇인가? 지속적인 성공을 보장해 주는 것, 그것은 단발성 아이디어가 아니라 꼬리를 물고 계속 이어지는 아이디어이다. 연속된 창의적 아이디어로 새롭게 변신해 갈 때 우리는 변화무쌍한 환경과 치열한 경쟁 속에서도 꿋꿋하게 살아남을 수 있다. 우리 사회는 생활 습관으로서의, 삶의 한 부분으로서의 창의 융합형 인재를 요구하고 있다.

2) 기업과 창의력

오늘날 기업 간에 벌어지고 있는 치열한 다툼을 단지 '경쟁'이라는 용어만으로는 충분히 표현할 수 없다. 그래서 혹자는 이를 기업 간의 '전쟁'이라고 부르기도 한다. 경쟁이든 전쟁이든 간에 승부의 세계에서는 이기는 것이 중요하다. 하지만 경쟁 세계에서는 1등만이 아니라 2등, 3등도 함께 살아남을 수 있다. 앞선 자에게 더 많은 지분을 주겠지만 조금 뒤처졌다고 완전히 망하는 것은 아니다. 하지만 전쟁상황에서는 다른 이야기가 된다. 이긴 자만이 독식하는 것이 전쟁이다.

오늘날 세계는 FTA 등 무역장벽의 완화 또는 철폐를 위한 조약과 협정을 맺어가고 있다. 이제는 과거의 보호관세, 애국심 등에 의존해 살아가던 환경이 없어져 가는 것이다. 전 세계 기업을 상대로 전쟁의 상황에서 치열한 생존경쟁을 벌여야 하는 것이다.

미래학자 다니엘 벨은 사회의 변화를 산업화 이전 사회, 산업화 사회, 그리고 탈산업화 사회로 구분하였다. 이는 앨빈 토플러가 주장했던 농경사회, 산업사회, 지식정보사회와 맥을 같이한다. 오늘날 우리가 속해있는 사회는 탈산업사회이자 지식정보사회이다. 이런 사회에서는 컴퓨터와 인터넷을 이용하여 정보를 생산하고 교환함으로써 부를 창출한다.

산업화 이전 사회나 산업화 사회에서는 강인한 체력을 지닌 사람, 다양한 지식을 소유한 사람, 성실 근면한 사람들이 주목받았다. 하지만 지금의 탈산업화 사회에서는 크게 달라졌다. 치열한 경쟁 가운데 다양한 개성이 강조되고 있는 지금의 시대에는 무엇보다도 창의력이 뛰어난 사람들이 요구되고 있다. 변화되어 가는 사회와 그에 따른 특징들을 비교하면 다음의 〈표 5-1〉과 같다.

〈표 5-1〉 사회의 변화와 특징

다니엘 벨	산업화 이전 사회	산업화 사회	탈산업화 사회
앨빈 토플러	농경사회(제1물결)	산업사회(제2물결)	지식정보사회(제3물결)
생산수단 및 대상	토지와 노동력을 이용 농산물 생산 및 교환	에너지와 기계공장을 이용 상품의 생산 및 교환	인터넷과 컴퓨터를 이용 정보의 생산 및 교환
생산방식	소품종 소량	소품종 대량	다품종 소량
요구 특성	체력	성실	창의성

최근 우리나라의 직업의 종류는 2019년 기준 6,891개이며, 2011년에 비해 5,236개 늘었다. 본 직업과 관련 직업을 기준으로 보면 12,823개로 3,525개 증가하였다.[1] 이처럼 직종이 다양해지고 경쟁이 심화함에 따라 기업은 차별화된 품질과 서비스로 경쟁력을 높이고자 한다. 이는 창의성에 대한 요구로 이어져 최근에는 창의력이 뛰어난 인재를 선호하는 기업의 두드러지고 있다. 또한 자동화와 정보화 기술의 발달로 조직 구성원의 업무가 지시내용을 반복적으로 수행하는 단순 업무에서 새로운 아이디어를 창출해내는 창의적 업무로의 이전에 다른 것이다.

1) 통합본 제5판에는 총 16,891개가 등재됐으며 2012년 발간된 제4판(조사연도: 2003-2011)에 비해 5,236개 늘었다. 한국고용정보원, "한국직업사전 통합본 제5판"

기업에서 원하는 인재상이 첫째, 자기 분야에 대한 전문지식이 있는 사람, 둘째, 진취적이고 열정이 있는 사람, 셋째, 창의력을 가지고 변화에 유연하게 적응할 수 있는 사람, 그리고 대인관계가 원만한 사람이다. 이러한 특징들은 창업기업가의 자질과 일맥상통한다.

2. 창의력의 본질

1) 창의력의 정의

창의성(創意性, creativity)의 정의를 찾아보면 다양하다. '새롭고, 독창적이고, 유용한 것을 만들어내는 능력', '전통적인 사고방식을 벗어나서 새로운 관계를 창출하거나, 비일상적인 아이디어를 산출하는 능력' 등이 있다. 애리히 프롬(Erich Fromm)은 어떤 것을 보고 거기에 대한 반응을 나타내는 능력으로 정의하고 있다. 폴 토런스(E. Paul Torrance)는 창의력을 "당면한 문제를 해결하기 위하여 새롭고 독특한 관점으로 문제를 보는 것"으로 정의하였다. 이들을 종합하면 창의력이란 "당면한 문제를 독특한 방법으로 해결하는 능력"으로 정리할 수 있다.

단지 남들과 다르게 생각한다는 것만으로 창의력이 있다고 말할 수 없다. 다르게 생각한다는 것만으로 보면 아이들의 엉뚱한 생각은 대부분 창의적이라 할 수 있을 것이다. 아이들의 엉뚱한 생각은 논리적으로 타당하지 않으며 비현실적이기 때문이다.

창의적인 아이디어는 현실적인 타당성을 가지고 주어진 문제해결에 도움을 줄 수 있어야 한다. 독특한 발상은 그 유용성이 입증될 때 사람들에게 창의적인 아이디어로 인정받을 수 있다.

창의력에는 두 가지 조건이 필요하다. 하나는 남들이 생각하지 못한 독특한 방법으로 문제에 접근하는 차별성이고, 다른 하나는 문제해결에 직간접적으로 도움을 주는 유용성이다. 만일 제안된 아이디어가 문제해결에는 도움을 주지만 차별성이 없다면 모방의 수준에 머무르고 만다. 반대로 새롭고 독특하지만, 문제해결에 전혀 도움을 주지 못한다면 문제를 복잡하게 만들어 해결을 어렵게 할 뿐이다.

이러한 창의력은 상당 수준의 전문지식이 있어야 한다. 당면한 문제에 대한 충분한 지식이 없는 사람은 엉뚱한 이야기를 하기 마련이고 그로부터 유용한 결과를 기대하는 것은 거의 불가능하다.

창의적 아이디어는 우연히 운 좋게 얻어지는 것이 아니라 전문적인 지식을 기반으로 하여 생성되는 것이다.

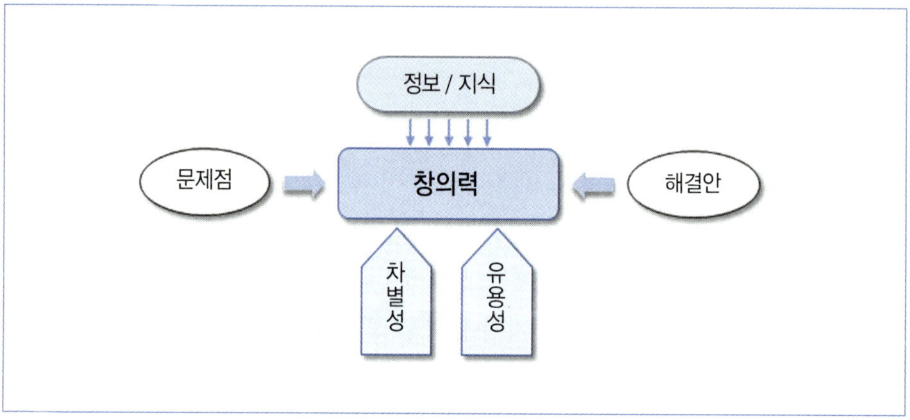

[그림 5-1] 창의력의 조건

창의력은 아무것도 없는 무의 상태에서 무언가를 만들어내는 능력이 아니다. 기존의 사실이나 개념을 재료로 하여 사물의 관련성을 발견해 내고, 기존 요소들을 새롭게 조합하여 새로운 사실이나 개념을 만들어내는 작용으로 여러 능력의 복합체이며, 새로운 연상 창출 능력이다. 이러한 사례로 대우 공기 방울 세탁기의 아이디어는 연구원들이 수족관의 원리를 세탁기의 세척력 향상에 활용하여 히트상품이 된 경우이다.

창의성은 사물을 특이하게 보거나 새로운 해결양식을 도출하는 데 후천적 노력을 중시한다. 창의성과 지능과의 관련성은 거의 없는 것으로 확인되고 있다.

창의적인 아이디어로 가치를 증가시키는 예를 리플리(R. Ripley)는 5$의 쇠막대로 말의 편자를 만들면 10.50$가 되고, 바늘은 3,285$, 시계의 용수철은 25,000$ 가치로 변환된다고 하였다. 차별성과 유용성이 결합한 아이디어가 부를 창출하는 사례이다.

2) 창조적 발상을 위한 자세

창조적인 발상을 위해서 평소 훈련하고 가져야 할 생활 자세는 다음과 같다.

① 우선 의문을 가져라. 창조의 출발은 'Why'부터 출발한다.
② 기록하는 습관을 키워라. 아이디어의 90%는 망각의 쓰레기통에 버려진다.
③ '온고이지신(溫故而知新)', 옛 자료를 수시로 참고하라. 새로운 창조의 발판이 된다.
④ 표현력을 키워라. 타인을 설득하지 못하는 아이디어는 소용없다.
⑤ 항상 How를 생각하라. 목표에 이르는 길은 한 가지만 있는 것이 아니다.
⑥ 현실에 안주하지 마라. 창조력의 보약은 낙관적인 투기다.
⑦ 자포자기하지 마라. 정도의 차이가 있을지라도 누구나 창조력을 갖고 있다.
⑧ 창조력은 훈련으로 키울 수 있다. 에디슨의 1% 영감과 99% 땀은 과장이 아니다.
⑨ 당신 주변의 창조적 괴짜를 포용하라. 우리 행동의 95%는 습관이라고 한다. 새로운 아이디어를 내고, 창조적인 발상과 생각을 하는 것도 하나의 습관이다.

3) 지능과 창의력

H. Gardner는 "아무리 지능지수가 높아도 창의력이 없으면 진정한 천재라고 할 수 없다."라고 하였다. 우리가 알고 있는 천재들인 아인슈타인, 프로이트, 피카소, 스트라빈스키, 엘리엇, 마하트마 간디, 마샤 그레이엄 등은 기존 개념을 무너뜨리고 새로운 세계를 구축하는 탁월한 창의력 보유자이다.

지능과 성공 간의 상관관계를 확인한 결과 연관성이 없는 것으로 확인되고 있다. 1985년 문교부(지금의 교육부)는 취학 전 영재 144명을 선발(3~6세)하였고, 2001년 추적 결과 이들 중 특출한 모습으로 성장한 사람이 전혀 없음을 확인했다. 이들 중에는 고교 졸업 또는 전문대학 진학자도 있으며 심지어 학교 부적응 사례까지 있는 것으로 파악되었다.

D. Feldman(미, 심리학자)도 4~6세까지 IQ 160 이상의 영재 수백 명에 대한 추적조사 결과 30~40년 후 이들의 생활은 평범한 삶을 영위하고 있음을 확인하였다.

그들 중 뛰어난 성공자는 없었다. 즉 성공은 IQ만으로 이루어지는 것이 아니다.

지능과 창의력과의 상관관계도 그다지 높지 않은 것으로 보인다. J. Still은 인간의 정신적 능력과 나이와의 관계를 조사한 결과 창의력의 경우 노년기에도 감소하지 않는 것으로 밝혔다. 20대에는 기억력이 절정에 이르고, 40대까지는 이해력과 상상력이 절정에 이르는 것으로 확인되었다. 60대 후반까지는 창의력이 한참을 이루며, 80대에 판단력이 절정에 이른다고 하였다. 30대에 이해력과 상상력의 감소를 가져와 40대에 창의력이 떨어지는 사람은 성공하지 못할 가능성이 큰 것으로 확인되고 있다.

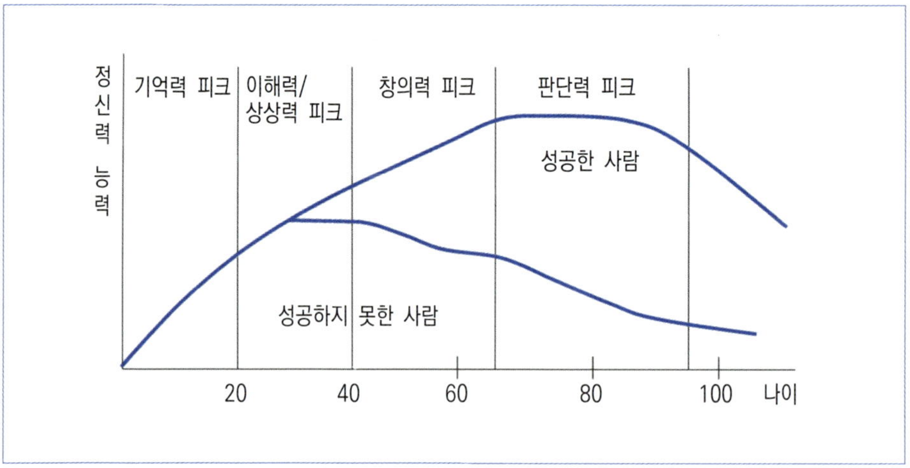

[그림 5-2] 정신적 능력과 나이의 관계

4) 창의적인 사람의 특징-성격 특성

창의적인 사람의 성격 특성을 비교한 연구(이화자, 2002)에 의하면 일반인과 비교하면 다음과 같은 특성을 보유하고 있다. 기업가의 특성에 확인된 특성과 공통성이 많은 것을 확인할 수 있다.

- **모험심** : 쉬운 일보다 어려운 일을 더 좋아한다.
- **인내심** : 일단 일을 시작하면 해결할 때까지 붙잡고 늘어진다.
- **독립심** : 간섭받는 것을 싫어하며 자신의 방법을 고집한다.
- **자신감** : 자신의 판단을 옳다고 생각하며 실패를 두려워하지 않는다.

- **호기심** : 새로운 일에 관심이 많고 주의 깊게 관찰한다.
- **유　머** : 재치와 유머로 사람들을 잘 웃기며 이를 즐긴다.
- **융통성** : 정해진 틀에 매이는 것을 싫어하며 다른 방식을 시도한다.
- **상상력** : 기발한 생각을 하거나 엉뚱한 행동을 자주 벌이곤 한다.

매키논(D. MacKinnon) 등은 창의적인 사람들에게서 발견할 수 있는 특성들을 다음과 같이 정리하였다.

- 틀에 박힌 양식을 싫어한다.
- 보통 이상의 지능을 가진다.
- 언어지각력이나 공간지각력이 높다. 혹은 두 가지 다 높을 수도 있다.
- 기억력과 이해력이 뛰어나고 삶의 경험을 잘 활용한다.
- 예리한 관찰력과 분별력을 가지고 있다.
- 통제를 거부하고 자기 표출의 의욕이 강하다.
- 새로운 경험에 대하여 개방적이다.
- 스스럼없이 자신의 감정과 느낌을 잘 표현한다.
- 어떤 일을 판단하는 것보다는 감지하는 것을 더 선호한다.
- 지성과 감성을 함께 지니고 있다.
- 독립적으로 판단하고 사고하는 경향이 있다.
- 하찮은 일에 무관심하고 의미에 관심을 둔다.
- 도전적이며, 애매하고, 복잡한 일을 좋아한다.
- 유머 감각이 뛰어나다.

제2절 창의력계발

1. 창의성에 대한 몇 가지 오해

일반적으로 창의성에 대한 몇 가지 오해를 하고 있다. 이러한 오해는 창의적 사고의 개발 및 활동에 잠재적 제약으로 작용하고 있다. 내용을 다음과 같다.

① 창의성이란 기발하고 지금까지 없었던 새로운 것을 만들어내는 것이므로 보통 사람은 전혀 가질 수 없는 능력으로 간주한다. 비록 다른 사람에게는 익숙한 것이라도 자신이 지금까지 경험하지 못한 새롭고 유용한 것이라면 창의적이다.
② 창의성은 어려운 것이라는 잘못된 생각을 하고 있다. 일상생활에 있어 생각하는 방법을 바꾸어 봄으로써 아이디어를 도출할 수 있다. 누구나 갖고 있고, 자기 발전과 행복을 위해 활용할 수 있다.
③ 창의성은 모두가 즉각적이고 직감적이라는 오해가 있다. 아이디어는 발전, 실증, 검토가 필요하다. 따라서 의식적인 노력이 필요하다.
④ 전통적으로 예술에서만 나타나는 것으로 인식하려는 오류가 있다.

2. 창의력의 생성과 활용

1) 창의적 아이디어의 생성단계

창의적 아이디어는 문제의 정의, 정보의 수집, 아이디어의 생성, 아이디어의 검증, 아이디어의 수용이라는 다섯 단계의 과정으로 얻어진다.

창의적 아이디어를 얻는 첫 번째 단계는 문제를 정의하는 것으로부터 시작된다. 문제를 발견하고 질문을 던지는 것은 호기심에서부터 시작된다. 아이디어는 문제를 보는 눈, 즉 문제의식이 있어야 생겨난다.

창의적 사고의 두 번째 단계는 정보를 수집하는 일이다. 정보수집이란 문제해결을 위한 아이디어를 얻기 위하여 관련된 모든 정보를 수집하여 활용 가능한 상태로 만드는 것이다. 문제해결을 위한 정보는 사람들과의 대화, 관련 도서의 참조, 혹은 주위 상황이나 환경으로부터 얻을 수 있다. 이 경우 문제해결과 직접적인 관련이 있는 정보는 물론이거니와 때로 관련이 없는 것으로 생각된 정보들까지도 아이디어를 얻는 데 있어 중요한 단서가 될 수 있음을 기억해야 한다.

세 번째 단계는 수집한 정보들을 이용하여 문제해결을 위한 아이디어를 얻어내는 일이다. 창의적 아이디어는 보유한 정보들로부터 새로운 연관관계를 끌어내는 무의식적 활동으로 얻어진다. 수집한 정보들을 조합하면서 통찰의 아이디어를 얻을 때까지는 상당한 시간이 소요될 수 있다. 아이디어를 얻기 위해서는 인내심을 가지고 문제를 끈질기게 붙잡고 있어야 한다. 오스트리아 작곡가 요한 스트라우스는 야외에서 혼자 조용히 산책하던 도중 갑자기 머릿속에 악상이 떠올랐다. 마침 기록할 종이를 갖고 있지 못했던 그는 급히 상의를 벗어 악보를 적어놓았다. 그의 불후의 작품인 '아름답고 푸른 도나우'는 그렇게 탄생하였다.

창의적 사고를 위한 네 번째 단계는 얻어진 아이디어를 검증하는 일이다. 초기 아이디어는 구체적으로 정리되고 또한 논리적으로 체계를 갖추어야 한다. 이 과정에서 아이디어를 평가하고 확인하는 검증과정이 이루어진다. 검증을 시행하여 적합하다고 판단될 때 아이디어는 수용된다.

아이디어가 수용되는 것은 창의적 사고 과정의 마지막 단계이다. 이는 아이디어를 제안한 당사자는 물론 관련된 다른 사람들로부터 인정받는 것이며 문제의 해결을 위하여 실제로 적용되는 과정이다. 이 단계에서 제안자는 확신과 열정을 가지고 자기 아이디어를 다른 사람들에게 이해시켜 공감하도록 이끌어야 한다.

2) 창의적 사고와 실용화

지금부터 약 3,000년 전 솔로몬은 "태양 아래 새것은 없다."라고 말했다고 한다. 오늘날 내가 독창적으로 생각했다고 주장하는 새로운 아이디어는 어쩌면 예전에 다른 누군가에 의해서 이미 생각되었던 내용일지도 모른다. 창의적 아이디어에서 정말로 중요한 것은 누가 그 아이디어를 적절한 시기에 제안하였으며, 누가 더 빨리 그 생각을 현실 세계에 실용화시켰느냐 하는 것이다.

아이디어를 생성하고 활용하는 과정은 분야에 상관없이 모든 곳에서 요구되나 창업을 위한 제품개발에 한정하여 적용해본다면 다음과 같다.

이때 가장 먼저 해야 할 일은 기존 제품에 대한 소비자의 반응을 분석하는 것이다. 소비자의 변화하는 요구를 정확하게 파악하는 것은 제품 설계에 있어 매우 중요하다. 소비자의 요구를 파악하였다면 그들의 요구를 최대한 만족시키는 아이디어를 찾아야 할 것이다. 제품의 개발 및 개선을 위하여 제안된 아이디어를 검증하는 과정에서 반드시 요구되는 것은 실용성과 경제성에 대한 분석이다. 물론 이때 사전에 특허 등에 대한 선행기술조사가 이루어져야 할 것이다. 아이디어의 구체화 과정은 다음의 [그림 5-3]과 같다.

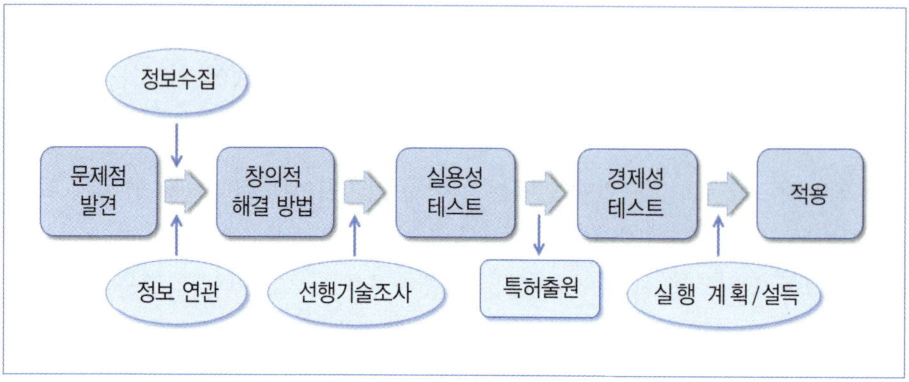

[그림 5-3] 아이디어의 구체화 과정

3) 창의적 사고의 4가지 요소

토랜스(Torrance)는 창의적 사고의 요소를 유창성, 유연성, 독창성, 정교성으로 정리하고 창의적으로 되기 위한 사고의 기준을 제시했다. 아이디어는 차별화된 독특성과 실용적인 유용성을 함께 가지고 있을 때 주어진 문제를 창의적으로 해결할 수 있다. 논리와 제약에서 벗어나 다양한 경험과 지식을 바탕으로 폭넓게 사고할 때 기발한 착상들이 자유롭게 머릿속에 떠오르게 된다. 하지만 상상력으로 얻어진 다양한 아이디어는 현실적인 여건을 고려한 철저한 검증을 거쳐야 아이디어로서 가치가 있을 것이다.

▸ **유창성(fluency)**

유창성(fluency)은 사고의 속도로 어떤 문제를 해결하는 방안을 계속해서 많이 낼 수 있는 능력을 의미한다. 예를 들면 하나의 어휘를 주고 가능한 많은 글을 지으라고 하면 유창성이 높은 사람이 많은 글을 짓는다.

▸ **유연성(flexibility)**

유연성(flexibility)은 사고의 너비로 여러 각도에서 폭넓게 아이디어를 내는 능력을 의미한다. 하나의 자극에 대하여 다양한 반응을 나타낼 때 높다고 한다. T형 인간의 경우 유연성이 높다고 한다.

▸ **독창성(originality)**

독창성(originality)은 사고의 독자성으로 새롭고 기발한 착상을 하는 능력이다. 예를 들면 어떤 이야기를 들려주고 제목을 개성 있게 붙이거나, 이야기를 패러디해서 활용하는 능력이 뛰어난 사람들이다.

▸ **정교성(elaboration)**

정교성(elaboration)은 현재의 도출안을 가공하고 변형하는 능력이다. 창의적 사고(思考)의 사례로 미완성 교향곡은 슈베르트 교향곡 8번 3악장으로 첫머리까지만 작곡된 곡이다. 이를 팔기 위한 어떤 상인의 광고 아이디어가 "내 사랑이 영원한 것처럼 이 곡도 또한 영원히 끝나지 않으리"라는 것이었다. 물론 크게 성공하였다고 한다.

아인슈타인은 "상상은 지식보다 중요하다."라고 하였다. 지도를 뒤집어 만들어 한국의 물류 이동 중심국가 개념을 수립한 해운산업연구원 길광수 박사는 거꾸로 된 세계지도를 통해 대양으로 나가는 우리나라를 상상한 것이다. 싱가포르가 자국을 중심국가로 생각하듯이 우리도 생각하기에 따라 중심국가로 도약 가능하다는 것이다.

4) 창의성의 촉진 요인과 방해요인

창의적 사고의 활성화를 위한 촉진 요인으로 개인적 차원과 조직적 차원으로 구분하여 보면 다음과 같다.

개인적 차원으로는 예민한 감수성, 다양한 호기심, 직접 체험, 허용적 분위기, 개방적 사고, 무의식적 사고, 유연한 사고, 확산적 사고, 집중력, 상상력, 순수한 마음, 환상, 꿈, 열정, 고독, 열린 마음, 직관, 집념, 끈기, 추진력, 개성, 왜라는 의문, 엉뚱한 생각, 생활의 불편을 개선하려는 노력, 이타심, 문제인지, 핵심 포착과 같은 요인들이 있다.

조직적 차원에서 창의적 사고의 활성화를 위한 노력은 개방적, 분권화된 조직구조, 실험정신의 강조, 성공사례 전파, 챔피언의 역할 강조, 원활한 의사소통, 실패에 대한 관용, 성공에 대한 적절한 보상 등이 있다.

창의적 사고의 방해요인으로 개인적 차원의 요인은 고정관념, 상식에의 안주,

굳어버린 습관, 전문가 맹신, 질서와 규칙 강조, 원리 원칙 강조, 논리·합리성 강조, 비판, 핀잔, 빈정거림, 심리적 갈등, 불안 등이 있다. 또한 지나친 몸사림, 나에게 창의력이 없다는 생각, 너무 나이가 들었다는 생각, 실패를 두려워함, 전문교육을 받지 못한 것에 대한 열등감, 획일화된 지식 위주의 교육, 조급함, 지나치게 심각함 등이 방해요인을 작용한다.

조직적 차원의 방해요인으로는 관료적 조직구조 및 태도, 전통과 기존 질서의 강요, 업무표준의 강조, 필요자원의 제약, 의사소통의 제약, 실패에 대한 처벌, 성공에 대한 무 보상 등이 있다.

제3절 창의력 계발의 실제

1. 창의력을 위한 사고와 생활 습관

창의적 아이디어는 좌뇌와 우뇌의 유기적 협력으로 얻어진다. 뇌와 사람의 생활은 상호 영향을 주고받는다. 즉 뇌의 활동은 우리의 사고와 생활에 영향을 미치고 우리의 사고와 생활은 뇌에 영향을 미치게 된다. 따라서 창의력을 높이려 한다면 창의적인 방법으로 생각하고 생활하는 태도가 중요하다.

(1) 문제를 분명히 정의하라.

문제는 해답의 다른 모습이다. 문제해결을 위해서는 한 방향으로만 생각하지 말라. 아르키메데스는 무게와 부피에 대한 개념을 정의한 후 부피 측정 문제를 기존과 다른 방법으로 모색하여 문제를 해결하였다. 또 다른 예로 밀림에서 치타를 마주친 두 남자가 있었다. 열심히 뛰어 도망가는 사람을 보고 치타를 벗어날 수 없는데 왜 그렇게 열심히 뛰느냐고 물으니 앞서 도망가던 사람이 치타는 한 사람이면 배가 불러 더 이상 사람을 해치지 않는다. 나의 경쟁상대는 치타가 아니라 당신이라고 하고 더 빨리 도망가 버렸다. 경쟁의 대상에 대한 정의를 명확히 하여 문제를 해결한 예화이다.

(2) 자신감을 가지고 문제와 씨름하라.

창의력 있는 직원과 없는 직원의 차이는 자신이 창의력이 있다는 생각의 유무일 뿐이다. 학력, 관심사, 좋아하는 색 등과는 무관하다는 정주영 회장은 불도저라는 별명이 있었다. 이는 그의 추진력 때문에 붙여진 별명이다. 사람은 해보지 않고 포기하는 경우가 많다. 창의적 사고도 마찬가지다. 정 회장의 "해봤냐?" "빈대만도 못한 사람이라는 질책"의 일화를 새겨둘 필요가 있다.

(3) 긍정적으로 생각하라.

비관적이고 부정적인 감정은 사고를 편협하게 만들고, 문제해결 의욕을 저하시킨다. 낙관적이고 긍정적인 생각은 도전과 열정 및 문제해결의 의지를 강화한다. 에디슨은 구천 번 이상 실패 후 전구를 발명한 후 인터뷰에서 나는 한 번도 실패한 적이 없다. 단지 성공에 이르지 못하는 잘못된 길들을 찾아냈을 뿐이라고 하였다. 3M의 포스트잇은 스펜서 실버(S. Silver)의 접착제 개발에서의 실패작이었다. 회사는 특허출원을 해두었고, 용도는 아트 플라이(A. Fly)의 긍정적이고 적극적 사고에 의해 개발되어 3M 최고의 상품이 되었다. Fly는 찬송가 속에 끼워둔 종이를 쏟은 후 5년 전의 실패 제품을 떠올리고는 제품의 활용방안을 발견하였다.

(4) 다르게 생각하라.

K. Gauss는 8세 때 선생님이 1~100까지 더하라는 숙제를 남들과 다른 방법을 사용하여 금방 풀었다. 문제해결에는 기존과는 다른 방법으로 해결책을 찾으려 하라. 이러한 개방된 사고가 발상의 전환을 자극하여 창의적 아이디어를 끌어낸다. 다르게 생각한다는 것은 일종의 생활 습관이다. 남과 다르게 생각하는 데 도움을 주는 접근방법은 다음과 같다.

첫째, 고정관념에서 벗어나라.

- 습관이나 관습에서 벗어나라.
- 당연하다고 생각한 것을 의심하고 '왜?' 하여라
- 다른 방법을 찾아 적극적으로 시도해 보라.

둘째, 숨겨진 가정과 제약에 초점을 맞추어라.

- 문제의 숨겨진 가정을 확인하고 제거하라
- 문제해결 과정에서 무시된 변인을 찾아 활용

- 문제의 제약을 찾아내 제거하라.

셋째, 문제 자체를 변화시킨다.

- 문제를 아예 제거 또는 상황을 바꾼다.
- 문제를 다른 문제로 바꾸거나 재구성해보라.

넷째, 다른 방법을 찾아 시도한다.

- 사소한 것에도 의문을 품어라.
- 끊임없이 '왜'라고 질문하라.

다섯째, 불필요한 가정이나 허구적 제약을 찾아 제거하라.

콜럼버스의 달걀 예화는 스페인 귀족은 달걀을 깨서 세우면 안 된다는 불필요한 가정을 하고 있었다.

여섯째, 문제 내의 제약을 찾아내어 도전하라.

새끼 코끼리의 다리를 묶어 키우면 어른이 되어서도 밧줄에 다리를 묶으면 꼼짝 못 한다고 한다. 어릴 때 기억이 코끼리에게 불가능한 제약으로 각인되어 있기 때문이다.

일본의 신칸센(新幹線)은 당시의 열차 설계 시의 기본 가정은 기관차가 객차를 끌어야 하고, 험한 지형은 우회 부설해야 한다는 가정을 파괴하고 전 객차에 전기가동 엔진 부착하였으며, 터널 또는 매립을 통해 철로를 부설한 결과 도쿄(東京)-오사카(大阪) 간 62시간의 소요 시간에서 2시간 30분으로 단축하였다.

일곱째, 역발상을 시도하라.

문제를 역으로 생각하거나 문제의 상황을 역이용한다. 즉 거꾸로 혹은 반대로 뒤집어서 생각하는 것이다. 주어진 문제를 반대로 생각할 때 의외로 좋은 아이디어를 얻게 될 수 있다. 코페르니쿠스의 지동설은 천문학뿐만 아니라 그때까지의 다른 학문은 물론 사람들의 일상생활에 이르기까지 큰 변화를 끼쳤다. 우리의 일상에서 찾아보면 누드김밥 역시 뒤집어서 생각한 제품이며, 뷔페식당은 종업원이 음식 서빙하는 것이 아니라 손님이 직접 서빙함으로써 비용 절감을 얻은 식당 운영 방법이다.

미국의 매사추세츠 딘 주니어 칼리지는 직장인을 위한 교과과정을 개설하였으나 대부분이 기차 통근인 직장인에게 수강은 무리였다. 저조한 지원자 수를 고민한 끝에 통근 기차 강의실의 개설로 대 히트를 하는 성과를 올렸다.

여덟째, 문제의 제거를 시도하라.

문제를 해결하려고 노력하는 대신에 문제 자체를 제거하는 방법을 찾아 시도할 때 기상천외한 아이디어를 얻기도 한다. 문제 자체를 제거하는 것은 최상의 아이디어라고 할 수 있다. 그 문제와 관련해서는 더 이상 개선을 추구할 필요가 없기 때문이다.

예로 전화 송수화기의 연결선이 짧거나 긴 상태의 불편에 대하여 코일을 제거한 무선전화기를 개발하였다. 수산화나트륨 제조 회사의 원료저장 탱크 지붕의 잦은 부식에 대한 개선방안으로 부식이 덜한 재료의 지붕 설치 또는 부식 방지 페인트 도색 등이 제시되었으나 꼭 지붕이 있어야 했나? 라는 의문의 제기로 지붕이 없는 저장 방법을 활용하였다. 원료의 이물질은 기존 공정에 있는 희석 후 정제과정으로 해결함으로써 문제를 해결하였다.

미국의 높이뛰기 선수 D. Fosbury는 1968년 멕시코 올림픽에서 배면 도약법으로 우승한 후 현재 전 세계 높이뛰기 선수들이 사용하는 방법이 되었다. 캐나다 건축설계사 F. Gehry가 설계한 체코 프라하의 네덜란드 국립보험회사 건물은 기존의 쌍둥이 빌딩 개념을 파괴한 설계로 1996년 Time 선정 최고 디자인 건물로 선정되었다. 기존의 쌍둥이 빌딩의 통상적 개념인 균형과 대칭을 파괴한 파격적이었다.

체코 프라하의 '댄싱 하우스'

Fosbury 배면도약법

[그림 5-4] 다른 방법을 활용한 창의적 사례

(5) 많은 정보를 수집하라.

새로운 것에 늘 호기심을 가지고 관찰하라. 다양한 사람들과 자주 대화하고 특히 경청하라. 여러 분야의 책을 많이 읽고 곰곰이 생각하라. 낯선 곳으로 여행을 떠나라. 필기구를 늘 지참하고 생각이 떠오를 때마다 기록하라.

(6) 열정적인 집념을 지녀라.

창의적 아이디어를 위한 우뇌 작동은 좌뇌의 충분한 활동이 전제되어 있다. 에디슨이 "천재는 1%의 영감과 99%의 노력으로 이루어진다."라고 하였다. 열정적 집념은 시간적 제약을 받을 때 더욱 강화된다. 마감일이 있는 이유를 생각해보라. 1840년 미 발명가 W. Hunt는 사랑하는 연인 헤스트에 청혼하나 가난하다는 이유로 그녀의 아버지로부터 거절당했다,

집요한 간청에 10일 내 일천 불(당시 집 한 채 값)을 벌어오라는 조건을 제시받고 암담해야 하던 중 영감을 얻었다. 당시 각종 행사에 바늘 모양의 핀으로 리본 부착하였는데 비고정의 불편함과 포옹 시 찔리는 위험이 있었다. Hunt는 안전한 핀을 구상하기 시작하여 9일째 안전핀을 완성하고, 특허출원 후 근처 리본 가게에 특허권을 일천 불에 매각한 후 결혼 승낙을 받았다. 물론 리본 가게는 백만장자가 되었다.

(7) 몸과 마음을 편안하게 하라.

좌뇌의 노력이 무의식중 우뇌에서 발현되어 아이디어가 창출된다. 참신한 아이디어가 필요할 때는 우뇌가 활동할 수 있도록 몸과 마음을 편안하게 환경을 조성할 필요가 있다. 산책하거나, 묵상하거나, 목욕하는 일들은 우뇌를 활성화하는 대표적인 방법이다.

(8) 우연한 일에 관심을 가져라.

창의적인 사람은 일반인보다 호기심이 많다. 남들이 당연시하고 무심코 지나치는 일에 의문을 품고 해답을 찾아내곤 한다. 그들은 문제를 해결하는 능력 이전에 문제를 발견해 내는 능력이 탁월한 사람이다. 뢴트겐이 X선을 발견, 플레밍의 페니실린 발견이 예이다.

2. 창의력 훈련 방법

(1) 관련이 없는 것들 간에 공통점을 찾는다.

창의력이 탁월한 사람은 대부분 유머 감각이 뛰어난 것이 특징이다. 유머와 창의력에는 공통점이 있기 때문이다. 대부분 유머는 관련이 없는 두 가지 이상의 내용들을 상대방이 예상하지 못한 방식으로 절묘하게 연관시키고 있다. 창의력도 마찬가지다. 창의적인 사람은 다양한 지식을 조합하여 보통 사람들이 생각하지 못하는 새로운 연결을 찾는 능력이 뛰어난 사람들이다. 개그콘서트의 '우격다짐' 코너의 예를 들어보자.

> (개그맨) "내 개그는 정화조야," (관객) "왜?"
> (개그맨) "터지면 큰일 나지!" (관객) "폭소"

개그와 정화조는 "터지면 큰일 난다."라는 공통점으로 연관되어 관객을 웃게 만들고 있다. 이는 관련 없는 두 대상을 의외의 방법으로 연결한 창의적 아이디어이다.

(2) 사물 일부로 전체를 파악한다.

그림 일부를 보여주고 전체가 어떤 그림인지 상상하게 하는 것 또한 창의력 발달에 도움을 준다. 이처럼 사물 일부만 보고 전체의 모습을 파악하는 능력을 '패턴 인식력'이라고 한다. 많은 사람 중에 가족의 얼굴을 쉽게 찾을 수 있는 것도 눈매, 코 모양 등 얼굴 부분의 특징을 패턴으로 파악하여 얼굴을 기억하기 때문이다.

패턴 인식력은 그림에만 적용되는 것이 아니다. 주변에서 일어나는 현상들도 패턴화하면 그 속에 숨어있는 일관된 흐름이나 다른 사람들이 미처 발견하지 못한 새로운 내용을 발견할 수 있게 된다. 이는 사건이나 상황이 매우 혼잡하더라도 다양한 관점으로 그 속에 숨어있는 원리나 규칙을 찾아내는 능력이다.

> 패턴 인식 예 : 1+4=5, 1+3=6, 3+5=2일 때 2+5는 얼마가 되겠는가?

(3) 문제의 해결을 다른 관점에서 접근한다.

주어진 문제를 어떤 관점에서 보느냐에 따라 전혀 다른 내용으로 보이기도 한다. 루빈의 그림이나, 2001년 개봉된 「달마야 놀자」라는 영화에서 깨진 독에 물을 채우는 시합 장면이 나온다. 온갖 방법을 동원한 후 포기하고 연못에 깨진 독을 던지니 물이 독에 가득 채워진다.

(4) 사물의 다른 용도를 찾는다.

이 세상에 존재하는 모든 사물은 그 나름의 고유한 용도가 있다. 하지만 다른 용도를 생각해보면 얼마든지 추가할 수 있다. 망치의 용도는 못을 박거나 뺄 때 사용한다.

하지만 달리 생각하면 극단의 「난타」 공연 도구로 사용할 수도 있다. 등이 가려울 때 긁는 데 사용할 수도 있으며, 옷걸이 대용으로, 서류가 바람에 날리지 않도록 하는 용도로도 가능하다. 한약재 달일 때도 쓰임새가 있고, 절벽 오를 때 도구로, 흙을 팔 때 삽 대용으로, 호신용 무기 또는 골프 퍼터 대용으로도 가능하다.

(5) 새로운 일에 호기심을 가지고 시도해 본다.

지금까지 경험하지 못했던 일을 시도하는 것은 우리의 사고를 보다 다양하고 유연하게 만들어 준다. 반복적이고 틀에 박힌 생활에서 벗어나 새로운 일을 해보기로 작정해 보라. 예를 들어 한 번도 가본 적이 없는 식당에 들러본다. 먹어본 적이 없는 새로운 음식을 먹어본다.

집에서 직접 요리를 만들어 본다. 아이들과 함께 장난감 놀이를 해 본다. 매일 다니던 길을 바꾸어 본다. 처음 만나는 사람과 오랫동안 대화를 나누어 본다. 과감한 헤어스타일의 변화, 색다른 옷을 입고서 사람의 반응을 본다.

우리는 늘 생활하던 습관대로 살아가려고 한다. 익숙한 일은 더 이상 생각할 필요가 없으므로 편하기 때문이다. 하지만 그로 인하여 우리의 뇌는 고정관념에 사로잡히게 되고 우리의 사고는 제한된 지식의 범주 내에서 맴돌게 된다. 따라서 익숙해진 습관의 틀을 의도적으로 파괴하는 것은 다양한 경험을 통한 폭넓은 사고로 말미암아 창의력계발에 큰 도움을 준다.

(6) 만약의 상황에 대하여 상상해 본다.

만약…. 한다면 어떻게 될까? 이런 가상적 사고 자체가 실용적인 아이디어를 제공하는 것은 아니지만 다른 아이디어를 얻고 사고를 유연하게 하는데 디딤돌이 된다. 어떤 문제의 해결책을 실질적이고 논리적인 접근으로 찾으려 하면 오히려 해결책을 찾지 못하는 경우가 있다.

이럴 때 한 발짝 물러나서 “만약…. 라면 어떻게 될까?”라는 엉뚱한 질문을 던져보라. 전혀 생각하지 못한 관점에서 해결방안을 얻을 수 있다. 예를 들면 오존층의 파괴로 유해 광선이 지구에 도달한다면 어떤 생활의 변화가 올지?/ 집의 구조는?/ 바캉스족 모습은? 을 상상해보라. 아인슈타인은 내가 빛의 속도로 우주를 날아간다면 어떤 일이 일어날까? 라는 물음에서 상대성이론의 초기개념을 도출하였다고 한다.

3. 창의성 제품

창의성을 발휘하여 상업화한 사례 몇 가지만 보겠다.

첫째, 스코틀랜드의 ‘스페셜리스트 포테이토’가 개발한 ‘파란 감자’이다. 천연 그대로이며, 어떠한 색소도 사용하지 않은 ‘건강식품’으로 가격은 1kg에 2유로 40센트(약 3천4백 원) 정도이다.

둘째, 굽 높이 조정 구두로 애인을 만날 땐 쭉 높여 멋을 낼 수 있다. 일하는 낮 동안에는 낮은 굽이지만, 퇴근 후에는 높은 굽으로 변신한다. 0°~38°까지 여섯 단계로 높이를 바꿀 수 있다.

셋째, 아스피린 커프스 링으로 단추 속에 알약을 저장할 수 있다. 남성 액세서리 중 한 종류인 커프스 링을 단지 멋지게 보이기 위한 목적 외에도 실용적인 용도로 사용할 수 있도록 활용한 제품이다.

커프스 링 안에 알약을 넣을 수 있게 되어 있다. 고객이 갑자기 두통을 호소할 때 커프스 링에서 아스피린을 꺼내준다면 비즈니스에 도움이 되지 않을까. 가격은 50달러(약 6만 원)이다.

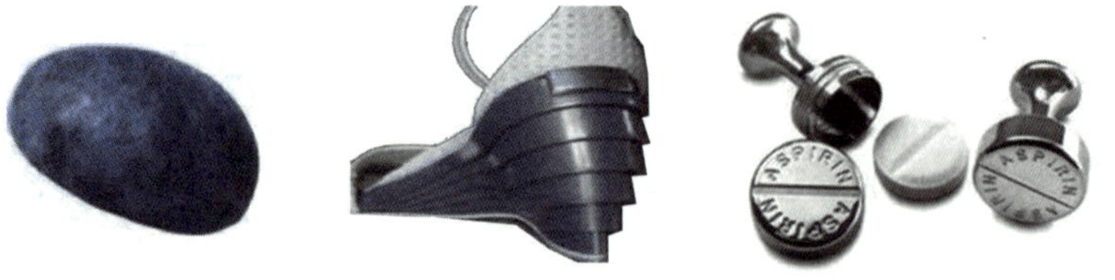

[그림 5-5] 창의적 제품 사례

창의성 관련 17가지 명언

1. "창조성의 주된 적은 맛이 좋다."
   - 파블로 피카소, 화가

2. "창의력의 비결은 소스를 숨기는 방법을 아는 것입니다."
   - Albert Einstein, 물리학자

3. "창의력은 실수를 허용하는 것입니다. 예술은 어떤 것을 지킬 지 아는 것입니다."
   - Scott Adams, 만화가

4. "창의성은 어리석음의 갑작스런 소멸이다."
   - Edwin H. Land, 과학자 및 발명가

5. "필요는 발명의 어머니이고 사실이지만 그 아버지는 창조성이고 지식은 조산사입니다."
   - Jonathan Schattke, 과학자

6. "건설과 창조의 전체적인 차이점은 이것이 건설 된 것은 그것이 건설 된 후에 만 사랑받을 수 있다는 것입니다. 그러나 창조 된 것은 그것이 존재하기 전에 사랑 받는다는 것입니다."
   - Charles Dickens, 저자

7. "창의성은 내가 없이는 할 수없는 약이다."
   - Cecil B. DeMille, 영화 제작자

8. "배우는 것이 지혜롭고 창조하는 것은 신과 같다."
   - John Saxe, 시인

9. "현재 창의성에 대한 우리의 집착은 대부분의 사람들이 더 이상 내세를 믿지 않는 시대에 불멸을 위해 계속 노력한 결과입니다."
   - Arianna Huffington, 작가 및 전문가

10. "진정한 창의성은 종종 언어가 끝나는 곳에서 시작됩니다."
    - Arthur Koestler, 소설가 겸 수필가

11. "창조의 예술은 살인의 예술보다 오래되었습니다."
    - 안드레이 보즈 네 센스 키, 시인

12. "인간 구원은 창조적으로 잘못 적응 된 자의 손에 있습니다."
    - Martin Luther King, Jr., 인권 운동가

13. "창의적인 사람의 삶은 지루함에 의해 주도되고 지시되고 통제됩니다. 지루함을 피하는 것은 우리의 가장 중요한 목적 중 하나입니다."
    - Saul Steinberg, 아티스트

14. "아무리 나이가 들더라도 창의적인 욕망을 유지할 수 있다면 남자 아이를 살리는 것입니다."
    - John Cassavetes, 배우

15. "예감은 당신에게 무언가를 말하려는 창의력입니다."
    - Frank Capra, 미국 영화 감독

16. "크리에이티브와 스크류 볼 사이에는 상관 관계가 있습니다. 그래서 우리는 스크류 볼을 기쁘게 겪어야합니다."
    - Kingman Brewster, 미국 외교관, 전 예일 대학교 총장

17. "창의적인 마음은 항상 어떤 종류의 나쁜 훈련에서도 살아남는 것으로 알려져 있습니다."
    - Anna Freud, 아동 정신 분석의 창시자

제 6 장
기회 포착과 아이디어 개발

제 6 장
기회 포착과 아이디어 개발

제1절 아이디어 원천과 기회 포착

1. 아이디어 원천

창업 아이디어의 출처를 보면 대부분 이전에 동일산업에 종사했던 경험을 이용하는 것을 볼 수 있다. 창업한다고 해서 갑자기 새로운 분야에 뛰어드는 것이 아니라, 이미 오래전부터 경험해 오던 일에서 아이디어를 구체화하여 창업에 이르는 것이다.

다양한 사업아이디어의 원천에 관한 조사연구 결과 등을 살펴보면 예비창업자는 다음의 경우를 통해 사업아이디어를 구할 수 있다.[1)]

① **외부로부터의 권유**(Invitation as an idea source)

어떤 사업아이디어는 지인이나, 거래처 등 외부로부터 제안이나 부탁의 형식으로 얻게 된다.

② **이전 직장의 경험**(Venture ideas from prior employment)

직장으로부터의 이직 또는 Spin-off 창업(파생형 창업)의 형태로 이전에 근무하던 직장의 업무와 관련해서 아이디어를 얻는 경우이다. 쿠퍼(Cooper)는 기술창업의 85%가 이러한 형태라고 확인하고 있다.

---

1) Karl H. Vesper, New Venture Strategies, Prentice-Hall, 1990, pp. 127-158.

③ **권리의 획득**(obtaining rights)

특허나 실용신안 등 산업재산권을 취득하거나 권리를 확보하는 경우 이를 사업화하는 계기로 삼는다. 이때 권리의 개발자가 타인일 때 협력을 기반으로 한다. 권리를 취득할 수 있는 원천으로는 전 직장, 타 회사, 개별 발명가, 정부, 대학 등이 있다. 특허의 경우 특허 이전을 지원해주는 조직이 있으며, 라이센싱은 기업, 대학, 비영리 연구기관 등의 연구 결과로부터 확보할 수 있다.

④ **자기 사업과의 관련**(self-employment as idea sources)

무슨 종류의 사업을 진행하면서 또 다른 사업의 기회를 얻게 되는 경우이다. 실제로 많은 창업자가 창업 후에 더 매력적인 사업 기회를 발견하게 되는 경우가 많은데 이러한 경우를 통로원리라 한다. Polaroid의 애드 윈(Edwin Land)는 처음부터 폴라로이드 카메라를 만들려고 한 것이 아니라 맞은편 차량의 광선을 차단하기 위해 자동차의 폴라로이드 된 앞 유리와 전조등을 개발하려고 하다가 오히려 카메라 사업에서 성공한 경우이다.

⑤ **취미**(ideas from hobbies)

자신이 좋아서 하던 취미를 남에게 소개하거나 지도하다가 사업을 발전하는 경우이다. 자신이 좋아하는 특정한 아이템을 다듬고 멋지게 만들어 즐겨 쓰다가 주변으로부터 관심을 받게 되고 똑같은 것을 만들어 달라는 주문을 받게 되면 그러한 사람들이 고객화될 수 있다고 생각하게 된다. 미국의 '마사 스튜어트 리빙 옴니미디어(MSLO)'의 창업자인 마사 스튜어트는 자기 집에서 작은 케이터링(출장급식) 사업을 시작하여 10억 달러 규모의 초대형 기업으로 만들었다.

⑥ **사회적인 접촉**(ideas from social encounter)

다양한 사회활동으로 만난 사람으로부터 정보의 교류를 통해 아이디어를 확보하는 경우이다. 사업아이디어 개발에서부터 구체화 과정 및 사업화 과정에 있어 사회적 활동인 네트워크의 활용이 매우 중요해져 가고 있다. 특히 전문가 집단인 교수, 회계사, 변호사, 은행원, 밴처캐피탈리스트 등과의 주기적인 접촉을 통해서 그들이 알고 있는 특허의 라이센싱 기회나 매각기업 등에 대해 정보를 입수할 수 있다.

⑦ **일상생활의 관찰**(pedestrian observations)

주변 상황에 대하여 단순한 관찰만으로도 사업아이디어를 창출할 수 있다.

⑧ **의도적인 탐색**(deliberate search)

새로운 사업의 기회에 대하여 일하는 방식이나 삶의 방식을 개선할 수 있도록 '왜'라는 의문을 통해 지속해서 아이디어를 탐색하는 경우이다. 예비창업자들이 가질 수 있는 정보원은 신제품 전시회, 박람회, 아이디어 경진대회, 언론보도, 시장 현황 및 트렌드에 대한 조사나 연구 등 다양하게 있다. 변화의 기회를 포착하고자 하는 지속적인 탐색의 노력 좋은 아이디어를 발견할 수 있도록 한다.

2. 창업 기회

영어에서 기회라는 말을 해석하면 Opportunity(준비, 계획된)와 Chance(뜻하지 않는, 우연의 기회)라는 두 단어를 주로 쓰게 된다. chance는 미리 준비된 기회가 아니고 우연에 가깝게 일반적으로 쓰고, opportunity는 노력하면 목적을 이루는 그런 기회로 이해하면 좋다. 즉, 창업이나 기업가정신 측면에서의 기회는 chance보다 opportunity를 사용하는 것이 적절하다고 생각된다.

프랑스의 유명한 화학자이며 세균학자인 파스퇴르는 '기회란 준비한 자에게만 온다(Chance favors prepared minds)'라는 유명한 말을 남겼다. 즉, 기회란 아무 노력 없이 공짜로 얻을 수 있는 것이 아니라 찾아온 기회를 놓치지 않고 자신의 기회로 삼을 수 있는 준비된 자만의 특권이라는 의미이다.

창업 기회도 마찬가지로 인생의 성공 기회를 발견하는 것처럼, 예상하지 못한 창업 기회를 발견하는 경우를 대비하여 미리 역량을 갖추고 노력한 자만이 그 기회를 포착할 수 있다. 취업을 위해서 많은 준비와 노력을 하지만, 창업에서도 마찬가지이다. 성공을 위한 취업·창업하기 위한 사람이라면 잡은 기회를 성공적인 비즈니스로 전환할 수 있어야 한다.

창업에서 기회(opportunity) 발견이란, 창업을 준비하기 위해서 가장 먼저 할 일이다. 일반적으로 새로운 제품, 서비스 또는 비즈니스를 창출하는데 필요한 우호적인 상황들이다. 즉, 창업 기회란 머리에서 순간적으로 떠오르는 아이디어 그 자체라기보다는 아이디어에 시장에서의 성공 가능성이 함께 포함된 의미라고 할 수 있다.

창업기업들은 외부적인 요인과 내부적인 요소에 영향을 받아 창업하는 경우가 많다. 외부적인 요인에 해당하는 기업들의 창업가들은 주로 창업 기회를 찾고 기회를 포착한 후에 사업을 시작한다. 1994년에 아마존을 창업한 제프 베조스(Jeff Bezos) 역시 뉴욕주에 소재한 투자 회사에서 높은 임금을 받았던 인재였으나, 전자상거래(e-commerce) 시장에 대한 매력적인 기회를 찾은 후 창업을 하겠다는 계획을 갖고 회사를 퇴사하였다. 반면, 내부적 요소에 해당하는 기업들의 창업자들은 문제나 기회의 차이(opportunity gap)를 먼저 인식한 다음, 문제를 해결하고 기회의 차이를 채우기 위해 창업을 한다. 여기에서 기회의 차이란 '기존의 제품, 서비스 또 는 비즈니스'와 '새로운 제품, 서비스 또는 비즈니스 기회' 간의 차이를 의미한다.

이처럼 내부적인 요소와 외부적인 요인의 두 가지 방식 중 하나로 창업기업들이 사업에 착수하게 되지만, 그 유형에 상관없이 창업가들에게 기회를 발견하는 것은 쉬운 일은 아니다. 새로운 제품, 서비스 또는 비즈니스 기회는 기존에 있던 것들을 조금 개선한다고 해서 기회를 포착할 수 있는 것이 아니다. 많은 창업가는 본래 자신들이 좋아하고 관심이 있는 기존의 것들을 다른 형태로 만들어보는 것이 창업 기회를 발견하는 과정이라는 한쪽으로 치우친 생각으로 오류를 범할 수도 있다.

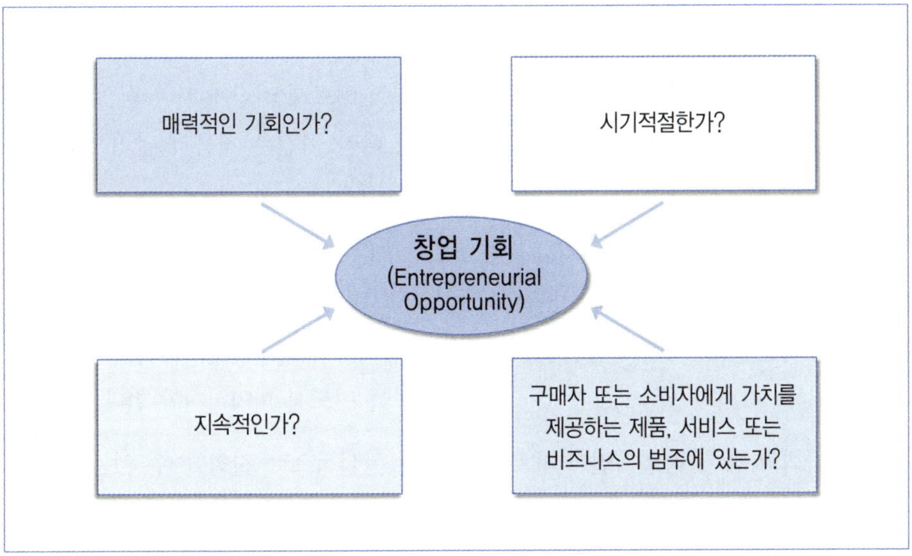

[그림 6-1] 창의적 제품 사례

그러나 창업 기회의 핵심은 단순히 기존에 있던 것들보다 조금 더 나은 수준의 새로운 제품, 서비스 또는 비즈니스를 창출한다고 해서 얻을 수 있는 것이 아니다. 고객이 필요로 하고 구매하려고 하는 제품, 서비스 또는 비즈니스의 범주 안에 창업 기회가 있다.

창업 기회 여부를 판단할 때 필수적으로 갖추어야 할 속성들을 사전에 이해해 두어야 한다. 창업 기회의 4가지 본질적인 속성은 ① 창업 기회는 시장성과 성장성 관점에서 충분히 매력적이어야 한다. ② 시장에서 수요가 있는 적절한 시기여야 한다. 시기에 비해 너무 이르거나 늦으면 제품을 출시한 이후에도 고객 창출이 어렵기 때문이다. ③ 지속성이 있어야 한다. 즉, 사업적으로 충분히 수익을 창출할 수 있어 지속 가능한 사업이어야 한다. ④ 창업 기회는 구매자 또는 소비자에게 가치를 제공하는 제품, 서비스 또는 비즈니스의 범주에 있는지 분석해 봐야 한다.

3. 창업 기회의 창

창업 기회는 실시간으로 존재하거나 창조되며 소위 말하는 기회의 창이라는 것을 갖고 있다. 창업자가 기회를 포착하기 위해서는 그 창문이 항상 열려 있어야 한다.

시장은 시간에 따라 다른 속도로 성장하며 시장이 빠르게 커짐에 따라 점점 더 많은 기회가 생긴다. 그러나 시장이 커지고 안정됨에 따라 여건은 처음과 달리 호의적이지 않다.

따라서 시장이 눈에 띄게 커지고 구조화되는 시점에 창문이 열리며, 시장이 성숙하는 시점에서는 문이 닫힌다. 창업을 준비하는 사람이라면 창업 기회를 발견하여 이를 성공적인 비즈니스로 전환할 수 있어야 한다. 따라서 창업 기회를 비즈니스화하기 위해 '기회의 창(window of opportunity)'을 반드시 파악하여야 한다.

창업 기회의 창은 창업기업이 새로운 시장에 현실적으로 진입할 수 있는 기간을 비유적으로 표현한 용어이다.

다음의 [그림 6-2]를 통해 창업 기회의 창을 이해해 본다.

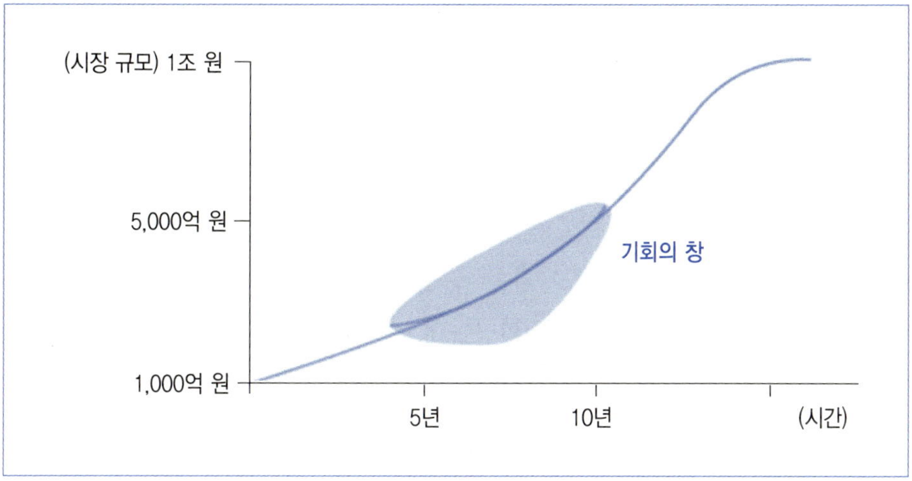

[그림 6-2] 창업 기회의 창

이러한 기회의 창은 기술혁신, 산업의 변화, 시장과 고객의 변화, 정부 정책의 변화 속에서 사업의 기회와 성공 가능성이 큰 일정한 시기가 있음을 보여주고 있다. 이러한 기회의 창에 영향을 미치는 요소로 가장 주요한 고려 요소는 시장의 규모, 시간이다.

시장의 대략적 규모(Raw Size)는 클수록 더 매력적일 것이다. 따라서 매우 중요한 고려 요인이나 산업에 따라 항상 일치하지는 않는다. 특히 대규모 시장은 경쟁이 치열하고, 더 작은 니치 시장이 더 매력적일 수 있다.

시간 요소는 모든 기회는 유한한 시간의 범위를 가지며, 사업의 특성에 따라 시간의 범위에 차이가 난다. 위험과 기회의 잠재적 보상은 시간에 따라 달라짐을 고려하여야 한다. 새로운 벤처가 성공할 것인지 실패할 것인지가 결정되는 데는 상당한 시간이 걸린다. 따라서 기회의 창문이 열려 있을 시간이 중요해진다.

제2절 창업 기회 분석

창업가 중에는 외부적인 요인들을 통해 창업 기회를 발견하고 사업을 시작하는 이도 있지만, 내부적인 요소들로 인해 창업하는 이도 있다. 성공적인 창업가는 내·외부적 요인이 유기적으로 상호작용할 때 창업 기회를 발견한다. 성공적인 창업가는 외부요인과 내부요인이 유기적으로 상호작용할 때 창업 기회를 발견하는 사람이다.

창업 기회를 발견하는 프로세스는 다음의 [그림 6-3]과 같다. 그림에서 나타난 바와 같이 내·외부적 요인 결합할 때 곧 창업 기회로 이어진다. 즉, 정치, 제도, 경제·사회·문화, 그리고 기술 등 창업기업을 둘러싼 다양한 외부환경적인 요인들은 계속해서 변화하고 진화하는데, 이때 환경적 트렌드를 잘 파악하는 특성을 가진 사람들이 창업 기회를 포착하는 데 더 유리한 위치에 있는 것이다.

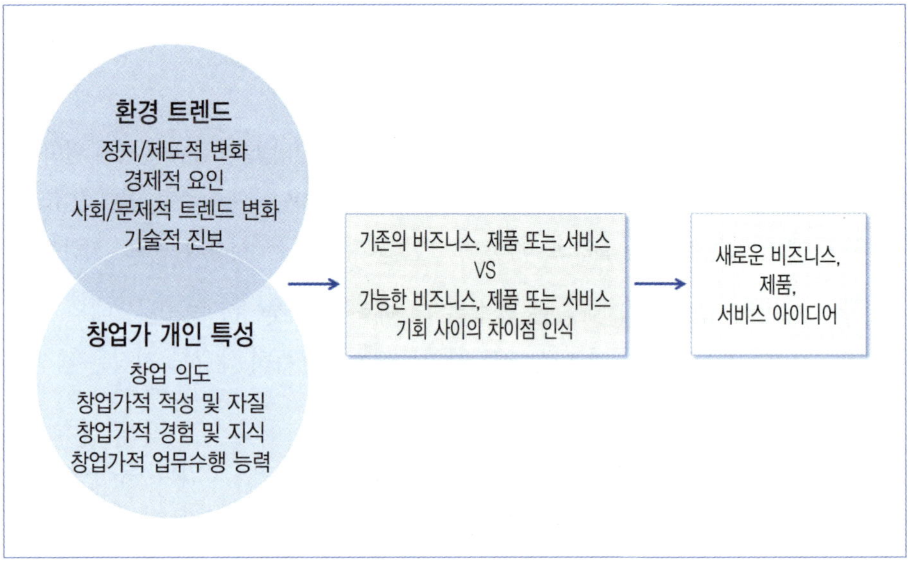

[그림 6-3] 창업 기회 발견 및 프로세스

일상생활에서 같은 불편함을 느끼고 있는 사람들이라 할지라도, 어떤 사람은 그로부터 창업 기회를 발견하고 또 다른 사람은 그것이 기회인지조차 인식하지 못하는 경우가 있다. 만약 높은 창업 의도를 가진 사람이라면 창업을 생각해보지 않은 사람보다 실생활의 불편함을 해소하기 위한 해결책을 고민해 보고 이를 통해 창업 아이템을 구상해 볼 가능성이 더 크다. 특정 분야의 기술을 전공했거나 관련 경험 또는 많은 네트워크를 보유하고 있는 사람들은 창업 트렌드를 남들보다 더 잘 포착할 것 같다.

기회발견은 비즈니스가 수익을 창출할 수 있는지 그 가능성을 인지하는 과정을 말한다. 또한, 창업 기회라는 것은 기본적으로 발견하기 전까지는 실행에 옮길 수 없는 것이다. 따라서 과연 창업 기회를 발견하면서 필요한 준비과정은 시장성과 성장성이 있는 환경 트렌드를 분석하는 것뿐만 아니라 창업자 자신이 창업 기회를 놓치지 않고 잘 포착할 수 있는 특성이 있는지를 점검해보는 것이다.

1. 환경 트렌드 분석

창업 기회를 발견하기 위해서는 항상 환경적 변화의 요인과 트렌드를 잘 살필 수 있어야 한다. 이러한 환경적 변화의 요인과 트렌드를 잘 파악한다는 것은 창업 기회를 발견하고 활용한다는 의미이다. 거시적인 환경변화와 본인의 창업 의도와 경험 등을 잘 맞춘다면 창업의 성공 가능성이 커진다.

환경적 요인에 대한 가장 효과적인 분석기법의 하나가 PEST 분석이다. PEST는 Political, Economic, Socio-cultural, Technological의 머리글자로 다음의 [그림 6-4]에서처럼 창업가들은 이러한 4가지 요소를 활용하여 창업 기회를 발견할 수 있다.

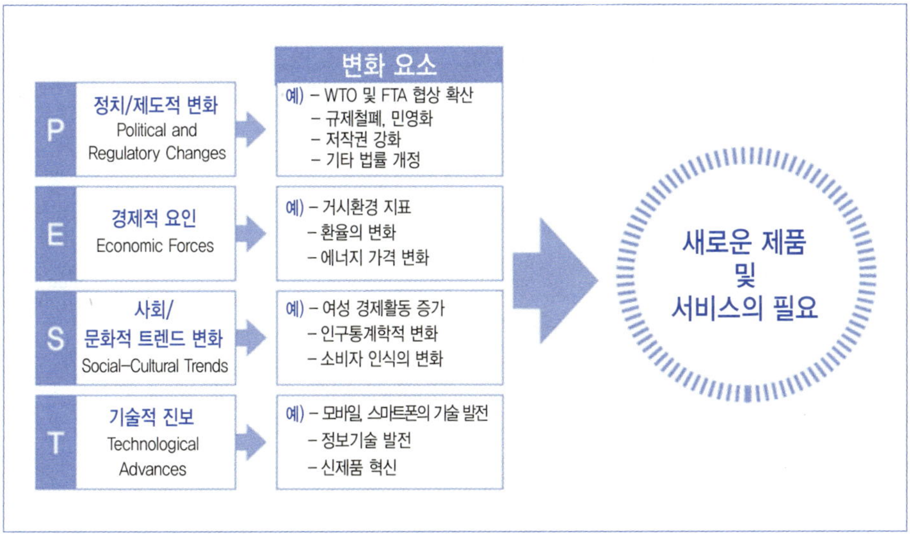

[그림 6-4] PEST 분석을 통한 창업기회 발견

1) 정치/제도적 변화(Political and Regulatory Changes)

정치적 요인은 단순화시켜서 '규제 강화 ↔ 규제 완화'로 표현해볼 수 있다. 정치적 요인이 일정 산업에 미치는 영향력은 엄청 많다. 그래서 각 기업은 자기에게 유리한 정책을 만들기 위해 사투를 벌이기도 한다.

예를 들면, 음식물 쓰레기를 싱크대에 넣기만 하면 자동으로 분쇄가 되어서 하수구로 내려가는 아주 편리한 음식물 쓰레기처리기가 있다. '디스포저'라고 부르는 도구가 있는데 우리나라 환경에 잘 맞지 않는다.

우리나라 하수관거는 지름이 넓은 편이라 디스포저로 음식물 쓰레기를 갈아서 하수관으로 내려보내게 된다면 하수관에 찌꺼기가 발생할 확률이 높다. 이 찌꺼기는 악취와 부식으로 이어진다. 또한 디스포저를 통해 모든 음식물 쓰레기를 하수처리장으로 내려보내게 되면 하수처리장 처리용량을 넘어서서 하수 오염이 심각해질 우려가 있다.

그래서 우리나라에서는 얼마 전까지 디스포저가 법적으로 금지되어 있었다. 하지만, 지금은 분류식 하수관거가 설치되어 있고, 디스포저가 음식물 쓰레기의 일부만 싱크대 하수관으로 내려보내며, 담당 행정기관의 허가가 있는 지역 등 여러 가지 조건이 붙은 제한된 지역에만 디스포저 설치를 허용하고 있다. 법이 바뀌니까 디스포저 업체들의 매출도 같이 올라가게 되었다. 따라서 디스포저 제조, 판매 업체들은 디스포저 설치 법적 허용구역을 늘어나기를 원할 것이다. 이처럼 정치적 요인은 어떤 기업, 혹은 제품, 사업의 생존에 적지 않은 영향력을 미친다.

2) 경제적 요인(Economic Forces)

경제적 요인은 경기 동향, 국제 협정, 금리 상황, 환율 동향, 조세 부과 제도 등 국지적, 전 세계적인 경제 움직임을 모두 통칭한다. 한 예로 한중 FTA로 인해서 각 제품에 대한 관세율이 상당히 크게 변동되었다. 수출업자가 되었든 수입업자가 되었든 각자가 수출·수입하고 있는 제품·부품의 관세율 변화에 따라 수혜를 보는 사람도 있겠고 피해를 보는 사람도 있을 것이다.

경기 동향이나 환율도 마찬가지죠. 일본 엔화 가치가 올라가면 일본 자동차 기업들은 수출이 힘들어질 것이고, 상대적으로 경쟁사인 현대자동차, 기아자동차 같은 우리나라 자동차 기업들은 유리해진다. 반대로 일본 엔화 가치가 떨어지면 우리나라 자동차 기업들이 더 힘들어질 것이다. 저유가가 지속되면 석유를 수입해 와서 재가공해서 판매하는 업체는 좋을 것이고, 석유 장사를 하는 쪽은 힘들 것이다.

3) 사회/문화적 트랜드 변화(Social-Cultural Trends)

인구통계학적 변화나 여성들의 사회진출, 저출산·고령화 사회로의 진입, 결혼 기피 현상 등 사회구조의 변화는 소비자들의 라이프스타일 변화는 물론 다양한 소비계층으로의 세분화와 욕구 변화를 수반하게 된다. 이처럼 소비자들의 기호를 변화시켜 새롭게 수요를 창출함으로써 창업 기회가 발생한다.

가령, 생활양식이 달라 저녁 7시만 되면 불이란 불은 모두 꺼버리는 호주와 저녁 7시만 되면 불이란 불은 다 켜버리는 한국에서 똑같은 제품을 똑같은 방법으로 팔겠다고 하면 어떨까? 라이프스타일 같은 사회적 요인도 분석의 중요한 요소가 된다.

4) 기술적 진보(Technological Advance)

기술적 요인(Techno logy)은 기술 발전에 따른 변화 양상을 말한다. 일반 전화기만 써도 전혀 불편함을 못 느끼던 사람들이 스마트폰이 없으면, 카카오톡이 없으면 불편함을 느끼게 되었다.

무엇 때문일까? 스마트폰이라는 기술이 발전했고 또 우리 삶에 익숙해져 버렸기 때문이다. '스마트폰이 없으면 불편하다, 카톡이 없으면 불편하다' 이렇게 돼버린 것이다.

라이프스타일의 변화라는 측면에서 분석하자면 '사회적 요인'으로 포함할 수도 있을 것이지만 스마트폰이 개인 비서화된 지금 상황을 분석할 때 스마트폰과 같은 스마트기기, 그리고 사물인터넷 기술이라는 측면에서 분석하는 것은 기술적 요인 분석에 해당한다.

이처럼 4차 산업혁명 시대에서 다양한 부문의 기술적 진보 현황을 잘 살펴보고 이에 따른 경제적 그리고 사회적 변화를 잘 예측하고 분석한다면 새로운 창업 기회 발견이 가능하다.

2. 창업가 개인 특성 분석

1) 창업 의도 파악하기

창업에 있어서 가장 중요한 것은 창업하고자 본인의 의도를 명확히 파악하는 것이다. 이는 옷을 입을 때만치 첫 단추를 끼우는 작업과 같은 것이다. 만약 이 첫 단추를 잘못 끼운 상태에서 앞으로의 활동을 진행하게 되면 그 전체가 잘못된 방향으로 갈 수 있다. 시간이 다소 걸리고 어려워 보인다고 하더라도 자신의 창업에 대한 의도를 명확히 하고 그것을 글로 표현하여 두는 것이 좋다.

창업 의도를 명확히 하는 과정에서는 본인이 창업하고자 하는 목적, 창업 분야나 관련 기술과 아이디어, 최종소비자에게 줄 수 있는 가치 등을 파악할 필요가 있다. 또한, 창업에 대해 아주 깊이 생각해보거나 전문가 등과의 상담을 통해 이를 더 구체화할 수 있다. 다음의 〈표 6-1〉은 창업 의도 기술서를 활용하여 본인의 창업 의도를 항목별로 기술해 보고는 것이다.

〈표 6-1〉 창업 의도 기술서

창업의 배경	
창업의 최종 목표	
창업 관련 기술	
예상 최종소비자	
소비자 가치와 혜택	

2) 창업가 특성의 자기진단 방법

창업의 성공 여부는 기업가정신이다. 즉, 창업가와 그의 구성원(창업멤버)의 특성에 따라 크게 좌우된다. 우선 창업가의 특성을 파악할 때 가장 먼저 검토해야 할 사항은 창업가의 적성과 자질이다. 모험심, 가능성에 대한 집념, 성격 및 스타일, 리더십, 인내력, 기타 기업가적인 소질 등이 세부 평가항목으로 구분된다. 그다음으로는 계획된 창업을 추진하는데 기업가적 경험 및 지식 여부를 평가해 보아야 한다.

여기에는 관련 분야의 경험, 학문과 지식, 인간관계, 사회적 지위 등이 포함된다. 마지막으로 업무수행 능력(경영 능력)인 창업 유지능력, 인력관리 능력, 경영 판단 능력 등을 평가해 보도록 한다.

상기 언급된 평가항목별로 적합성 여부를 판단하여 창업자로서의 준비 정도를 파악한다. 창업은 대단히 험난한 길이 될 수 있으므로 관련 분야가 본인에게 맞는지를 명확히 살펴봐야 한다. 그리고 경험과 지식이 충분한지, 업무수행 능력에 대한 자신의 냉철한 평가가 뒷받침되어야 한다. 다음의 〈표 6-2〉의 항목들을 통하여 나 자신이 창업 기회를 포착하기 위한 준비가 얼마나 되어 있는지 진단해 볼 수 있다.

〈표 6-2〉 창업가적 특성 평가항목

평가 요소	세부 평가 항목
창업가적 적성 및 자질	① 모험심 ② 추진력 및 끈기 ③ 스케일 ④ 리더십 ⑤ 의지력 ⑥ 기본 체력
창업가적 경험 및 지식	① 창업 관련 분야의 경험 ② 학문과 지식 ③ 네트워크 ④ 창업자 능력
창업가적 업무수행 능력	① 가정 유지능력 ② 창업 멤버의 구성 및 통제 능력 ③ 서비스 및 기술혁신 능력 ④ 경영 및 환경적응 능력

제3절 창업 아이디어 발굴기법

창업 아이디어와 기회는 다른 개념이다. 창업 아이디어는 제품이나 서비스에 대한 기능이나 제공하는 가치에 관한 것이며, 기회는 구체성이 부족하거나 없는 정도인 아이디어를 시장에서의 성공 가능성을 확인하고 사업화하는 과정이다.

'좋은 아이디어는 창업가의 한 손에 쥐어 있는 도구에 불과하다'라고 한다. 즉 훌륭한 아이디어를 찾아내는 것은 창업가의 창조력을 기회로 연결하는 첫 번째 단계이다. 따라서 이 절에서는 창의적 아이디어 발굴기법에 대해서 알아본다.

1. 브레인스토밍

1) 브레인스토밍 개요

브레인스토밍(Brainstorming)은 Brain(두뇌) + Storming(폭풍)의 합성어로서, 뜻을 직역하면 '두뇌의 폭풍, 두뇌 착란상태'인데 이는 머릿속에서 생각들이 폭풍 치듯이 마구 떠오르는 것을 표현한 것이다. 브레인스토밍은 5~6명 그룹을 만들고 아무런 제약이 없는 편안한 상태에서 자유자재로 공상과 연상의 연쇄 반응을 일으키면서 아이디어를 내어 가도록 하는 그룹 아이디어 발상법을 의미한다.

각종 프로세스에서 문제의 인식, 자료의 수집, 분석, 종합, 전개 등의 단계에서 유효한 방법으로 1938년 미국의 광고대리점의 부사장인 오즈번(A. F. Osborn)이 광고 아이디어를 얻기 위해 처음 개발하였다.

브레인스토밍은 창의적 아이디어 발상 방법 중에서 가장 대중화되고 유명한 방법으로 광고회사, 제품기획, 디자인 등 각종 분야에서 활용되고 교육적 목적으로도 많이 사용되고 있다. 미국의 유명한 디자인회사인 IDEO는 브레인스토밍을 디자인 개발에서의 매우 중요한 전략이자 방법으로 활용하고 있다.

브레인스토밍은 아이디어를 표현하는 방법에 따라 그룹 간에 말하기(speaking)–쓰기(writing)–그리기(drawing)의 방법이 있을 수 있는데 일반적인 브레인스토밍은 말하기로 이루어진다. 쓰기에 의해 아이디어를 기록하는 방식을 브레인라이팅(BW : brain–writing)이라고 하는데, 이때 포스트잇을 이용하여 브레인라이팅을 진행하면 포스트잇 브레인스토밍(Post–it brainstorming) 또는 포스트잇 브레인라이팅(Post–it brain writing)이라한다. 그리기에 의한 아이디어 발상은 브레인드로잉(BD : brain–drawing)이라고 한다.

2) 브레인스토밍 4가지 규칙

여러 사람이 모여서 자유롭게 아이디어를 발상하게 되면 시너지효과에 의해 개인이 아이디어를 내는 것보다 훨씬 더 많은 수의 아이디어를 빠르게 만들어낼 수 있다.

또한 다른 사람이 제시한 아이디어에서 영감을 얻어 전혀 새로운 아이디어를 만들어낼 수도 있다. 그러나 막상 브레인스토밍을 진행하다 보면 생각보다 쉽지 않은 것을 금방 느끼게 되는 경우가 많은데 이것은 우리의 사고가 그만큼 경직되어 있기 때문이다.

브레인스토밍 4원칙은 Support, Silly, Speed, Synergy로 4S로 불립니다.

① **비판금지(Support)**

아이디어를 내놓는 동안 어떤 아이디어라도 절대로 비판하거나 평가하지 않는다.

“현실 불가능해!”, “그건 아닌 것 같아. 다시 생각해 봐.”라는 말을 할 때 브레인스토밍의 분위기가 움츠러들게 되어 모험적이거나 새로운 아이디어 발상을 제한하게 만들므로 다른 사람의 의견에 대하여 절대 비판하면 안 된다.

② **자유분방(Silly)**

자유분방한 분위기를 만들어 자유로운 발상으로 아이디어의 한계를 극복한다. 우스꽝스러운 발상과 기발한 발상 등 아이디어가 비현실적이거나 터무니없는 것일지라도 모두 받아들인다. 하나하나 이치를 따지지 말고 일단 머릿속에 있는 생각을 그대로 입 밖으로 꺼내는 것으로 시작한다.

③ **양산(Speed)**

양은 질을 낳는다는 말이 있듯이 아이디어가 많을수록 그 속에 좋은 아이디어가 나타날 확률이 높다. 그래서 대단한 발상 한 개보다 작은 발상 여러 개가 더 중요하다. 여러 가지의 발상이 모이면 정말 생각지도 못한 아이디어가 도출될 수도 있다.

④ **결합과 개선(Synergy)**

브레인스토밍에서 나오는 모든 아이디어는 기록하고, 두 개 이상의 아이디어를 결합해서 제3의 아이디어를 끌어낼 수 있도록 한다. 브레인스토밍 중에 나온 아이디어는 주인이 없으므로 상대방이 낸 의견을 잘 기억해서 자기 아이디어와 결합해 그 아이디어를 더 좋은 아이디어로 개량하는 것이 중요하다.

3) 브레인스토밍 일반적 절차

브레인라이팅이나 브레인드로잉의 절차도 이와 거의 유사하며 기록방식에 따라 조금씩 달라진다. 여기에서는 기록방식에 의한 세세한 진행순서보다도 개론적인 절차를 이야기한다.

① 브레인스토밍을 진행할 문제를 선정한다.
② 참가자 그룹을 형성하고 각 그룹에서 사회자와 서기를 선정한다.
③ 브레인스토밍의 진행에 필요한 장소, 책상 배치, 준비물과 간식 등을 준비한다.
④ 브레인스토밍의 진행 시간을 공지한다.
⑤ 브레인스토밍을 진행한다.
  a) 사회자는 부드럽고 자유로운 분위기를 유도한다.
  b) 브레인스토밍에 대한 원칙과 유의 사항들을 다시 한번 소개한다.
  c) 본 주제에 앞서 워밍업으로 간단한 브레인스토밍을 진행한다.
  d) 본 주제를 제시 후 브레인스토밍을 진행한다.
  e) 아이디어에 넘버링하여 양적 목표 분발을 격려한다.
  f) 내용의 비판이나 판단을 유머를 사용하여 통제하고 재미있는 아이디어는 웃으면서 즐겁게 진행한다.
  g) 아이디어가 더 이상 나오지 않으면 리더가 새로운 관점을 제시한다.
  h) 지금까지의 아이디어를 보면서 변형과 조립으로 새로운 아이디어를 제시하도록 유도한다.
  i) 시간이 종료되면 감사 표시와 함께 아이디어를 종료한다.

2. 브레인라이팅

1) 브레인라이팅 개요

말을 하지 않고 아이디어를 지면에 기록하는 방식에 차이가 있는 기법 “브레인라이팅(brain-writing)은 브레인스토밍의 단점을 극복하기 위한 대안으로 독일 프랑크푸르트 바텔레 연구소에서 개발된 것이다. 브레인라이팅의 기본원리는 오즈번의 브레인스토밍 기법을 따르지만, 말(verbal interaction)은 하지 않고 아이디어를 지면에 기록하는 방식에 차이가 있는 기법이다. 무언의 브레인스토밍이라고도 한다.

(1) 브레인라이팅의 장점

참가자들이 간편하게 자기 아이디어를 기록하여 제시함으로써, 참가자의 수가 상당히 많은 경우에도 유리한 발상 기법이다. 특히 내성적 성격으로 발표가 원활하지 못한 발표자의 아이디어도 들을 수가 있으며, 누구라도 평가에 대한 부담 없이 참여할 수 있다. 그리고 다소 엉뚱하고 어색한 아이디어도 쉽게 표현할 수 있는 이점이 있다.

(2) 브레인라이팅의 응용기법

브레인라이팅의 응용 형태로서 Post-it에 자기 아이디어를 기록하여 제시함으로 더욱 효과적으로 발상할 수도 있는데 이를 포스트잇(Post-it) 브레인스토밍이라고 한다. 일반적으로 브레인스토밍, 브레인라이팅이라고 하면 Post-it 브레인스토밍을 떠올리는 경우가 많다. Post-it 브레인스토밍은 다음과 같은 여러 가지 면에서 유리하다.

- 주제와 발상 특성에 맞게 다양한 크기와 색상의 Post-it을 사용할 수 있다.
- 다양한 색채의 Post-it을 사용해 아이디어를 구분하거나 누가 아이디어를 많이 냈는지 시각적으로 확인할 수 있어 발상 자극에 도움이 된다.
- 붙였다 뗐다 할 수 있어 아이디어를 쉽게 분류, 정리할 수 있다.
- 1개의 Post-it에 1개의 아이디어가 기록되기 때문에 브레인스토밍이 끝나고 아이디어를 평가하기도 좋다.

2) 브레인라이팅의 준비 및 절차

아이디어를 기록할 수 있는 종이와 필기도구를 준비한다. 일반 A4 지를 사용해도 되지만, 브레인라이팅 양식지를 사용하면 편리하다. 포스트잇 브레인스토밍을 할 때 다양한 컬러의 전지나 폼보드, 그리고 다양한 색과 크기의 포스트잇을 인원에 맞게 준비한다. 또한 다양한 색상의 사인펜이 있으면 좋다.

Tips

색전지나 폼보드는 아이디어 pool로서 테이블의 가운데 두고 포스트잇에 적은 아이디어를 모으는 용도이며 다 모은 후에는 아이디어를 분류, 정리하는 용도로 사용한다. 포스트잇은 시중에 나와 있는 다양한 포스트잇을 용도에 맞게 구입하여 사용하면 되는데 한 가지 색상의 포스트잇을 사용하는 것보다 다양한 색상의 포스트잇을 사용하는 것이 좋다. 이때 포스트잇의 색상을 고려하여 색전지의 색상을 선택한다. 포스트잇이 밝으면 색전지는 약간 어둡게(Red, Blue, 등) 포스트잇이 채도가 높으면 색지를 밝은색(Yellow 등)으로 한다.

브레인라이팅의 절차는 브레인스토밍과 유사하나 기록방식에 있어서 차이가 있다.

① 참가자 그룹을 형성하고 5~8명 정도의 참석자가 둥근 테이블에 둘러앉는다.
② 진행자가 그룹에 문제를 제시한다.
③ 참석자는 아무 말 없이 한 장의 종이 위에 아이디어를 적는다. 이때 일반적인 브레인스토밍의 4대 원칙을 그대로 준수한다.
④ 아이디어 종이는 가운데(pool)에 모으고 다른 아이디어 종이와 바꾼다.
   ※ 진행방식에 따라 아이디어 종이를 정해진 시간마다(3~5분) 옆으로 돌리면서 진행하거나, 자유롭게 다른 사람들과 바꿀 수도 있다.
   ※ 포스트잇을 사용할 경우, 아이디어는 가운데(pool, 색전지 또는 폼보드)에 붙인다.
⑤ pool에서 계속 다른 아이디어 종이를 바꾸며 아이디어를 첨가한다.
⑥ 30~40분 진행 후에 종이들을 모아서 평가한다. (평가는 사례 참고)

3. 브레인드로잉

1) 브레인드로잉의 개요

브레인드로잉(brain-drawing)이란 브레인라이팅의 응용 형태로서 기본원리는 오즈번의 브레인스토밍을 따른다. 간편하게 자기 아이디어를 드로잉하여 제시함으로 아이디어를 발상하는 것을 의미한다. 브레인스토밍이 아이디어를 말로, 브레인라이팅은 글로 표현한다면 브레인드로잉은 드로잉(drawing; sketch)으로 아이디어를 표현하는 것이 차이점이다. 디자인 분야와 같은 조형적이고 시각적인 속성을 주로 다루는 경우의 발상에 적합하나 시각적 사고를 필요로 하는 모든 분야에 활용할 수 있다.

아이디어 스케치에 익숙한 산업디자인, 건축 등의 발상에서 드로잉에 의한 기록은 시각적인 사고 과정에 영향을 미쳐 보다 창의적인 연상 효과를 기대할 수 있다. 또한 그림을 통한 아이디어의 발상과 기록은 더 구체적인 실현의 가능성을 높일 수 있는 발상 방법이다. 브레인드로잉에 있어서는 얼마나 잘 그리느냐보다는 생각을 그림으로 표현하는 것이 중요하다.

2) 브레인드로잉의 준비 및 절차

브레인드로잉 준비물은 브래인라이팅과 비슷하며, 절차 또한 참가자 그룹 형성, 준비, 절차, 평가 등은 일반적인 브레인스토밍, 브레인라이팅과 유사하며 기록방식에 있어서 차이가 있다.

4. 스캠퍼

1) 스캠퍼(SCAMPER) 기법 이란

스캠퍼(SCAMPER) 기법은 오즈번의 체크리스트를 밥 에버럴(Bob Everle)이 발전시킨 것으로 이미 존재하는 사물이나 아이디어에 변화나 조작을 가해 새로운 것을 만들어내는 아이디어 전개 방법이다.

SCAMPER는 대체(substitute), 결합(combine), 적용(adapt), 변형/확대/축소(modify, magnify, minify), 다른 용도(put to other use), 제거(eliminate), 역발상(reverse)의 첫 글자를 따서 이름으로 만든 것으로 이와 같은 질문항목에 따라 아이디어를 발상하는 기법이다.

브레인스토밍이 사고의 제약 없이 다양한 안을 마음껏 도출해내도록 하는 방법에 비해, 스캠퍼는 사고의 영역을 일정하게 제시함으로써 다소 구체적인 안들이 나올 수 있도록 아이디어 창출법으로 일종의 브레인스토밍 기법이다. 아이디어를 자극하는 질문의 목록이며, 체크리스트법의 대표적인 기법이다.

2) 스캠퍼 기법의 질문항목

① **대체**(substitute)

A 대신 B를 쓰면 어떨까? 에서 출발하며 대체할 것을 찾는 질문이다. 물건이나 장소, 재료, 절차, 표기 방법 등을 다른 것으로 대체하면 어떨지 질문을 통해 아이디어를 도출할 수 있다. (무엇으로 대체할 수 있을까? 어떤 재질이나 재료로 대체할 수 있을까? 다른 방법으로 대체할 수 있을까?)

예 종이컵

② **결합**(combine)

A와 B를 합치면 어떨까? 에서 출발하며 시너지를 내거나 새로운 조합을 만들어 낼 수 있는 것을 찾는 질문이다. 이전에는 관련되지 않았던 제품이나 목적, 서비스 등을 결합하면 어떨지 질문을 통해 아이디어를 도출할 수 있다. (어떤 재질들이 결합할 수 있을까? 어떤 장치들이 서로 결합할 수 있을까? 서로 다른 목적들이 결합할 수 있을까?) 유의할 점은 무조건 더한다고 좋은 아이디어가 나오는 것은 아니다. 두 가지 개념을 더한 만큼 시너지가 있어야 하고 부작용도 적어야 한다.

예 스마트폰, 복합기 등

③ **적용**(adapt)

A를 B에만 쓰는 것이 아니라 C에도 사용하면 어떨까? 에서 출발하며 문제를 해결하거나 활용처의 변경에 관한 질문이다. 기존의 방법과 형태를 일부 변형해서 다른 조건에서 사용하거나 다른 목적으로 응용하면 어떻게 될지 질문을 통해 아이디어를 도출할 수 있다. (이 아이디어를 다른 곳에 적용하면 어떨까? 자연으로부터 응용할 수 있는 아이디어는 없을까? 이 상품을 다른 용도로 사용하면 어떨까?)

예 낙하산, 찍찍이, 미로찾기 자물쇠, 예술작품이 그려진 맨홀 뚜껑

④ **변형/확대/축소**(modify, magnify, minify)

A 안의 a를 변화시키면 어떨까? 에서 출발하며 무언가를 크거나 작게 또는 다른 형태로 변형해 대안을 찾아가는 질문이다. 형태나 색, 소리, 크기, 동작, 의미 등을 변경하면 어떻게 될지 질문을 통해 아이디어를 도출할 수 있다. (색상을 변경하면 어떨까? 수작업 대신 자동화하면 어떨까? 소리를 어떻게 바꾸면 좋을까? 어떤 특성을 추가하면 좋을까? 어 높게/길게/크게/강하게 만들면 어떨까? 무엇을 추가하면 특별한 가치를 갖게 될까? 크기를 최소화하면 더 좋지 않을까?)

예 햄버거, 초소형 카메라 등

⑤ 다른 용도(put to other use)

A를 B 용도에만 사용하는 것이 아니라 다른 용도에도 사용하면 어떨까? 에서 출발하며 어떤 물건의 또 다른 용도를 찾는 등 새로운 기회를 찾고자 하는 질문이다. 기존 사물이나 아이디어를 전혀 다르게 적용하거나 혁신적으로 사용하면 새로운 기회를 만들 수 있다. (다른 용도로 재활용할 수 있을까? 여러 개 사용하면 다른 용도로 사용할 수 있을까? 이름을 바꿔 다른 용도로 활용할 수 없을까?)

예 어묵에 물뿌리개로 간장 뿌리기, 거울 TV, 블라이트(블라인드&태양전지 + 조명)

⑥ 제거(eliminate)

A를 구성하는 a1, a2, a3 중 무엇인가를 빼면 어떨까? 에서 출발하며 평소의 불편함이나 문제를 통째로 제거함으로써 문제해결의 새로운 실마리를 찾는 질문이다. 기존의 것에서 특정한 부분, 성분, 기능 등을 제거해보면 문제해결의 새로운 실마리를 찾을 수 있다. (무엇을 생략하면 좋을까? 꼭 필요한 게 아닌 것이 무엇일까? 컴팩트하게 만들 수 없을까?)

예 무선전화기, 무선마이크, 오픈카 등

⑦ 뒤집기/재배열(reverse)

AB를 BA로 바꾸면 어떨까? 에서 출발하며 순서를 바꾸거나 뒤집는 등 색다른 아이디어로 문제해결의 실마리를 찾는 질문이다. 형식, 순서, 위치를 바꾸거나 조정하여 뭔가 색다른 아이디어를 찾을 수 있다. (무엇을 재배열하면 더 좋아질까? 순서를 바꾸면 어떨까? 위치를 바꾸면 어떨까? 속도를 바꾸면 어떨까?)

예 양면 점포, 양문 냉장고

구분	내용	주요 질문
대체(substitute)	뭔가 대체할 것을 찾다 보면 새로운 아이디어를 찾아낼 수 있다.	개선을 위해 무엇을 대체할 수 있나?
결합(combine)	짝짓기 할 것을 찾아보면 뭔가 시너지를 내거나 새로운 것을 만들어낼 수 있다.	도대체 무엇과 무엇을 엮을 수 있을까?
적용(adapt)	어떤 부분을 바꾸어 보면 문제를 해결하거나 제품이나 서비스를 변화시킬 수 있다.	무엇을 바꾸거나 교환할 것인가?
변형/확대/축소 (modify, magnify, minify)	뭔가 꼬여 있는 현상을 변화시키면 대안을 찾아낼 수 있다.	지금과 다른 방식으로 하면 어떤 결과가 나올까?
다른 용도 (put to other use)	현재의 해결책을 다르게 적용하거나 혁신적으로 사용하면 새로운 기회를 만들 수 있다.	기존 제품으로 적용할 수 있는 새로운 시장은 무엇일까?
제거(eliminate)	뭔가 기존의 것에서 제거해보면 문제 해결의 새로운 실마리를 찾을 수 있다.	일부분을 빼고 하면 어떤 결과가 나올까?
역발상(reverse)	지금과는 순서를 바꿔보면 뭔가 색다른 아이디어를 찾아낼 수 있다.	순서를 바꾸거나 뒤집어볼 것은 있는가?

3) 스캠퍼 기법의 준비

① 스캠퍼 양식지를 사용할 때 준비물

스캠퍼 질문항목과 아이디어를 그릴 수 있는 종이와 필기도구를 준비한다. 일반 A4 지를 사용해도 되지만 스캠퍼 실습지 [그림 6-5]를 사용하면 간단하게 진행할 수 있다.

② 포스트잇을 사용할 때 준비물

질문항목과 포스트잇을 붙일 수 있는 다양한 컬러의 전지나 폼보드, 그리고 다양한 색과 크기의 포스트잇을 인원에 맞게 준비한다. 또한 다양한 색상의 사인펜이 있으면 좋다.

No	개인별 아이디어 평가지		
	질문항목	아이디어	점수
S	Substitute 대체		
C	Combine 결합		
A	Adapt 적용		
M	Modify, Magnify, Minify 수정 · 확대 · 축소		
P	Put to other use 다른 용도		
E	Eliminate 제거		
R	Reverse 재배치 · 거꾸로		

No	모둠별 아이디어 평가지			
	질문항목	베스트 아이디어	점수	베스트 아이디어 선정이유
1				
2				
3				

[그림 6-5] 스캠퍼 실습지

준비물

1) 스캠퍼 질문항목
2) 포스트잇 01 (2.5 * 7.6cm, 5 color/set, 인원수만큼)
   * 한 세트에 5가지 색상 포스트잇, 브레인라이팅 용
3) 포스트잇 02 (5.1 * 7.6m, 5 color/set, 인원수만큼)
   * 한 set에 5가지 색상 포스트잇, 브레인드로잉 용
4) 필기도구 (12 색상 사인펜, 인원수만큼)
   * 브레인드로잉을 할 때 유리함.

4) 스캠퍼 기법(Check List pool)의 절차

스캠퍼 기법의 절차는 이전의 브레인라이팅 등의 절차와 유사하다. 단지 아이디어를 발상할 때 스캠퍼 질문항목에 따라 발상한다는 것이 차이점이 있다.

① 참가자 그룹을 형성하고 5~8명 정도의 참석자가 둥근 테이블에 둘러앉는다.
② 스캠퍼 기법을 적용할 문제나 주제를 준비하여 제시한다.
③ 스캠퍼 질문목록과 스캠퍼 실습지(또는 색전지, 포스트잇)를 준비한다. 질문항목을 큰 포스트잇에 써서 색전지 위에 붙여놓는 것도 좋다.
④ 주어진 주제에 대해서 스캠퍼 질문항목에 따라 차례차례 발상한다. SCAMPER 기법에서 제시하는 질문목록에 따라 새로운 아이디어가 나올 수 있는지 생각해보고 가능한 한 모든 아이디어를 글이나 그림 등으로 기록한다. 이때 스캠퍼 실습지나 포스트잇을 사용하여 기록할 수도 있고, 브레인스토밍과 같이 서기가 기록할 수도 있다. 발상할 때는 일반적인 브레인스토밍의 4대 원칙을 그대로 준수한다.
⑤ 발상이 끝나면 다중투표법을 사용하여 평가한다. 스캠퍼 질문항목에 따라 발상이 종료된 이후에 각 아이디어를 결합하거나 조합하여 2차 아이디어 발상을 진행할 수도 있다.

기회의 신/ 카이로스/ 제우스신의 아들

그리스 아테네에는 괴상한 모양을 한 석상이 있는데 그 석상이 아주 유명하다. 형상은 앞머리는 무성하고 뒷머리는 대머리인 모양인데 이것은 '기회의 신' 카이로스의 석상이다.

앞머리가 무성한 이유는 사람들에게 그가 누구인지 금방 알아차리지 못하게 하고, 그를 발견했을 때는 쉽게 붙잡을 수 있도록 하기 위함이고, 뒷머리가 대머리인 이유는 그가 지나가고 나면 다시는 그를 붙잡지 못하도록 하기 위함이며, 발에 날개가 달린 이유는 최대한 빨리 사라지기 위해서이다.

저울을 들고 있는 이유는 기회가 앞에 있을 때는 저울을 꺼내 정확히 판단하라는 의미이며, 날카로운 칼을 들고 있는 이유는 칼같이 결단하라는 의미이다.

그의 이름은 '기회(opportunity)'이다.

카이로스(kairos). '상대적인 시간의 신'이자 '기회의 신'이다. 제우스의 아들인 그는 모습이 흥미롭다. 앞머리는 무성한데 뒷머리는 대머리다. 그리고 발에 날개가 달려 있고 손에는 저울과 칼을 들고 있다. 위에 소개해드린 문구는 카이로스 동상 앞의 에피그램에 쓰여 있는 내용이다.

'기회'는 앞머리가 무성해 사람들이 잘 알아보지 못한다. 그 옆을 지나가도 그것이 기회인지 아닌지 그의 얼굴을 알아보기가 어렵다. 하지만 혜안이 있어 그것을 알아본 사람은 쉽게 무성한 그의 머리를 붙잡을 수 있도록 기회는 배려한다. 그러나 기회의 뒷머리는 대머리이기 때문에 일단 놓치면 다시 붙잡기란 쉽지 않다. 발에 날개까지 달려 있으니 바람처럼 도망간다.

그러니 우리가 '기회'를 보았다면 그가 들고 있는 저울처럼 정확히 판단하고, 그가 들고 있는 칼처럼 빠르게 결단해야 한다. '기회'를 붙잡으려면 기회를 알아보는 혜안, 정확한 판단, 그리고 칼 같은 결단이 필요하다. '기회의 신' 카이로스, 그의 앞머리는 무성하고 뒷머리는 대머리라는 걸 잊지 마시기를 바란다.

사업계획수립

제4편

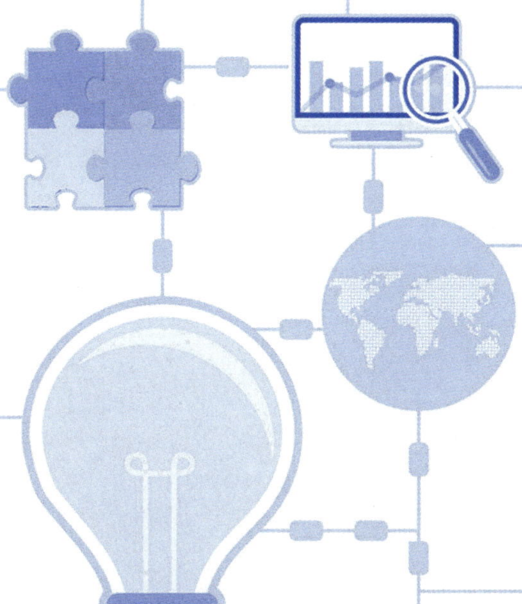

제 7 장
사업타당성분석과 위험평가

제7장 사업타당성분석과 위험평가

제1절 사업타당성 분석

1. 사업타당성 분석의 필요성

사업타당성 분석이란 경제주체가 수행 및 추진하고자 하는 사업 활동의 타당성 여부를 사전에 조사, 분석, 검토하여 경영 의사 결정에 필요한 자료를 제시하는 활동을 말한다. 즉 창업 혹은 신규로 진출하고자 하는 사업의 가치를 평가하는 것이다. 사업의 평가에는 기술적인 측면, 시장점유율, 경제적인 평가 등 총체적인 분석을 통한 가치측정의 과정이 이루어져야 한다.

구체적으로 사업 아이템에 대한 분석을 기초로 하여 기타 창업 요소와 요건에 대한 타당성 검토, 시장성 분석, 기술성 분석, 경제성 분석 및 위험요인 분석 등을 단계적으로 구분하여 수행하며, 외부전문가 또는 제3자에게 의뢰할 수도 있지만, 창업자 자신이 직접 실시하는 것이 가장 바람직하다.

창업자 자신의 주관적인 사업구상이 아닌, 객관적이고 체계적인 사업타당성 검토는 계획사업의 객관성을 높이고, 사업 시작 전 위험 요소 확인이 가능하게 하여 창업회사의 성공률을 높일 수 있다. 또한 창업자들이 사업타당성 검토를 통하여 구상하고 있는 기업의 여러 가지 제약 요소와 문제점 등 사업에의 구체적 형성 요소를 파악함으로써 창업 기간을 단축할 수 있고 효율적인 창업업무를 수행할 수 있다.

창업자가 독자적으로 점검해 볼 수 없는 계획제품의 기술성, 시장성, 수익성, 자금수지계획 등 세부 항목을 분석하고 제시함으로써 해당 업종에 대해 미처 깨닫지 못한 세부 사항을 사전에 인지하여 제품 등의 물리적 특성 등을 포함한 해당 업종에 대한 학습의 기회를 제공해 주기 때문에 효율적 창업 경영을 도모할 수 있다.

아울러 기업의 구성요소를 정확하게 파악함으로써 사장의 경영 능력 향상에 도움을 줄 뿐만 아니라 계획사업의 균형 있는 지식습득과 보완해야 할 사항을 미리 확인하여 조처를 할 수 있다.

이러한 사업타당성을 시행하는 위치는 다음의 [그림 7-1]과 같이 요약할 수 있다.

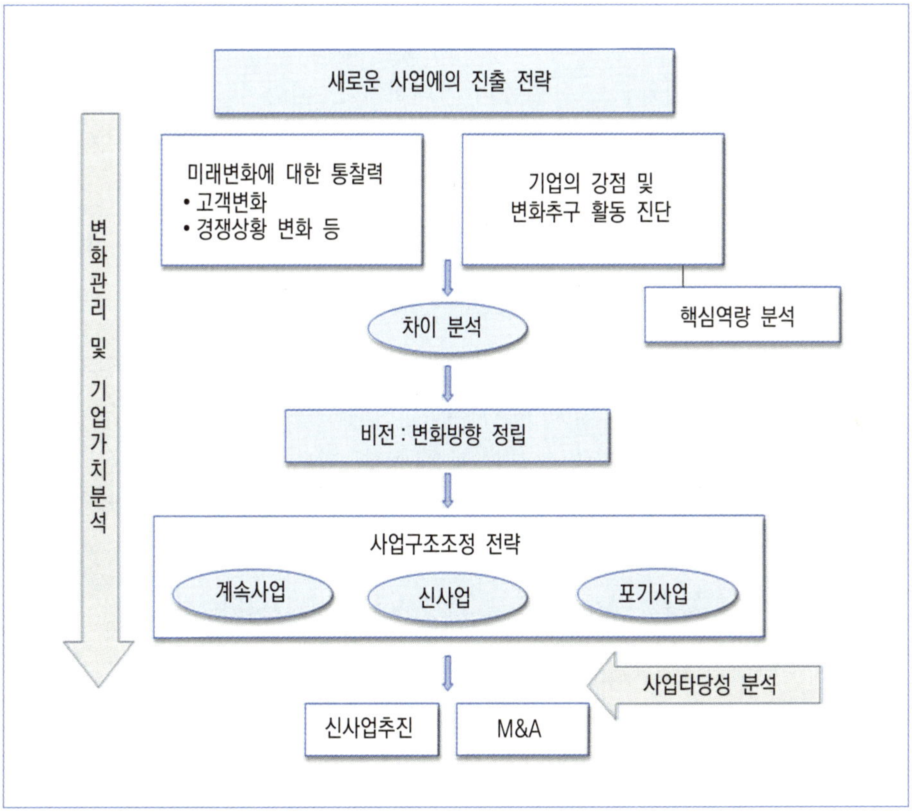

[그림 7-1] 사업타당성 분석의 위치

2. 사업타당성 분석의 특징

사업타당성 분석은 성공 창업의 첫 단계이자 보조장치로 사업 아이템으로 선정된 후보에 대한 가능성을 확인하는 과정이다.

신규 창업의 경우 타당성 분석의 대상은 사업 아이템의 성공 가능성에 초점을 두고 제품성, 기술성, 시장진입 가능성, 판매전략, 수익성 등을 중점으로 평가한다. 이때의 평가자는 창업자 본인, 창업 상담회사 또는 경영 컨설턴트가 수행한다.

확장 또는 업종 전환의 경우 타당성 분석의 대상은 다수의 투자안에 대한 경제성 분석에 관심이 있다. 사업투자에 대한 기회비용, 시장의 수요, 트렌드의 변화 등을 주 평가대상으로 하며 평가자는 기존 기업의 기획팀 또는 TFT에서 수행한다.

사업계획서는 실행 계획으로 일종의 안내서이다. 따라서 기업의 생존 가능성 제고, 계획 실현을 위한 조직화 지침 및 내부기준, 자금조달 등 외부 이해관계인의 평가 기준을 작성한 것으로 사업타당성 분석과는 구분된다.

사업타당성 평가의 요소로는 창업자의 계획사업 수행 능력, 시장성, 기술 타당성, 경제성 및 성장성과 위험 요소가 있다.

창업자의 사업수행 능력분석은 기업가로서의 적성과 자질 및 장단점의 파악, 경험 및 경력과 비교하여 업종 선택의 적합성 부합 여부, 비전 제시, 위기 대응, 조직관리, 분석·기획 등 경영 능력의 보유 여부, 창업 동기, 성장 원동력, 윤리의식 등 사업 배경 등이 분석의 대상으로 검토된다. 시장성 및 판매 전망으로는 시장의 특성 및 구조, 국내외 수급 동향 및 중장기 수급 전망, 시장진입 가능성 및 경쟁상태, 유통경로, 가격 동향 및 가격구조 등이 검토되어야 한다.

기술적 타당성으로는 기술 수준 및 비교 우위성, 생산요소(시설, 인력, 원재료 조달 등), 품질 및 성능 분석과 예상 불량률 및 개선 가능성 등을 확인한다. 수익성 및 경제성은 수익 전망, 투자수익 및 손익분기 분석, 계획사업의 경제성 분석 등이 있다. 자금수지 및 성장성에는 자금 소요 규모 및 조달 가능성, 자금 운용 계획 및 상환계획 검토, 성장 가능성 및 위험 요소 분석 등이 포함된다.

제2절 사업타당성 분석 절차

1. 예비 사업타당성 분석

사업 아이템 선정 전에 다수의 예비 아이템을 선별해 가는 과정으로 후보 사업아이디어 발견을 위해 사업 가능 아이디어를 나열하고, 예비사업 아이디어를 발견한 후, 예비 사업성 분석 및 후보 사업아이디어를 1차적으로 선정하는 과정이다.

예비 사업타당성 분석에서 검토하는 내용을 일반사항과 외적 요인의 확인이 있다. 일반사항은 얼마나 팔리겠는가?, 기술적으로 타당한가?, 필요자금은 얼마인가?, 수익성은 어떠한가? 를 우선으로 확인한다. 이를 통해 보편타당성과 객관성을 확보하여 창업자의 주관을 배제한 사업의 가능성을 확인한다.

외적 요인으로는 후보 아이템에 대한 소비자 및 소비지역의 인식 정도, 사업장의 확보 가능성 유무, 차입금에 대한 금융환경의 변화 등을 사전에 검토할 필요가 있다.

후보 아이템 평가항목으로는 상품성, 시장성, 수익성, 안정성이 있다. 상품성에는 상품의 적합성으로 잘 아는 제품 또는 공정인가?, 상품의 특성은?, 생필품인가 사치품인가? 의 파악을 통해 상품으로의 가치가 있는지를 검토하는 것이다. 또한 상품의 독점성으로 인허가로 인한 창업의 제한 여부나 실제적 독점 여부를 검토하여야 한다.

시장성은 시장의 규모 확인을 통해 예상 고객의 수, 국내외 시장 규모는? 등을 확인하며, 경쟁자의 세력 및 분포, 품질과 가격은?, 유통 진입과 물류비용은? 등 경쟁성을 확인하여야 한다.

또한 잠재고객 증가나 신규 창업기업의 침투성 가능성은?, 소비자의 성향이 안정적이고 필요성 증가 여부는? 등과 같은 장래성의 확인도 포함된다.

수익성에는 생산의 효율성과 적정이윤의 보장성 등이 있다. 생산의 효율성은 적정비용으로의 생산제한 요소 여부와 공정의 복잡성과 효율성 여부 및 개선 가능성을 확인하여야 하며, 노동력과 원자재의 가격과 수량의 안정성, 용이성 여부는? 과 같은 적정이윤 보장성을 검토하여야 한다.

안정성에는 위험의 수준, 자금투입의 적정성, 재고수준의 적정성이 있다. 위험수준에는 불황 시 적응력, 기술적 진보 수준과 기술변화에의 대처 용이성 등이 있으며, 자금투입 적정성에는 초기 투자액의 규모와 조달 가능성 유무, 이익 실현 소요 기간 및 유지 자금의 충분 성 여부가 검토의 대상이다. 재고수준은 원자재의 조달, 유통과정 상 평균 재고의 수준, 재고상품의 회전기간과 수요의 계절성 여부 등이 있다.

2. 본 사업타당성 분석

사업타당성 분석의 과정을 요약하면 [그림 7-2]와 같다.

예비 사업성 분석에서 1차적으로 선정된 후보 사업아이디어에 대한 상세한 분석 과정으로, 아이템 적응성 분석, 시장성 및 판매 전망 분석, 제품 및 기술성 분석, 수익성 및 경제성 분석, 자금수지 및 성장성 분석 등을 통해 사업 성공 가능성을 확인하는 과정이다.

본 분석의 분석체계는 당해 사업체 기본문제를 검토한 후 경영자 또는 경영 기본 목표·방침을 검토하고, 환경 분석, 시장성과 경영계획, 기술성 검토, 판매계획과 자본계획, 인사·조직과 자금계획, 시설 투자계획을 통해서 추정재무제표를 작성하는 과정으로 진행된다.

사업타당성 분석에 있어 평가해야 하는 요소는 사업타당성 검토를 위해 분석해 보아야 할 항목을 말하며 이는 사업타당성 검토 목적에 따라 해당 항목에 약간의 차이가 있을 수 있다. 계획사업의 성공 가능성을 체계적이고 합리적으로 분석, 평가하기 위한 사업타당성 평가항목은 일반적으로 수행 능력 및 적합성 분석, 시장성 분석, 기술성 분석, 수익성·경제성 분석, 자금수지·성장성(위험성) 분석 5개 항목으로 대별하고 있다.

사업수행 능력 및 적성분석의 세부 평가항목으로는 사업적성 및 자질(적성 또는 흥미, 추진력, 건강 등), 경험과 지식(창업 분야 관련), 사업수행 능력(아이디어, 기획 능력, 영업력, 상황판단, 지속적인 친절 능력 등) 및 기타 창업자의 경영 능력 등이 있다.

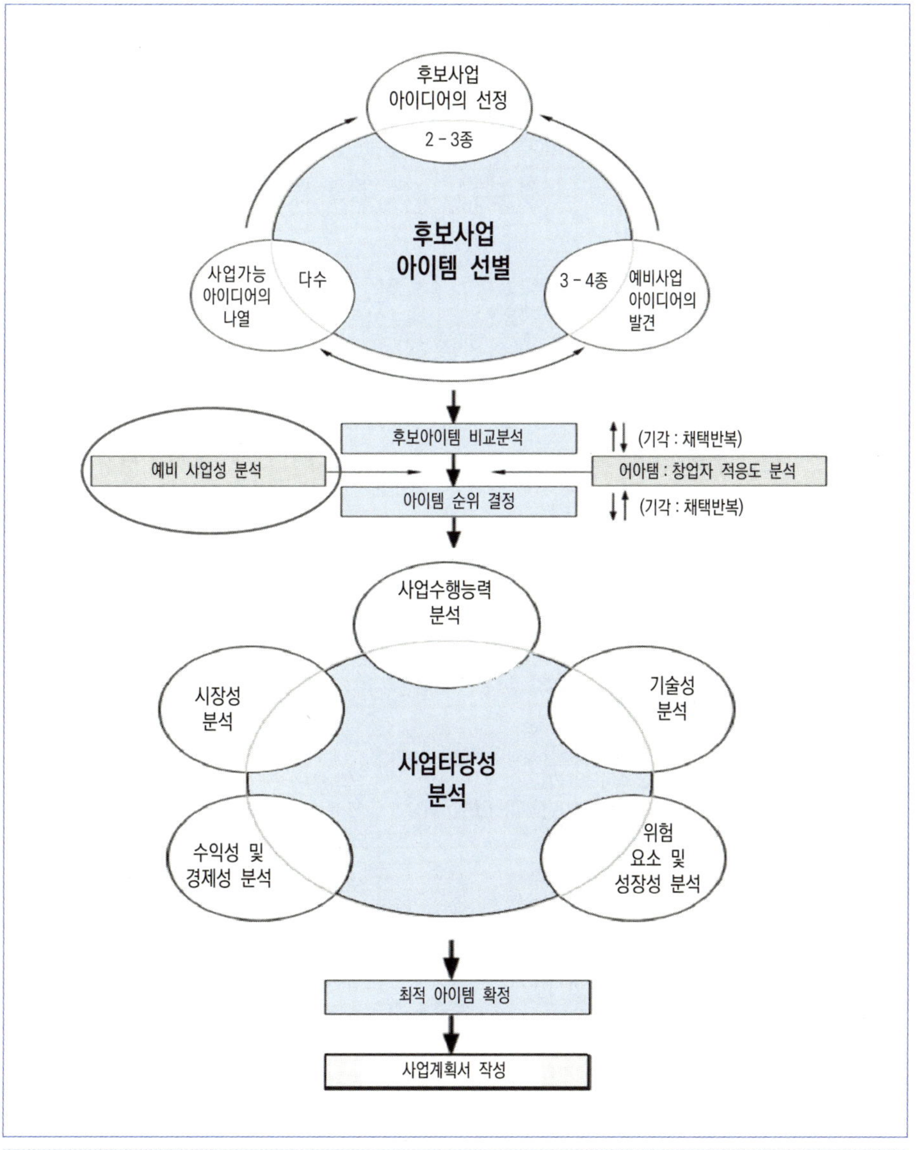

[그림 7-2] 사업타당성 분석 프로세스

시장성 분석으로는 사업 아이템의 국내·외 동향, 잠재수요, 같은 업계 현황 및 실적분석(유사 상품 포함), 시장 규모 추정 및 특성 분석, 유통구조 및 특성 분석, 같은 업계 판매조직 및 판매전략, 예상 소비자 특성 분석(소득수준, 구매 형태, 변화추세, 고객의 해당 상품 수용가능성 등), 상권분석(수요예측, 통행인구, 소비 형태, 점포분포 현황, 교통 조건, 경쟁점포 수, 공공기관, 잠재고객, 불시계획 등), 점포 및 입지여건(건물 상태, 주변 환경, 주거환경, 지형·지세, 동선 적합 여부) 및 판매 전망에 대한 추정 등이 있다.

기술성 분석은 기성 제품에 대한 비교 우위성, 시설계획 및 생산시설 규모, 생산능력 및 조업도, 원재료 조달 및 원 단위 사정, 기술 및 기능인력 확보, 예상 불량률 및 개선 가능성이 있다.

수익성/경제성 분석에는 투자 비용 분석, 자금조달 능력 검토, 수익 전망, 손익분기점 분석, 단기·장기 채산성 분석을 통해 아이템의 타당성을 검정한다.

자금수지/성장성(위험성) 분석은 필요자금의 조달 가능성, 자금조달, 운용계획표 작성, 차입금 상환능력 검토, 사업계획에 대한 위험 요소 분석, 성장 가능성 등이 검토해야 할 세부 요소이다.

【 유니콘 관련 용어정리 】

용어	뜻	비고
미니콘 (Minicorn)	기업 가치 100만 달러(약 10억원) 이상인 비상장 스타트업 기업	국내(중소벤처기업부)에선 '아기 유니콘'으로 불림
유니콘 (Unicorn)	기업 가치 10억 달러(약 1조원) 이상인 비상장 스타트업 기업	전 세계에 약 700여개의 유니콘이 있는 것으로 추정
수니콘 (Soonicorn)	차세대(Soon) 유니콘	국내(중소벤처기업부)에선 '예비 유니콘'으로 불림
데카콘 (Decacorn)	기업 가치 100억 달러(약 10조원) 이상의 비상장 스타트업 기업	
퀸콰긴타콘 (Quinquagintacorn)	기업 가치 500억 달러(약 50조원) 이상의 비상장 스타트업 기업	우버콘(Ubercorn)
헥토콘 (Hectorcorn)	기업 가치 1,000억 달러(약 100조원) 이상의 비상장 스타트업 기업	중국의 바이트댄스(틱톡)가 세계 최초로 헥토콘 인정
엑시콘 (Exicorn)	기업공개(IPO), 인수합병(M&A) 등을 통해 회수(Exit)에 성공한 유니콘	전 세계 엑시콘 321개(2020년 7월 기준)
유니콥스 (Unicorpse)	유니콘으로 꼽혔지만 이후 가치가 급락한 스타트업 기업	영국의 포와, 미국의 테라노스, 중국의 오포

제3절 사업타당성 분석 방법

1. 사업수행 능력 및 적합성 분석

1) 계획사업의 수행 능력 평가

사업의 성패는 기업가로서의 적성과 자질, 창업자의 계획사업 수행 능력 및 해당 업종에 대한 적합성에 따라 평가할 수 있다. 이는 사업의 성패도 결국 기업가로서의 적성과 자질을 얼마나 갖고 있는가에 의존하는 바가 크기 때문이다. 신규 창업의 경우 창업자의 새로운 계획사업 수행 능력과 앞으로 경영하고자 하는 업종에 대한 경험·지식 및 관련성이 매우 중요하다. 최근 금융기관에서 기업을 평가할 때와 벤처기업 인증, 이노비즈 기업 인증 등 정부의 각종 과제 수행 시에도 경영자의 사업수행 능력에 높은 점수를 주고 있다.

창업자의 건강, 의지력, 성공 집념, 리더십, 모험심, 책임감, 결단력, 창조성 등 창업자의 정서적 특성과 관련된 선천적 적성 및 자질과 경험, 경력, 지식수준, 사회적 지위, 평판, 교류의 폭과 깊이 등과 같은 후천적 경험 및 지식이 중요한 자질이다.

또한 창업 구성원 및 조정 능력, 경기 및 산업 동향 파악 및 예측 능력, 조직화, 경영분석 및 경영전략 수립 능력 등 업무수행 능력도 중요한 고려사항이다. 즉 사업은 사람이 핵심이다. 이러한 핵심인 창업자 자기 자질과 장단점에 대한 객관적 분석은 사업추진에 있어 발전적이고 긍정적인 작용을 한다.

2) 계획사업의 수행 능력 평가 요소

사업수행 능력 및 적성분석은 창업자가 기업가로서 갖추어야 할 적성과 자질을 얼마나 갖추고 있는가를 평가하고, 후천적으로 해당 사업 분야와 관련되는 분야에서 경험과 지식의 깊이가 얼마나 되는가를 평가하는 것이다. 계획사업은 창업자 자신이 수행하며, 사업 아이템 선정에서부터 사업 규모 결정권자는 바로 창업자 자신이며, 사업계획을 성공적으로 수행하기 위해서는 창업자에게 업무수행 능력이 필수적으로 요구된다고 하겠다.

이들 요소는 창업자가 기업가로서의 사명과 책임을 다하는 데 필요한 요소들로서 가정유지 능력, 창업 멤버의 구성 및 통제 능력, 서비스 및 기술혁신 능력 그리고 국내외의 복잡한 경영·경제적 환경변화 속에서 기업 성장에 가장 적합한 결정을 내릴 수 있는 종합 경영분석과 판단 능력 등이 있어야 한다.

창업 성공의 필수적 요소인 창업자의 적성과 자질, 경험과 지식 및 업무수행 능력을 완벽하게 구비하고 태어난 창업자는 많지 않으며 이런 요소를 갖고 있지 않은 창업자라고 해서 반드시 실패한다는 의미는 아니다. 다만 창업 성공의 필수 요소를 많이 가진 창업자일수록 사업 성공 가능성이 크다는 것을 말하고 있다.

〈표 7-1〉 사업 수행 능력(기업가) 평가항목

구분	주요항목	평가 내용
기업가	통찰력과 예측 능력	· 산업변화에 대한 인지 정도 · 경쟁 규칙의 변화방향에 대한 인지 정도 · 경쟁우위 창출 방안의 유무
	지배구조	· 창업자 지분 정도 · 스톡옵션 분배 계획
	신뢰성	· 주변의 평가 · 개인의 재무적 신용도 · 내적 통제 요소
	개인적 네트워크	· 학력으로 구축된 관계 · 창업이전 경험으로 구축된 관계 · 창업 과정에서 구축된 관계
	창조성	· 아이디어 개발 능력 · 신규 사업 기회 포착 능력
	모험심	· 위험을 고려한 모험 능력
	실천력	· 평소 목표 달성 정도 · 목표에 대한 몰입 정도
경영 능력	위기 대응 및 조직관리 능력	· 위험 감지와 대처 능력 · 의사소통 유형 · 핵심 인력 유치 방안
	비전 제시 능력	· 공유 비전이 유무 · 비전 달성 방법 제시 정도
	분석력	· 경쟁자 분석 능력 · 시장기회분석 능력
	기획력	· 사업계획 구체화 능력 · 미래 사업 기획 능력
	조직력	· 조직구축과 관리 능력 · 조직 갈등관리 능력
사업 배경	포용력	· 종업원의 실수를 용서해 줄 수 있는 정도 · 창조적 실패를 장려할 수 있는 능력
	창업 동기	· 창업의 실질적 동기 · 창업의 적절성 · 기술 권리와 관련한 문제 발생 가능성
	성장단계	· 기업의 향후 성장 가능성 · 기업 성장 원동력
	외부 투자자에 대한 인식	· 회계처리의 투명성 · 외부자본에 대한 배당 의지 여부 · 기업공개 계획/추진 의지 여부

계획사업 수행 능력 및 적합성 평가 요소는 크게 나누어 창업자의 선천적 적성과 자질인 기업가 요소, 그리고 창업자의 경험과 지식, 경영 능력 등 후천적 자질과 사업 배경으로 구분할 수 있다.

기업가 요소에는 통찰력과 예측 능력, 신뢰성, 모험성, 창조성, 실천력과 같은 정서적인 면과 주식의 분배와 같은 지배구조에 대한 계획이 포함된다. 경영 능력에는 위기 대응 및 조직관리 능력, 비전 제시 및 리더십, 기획 및 분석력이 있다. 사업의 배경으로는 창업 동기와 외부 투자자에 대한 인식 등이 주요 평가 요소이다.

3) 계획사업 수행 능력 및 적합성 평가 방법

(1) 경영 능력 평가

창업자의 계획사업 능력 및 적합성 평가는 창업자의 적성과 자질, 창업 관련 분야에서의 경험과 지식 및 사업수행 능력 등의 평가 요소에 따라 항목별로 가중치를 2~5만큼 부여하여 평가항목의 합계가 100점이 되도록 구성되어 있다. 평점 합계가 50점 이상이면 창업자로서 기본적인 적성과 자질, 경험과 지식 및 사업수행이 있다고 판단한다.

〈표 7-2〉 경영자 경영 능력 평가표

평가 요소	평가항목	가중치 (A)	평가구간(B) 강(많음) ←——→ 약(적음)	평점 (A)×(B)/10
적성 및 자질 (30)	① 모험심			
	· 새로운 것에 대한 호기심	2	(호기심이 강) (무관심) 10 5 0	
	· 가능성에 대한 도전성	2	(도전성이 강) (약하다) 10 5 0	
	② 가능성에 대한 집념			
	· 추진력과 정력	2	(강) (약) 10 5 0	
	· 지구력 및 끈기	2	(강) (약) 10 5 0	

평가 요소	평가항목	가중치 (A)	평가구간(B) 강(많음) ←——→ 약(적음)	평점 (A)×(B)/10
적성 및 자질 (30)	③ 스케일			
	· 외향적 성격, 내성적 성격	2	(외향적) 10 — 5 — 0 (내성적)	
	· 사업가적 스타일, 샐러리맨 스타일	2	(사업가) 10 — 5 — 0 (샐러리맨)	
	④ 리더십			
	· 학창 시절, 직장 생활 중 리더로서의 경험	2	(유) 10 — 5 — 0 (무)	
	· 상 · 하 포용 능력	2	(강) 10 — 5 — 0 (약)	
	⑤ 의지력			
	· 실패에 대한 인내력	2	(유) 10 — 5 — 0 (무)	
	· 목표 달성의 결단력	2	(강) 10 — 5 — 0 (약)	
	⑥ 기타 기업가적 소질			
	· 금전 선호 사상	2	(강) 10 — 5 — 0 (약)	
	· 기본 체력	2	(강) 10 — 5 — 0 (약)	
	· 독립심	2	(강) 10 — 5 — 0 (약)	
	· 기업가의 경제관	2	(합리적) 10 — 5 — 0 (비합리적)	
	· 능동형, 수동형	2	(능동형) 10 — 5 — 0 (수동형)	
소계		30		(　　)

평가요소	평가항목	가중치(A)	평가구간(B) 강(많음) ←→ 약(적음)	평점 (A)×(B)/10
경험 및 지식 (30)	① 창업 관련 분야에서의 경험	5	(10년) (5년) (없음) 10 5 0	
	② 학문과 지식 · 학력	5	(대졸이상) (고졸) (중졸이하) 10 5 0	
	· 업종에 대한 지식	5	(풍부) (보통) (부족) 10 5 0	
	③ 창업자 능력 · 창업자가 가지고 있는 자격	3	(기사1급) (기사2급) (없음) 10 5 0	
	· 사회적 지위	3	(상) (중) (하) 10 5 0	
	· 전 직장에서의 신용	3	(양호) (보통) (불량) 10 5 0	
	④ 교제 인물의 폭과 깊이	3	(다양) (보통) (낮다) 10 5 0	
	⑤ 창업환경을 둘러싸고 있는 인과관계	3	(강함) (보통) (낮음) 10 5 0	
소계		30		(　)
업무 수행 능력/ 경영 능력 (40)	① 가정 유지능력 · 전 가족의 전적인 동의	3	강(많음) 약(적음) 10 5 0	
	· 가계비의 사업 의존성	2	(동의) (반신반의) (불찬성) 10 5 0	
	· 사업과 가사와의 조화	2	(독립성) (50%의존) (의존성) 10 5 0	
	· 사업 실패 시 가계의 타격 정도	3	(조화확실) (보통) (부조화) 10 5 0	

평가 요소	평가항목	가중치 (A)	평가구간(B) 강(많음) ←——→ 약(적음)	평점 (A)×(B)/10
업무 수행 능력/ 경영 능력 (40)	② 창업 멤버의 구성 및 통제 능력 · 핵심 창업 멤버 확보 용이성	2	(타격없음) (50%) (100%) 10 5 0	
	· 창업 멤버 구성 정도	2	(용이) (보통) (곤란) 10 5 0	
	· 해당 업종에 필수자격 구비 정도	2	(100%) (50%) (미정) 10 5 0	
	· 생산직 근로자 통제 능력 (창업자의 기술 수준)	2	(100%) (50%) (불가) 10 5 0	
	· 창업자의 관리 통제 능력	2	(100%) (50%) (불능) 10 5 0	
	· 창업자의 영업 통제 능력	2	(100%) (50%) (불능) 10 5 0	
	③ 서비스 및 기술혁신 능력 · 해당 업종의 서비스 향상방안 확립	3	(완비) (불비) 10 5 0	
	· 경쟁사 대비 서비스 수준	3	(200%) (100%) (50%) 10 5 0	
	· 기술개발 시스템 및 인력확보	3	(100%) (추진) (미확보) 10 5 0	
	④ 경영 및 환경적응 능력 · 경영환경적응능력	3	(높음) (보통) (낮음) 10 5 0	
	· 경영분석 능력	3	(양호) (보통) (부족) 10 5 0	
	· 경영 판단 능력	3	(양호) (보통) (부족) 10 5 0	
소 계		40		( )
합 계		100		( )

(2) 성격 유형 검사(MBTI)

창업자가 가진 선천적 자질을 파악하기 위해서 성격 유형 검사가 활용된다. 본인의 성격을 파악하여 부족한 부분은 보완하고, 뛰어난 부분은 활용할 필요가 있다. 대표적인 유형 검사인 MBTI(Myers-Briggs Type Indicator)는 C. G. Jung의 심리 유형론을 근거로 하여 Katharine Cook Briggs와 Isabel Briggs Myers가 더욱 쉽고 일상생활에 유용하게 활용할 수 있도록 고안한 자기 보고식 성격 유형 지표이다.

융의 심리 유형론은 인간 행동이 그 다양성으로 인해 종잡을 수 없는 것 같이 보여도, 사실은 아주 질서정연하고 일관된 경향이 있다는 데서 출발하였으며, 인간 행동의 다양성은 개인이 인식(Perception)하고 판단(Judgment)하는 특징이 다르기 때문이라고 보고 있다.

MBTI는 인식과 판단에 대한 융의 심리적 기능이론, 그리고 인식과 판단의 향방을 결정짓는 융의 태도 이론을 바탕으로 하여 제작되었으며, 개인이 쉽게 응답할 수 있는 자기보고(self report) 문항을 통해 인식하고 판단할 때의 각자 선호하는 경향을 찾고, 이러한 선호 경향들이 하나하나 또는 여러 개가 합쳐져서 인간의 행동에 어떠한 영향을 미치는가를 파악하여 실생활에 응용할 수 있도록 제작된 심리검사이다.

MBTI는 일상생활 및 개인 상담, 팀 빌딩과 조직, 학교 및 교육 분야, 비즈니스 분야 등에서 활용되고 있으며, MBTI에서의 성격 선호 경향 4가지와 이를 결합한 16가지 성격 유형은 다음의 [그림 7-3], [그림 7-4]와 같다.

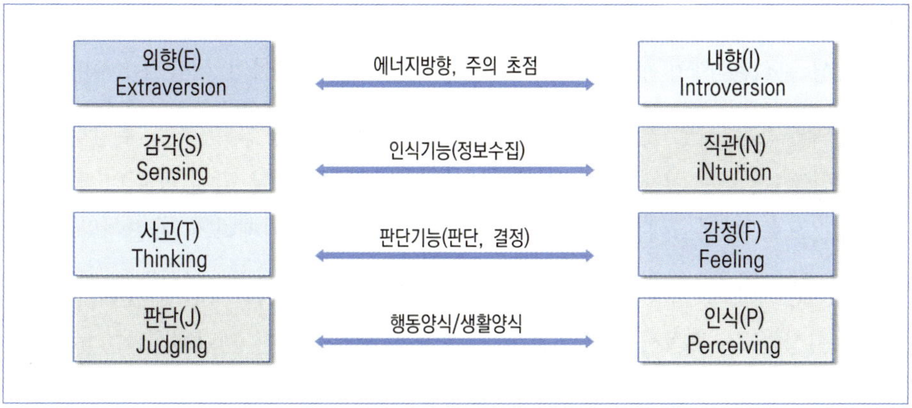

[그림 7-3] MBTI 4가지 선호 경향

ISTJ 세상의 소금형	ISFJ 임금 뒤편의 권력형	INFJ 예언자형	INTJ 과학자형
ISTP 백과사전형	ISFP 성인군자형	INFP 잔다르크형	INTP 아이디어 뱅크형
ESTP 수완 좋은 활동가형	ESFP 사교적인 유형	ENFP 스파크형	ENTP 발명가형
ESTJ 사업가형	ESFJ 친선도모형	ENFJ 언변능숙형	ENTJ 지도자형

[그림 7-4] MBTI 16가지 성격 유형

2. 시장성 분석

1) 시장성 분석의 의의

시장성 분석을 간략히 설명하면 판매하고자 하는 아이템을 어느 정도 팔 수 있겠는가를 조사·분석하는 것을 말한다. 이는 사업 성패의 핵심 요소로 판매예측(sales forecast)을 통한 제품생산으로 사업의 성공 가능성을 증가시키며, 사업 아이템 선별 수단으로 이용된다. 사업의 성패는 제품의 판매에 있으며, 아무리 품질이 우수하고 신제품이라 하더라도 판매가 되지 않으면 결코 사업에 성공할 수 없기 때문이다. 즉 시장성 분석은 사업 성패의 갈림길이며, 사업타당성 분석의 핵심 요소이다.

창업 예정자는 사업 성패와 직결되는 만큼 제품의 시장성 분석을 추상적으로, 객관적 근거 내지는 실제 조사에 의하지 않고 막연하게 '잘 팔릴 것이다'라는 안이한 생각으로 사업을 시작한다면 십중팔구 그 사업은 실패하기 마련이다.

시장성 분석에 있어 시장조사란 시장을 발견하고 발견된 시장에 대하여 표적시장을 선정하고, 표적시장이 선정되면 시장을 세분화하여 계량화할 수 있는 자료를 조사하고 분석하여 판매량을 추정하는 사항을 포함하고 있다. 궁극적으로 시장성 분석의 최종 목표는 계획제품에 대한 판매예측, 즉 앞으로 생산할 제품이 시장에서 얼마나 팔릴 것이냐, 향후 수요 증가추세는 어떻게 변할 것이냐를 분석하는 것으로 집약할 수 있다.

시장분석의 핵심 요소는 전반적인 시장 동향 분석, 제품성 분석, 경쟁적 지위 분석, 제품가격 분석, 수요예측, 그리고 시장과 제품 환경 분석 등이다.

시장성 분석의 일반적 절차는 마케팅 조사 방법에서와 같이 분석 대상의 명확화, 분석계획 수립, 자료의 수집, 자료의 분석과 해석, 보고서 작성의 순으로 진행된다. 절차를 정리하면 다음의 [그림 7-5]와 같다.

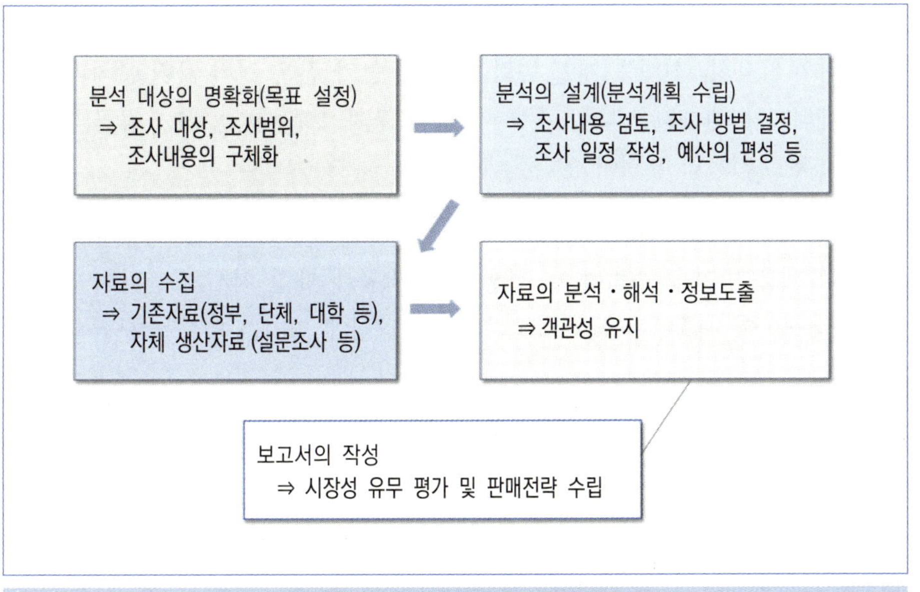

[그림 7-5] 시장성 분석 일반절차

2) 시장성 분석 항목별 평가 기준 및 방법

(1) 전반적인 시장 동향 분석

기존 제품 및 유사 경쟁제품에 대한 전반적인 시장 동향 분석이며, 업종별 시장성 분석 도서 및 관련 업계의 자료를 수집·분석하여 관련 시장에 시장 규모 분석, 시장의 특성 및 구조 분석, 소비자 분석 등을 실시해야 한다. 또한 시장과 제품을 싸고 있는 환경에 대한 분석도 이루어져야 한다.

시장 규모 분석은 기존 시장에 대한 판매영역별, 고객별 잠재수요를 분석하는 과정이며 국내 동제품, 대체 및 유사 제품에 대한 수급 실적분석을 해야 한다. 시장 특성 및 구조 분석은 관련 제품시장의 특수한 사정을 분석해 봄으로써 시장 참여 후 발생 가능한 애기치 못한 특수환경을 인지하고, 시장침투 성패 여부를 분석하는 것이다. 소비자 분석은 소비자의 구성분포 및 변화추세를 분석함은 물론 제품의 소비 형태와 소비 단위 및 구매동기와 소비자 수요 형태 등에 대해서도 분석해야 한다.

시장이나 제품 환경 분석에는 자연 환경 분석, 기술적 환경 분석, 마케팅 환경 분석이 있는데, 자연 환경 분석은 사무수행 능력, 생산기술 노하우, 영업조직 및 생산조직의 효율성, 신제품 개발 능력 등 분석 등과 같은 인적 자원 분석과 에너지 및 에너지 대체자원에 대한 수요·공급과 원재료에 대한 수요·공급의 용이성 분석 등 물적자원 분석이 있다.

기술적 환경 요인 분석은 대내외적인 기술환경의 변화추세를 미리 분석하고 예측하여 대응 방안을 수립하고, 경쟁 기업 제품에 대한 자사의 전반적인 기술수준을 측정하여 시장점유율과 시장의 수요·공급에 미치는 영향을 분석하는 것을 말한다.

마케팅 환경 분석은 최적 마케팅 전략과 선택전략이 매출 변화에 미치는 영향을 분석하는 것으로, 판매 방법, 판매대금 회수방침, 어음과 현금 결제 비율의 정도 등을 정하고 이에 대한 검토 분석한다.

(2) 제품성 분석

제품성 분석은 기술성 분석 차원에서도 검토되어야 하며 제품 자체의 강·약점 분석과 제품 라이프사이클 및 보급률 분석을 하여야 한다. 제품의 강·약점 분석은 제품의 특성, 품질 등을 기준으로 기존 제품과 유사 및 대체 제품과 비교해 자사 제품의 강·약점을 분석하는 것이다.

즉 타사제품과 비교한 자사 제품의 기능, 특성, 차별성, 기술성, 브랜드 보유 여부 등의 분석이 이루어져야 하며, 자사의 강점에 초점을 두고 분석하되 동시에 취약점에 대한 분석을 병행하여 자사의 경쟁력 강화를 위한 방편으로 삼아야 한다.

제품 라이프사이클 분석은 제품성 분석에 있어 매우 중요한 요소이며, 제품의 라이프사이클을 무시하고 그 시장에 뛰어들면 사업 실패와도 연결될 수 있는 측면이 많다. 이는 시작하려고 하는 사업이 제품수명 주기상 어디에 속하는지를 분석하고, 현재 시장에 존재하는 제품으로 기존 시장에 진입하는 경우 기존회사의 제품 보급률에 대한 분석을 병행하여야 한다.

다음의 [그림 7-6]은 제품수명주기에 따른 시장 규모, 성장률, 시장의 매력도를 정리하고 있다. 창업기업의 경우 PLC의 성장기 초기에 시장에 진입함이 가장 유리할 것이다.

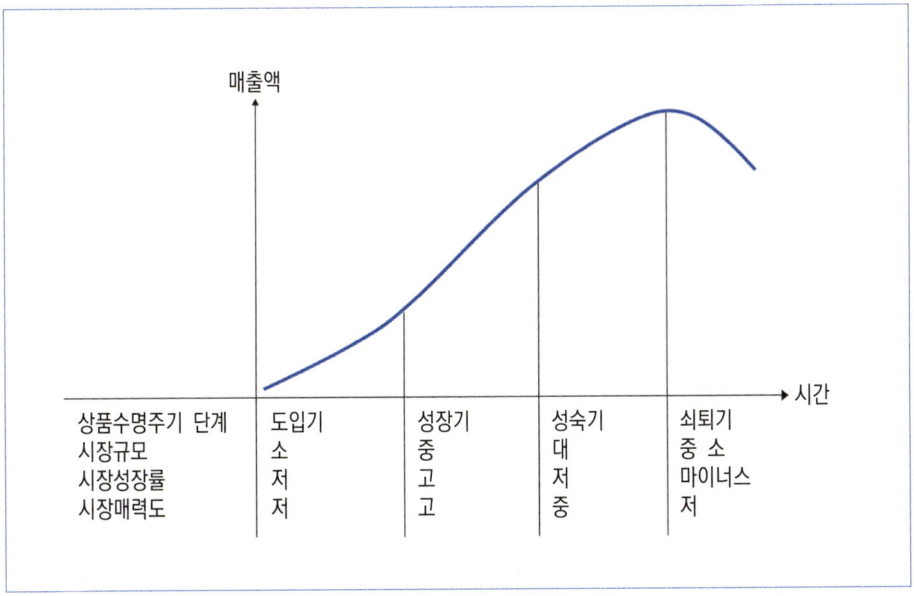

[그림 7-6] 제품 수명주기-Product Life Cycle

(3) 경쟁적 지위 분석

시장성 분석 중 가장 중요한 요소가 경쟁적 지위 분석이며, 경쟁 기업의 범위와 경쟁 요소를 선택해야 하며 일반적으로 재무 상태, 생산능력과 생산실적, 주요 경쟁 요소를 분석하여야 한다.

재무 상태 비교는 경쟁적지위분석 항목 중 가장 흔하게 객관적으로 분석할 수 있는 항목이 재무 상태 비교이며, 재무 상태 비교에 활용되는 자료는 각 기관에서 발행하는 기업체 또는 산업체 총람 및 신문에 공고되는 경쟁 기업의 재무제표 등을 활용할 수 있다.

생산능력, 생산 가능력 및 실적 비교는 실제 경쟁 기업의 잠재능력을 파악하기 위해서는 경쟁회사들의 사업장 규모, 생산능력 및 생산실적 등도 비교하여야 한다.

경쟁적 지위 분석(경쟁자 분석)에 있어 계획제품을 생산하는 경쟁 기업의 범위와 경쟁 요소를 분석하는 것이 핵심 분석 요소이다. 경쟁 기업의 범위는 계획제품과 동일 제품을 생산하는 기업, 유사 제품의 생산기업, 대체 제품을 생산하는 기업이다.

이후 선정된 기업을 대상으로 기본적인 재무 상태, 생산능력과 생산실적, 기타 주요 경쟁 요소를 분석한다.

기본적인 재무 상태의 비교분석은 해당 기업의 재무제표를 이용하여 분석하는데, 과거 약 5년 정도의 자료를 비교한 추세분석이 유용하다. 생산능력과 생산실적을 비교・분석함은 경쟁 기업의 잠재적 생산능력 분석으로 매우 중요하다. 생산능력은 기업의 설비 능력과 가동 능력에 의해서 분석할 수 있다.

(4) 제품의 채산성 분석

제품의 채산성 분석은 사업효과를 측정하는 하나의 기준이 되며, 아무리 높은 매출을 실현한다고 하더라도 채산성이 없다면 좋은 사업이라 할 수 없다. 제품 채산성 분석에는 제품 원가 및 마케팅 코스트 등의 분석, 마진율 등의 분석, 제품가격 분석을 하여야 한다.

(5) 수요예측

수요예측은 일정 기간에 소비자 또는 고객에게 판매되는 상품의 수량 또는 금액을 측정하는 것이며, 시장점유율 분석, 판매량 증감 요인 분석, 판매 전망, 불황 적응도 및 계절성 분석 등을 하여야 한다. 수요예측 기법에는 직접자료법, 계열지수법, 소비율법, 상관관계법, 기타 수요예측 방법 등이 있다.

수요예측의 일반적 절차는 다음의 [그림 7-7]과 같다.

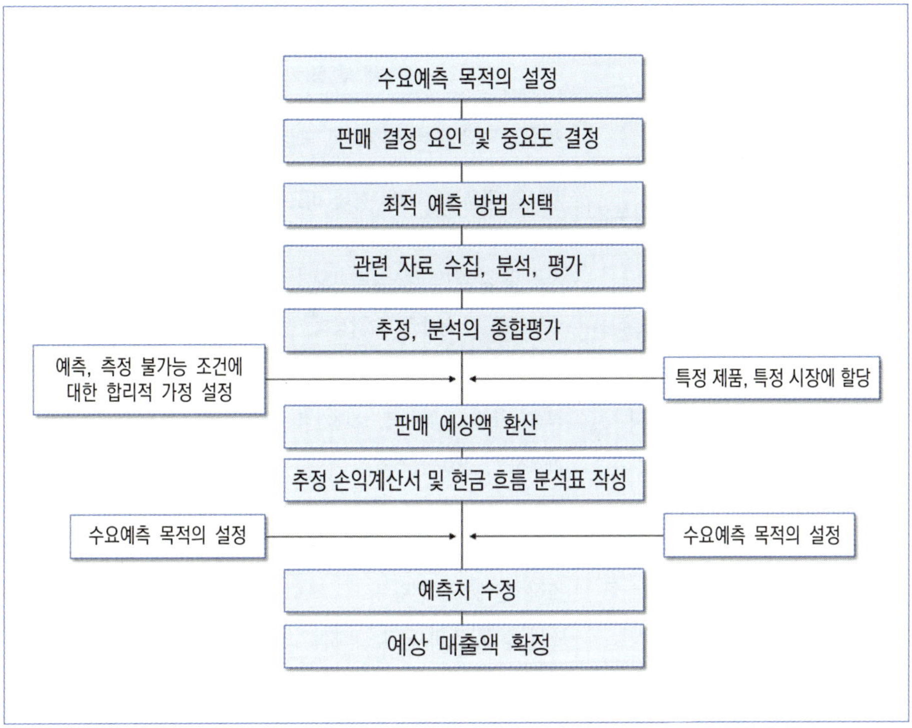

[그림 7-7] 수요예측 절차

(6) 판매계획 및 판매전략

기업경영에 있어 판매는 매우 중요하며, 판매량을 올리고 시장점유율을 증가시키기 위해서는 판매전략이 필요하다. 판매계획 및 전략에는 판촉 및 광고전략, 영업전략 등을 수립하여야 한다.

판매계획이란 어느 지역에서 언제, 얼마만큼 팔 것이냐의 목표를 정하고 그 목표를 달성하기 위한 여러 가지 마케팅 수단들을 동원하는 마케팅 계획과 광고 및 판촉계획, 판매 비용 계획을 의미한다. 시장성 검토에서 판매계획의 실현 가능성과 적정성을 판단하여, 실제 제품을 생산하여 출시하였을 때 발생하는 생산 차질에 대해 대비해야 한다.

경쟁사가 신제품을 시장에 출시하면 기존 업체는 가격을 내리거나 품질을 더욱 개선함으로써 시장을 방어하려고 한다.

다음의 〈표 7-3〉은 시장성 분석 시 고려되어야 요소 및 평가 기준이다.

〈표 7-3〉 시장성 분석 시 고려 요소 및 평가 기준

평가요소		세부평가항목
계획상품의 상품성	Life cycle 및 보급률	제품의 PLC 분석, 경쟁품의 보급률 정도와 전망 등
경쟁적 지위 분석	재무 상태 비교분석	자사와 경쟁사의 재무 상태 비교 : 자본금, 자산, 부채, 매출액, 순이익 규모 등
	생산능력 비교	자사 및 경쟁사의 생산능력 비교 : 상시 종업원 수, 사업장의 규모
	주요 경쟁 요소 비교	주력제품, 주력상권, 가격정책, 판매 방법 등
제품 채산성 분석	원가분석	제품 원가와 마케팅 비용 분석 등
	마진율 분석	공장도가격, 도매가격, 소매가격 등
	가격분석	가격정책, 향후 가격추세
전반적인 시장 동향	시장규모분석	판매영역별, 고객별 잠재수요분석 등
	시장 특성 및 구조	시장의 일반적 성격 : 주요 수요처, 유통경로, 고객 특성, 판매조직, 판매촉진 전략 등
	소비자 분석	소비 형태, 소비 단위, 구매동기와 욕구, 소비자 구성분포
상품성 분석	상품의 강·약점	잠재수요자의 제품이미지, 제품의 특성(기능) 및 품질 비교
수요예측	시장점유율 분석	경쟁업체의 시장점유율 변동 추이, 시장점유율 확보 가능성
	판매량 증감요인분석	소비자 성향 변화추이 분석 : 소비 형태, 구매동기, 소비자 연령분포·세분화, 기호 변화 등
	판매 전망	월별·연도별 판매 전망
	불황 적응도, 계절성	불황기의 수요변동 조사, 계절성 제품의 수급 대책
시장 및 제품환경	자원환경 요인	인적 자원 확보 용이성, 원재료 및 에너지 수급 용이성
	기술적 환경 요인	신기술, 신제품의 개발 전망
판매전략	광고전략	경쟁사의 판촉 및 광고전략, 광고의 판매량 증대 효과 분석
	영업전략	판매 및 영업조직의 효율성 제고

3) 시장성 분석의 순서

시장성 분석은 그 목적 또는 분석수준에 따라서 절차가 복잡하기도 하고 몇 개의 항목만을 선별적으로 분석해 볼 수도 있다. 시장성 분석은 철저한 계획을 세우고 정해진 순서에 따라서 진행해야만 시간 절약과 더불어 효율적인 시장성 분석을 할 수 있다.

현재 기업에서 활용되고 있는 시장성 분석의 도구는 일반적 분석 절차를 반복함으로써 조사의 오류를 방지하고자 한다. 시장조사의 목적은 시장의 니즈를 확인하고, 니즈를 충족시킬 수 있는 적절한 전략을 도출하는 것이다. 특히 조사자는 자기만의 아집과 주관에 의한 결과 해석에 경계해야 한다.

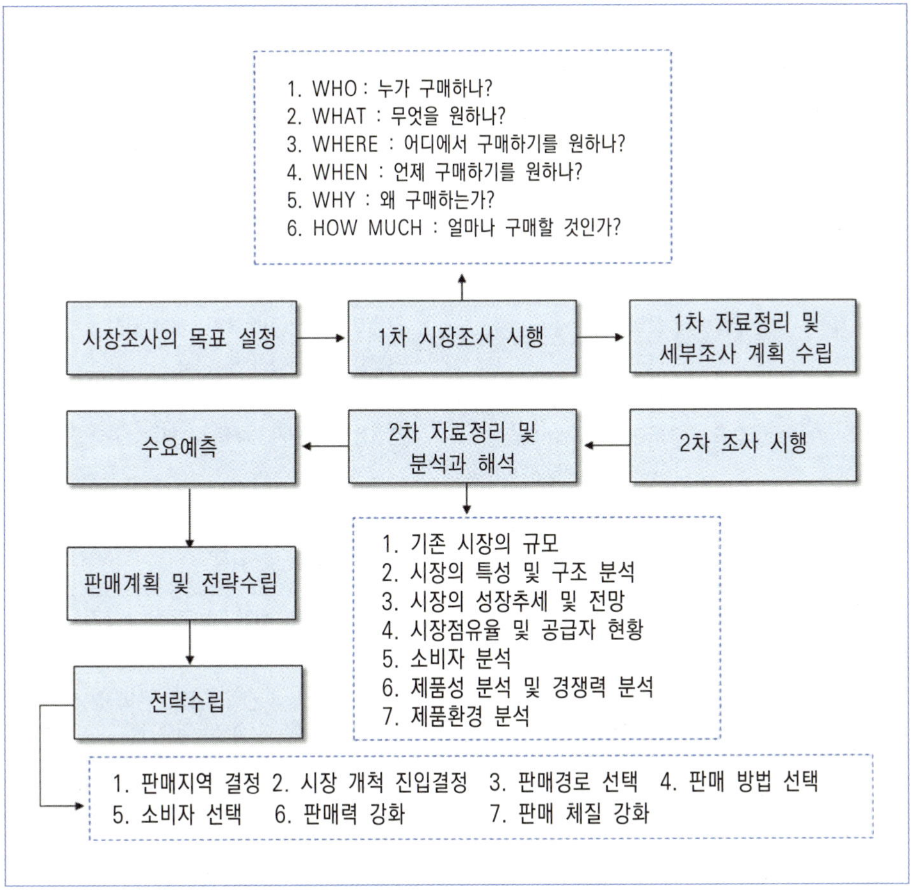

[그림 7-8] 시장성 분석의 흐름도

4) 시장성 분석의 자료 수집

마케팅 정보의 원천은 크게 1차 자료와 2차 자료로 분류할 수 있으며, 1차 자료란 현재 직면한 문제를 해결하기 위하여 특별히 수집된 자료를 말하고, 2차 자료는 다른 문제를 해결하기 위하여 이미 수집된 자료를 의미한다.

2차 자료는 1차 자료보다 저렴하고 신속하게 입수할 수 있으며 경쟁자에 대하여 우리가 가진 질문 대부분에 답하여 주기 때문에 우선 2차 자료부터 탐색을 시작하는 것이 바람직하다. 2차 자료원은 국가, 대학, 연구소, 언론 등이며, 1차 자료는 기업이 직접 수집하는 자료이다. 구체적인 내용은 다음의 〈표 7-4〉와 같다.

〈표 7-4〉 자료의 원천

원 천		활용 예	믿을 수 있는 정보의 예
1차 자료원	고객	유통업자와의 면담	경쟁자의 최근 판매 동향, 가격, 신상품 출시계획
	사원	판매사원의 활동 보고서	경쟁자의 상품, 가격, 포장 등의 변화
	공급업자	포장재 생산업자	경쟁자의 신상품 브랜드 이름, 생산량
	은행이나 증권회사	투자분석가의 보고서	경쟁자의 향후 수익성 및 매출 전망
	전시회	모터쇼	경쟁자의 신상품의 특징, 개발 일정
		공장견학	경쟁자의 생산설비 및 공정
		벤치마킹(benchmarking) 또는 역엔지니어링 (reverse engineering)	경쟁상품의 원가, 강점 및 약점
		경쟁자의 직원 스카우트	경쟁자의 마케팅 계획
2차 자료원	회사 내 자료	과거 마케팅 계획서 과거 마케팅 조사보고서	경쟁자의 강점 및 약점
	경쟁자 발간 자료	주주총회 보고서	경쟁자의 전략, 원가구조, 공장 소재지, 주요 의사결정자의 이름
		언론자료	경쟁자의 마케팅 전략, 경쟁상품의 성능, 우리 상품 대비 강점 및 약점, 주요 담당자 이름 및 전화번호
		정부나 협회	경쟁자의 새로운 유통업자 또는 공급업자의 이름
	전문기관	신문 기사 DB, 시사주간지, 전문지(예:전자신문)	경쟁자의 향후 마케팅 전략, 신상품 개발, 인사이동 등
		구인 광고	경쟁자의 설비확장 계획, 급여 수준
	정부나 협회	특허출원 자료	경쟁자의 신상품 생산기술 또는 공정
	전문기관	협회발간 자료	경쟁자의 시장점유율, 가격
		마케팅 조사 회사	경쟁자의 시장점유율, 가격, 유통경로의 취급률
		광고 대행사	경쟁상품의 광고비

이러한 자료 수집 방법은 관찰, 설문조사로 크게 나뉘며, 설문조사는 대인 면접, 전화조사, 인터넷 조사 등이 있다. 기술의 추세 등을 확인하고자 할 때는 델파이 기법과 같은 전문적 조사 방법을 활용하기도 한다.

3. 기술성 분석

1) 기술성 분석의 의의

기술성 분석은 제품의 생산과 관련되는 제 요소, 즉 제품이 원만하게 생산될 수 있는지를 분석하는 것이다. 즉 계획하고 있는 제품이나 용역의 생산과 판매에 관련된 기술적 측면에 대한 전반적인 검토와 분석으로 제품에 대한 특성, 화학적 반응, 기계적 기능, 생산 시스템, 공정 등 생산제품에 대한 철저한 조사·분석과 더불어 공장입지, 시설계획 및 생산시설 규모, 생산능력 및 조업도, 원재료 조달 및 개선 가능성 등을 종합적으로 분석하여야 한다.

특허나 실용신안 등 산업재산권에 의한 창업의 경우에는 이론과 실제와의 격차가 어느 정도인지, 또 예상되는 불량률 및 하자발생의 가능성은 없는지를 세밀하게 검토하여야 한다. 실험실 내의 검증만으로는 불충분하며 실제 산업현장에 적용해보지 않으면 예상외로 사업 실패 확률이 높다. 이는 산업재산권은 기술 자체의 평가이지 사업 성공 가능성의 확인이 아니기 때문이다. 따라서 계획된 사업이 기술적으로 타당한가를 조사하고 현실적으로 기업에 적용하는 데 문제점이 없는지 분석하고, 여러 가지 기술적 문제점을 분석하여 합리적 대안을 선택하는 과정으로서 기술성 분석이 이루어진다.

기술적 타당성 분석은 사업계획의 원가 추정을 위한 기초 자료를 제공하고, 시장분석의 결과에 따라 설정한 매출 수량을 만족시키기 위한 생산활동의 기술적 실현 가능성과 제품 원가의 추정치를 제공한다. 즉 사업을 영위하는데 필요한 기술, 기계와 장비, 자재와 노동력, 입지 및 시설 등을 대상으로 하여 제반의 기술적 측면을 검토하고 평가하는 분석영역이라 하겠다.

기술성 분석의 핵심은 첫째, 성장시장인가?, 얼마나 빠르게 성장할 것인가?,

둘째, 경쟁사가 있는가?, 경쟁자의 수 및 경쟁사의 기술 수준은?, 셋째, 쉽게 따라올 수 있는 기술인가?, 쉽게 따라올 수 있는 사업이라면 제품수명이 단축된다. 예로 18개월마다 기술 발전이 2배로 증가하지만, 제조원가는 증가하지 않는다(Moore's Law). 넷째, 빠른 기술 발전 추세에서 자기 기술만을 고집하는 기업은 시장 적응력을 상실한다. 따라서 기술개발에 있어 내부자원뿐만 아니라 외부자원까지 충분히 활용하여야 한다.

이러한 기술에 있어 독점력은 기술의 형식과 기술의 내용에 따라 다른 특성을 보인다. 기술 형식에 있어 독점력은 특허 등 형식지 형태의 보호와 노하우 같은 암묵지 형태의 보호로 나눌 수 있다. 기술의 내용은 여러 구성요소가 결합한 복잡한 기술과 개발의 고난도와 같은 어려운 기술로 구분할 수 있다. 이를 구분하면 다음의 [그림 7-9]와 같다.

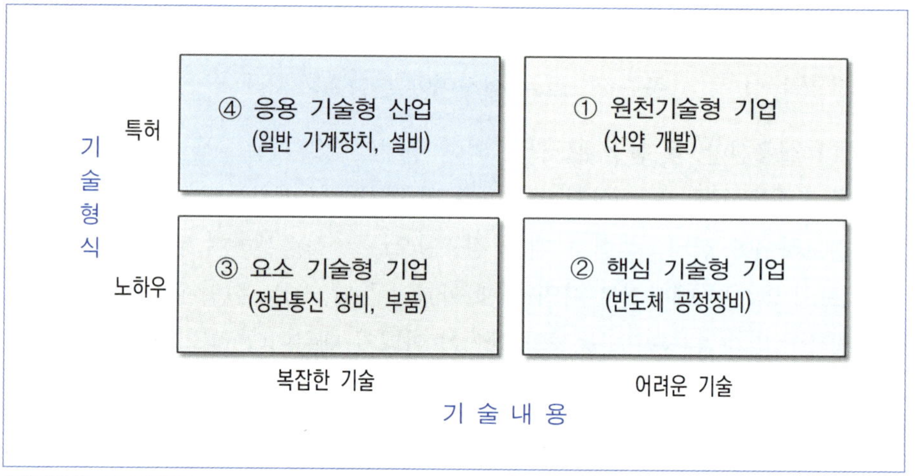

[그림 7-9] 기술의 독점력

이러한 기술의 독점력과 수익성과의 관계를 보면 첫째, 원천기술형 기업으로 생명공학 또는 우주항공산업 등 개발 기술의 어려움으로 성공 가능성은 작으나, 개발에 성공한다면 초기에 큰 수익을 창출할 수 있다. 특허를 통한 권리확보 형태를 취하며, 제공 가치의 생산을 위한 경쟁자의 다양한 모방으로 유사 제품의 진입이 가능하다.

두 번째로 핵심 기술형 기업은 DRAM 반도체, 디스플레이 산업 등 생산방식의 보이지 않는 노하우(암묵지)로 보유 기술에 대하여 특허 등에 의한 독점적 보호는 받지 못하나, 모방이 어렵다(삼성전자의 반도체 생산기술, 일치하지는 않지만, 도요타의 생산기술 등). 또한 높은 생산성의 기술을 보유하기에는 많은 시간과 시행착오가 필요하기에 기술의 보유도 쉽지 않다. 이런 산업에서 시장이 대규모일 경우는 충분한 수익이 보장된다(반도체 등).

세 번째로 응용 기술형 기업은 일반화된 시장을 대상으로 하는 제품(휴대폰, PC 등)으로 다양한 기술의 조합을 통해 제품의 차별화를 추구한다.

네 번째로 요소 기술형 기업은 내비게이션과 같이 GPS 기술 및 디스플레이 등 다양한 기술을 복합적으로 활용하여 가치를 제공하는 제품으로 사용 기술에 대한 특허 형태의 독점적 보호에 어려움이 있다(실용신안 등 타 산업재산권은 가능). 반면 각 기술 간의 애플리케이션 능력 등 최적화에 노하우가 필요하기에 단기적인 모방에는 어려움이 있다. 하지만 시장에의 진입과 확산성은 아주 높음에 따라 단기적 수익 창출의 가능성은 큰 산업이다(하이패스 단말기, 교통카드 등).

기술의 독점적 형태에 따라 성공 가능성, 모방 가능성과 수익의 크기를 정리하면 다음의 [그림 7-10]과 같다.

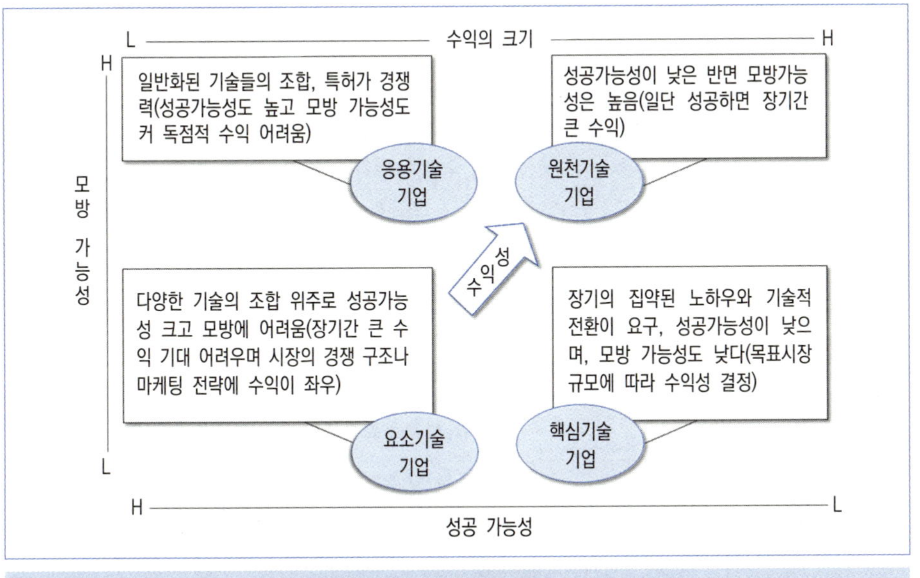

[그림 7-10] 기술의 독점력과 수익성

2) 기술성 분석 평가 항목

이러한 기술적 타당성 분석의 범위는 제품의 적정성, 생산시설의 적정성, 생산계획의 검토 및 입지 조건과 환경(자연적, 경제적, 사회적, 법적 조건)이 있다. 제품의 적정성에는 계획제품의 종류, 용도의 적합성과 물리적, 화학적 특징과 해결 가능성, 국내외 표준규격품과의 품질 및 기술 수준 비교, 국내외 최신 기술 및 경쟁 기업 동향과 장래성 검토 등이 포함된다. 생산시설의 적정성에는 제품별 적정 시설 규모 및 기존 시설과의 비교 및 시설 상호 간 효율성과 균형 여부, 배치와 합리성이 검토돼야 한다.

생산계획의 검토에는 1일 최대 생산시설 능력 및 기간별 가동률, 생산방식·공정의 타당성 유무 및 생산인력의 자격요건 및 충원 가능성이 검토된다. 입지 조건과 환경(자연적, 경제적, 사회적, 법적 조건)에는 급·배수, 전력, 교통, 원재료 조달 용이성과 사업장의 취득상 제한, 관련 법규와의 관계 등이 검토의 대상에 포함된다.

구체적으로 기술성 분석은 크게 나누어 계획제품의 용도 및 품질, 입지 조건분석, 계획시설의 적정성, 생산 및 재고 분석 등으로 나눌 수 있다.

〈표 7-5〉 기술성 분석 항목

평가요소		세부평가항목
계획제품의 용도 및 품질	용도/주요 소비처	제품의 용도, 주요 소비처 등
	품질 및 기술 수준	품질수준과 수요량의 상관관계
	제품/기술 수준	비교 우위성, 규격 · 품질 차이의 경쟁성
입지 조건 분석	일반적 입지 요소	자연적 / 경제적 / 사회적 입지 요소
	제조업 입지 요소	공장용지, 원재료 · 노동력 확보, 환경오염 문제 등
계획시설의 적정성	시설 적정 여부	시설 규모 및 능력분석, 사업 규모 및 능력분석
	계획시설의 장래성	설비 진부화 시 교체 용이성, 설비의 교체 시기 및 재원, 설비의 수선 유지 가능성 등
생산 및 재고 분석	생산방식과 생산공정의 효율성	기술과 제조 방법의 적정성, 공정자동화의 효율성
	생산능력 및 가동률	생산능력 및 목표가동률 산정, 생산능력 및 생산계획의 부합성, 생산 전문 인력의 현황
	재고 분석	수요변동과 안전재고의 산정, 재고 유지 시설과 재고 유지비

3) 기술성 분석순서

기술성 분석은 기술이 개발되었다 하더라도 시장에서 상품으로 출시 가능성이 있는지가 먼저 검토되어야 한다. 유사 제품과의 차별성, 소비자가 부담할 수 있는 가격인지, 핵심기술은 지속해서 개발할 수 있는지 등을 검토하여야 할 것이다.

분석 결과 계획제품의 용도 및 품질의 경쟁성 보유 여부, 입지 조건 및 환경 검토, 생산활동에 필요한 기술적 필요 요소와 가능성 검토, 계획시설의 적정성 및 가능성 분석, 불량률 및 기술의 경제성 검토, 생산과 재고 분석 등이 이루어진다. 이러한 조건 중 최적의 방안을 도출하고 선택하는 과정이다.

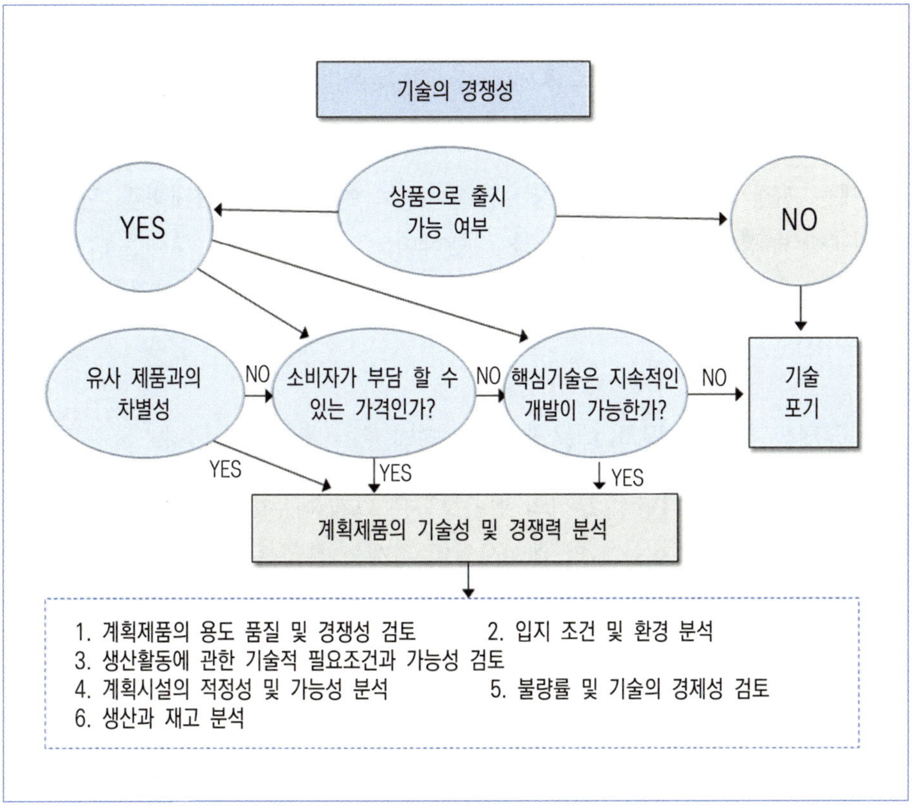

[그림 7-11] 기술성 분석순서

4. 수익성 및 경제성 분석

1) 수익성 및 경제성 분석의 필요성

시장성·기술성 분석을 통해 획득한 자료를 종합하여 재무제표를 추정하고, 필요한 자본의 규모를 결정하며 투자안의 경제성을 평가하는 활동이다. 즉 수익성 및 투자의 효율성에 대한 분석이며, 아무리 계획제품의 품질이 좋고, 시장성이 뛰어나서 성공적으로 생산·판매되더라도 수익이 제대로 창출되지 못하면 사업성이 없는 사업의 기회이다.

수익성·경제성 분석은 사업타당성 분석의 최종단계일 수도 있으며 창업 후 경영전략을 수립하기 위한 사전 준비과정일 수도 있다. 따라서 경제성 분석은 재무분석이라 할 수 있는데, 재무분석은 창업 업종의 사업화에 필요한 필요자금 및 창업 후의 수익성을 추정하기 위한 분석이다.

이에는 시장성 분석을 통해 장·단기적으로 예측되는 수입계획과 지출계획을 비교하여 경제적 타당성 평가를 시행하며, 경제적 타당성 분석은 추정재무제표를 근거로 하여 미래의 경영상태와 자금흐름 그리고 손익분기점 분석을 포함하고 있다.

2) 경제성 분석의 평가 내용과 분석 방법

수익성 및 경제성 타당성 분석의 평가항목은 크게 나누어 수익성 전망, 손익분기점 분석, 그리고 투자수익 및 계획사업의 경제성 분석 등으로 분류할 수 있다.

수익 전망은 향후 3~5년간의 추정재무제표에 의한 이익분석?, 2~3년 이내에 흑자 실현이 가능한가? 에 대한 추정으로 평가한다. 손익분기점 분석은 손익분기점 매출액 추정 및 실현 시기는 언제쯤인가?, 분석의 기준인 판매량, 금액, 고정비, 변동비 등의 검토가 이루어진다. 투자수익 및 경제성 분석은 다양한 투자수익률 산출 방법을 이용하여 예상 투자수익률을 산출하고 목표수익률과 비교를 통해 경제성을 판단한다.

〈표 7-6〉 경제성 분석의 세부 내용

범 위	내 용
투자수익 및 매출액 분석	- 매출액 추이 및 판매목표를 토대로 한 손익계산서
투자 비용 및 원가분석	- 원가 및 비용추정 - 원부자재 조달에 관련된 자료를 근거로 한 원부자재 소요 검토 - 노무비 수준 및 소요 인원을 기초로 한 노무비 및 인건비 검토 - 투자시설에 대한 감가상각비 - 제조 활동에 필요한 유틸리티 및 연구개발비 등을 근거로 한 제조경비 - 판촉 활동과 관련된 판매비 및 일반관리비 - 원리금 상환 및 기술료 지급 등이 포함된 영업비용 명세 - 주문량 및 재고량 등에 기초한 제조원가
손익분기점 분석	- 운영자금 흐름을 파악하기 위한 현금흐름표 - 예상 사업의 경제성 분석 - 손익분기점 분석 - 추정재무제표의 작성 - 재무 상태 및 경영성과 분석 - 경제적·재무적 타당성 분석
재무적 타당성 분석	- 자금수지 분석 -할인율의 추정 -위험분석 - 순현가법, 회수기간법에 따른 투자수익 비용의 분석

분석 방법으로는 회계적 이익률법(연평균 순이익/연평균 투자액이 목표수익률보다 큰지 아닌지로 경제성 판단), 회수기간법, 순현재가치법(NPV 법), 내부수익률법(IRR 법)의 기준이 있다. 회수기간법은 투자에 든 모든 비용을 회수하는 데 걸리는 기간을 기초로 하여 투자 결정을 하는 방법이다. 회수 기간은 총투자액을 연간 순현금 유입액으로 나누어 계산한다.

의사결정 기준으로 산출 회수 기간이 기업에서 설정한 회수 기간보다 짧으면 투자가치가 있다고 판단한다. 여러 개의 투자 대상이 있을 경우는 회수 기간이 짧은 것을 최적의 것으로 평가한다. 회수기간법의 단점으로는 사업의 수익성이 아닌 자금회수와 관련된 시간적 특성만 검토하고 있으며, 회수 기간 이후의 현금흐름을 무시하고 있다. 유용성은 방법이 간단하고 이해가 쉽다. 또한 자금회수와 관련된 위험에 대한 정보를 제공해 주며, 투자로 인한 기업의 유동성을 간접적으로 나타내고 있다.

NPV와 IRR 법은 어떤 투자안에 대한 자본투자액을 최소한도의 자본코스트, 즉 할인율로 할인한 자본투자액의 현재가치와 투자의 과실인 현금유입액을 시장할인율로 할인하여 현재 가치화한 후 현금유입의 현재가치에서 자본투자의 현재가치를 차감한 순 액 기준으로 투자의 경제성을 평가한다(NPV = Net Present Value). 의사결정의 기준은 순현가 > 0중 큰 투자안에 투자가치가 우수하다고 평가한다. 이는 {현금유입의 경제적 가치(현금유입 현가) > 투자 비용 현가}인 경우이다.

어떤 사업안에서 예상되는 자본투입의 현재가치와 현금유입의 현재가치를 일치시켜주는 할인율(자본수익률)에 의해 사업안의 경제성을 평가하는 방법을 IRR(Internal Rate of Return)에 의한 평가 방법이라 하고, 투자로 인한 내부수익률과 기업에서 바라고 있는 필수 수익률(reruired rate of return)을 비교하여 내부수익률이 이보다 높은 투자안에 대해서는 투자가치가 있다고 평가하는 방법이다.

계획사업의 수익성 예측은 불확실한 미래 상황에 따라 변화한다. 따라서 미래 상황의 변동 가능성(원자재가격, 제품가격, 영업비용 등)이 계획사업의 수익성에 미치는 영향을 분석하는 방법이 민감도분석이다. 민감도분석의 대표적인 한 형태는 손익분기점 분석이라 할 수 있다. 손익분기점(break even point) 분석은 모든 비용을 고정비와 변동비로 나누어 비용과 가격, 판매 수량에 따라 매출과 이익이 어떻게 변하는가를 분석하는 방법이다. 손익분기점 분석을 통해 비용, 생산량, 가격이 수익성에 미치는 변화를 알 수 있고, 기업이 유지될 수 있는 최소한의 조건이 결정된다.

일반적으로 손익분기점 분석은 일정 기간(1년)의 총수익(매출액)과 총비용(고정비, 변동비)이 일치함으로써 이익도 손실도 발생하지 않는 매출액을 파악함으로써 최소한의 매출목표(판매예산)를 수립할 수 있으므로 기업의 이익관리를 위해서 많이 활용하고 있다. 매출액이 이 점보다 많으면 이익이, 적으면 손실이 발생하며, 점의 위치가 높을수록 수익성이 낮고, 낮을수록 수익성이 높다. 매출액이 전혀 없으면 고정비만큼 손실이 발생한다.

손익분기점을 표시하면 다음의 [그림 7-12]와 같이 표현되며, 산출 공식은 다음과 같다.

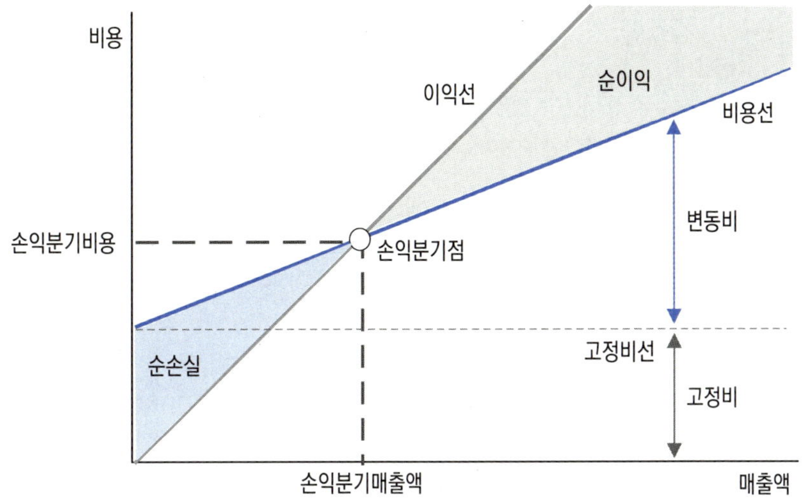

[그림 7-12] 손익분기점

(손익분기점 공식)

① 손익분기점(개수) = $\dfrac{F}{P-V}$

② 손익분기점(매출액) = $\dfrac{\text{고정비}}{1-\dfrac{\text{변동비}}{\text{매출액}}} = \dfrac{F}{1-\dfrac{V}{S}} = \dfrac{\text{고정비}}{1-\text{변동비율}}$

③ 목표이익 분기점 = $\dfrac{F+\text{목표이익}}{1-\dfrac{V}{S}}$

F: 고정비 V: 변동비 P: 매출액 S: 손익분기점 매출액

민감도분석은 기업의 경영환경에서 악조건으로 발생할 수 있는 제반 상황을 설정하여 본 계획사업 결과의 변화 여부를 분석함으로써 기업의 대응능력을 사전에 확보하는 것이다. 사례를 들어 설명하면 다음과 같다.

- 사례 1 : 시장점유율 하락, 경쟁사의 출현 등으로 매출액이 10% 정도 감소한 경우
- 사례 2 : 물가상승의 제 요인으로 인하여 계획보다 인건비가 10% 정도 증가하였을 경우
- 사례 3 : 사례 1과 사례 2가 동시에 발생하는 경우

〈민감도 분석표〉

(단위 : 천원)

구분 \ 연도		1차 연도	2차 연도	3차 연도
원 안	매 출 액	1,000,000	2,000,000	3,000,000
	총 원 가	700,000	1,400,000	2,100,000
	세전순이익	300,000	600,000	900,000
사례 1	매 출 액	900,000	1,800,000	2,700,000
	총 원 가	700,000	1,400,000	2,100,000
	세전순이익	200,000	400,000	600,000
사례 2	매 출 액	1,000,000	2,000,000	3,000,000
	총 원 가	770,000	1,540,000	2,310,000
	세전순이익	230,000	460,000	690,000
사례 3	매 출 액	900,000	1,800,000	2,700,000
	총 원 가	770,000	1,540,000	2,310,000
	세전순이익	130,000	260,000	390,000

3) 수익성 및 경제성 분석의 순서

일반적으로 수익성 및 경제성 분석순서는 기술성 분석을 통한 제조계획을 수립한 후 제조원가명세서 작성, 추정손익계산서, 추정 재무상태표 작성하여 경제성 분석을 하여야 한다.

수익성·경제성 분석의 순서를 도식화하면 다음의 [그림 7-13]과 같다.

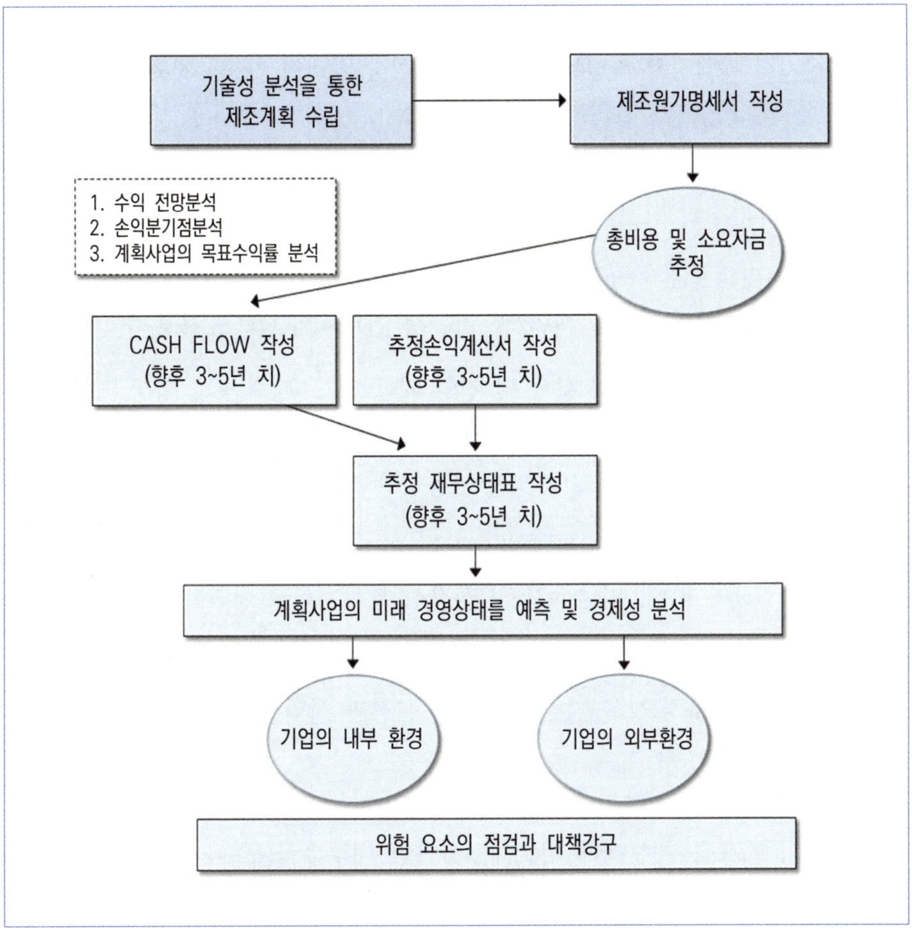

[그림 7-13] 수익성 및 경제성 분석의 절차

5. 자금수지 및 성장성 분석

1) 자금수지 및 성장성 분석의 의의

자금수지 분석은 사업에 필요한 적정자금의 규모는 어느 정도이며, 이 자금을 적기에 차질 없이 조달할 수 있는지, 그리고 조달된 자금은 상환조건에 따라 상환 기간별로 원만히 상환할 능력이 있는지를 검토하는 것이다.

성장성 분석은 기업의 성패에 중대한 영향을 미칠 수 있는 위험 요소의 분석과 더불어 장기적 기업경영 측면에서 지속적인 성장 발전이 가능한지를 분석하는 것이다.

재무성(성장성) 분석의 구체적 내용을 보면 자금 수지 및 조달 능력 검토, 위험 요소 분석, 성장성 분석(기업환경 종합 분석)으로 구분할 수 있다. 자금 수지 및 조달 능력 검토는 필요자금의 규모 및 조달 가능성을 검토와 자금 운용 계획 및 현금 유동성 분석 및 차입금 상환 재원 및 가능성 검토(이자 납부 포함)이다.

위험 요소 분석은 기업환경 분석 및 경영 위험 요소, 정책변동, 경쟁 격화, 생산 요소 변동, 노사분규 등 및 위험 요소에 대한 대응 전략 수립 등이 있다. 성장성 분석(기업환경 종합 분석)은 기업의 성장 가능성과 성장의 정도 추정하는 과정이다.

자금수지 및 성장성을 분석하기 위해서는 먼저 판매계획, 생산계획 및 일반관리계획을 수립해야 하며, 자금수지 및 성장성 분석에서 수행되어야 할 내용은 다음과 같다.

- 총소요 자금 추정으로, 기업의 사업성 분석과 사업계획에 있어서 매우 중요하다.
- 자금조달 계획으로 총소요 자금이 추정되면 자금조달 계획을 수립하여야 한다.
- 수익성 지표를 계산해야 하는데, 사업의 내부수익률이나 프로젝트의 현가 등 사업의 전체적인 수익성을 나타내는 지표를 구하여 사업의 수익성을 평가하여야 한다.
- 미래의 경영상태 지표를 계산해야 하는데, 미래의 사업 경영상태를 나타내는 지표들, 예를 들면 유동성 비율(유동비율, 당좌비율 등), 수익성 비율(총 자본이익률, 자기자본 이익률 등)을 구하여 미래의 경영상태를 검토하여야 한다.

2) 자금수지 및 성장성 분석 평가 항목

자금수지 및 성장성 분석 평가 항목은 자금수지 및 자금조달능력을 검토하고 기업의 성패에 중대한 영향을 미칠 수 있는 위험 요소의 분석과 장기적인 기업경영 측면에서의 지속적인 성장 발전이 가능한지를 분석하는 성장성 분석이 요구된다.

〈표 7-7〉 자금수지 및 성장성 분석 항목

평가 요소	세 부 검 토 사 항
자금수지 및 자금조달능력 검토	소요자금의 규모 및 조달 가능성 검토(시설, 운전자금, 향후 현금흐름)
	자금의 조달 및 용도를 검토하여 자금조달, 운용계획표 작성
	상환조건에 따라 상환 재원 및 가능성 검토(조달 비용, 수익성, 유동성)
위험 요소 분석	기업환경분석 및 기업경영 위험 요소
	위험 요소에 대한 대응 전략
성장성 분석	성장 가능성
	성장의 정도 측정

3) 자금수지 분석의 순서

자금수지 분석순서는 총소요 자금 규모를 결정한 후 자금조달계획을 포함한 자금조달능력을 검토하여 자금조달능력의 적정성을 평가하여야 한다. 다음으로는 추정손익계산서와 추정 재무상태표를 작성하여 개략적인 사업 규모의 결정하고, 운영에 따른 민감도분석 및 손익분기점 분석을 통해 사업추진의 의사결정을 한다. 사업추진이 결정되면 자금조달 및 자금운영표 작성과 차입금 상환 표를 작성하여야 한다. 자금수지 분석의 흐름을 요약하면 다음의 [그림 7-14]와 같다.

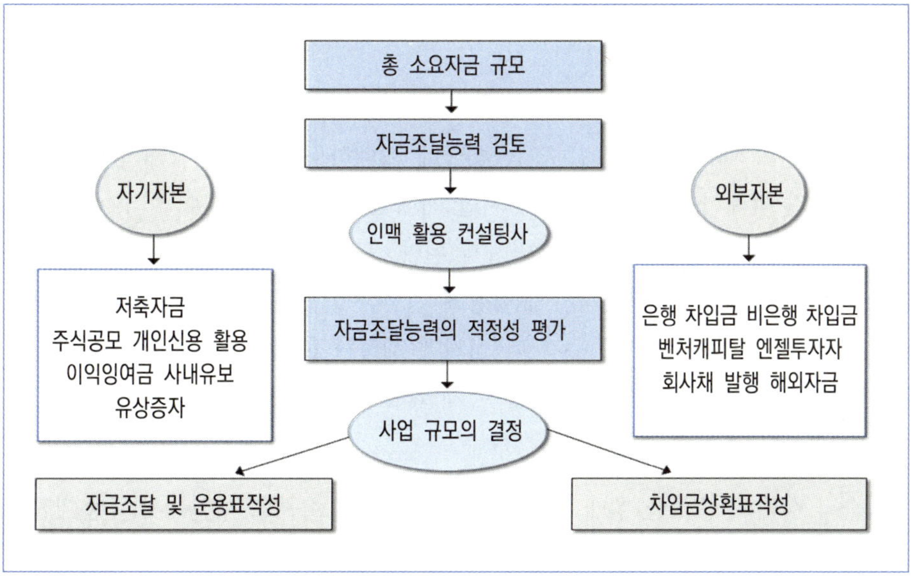

[그림 7-14] 자금수지 분석순서

제4절 위험성 평가와 관리

1. 위험의 종류

창업 실패의 원인은 창업의 출발점인 아이디어의 발굴에서부터 기술(제품)개발, 양산시스템 구축, 원부자재의 조달, 판매 활동, 자금관리 등 다양한 위험에 노출되기 때문이다. 특히 창업 초기에는 이러한 위험에 대처할 만한 역량이 부족함에 따라 실패의 가능성이 크다. 따라서 창업자는 성공적인 창업과 사업의 지속적인 유지 발전을 위해서는 내부역량의 개발과 함께 성장단계별 위험을 적시에 파악하고 적절한 대응 방안을 수립하여야 한다.

또한 벤처기업 투자자는 창업기업이 가진 위험의 종류와 그 정도 및 극복방안에 대하여 알고 싶어 한다. 이는 사업의 성공 가능성(upside potential)뿐만 아니라 실패 시 부담해야 하는 위험(downside potential)에 관해서도 같이 궁금해 한다.

일반적으로 벤처기업 창업에 있어 직면하는 위험은 기술 위험, 시장위험, 경쟁위험, 관리위험, 재무위험으로 구분한다.

(1) 기술 위험

기술 위험의 대표적인 형태는 기술개발에 실패하는 것이다. 잠재적 가능성을 믿고 수년간 막대한 자금을 투자하였지만 기대했던 기술의 개발이 이루어지지 않는 경우 기업은 심각한 위험에 직면하게 된다. 또한 시제품의 개발에 과도한 시간과 비용이 투입됨에 따라 적시에 시장에 진입하지 못하는 경우가 있다. 벤처기업의 성패는 경쟁 기업 간에 누가 더 적기에 제품을 출시하는가에 달려 있다. 지금 내가 개발하고 있는 제품을 남들은 개발하지 않고, 모르고 있다고 생각하면 실패의 확률이 높아진다.

기술적 실패의 중요한 형태의 하나로 실험실이나 소규모 생산에서는 문제점이 발견되지 않으나 대량생산 시 설계의 결함이나 공정의 적용 어려움이 발견되는 일도 있다. 그리고 현재의 기술로 품질이나 가격경쟁에 효과적으로 대처하지 못함으로써 오는 위험도 있다. 상용화에는 어느 정도 성공했으나 기술 진부화 등의 위험에 처하는 경우도 다수 있다.

기술 위험은 첨단기술이나 신기술에 의존한 창업 시 가장 많이 발생한다. 이의 극복방안으로는 첫째, 시간과 비용의 과다 소요 시에는 시제품에 대한 개념을 보다 단순화시켜, 기본적인 시제품을 완성한 후에 추가적인 개발을 시도하는 방법이 있다. 경쟁의 초점은 누가 더 신속하게 기술 성능을 향상해서 고객의 기대에 대응할 수 있는가이다. 둘째, 시제품 생산공정의 전반을 다시 한번 살펴보면서 불필요한 부분을 없애거나, 병목 공정을 단순화시키는 방법을 마련하여야 한다. 또한 품질의 위험을 극복하기 위한 품질 관리의 노력과 기술 진부화에 대비하기 위한 기술 동향 등에도 민감하게 반응하여야 한다.

(2) 시장위험

시장위험은 시장의 급격한 변화, 혹은 시장의 구조적 문제로 인해 발생할 수 있는 위험이다. 시장의 급격한 구조적 문제로 발생할 수 있는 종류는 높은 시장 진입장벽, 저조한 시장 반응, 높은 관리비용이 있고, 시장의 급격한 변화로 인한 문제는 소비자의 욕구 변화, 경쟁업체의 추월, 대체재의 등장을 들 수 있다.

시장의 구조적 문제로 인한 위험인 시장 진입장벽은 원부자재의 공급원 발굴, 원가 격차, 제품차별화, 경쟁업체의 확고한 기술 및 서비스로 인한 좁은 틈새시장 등이 있다.

시장 진입장벽을 극복하는 방법으로 생산단계의 융합 혹은 축소, 생산설비의 기계화를 통한 원가 우위 요소의 발굴 등이 있다. 또한 제품차별화를 위해서는 제품개념을 다시 정립하거나, 새로운 기능을 추가하거나 하여 사용에 편리한 제품(plug-in product)의 개발이 필요하다. 아울러 다양한 마케팅 방법 및 소비자 접근방법의 개발 및 유통구조의 차별화 등도 병행하여야 할 것이다.

소비자 욕구의 변화로 인한 위험을 극복하기 위해서는 욕구 변화를 지속해서 탐색하면서 적절하게 대응해야 하며, 급격한 욕구의 변화는 추가기능으로 해결할 수도 있다. 즉 기술 발전의 정도, 대체재의 진입 등에 전략적으로 대응하여야 하며, 소비자의 전환비용을 극대화하여 대체재의 대체성(substitutability)을 약화하는 방법도 고려해야 한다.

(3) 경쟁위험

경쟁위험은 기업 간 경쟁으로 인해 발생하는 위험들로, 기업을 운영하는 매 순간 다가오는 일상적인 위험이면서, 파급 효과가 가장 큰 위험이다. 이에는 신규 진출기업의 위협, 기존 기업의 보복, 과당경쟁, 지속적인 경쟁우위의 부재로 인한 위험이 있다.

신규 진입의 위험극복 방안으로는 시장진입 장벽을 높이는 방안이 필요하다. 시장점유율을 높이거나, 기술력을 확보하거나, 신규 진출기업에 대한 공급원을 없애거나, 유통망을 선점하는 방법 등이 있다.

기존 기업의 보복은 빠른 시장진입과 시장 세분화를 통해 초기 시장점유율을 높여야 한다. 원부자재 및 교체 비용의 전가 등의 보복을 대비하여 전략적 제휴, 동반 진출, 관련 기업과의 성실한 계약이행으로 신뢰 확보 등이 있다. 또한 지속적 경쟁우위 확보를 위한 연구개발 및 새로운 경쟁요인의 개발로 산업의 경쟁 법칙을 바꾸는 전략이 필요하다.

(4) 관리위험

벤처기업의 성장에 따라 복잡성이 증가하고, 재고, 판매, 외상매출금의 관리 부실, 창업 팀과 신규 영입인력 간의 갈등 등 관리상의 문제가 발생한다. 벤처기업은 고유의 특성인 유연성과 창의성을 중심으로 성장한다. 이 과정에 규정 등 행동의 기준과 구조가 없어 문제가 발생한다. 일반적으로 관리체계를 수립하여 이러한 위험을 극복하려 하나 이때 지나친 절차의 강조로 인해 조직의 관료화를 방지하는 제도도 동시에 보완해야 할 것이다.

재고관리의 위험은 과다 재고로 인한 비용부담 및 재고감소, 진부화의 위험이 있으며, 재고 부족으로 인한 판매 기회의 손실, 소비자 및 유통 기업에 대한 신뢰 상실 등의 위험이 있으므로 정확한 판매예측을 기반으로 적정재고의 보유 노력이 필요하다.

판매관리의 위험은 마진율 관리, 독점권 요청에 대한 대비책을 마련해야 하며, 외상 매출의 부실화 위험방지에 큰 노력이 필요하다.

(5) 재무위험

재무위험은 다른 위험들과 밀접한 관련이 있다. 기업 실패는 궁극적으로 재무

위험으로 인하여 발생한다. 창업 초기의 재무위험 원인은 투자 대비 수익의 불균형으로 인한 현금흐름의 악화이다. 자금력의 부족은 기술개발의 지연, 마케팅 활동 및 경로 확보의 어려움, 과도한 부채비율로 인한 금융비용의 과다 및 낮은 신용도의 위험이 있다.

재무위험은 부족한 자본조달이 원인일 수도 있지만, 과도한 조달(over-capitalization)의 경우에도 발생한다. 이때는 방만한 경영과 과도한 기술 투자 등의 위험이 발생한다. 본업 외의 사업 진출 및 지나친 공격적 경영전략으로 인해 위험을 초래한다. 우리나라의 벤처기업들이 수년 전 코스닥의 과열과 벤처 붐으로 인해 자금조달이 쉬운 상황에서 이러한 위험에 빠진 경우가 많았다.

2. 위험의 관리방안

벤처기업이 관리해야 하는 위험의 내용과 대응 방안을 정리하면 다음의 [그림 7-15], [그림 7-16], [그림 7-17]과 같다.

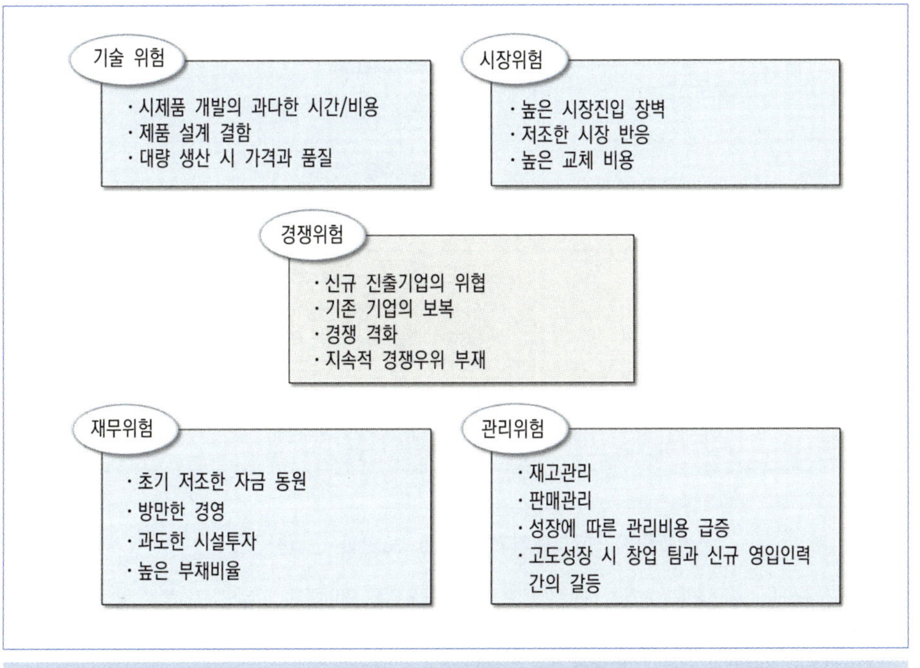

[그림 7-15] 벤처기업의 위험

Risk 요인	관리방안
성장 속도와 내부자원의 부조화	- 균형감각의 회복(BSC) 및 경영목표의 조정 - 기업 명성, 신뢰, 네트워크 구축 - 자원 조달 및 축적 역량 강화
리더십 위기	- 위험평가 및 대응능력 강화 - 전문경영자 영입 - 창업자의 역할전환
이해관계자 갈등	- 이해관계자 관리 전략 - 고객의 다양화 - 전략적 제휴
창업 팀 역량 한계	- 창업팀 역량 강화 프로그램 수행 - TMT의 재구성(Top Management Team) - 창업팀 공헌과 보상 합리화

[그림 7-16] 벤처기업 내부역량 Risk 요인과 관리방안

Risk 요인	관리방안
재무위험	- 자금조달원의 다양화 - 고정비용의 축소 - 현금 유동성 중시
관리위험	- 관리시스템 구축 - 업무 효율성 제고 - 인적 자원 역량 개발
시장위험	- 효과적 시장진입 전략 - Chasm 극복 전략(완전 제품) - SCA 유지를 위한 핵심 역량 구축*
기술 위험	- 제품개발 R&D 관리 역량 강화 - Pilot Plant - 기술 네트워크 구축

[그림 7-17] 벤처기업 Risk 요인과 관리방안

* SCA(Sustainable Competitive Advantage) : 지속적인 경쟁우위를 의미하며, 다음의 요소들로 형성될 수 있다.
- 자사만의 독자적인 경험이나 가치 구축,
- 공급자와의 우호적인 신뢰 관계 구축
- 고객과의 관계 구축

제 8 장
사업계획서 작성

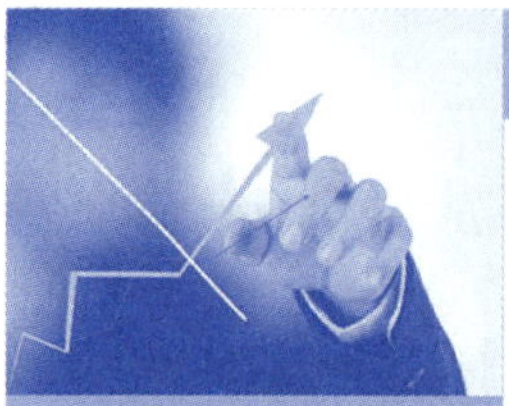

제 8 장 사업계획서 작성

제1절 사업계획서의 의의

1. 사업계획서의 개념

창업자가 사업을 시작하기 전에 가장 먼저 해야 할 일은 사업계획서를 만드는 일이며, 창업 과정에 있어서 사업계획서의 작성은 계획하고 있는 사업에 관한 제반 사항을 객관적이고 체계적으로 작성하는 것이 중요하다. 이러한 사업계획서는 기업의 얼굴이며 사업목적 달성을 위한 지속적인 활동에 필요한 방법과 절차, 활동 범위 등을 글로 표현한 것이며 사업의 성공 가능성을 다시 점검할 수 있는 도구이다. 또한 사업계획의 강점과 약점을 재인식할 기회를 제공하고 본격적인 사업추진 시 유용한 지침으로 사용된다.

즉, 사업계획서는 목표시장에서 기업의 생존 가능성을 높이는 데 도움을 주며, 창업자가 계획하고 있는 여러 활동들을 조직화하는 데 지침이 되고, 필요한 재무자원을 조달하는 중요한 수단이 된다.

이런 의미에서 사업계획서는 새로운 사업을 시작하면서 필요한 모든 관련 요소들을 기술하는 기업가가 준비하는 서류이다. 이 서류는 게임계획서(game plan) 또는 지도(roadmap)와 비유되며, 현재 나의 위치는 어디인가, 목적지는 어디인가, 그리고 어떻게 도달할 것인가와 같은 질문에 답을 하게 된다. 잠재적인 투자자, 공급자 그리고 소비자들도 이 사업계획서를 요구하기도 한다. 사업계획(서)은 외적 요소를 고려해야 하며, 이러한 요소들은 근본적으로 통제하기 어려운 요소이기는 하나, 계획 수립 시 반드시 포함해야 할 것이다.

사업계획서는 사업타당성 분석에서 검토된 사업아이디어를 구체화하는 데 필요한 제 요소의 조달과 운영, 조직화, 생산 및 판매, 운영 활동 등에 대한 세부적이고 구체적인 서류로 내부적으로는 실천의 기준이며 지침이고, 외부에는 사업을 알리고 동의를 구하는 도구이다. 사업계획서가 포함하여야 할 네 가지 핵심 내용은 다음과 같다.

① 고객과 최종 사용자에게 상당한 가치를 창출해주거나 더해 준다.
② 고객에게 의미 있는 문제를 해결하거나, 누구든지 기꺼이 웃돈을 지불하고서도 채우고자 하는 결핍이나 욕구를 충족시켜서 가치를 창출하거나 더한다.
③ 그러므로 적정한 시장과 큰 이익 폭 그리고 돈을 벌 수 있는 특징들을 갖게 된다. 즉 5천만 불 이상의 시장 규모, 20% 이상의 고성장, 40% 이상의 고수익률, 수익이 계속해서 발생하고 낮은 자산과 운전자본으로 양(+)의 초기 순현금 흐름을 보인다. 세후 10% 이상의 순이익률을 보이며, 투자자에게 매력적이고 현실성 있는 제안(25%~30% 이상의 투자수익률)이 그것이다.
④ 사업 시작 시점에 창업자와 경영팀에게 아주 적합하며, 시장에도 잘 어울리며, 위험과 보상의 교환관계 측면에서도 조화를 이룬다.
사업계획서의 작성은 궁극적으로 다음에 대하여 자신이나 이해관계자에게 답하기 위한 것이다. 이 의사결정의 목적은 (　　)에 관한 것입니다. (Here's what our decision making is about ......), 이것이 중요한 이유는 (　)입니다. (Here's why it's important to do ......), 효과적으로 결정하게 되면 (　)한 모습으로 될 것입니다. (Here's what success will look like .....).

이상의 검토 결과 사업계획서의 저의는 이론적으로 회사의 목표가 무엇인지 설명하고 향후 5년 동안 이러한 목표를 달성하기 위하여 어떠한 수단을 쓸 것인가를 설명하는 서류로 정의할 수 있으며, 실무적으로는 이익 실현을 위해서 기업의 보유자원을 효율적으로 활용하기 위한 경영전략을 체계적으로 문서로 만든 것으로 정의할 수 있다.

이러한 사업계획서인 Business Plan은 특정 과제나 아이템에 대한 제안서 성격의 Business Proposal보다는 포괄적인 의미가 있다.

사업계획서는 활자화되면 이미 낡은 것이 된다. 4차산업혁명 시대의 변화 속도와 글로벌화한 시장의 역동성은 사업계획서의 수명을 단축하고 있다. 이같이 빠르게 변화는 환경 속에서는 유연성과 대응성이 중요한 생존 기술이다.

사업계획서를 통해 아이디어를 사업으로 발전시키는 과정과 그것을 어떻게 실행할지를 사업계획에 명료하게 표현하기 위해서는 초점을 명확하게 맞추고 결단을 내리고 헌신하는 모습과 함께 열린 마음과 '겸손한 자세'가 필요하다. 즉 사업계획서는 결코 완성된 것이 아니라 계속 보완하는 작업이다. 아울러 사업계획서는 사업이 아님을 명심해야 한다.

사업계획서를 작성하는 것은 새로운 벤처창업을 위한 청사진, 전략, 자원, 그리고 인력요건을 정의하는 데 좋은 방법의 하나이다. 하지만 일반적으로 창업자들이 다음과 같은 단순한 결론을 내려 버린다. 두툼하고 잘 다듬어져 투자를 유혹할 정도의 사업계획서만 있으면 사업은 자동으로 성공하리라 보는 것이다. 그들은 사업계획과 사업수행을 혼동하고 있다. 성공은 사업계획서를 개선하고 실천함에 따라 실현되는 것이다.

2. 사업계획서의 중요성

사업계획은 구체적이고 객관적이어야 하며, 상대방에게 신뢰성을 주는 사업계획서가 작성되어야 한다. 창업자 자신이 창업 및 발전전략을 설계해 보는 기회가 되고, 주관적인 사업구상이 아니라 객관적이고 체계적으로 사업을 검토할 기회이다. 창업에 필요한 제반 요소를 점검하고, 부족한 부분을 파악함으로써 효율적으로 창업 과정을 수행하고 이를 통해 창업 성공률을 높일 수 있는 것이다. 또한 창업 과정에서 어떠한 전략을 취할 것인가를 세밀하게 분석하여 결정할 수 있으며, 창업자가 외부로부터 자금조달을 원하는 경우, 창업자가 자신의 '기회'를 외부 투자자에게 체계적으로 설명하는 데 필요하다.

이러한 사업계획이 다루어야 할 9가지 질문은 ① 새로운 사업의 고객은 누구인가?, ② 고객은 제품이나 서비스의 구매 결정을 어떻게 내리는가?, ③ 제품이나 서비스가 소비자의 구매 욕구를 어느 정도 자극하는가?, ④ 제품이나 서비스의 가격을 어떻게 결정할 것인가?, ⑤ 목표 고객에게 어떻게 접근할 것인가?, ⑥ 고객을 확보하기 위한 비용(시간과 자원)은 얼마인가?, ⑦ 제품이나 서비스의 생산과 유통비용은 얼마인가?, ⑧ 고객 지원비용은 얼마인가?, ⑨ 고객 유지는 쉬운가? 이다.

사업계획서의 중요성은 유용성 측면에서 확인할 수 있는데 회사의 목표가 무엇인지 설명하고 향후 5년 동안 이러한 목표를 달성하기 위하여 어떠한 수단을 쓸 것인가를 설명하는 서류이며, 사업추진의 출발점이며, 성공적인 사업을 위한 최소한의 필요조건이라는 면에서 사업계획서의 중요성은 강조된다.

다시 말해 계획서류(plan-do-see의 출발점)로 내부 학습과 성과향상에 기여한다. 사업 활동의 행동 지침(안내 역할)이며, 창업자와 창업팀에게 창업에 대한 학습과 성과향상의 기회를 제공해 주며, 성과평가 등 내부 평가 기준으로서의 구실을 한다. 또한 자금조달 등 외부 이해관계인의 평가 기준이 되어 외부자원의 획득을 위한 다양한 투자자들의 투자심사를 위한 판단의 근거가 된다. 즉 사업계획서는 사업에 대한 의지와 신념을 나타내는 창업자 자기 얼굴이자 신용이다.

3. 사업계획서의 용도

1) 창업자 입장에서의 용도

사업계획서는 창업자 본인의 사업 성공 가능성 판단자료로 활용되기도 하고, 외부 투자자를 유치하기 위한 자료로도 사용되어 진다. 사업의 성공 가능성을 점검할 좋은 기회가 되며, 사업계획서를 작성하는 과정에서 사업의 문제점을 발견하게 되는 경우도 많다. 사업타당성 분석을 별도로 실시하지 아니하고 사업계획을 작성하는 경우는 사업계획서 작성 과정에서 사업성을 검토하게 되기도 한다.

의사소통의 수단으로서 사업계획은 고려하는 사업에 참여할 투자자, 동업자, 간부급 인사들과 의사를 교환할 때 중요한 보조자료가 된다. 사업 대부분은 구두로만은 충분히 설명하기 어려울 정도로 복잡할 뿐만 아니라 제안사업을 구두로 설명하려면 관계자들로부터 충분한 이해를 얻기에 어려움이 있다. 따라서 짜임새 있게 작성된 사업계획은 주변의 사람들을 움직이는 중요한 수단이 될 수 있다. 다음으로 초기의 행동 지침이 된다. 사업계획서는 창업 초기의 업무추진계획이다. 사업이 일단 시작되면 처리해야 할 업무가 많고 시간이 부족하여 가능한 여러 가지 대안들을 검토하고 세부적인 계획을 수립하는 일에 많은 시간을 보낼 수 없게 되는데 이때 사업계획은 유용한 행동 지침이 된다.

2) 투자자 입장에서의 용도

투자자 입장에서의 사업계획서는 투자사업의 타당성을 판단하는 자료로 활용된다. 사업계획은 투자자가 투자에 관한 의사결정을 하는 데 사용하는 가장 기본적인 자료이다. 사업계획은 사업 제안자와 투자자가 직접적이나마 최초로 접촉하게 하는 매개물인 경우가 많다. 사업계획이 어느 정도 가능성을 시사해야 사업 제안자와 투자자가 직접 만나서 사업을 논의할 수 있게 될 것이다.

다음으로는 창업자와 경영진의 능력을 평가하는 자료로 사용된다. 투자자들이 사업계획서를 통하여 가장 관심을 가지는 사항은 창업자와 경영진이 계획사업을 성공시킬 능력을 갖췄는지를 판단하는 것이다. 투자자들은 사업계획서에 나타난 여러 가지 내용, 예를 들면 업계의 동향, 시장의 추이, 경쟁상태, 사업의 독창성, 필요자금, 대상기업의 현재 재무 상태 등에 대하여 사실 확인을 하고 사업의 타당성을 평가하고자 한다.

4. 사업계획서의 종류와 반영 요소

1) 사업계획서의 종류

사업계획서는 작성 목적과 용도에 따라 다양하게 작성될 수 있다. 고정형식 사업계획서는 사업계획의 형식이 미리 정해져 있는 사업계획서를 말한다. 창업투자회사, 금융기관, 정부 기관 등에서는 사업계획 형식을 미리 작성해 놓고 신청자들에게 주어진 형식에 따라 사업계획을 작성하도록 하는 경우가 많다. 이는 자신들의 평가목적인 용도에 따라 필요한 사항 중심으로 기술토록 하기 위해서이다.

자유형식 사업계획서는 사업계획 작성자가 임의로 결정한 형식에 따라 작성한 사업계획을 말한다. 자유형식 사업계획서를 작성할 때도 사업계획서에 포함되어야 할 내용은 고정형식 사업계획서의 경우와 유사하며, 자유형식 사업계획서를 작성할 때 포함되어야 할 내용과 형식은 그 구성 형식에 따라 약식 사업계획서와 완전 사업계획서로 구분할 수 있다.

약식 사업계획서란 사업계획의 모든 내용을 자세히 포함하지 아니하고 요점만 간략히 정리한 사업계획서를 말하며, 이에는 사업 기회의 핵심에 대한 정보와 분석, 회사가 누릴 수 있는 경쟁적 우위, 그리고 창업자의 창조적 통찰에 대한 사실적 설명이다. 완전 사업계획서는 사업계획의 모든 사항을 상세히 포함하는 사업계획을 말한다. 사업계획서의 용도와 주요 내용, 사업계획서의 형태를 정리하면 다음의 〈표 8-1〉과 같다.

〈표 8-1〉 사업계획서의 유형

용 도	내 용	사업계획서 형태
내부 운영용	·사업 운영용 ·투자 검토용	비정형 사업계획서
자금조달용	·투자유치용(벤처캐피탈, 엔젤투자자, 주식공모, IR) ·금융기관 대출 신청용	비정형 사업계획서
	·정책자금(융자, 출연) 신청용 ·신용보증 신청용 ·은행 자금 신청(신용조사)용	정형 사업계획서
인허가용	·창업 사업계획 승인용 ·각종 인허가용	정형 사업계획서
기술 평가용	·기술 담보가치 평가용 ·벤처기술평가/이노비즈기업 평가 ·코스닥 예비 심사를 위한 기술평가 등	정형 사업계획서
대외업무용	·사업제안, 전략적 제휴, M&A 용 ·협력업체 등록 또는 백화점(할인점) 입점용 ·공공기관 입찰 또는 등록 ·대리점 또는 가맹점 모집용	비정형 사업계획서
기타용도	·창업보육센터 입주 신청용 ·창업경진대회 참가용 등	정형 사업계획서

사업계획서의 용도에 따른 작성 주요 포인트는 아래와 같다.

(1) 내부 운영용 사업계획서

내부용 사업계획서에서 강조해야 할 내용은 ① 사업환경분석 : 사업의 필요성을 입증할 수 있는 시장환경 또는 마케팅 환경 등에 관한 사항, ② 비즈니스 모델 : 고객모델, 운영모델, 전략 모델, 수익모델에 관한 구체적인 사업모델을 제시하고 전략과 실행 계획에 관한 내용을 설명, ③ 마케팅 전략 : STP 전략과 마케팅 믹스 전략 등을 통해 상품 및 서비스 개발계획, 유통경로별 가격구조와 마진, 수익 규모 등에 관한 사항을 작성, ④ 수익성 분석 : 투자에 따른 매출 및 이익 금액을 추정하고 경제성 분석에 관한 내용을 산출하여 검토함을 중심으로 작성한다.

(2) 자금 신청용 사업계획서

자금 신청요인 경우 ① 차입금 현황 : 금융기관별 차입금 금액, 대출일, 만기일, 이자율, 담보 및 보증현황 등을 작성, ② 투자계획 : 시설자금, 기술개발자금, 운전자금 등 투자금액에 대해 세부적으로 작성하며, 필요할 때 세부 견적내용 첨부, ③ 자금수지계획 : 투자되는 필요자금에 대해 자기 자금과 타인 자금에 관한 내용을 작성하며, 구체적인 조달방안에 관한 내용을 제시, ④ 이익계획 : 이자 및 원금상환계획 조건을 고려하여 연도별 이익 또는 현금흐름이 적정하게 산출될 수 있도록 작성함이 중요하다.

(3) 투자유치용 사업계획서

투자요청용일 경우 주요 작성 내용으로는 ① 회사 비전 : 회사의 사업 방향 및 목표를 달성하기 위한 전략을 작성, ② 시장 규모 및 전망 : 국내외 시장 규모 및 수요예측, 예상 점유율 등 중장기 전망 및 시장경쟁력을 작성, ③ 기술의 특징/독점성/차별화 : 제품 기술에 대한 독점성, 경쟁 기술 및 대체기술과 차별성과 함께 개발 로드맵을 통해 사업 성공 가능성 작성, ④ 투자계획 : 투자되는 자금의 사용 용도 및 일정에 관한 계획의 작성, ⑤ 이익계획 : 투자 자금의 회수 시점, 수익률 추정이 가능한 이익 및 현금흐름과 투자 제안(주식발행 조건 및 투자금 회수방안 등에 관한 내용)에 관한 내용이 있다.

(4) 사업제휴용 사업계획서

타 기업과 제휴를 하고자 할 때 사업계획서는 ① 사업목적 : 현재 사업의 문제점과 필요성, 사업 방향, 수요예측 등에 관한 내용을 작성, ② 사업효과 : 사업제휴에 따른 매출액 및 이익, 기업 및 브랜드 가치, 회원 수의 증가 등 사업효과에 관한 사항을 정량적으로 작성, ③ 사업 영역 및 범위 : 각 사의 업무 내용 및 범위, 역할, 추진 일정 등을 작성하고, 필요할 때 사업실행에 따른 소요 금액 및 사업추진 방법 등을 설명, ④ 수익구조 : 매출 및 수익의 발생 흐름과 이익 배분 방법 및 절차 등에 관한 내용을 작성할 필요가 있다.

(5) IR(Invest Relation)용 사업계획서

기업설명용 사업계획서의 주요 사항으로는 ① 사업 방향 : 현재 사업내용과 실적, 향후 사업 방향 및 계획 등에 관한 내용을 작성, ② 경영전략 : 신규 사업, 투자, 개발 등 사업 및 경영전략, 전반에 관한 내용을 사업 부문별로 작성, ③ Financial Highlight : 매출계획과 함께 성장성, 수익성, 안정성 등 재무 현황 전반의 실적과 계획에 관한 내용을 작성, ④ Invest Summary ; 사업환경, 내부역량과 성장 가능성, 수익성, 사업모델 등에 관한 내용을 작성한다.

사업계획서의 작성 시점에 따라서는 최초 사업 시작 시 작성하는 서술형 사업계획서, 투자자에게 사업을 제시할 때 제시하는 요약사업계획서, 그리고 발표용 사업계획서인 프레젠테이션용 사업계획서가 있다.

요약사업계획서는 30초 이내에 사업의 개요와 필요성, 성공 가능성을 설명할 수 있을 정도의 양으로 작성하여 이해관계자를 설득하는 데 사용한다. 엘리베이터를 타고 내리기 전까지의 시간만 주어진다고 하여 엘리베이터 테스트라고도 한다. 작성의 유형은 일반적이고 현황과 강점을 중심으로 설명할 때는 개조식으로, BM 사업이거나 그림으로 표현함이 적합할 때는 도식형으로, 경쟁제품이나 기업이 분명할 때는 장단점을 비교하는 도표 비교형이 유용하다.

서술형 사업계획서는 PT 용과 대비되는 것으로, 내부 검증용 또는 VC에 사업계획서만 우선 제시할 때 사용한다. 논리적이고 정확한 표현으로 작성되어야 하는 일반적이고 전형적인 사업계획서이다.

프레젠테이션용 사업계획서는 IR 용으로 발표 도구이기에 편리해야 한다. 작성 시 주요 지침으로는 다양한 유형의 자료(통계/사례/인용문 등)를 준비하여 활용하는 것이 효과적이다. 자료구성에 있어 가능한 형상화된 규칙과 구조를 사용하며, 주요 항목은 7개 이내로 하라. 발표 시간에 맞추며, 적절한 글자 크기의 사용 및 페이지를 기재하라. 지나치게 화려한 색상 및 미디어 효과 사용을 지양하는 것이 좋다.

2) 사업계획서의 반영 요소와 작성 원칙

사업계획서는 사업의 기회와 이를 성공으로 이끄는 데 필요한 자원이 무엇이고, 언제, 어느 정도인지를 확인하고 이에 부합되도록 작성되어야 한다. 사업계획서가 이러한 조건을 충족하려면 주요 영향 요소들을 반영하고 있어야 하는데 이러한 영향 요소로 고려되어야 할 내용은 기회, 외부환경, 사람, 위험과 보상이 주된 내용이다. 이러한 요소가 반영된 요약이 포지션 선언문(Statement of Position)이다.

사업의 포지션 선언문은 경영팀의 구체적 활동 계획을 표시하고, 간결하고 효과적 설명 및 미션에 공감할 수 있도록 기술하는 것을 말한다. 이의 형식은 "ⓐ 필요와 기회의 제언, ⓑ 목표 고객을 대상으로, ⓒ 이점–구매 동기부여, ⓓ 제품/기업명은 제품/기업영역을, ⓔ 주 경쟁자와 다르게 활동할 것이다."로 정리하고 있다.

사업계획서 반영 요소의 세부 작성법으로 사람에 대하여는 인적 자원의 강점을 설명하라. "나는 사람에 투자하지, 아이디어에 투자하는 것이 아니다."라고 말한 미국의 유명한 벤처캐피탈리스트 Author Rock의 경구는 사람의 중요성에 대하여 단적으로 표현하고 있다. 노련한 투자자들은 사업계획서를 볼 때 구성원의 이력서를 먼저 본다. 이를 통해 창업멤버들이 알고 있는 지식과 사람, 창업자 자신의 인지도를 평가한다.

기회에 대하여는 수익 기회를 명확하게 밝혀라. 새로운 사업의 경쟁자는 누구인가?, 경쟁자들은 어떠한 자원을 가지고 있는가?, 그들의 강점과 약점은 무엇인가?, 새로운 기업의 진출에 대해 그들은 어떠한 반응을 보이고 있는가?, 경쟁자들의 반응에 어떻게 대응할 수 있는가?, 나와 같은 기회를 발견하고 이용할 수 있는 사람은 누구인가?, 경쟁사를 합병 등의 방법으로 흡수할 방법은 있는가? 등에 대하여 명확히 표시하라.

외부환경에 대한 통찰력을 보여주라. 환경의 변화는 매력이 없는 사업을 매력적으로 바꾸기도 하고, 매력 있는 사업을 별 볼 일 없게 만들기도 한다. 외부환경의 변화가 자신의 사업에 도움을 줄 것인지, 방해할 것인지에 대한 통찰력을 보여야 한다. 사업계획서에 나타난 외부환경이 필연적으로 변한다는 사실을 인식하고 그러한 변화들이 사업에 미치는 영향을 예측해야 한다. 창업자가 외부환경을 유리하게 바꿀 수 있다면 그 방법에 대하여 설명하여야 할 것이다.

위험과 보상은 위기관리 대책과 투자자 보상책을 밝히는 것이다. 벤처창업은 기술 위험, 시장위험, 관리위험 및 재무적 위험을 수반하며, 이러한 위험을 어떻게 관리하는가에 따라 사업의 성패가 결정된다. 따라서 미래를 정확하게 예측하기는 힘들지만, 잠재적인 투자자들에게 위험과 보상의 유형과 정도를 설명할 수 있어야 할 것이다. 전문 투자자들은 회수에 대한 광범위한 대안을 가진 기업을 선호하며, 기업이 그 대안을 유지하고 지속해서 발전시키기를 원한다.

사업계획서의 작성 원칙은 이해의 용이성, 간결성과 명료성, 객관성과 주관성, 일관성과 정확성, 독특한 개성 등의 기준이 제시되고 있다. 상세 내용은 다음의 [그림 8-1]과 같다.

이해가능성 (이해용이성)	- 비전문가도 이해할 수 있도록 쉽게 작성하여야 함 - 내용이 충분하고 핵심에 충실하여야 하며 전문용어는 풀어서
간결성과 명료성	- 간결하고 명료하면서도 분명한 메시지 전달이 중요 - 적정한 용량은 20분 / 3MB 이내
객관성과 주관성	- 객관적인 데이터에 근거하여 주관적인 판단을 설명하되 객관적인 사실과 주관적 판단을 분명히 구분해야 함 - 사실과 추정을 구분하기 위해서는 반드시 자료의 출처를 명기하고 추정의 근거를 밝혀야 함
일관성과 정확성	- 내용의 일관성 : 체계적이고 일관된 흐름과 주제를 가져야 함 - 표현의 일관성 : 편집방식이나 단위 등의 표현 방식 통일을 의미
독특한 개성	- 사업계획서도 '비교우위의 차별성'을 가져야 함 - 자신의 기업의 특성과 업종의 특성을 고려하여 차별성을 표현

[그림 8-1] 사업계획서 작성 원칙

5. 사업계획서 작성 순서

사업계획서는 그 목적, 용도 및 제출기관에 따라 내용상 차이가 있으며, 분량과 첨부서류에도 큰 차이가 난다. 사업계획서 작성 전에 미리 기본계획과 작성 순서를 정하여 작성하여야만 시간과 노력을 절약할 수 있으며 내용도 충실해질 수 있다.

사업계획서는 아이디어의 개발, 아이템 선별 후 선별된 아이템이 처해있는 환경을 분석한다. 분석된 환경조건을 바탕으로 타당성 검토를 수행하고, 비즈니스 모델을 수립한 후 이를 구체적으로 실행하기 위해 작성하는 것이다. 작성 시점은 다음의 [그림 8-2]와 같다.

단계	내용	결과
아이디어 개발	① 아이디어 개발 ② 아이디어 선별	-
아이템 선별	① 제품탐색법 ② 욕구탐색법	아이템 방향
(환경 분석)	① 외부환경 분석 ② 내부역량분석	SWOT 분석
사업타당성 검토	① 시장성 분석 ② 기술성 분석 ③ 수익성 분석	추정재무제표
사업모델 수립	① 고객모델 ② 전략모델 ③ 운영모델 ④ 수익모델	-
사업계획서 작성	① 소개 ② 분석 ③ 전략/계획 ④ 이익/자금	용도별 사업계획서

[그림 8-2] 사업계획서 작성 시점

사업계획서의 작성 절차는 예비절차와 본 절차의 단계를 거쳐 수행된다.

예비절차는 먼저 사업계획서 작성의 목적에 따라 기본방향을 설정한다. 이에는 사업계획서의 용도를 확인하고, 사업계획서의 종류를 검토하는 단계이다. 다음으로 사업계획서 작성 목적 및 제출기관의 소정 양식을 검토한다. 이때 사업계획서의 용도를 분류하고, 사업계획서의 종류를 구분하여 적합한 형태를 선택한다.

본 절차는 선택된 사업계획서의 용도와 형식에 부합하는 사업계획서를 작성하기 위한 사업계획서 작성계획을 수립한다. 이때에는 계획의 기본요점을 정리하고, 세부적인 유의 사항을 검토한다. 다음으로 사업계획서 작성에 직접 필요한 자료와 첨부서류 검토한다. 각종 정보수집 및 정리와 작성 시 필요한 보조자료를 검토한다. 구체적으로 회사개요, 제품, 서비스, 시장, 경쟁사, 마케팅, 운영 활동, 경영팀, 재무 정보 등에 대한 정보를 수집한다.

자료 수집을 마치면 작성해야 할 사업계획서의 서식(form)을 결정한다. 용도에 따라 양식을 선택한다. 기본 틀의 구성은 총괄 요약문, 회사개요, 제품, 서비스, 시장분석, 경쟁자 분석, 마케팅 계획, 경영팀, 재무 정보, 첨부서류 순이다. 이후 용도에 맞는 사업계획서를 작성하고 편집, 최종 확인 및 점검 후 제출한다. 사업계획서의 실질적 작성 순서는 다음의 [그림 8-3]과 같다. 사업계획서 작성 책임에 있어 top-down인지 down-top인지를 확정하여 최종 확인자를 명시할 필요가 있다. 다만 이해관계자(잠재참여자, 잠재투자자 등)는 경영자의 사업계획서를 원한다.

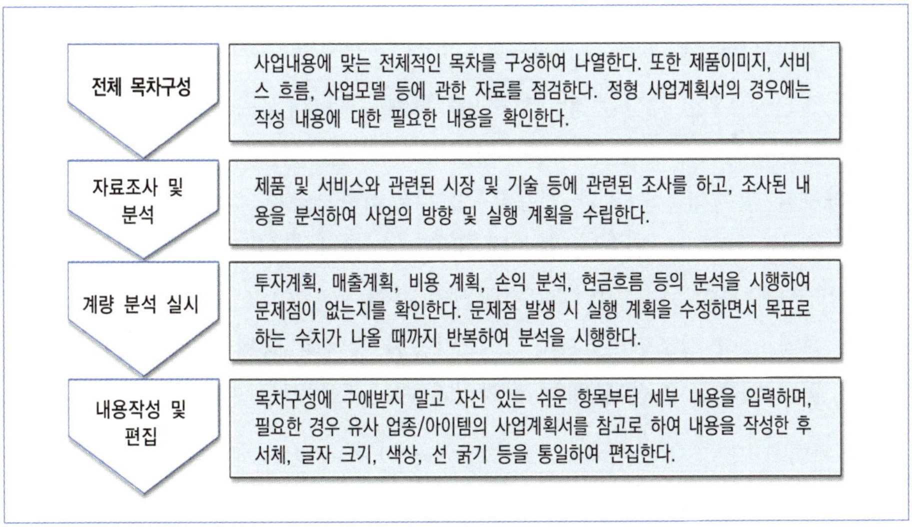

[그림 8-3] 사업계획서 작성 순서

6. 사업계획서 작성 유의 사항

사업계획서의 작성자는 내부와 외부의 인력을 활용할 수 있다. 사업계획서는 내부자 작성을 원칙으로 하고 외부 전문인력의 조력을 받는 것이 좋다. 사업계획서는 사업 주체의 기회에 대한 이해를 바탕으로 작성될 때 정확한 사업계획서가 될 수 있으며, 작성 과정에 처음 구상했던 전략이나 전술과 다른 방안을 검토할 수도 있고, 그 결과도 추정함으로써 최상의 방안을 도출할 수 있기 때문이다. 아울러 해당 사업에 필요한 인력과 재정적 요건도 확인할 수 있기 때문이다. 다만 부족한 부문에 대한 전문적 보완과 검증은 외부인력의 도움을 받을 필요가 있다. 사업계획서의 독자로 내부 독자는 창업자, 이사회, 경영진, 종업원 등이 있으며, 외부로는 고객, 공급자, 판매회사, 투자자, 은행 등이 있다.

사업계획서의 작성은 누구나 사업계획서를 읽으면 창업하고자 하는 사업의 내용을 알 수 있도록 구체적으로 작성해야 한다. 내용에 실현 가능한 계획을 수립하고, 되도록 전문적인 용어를 피하고 단순하고도 보편적인 용어를 사용하여 설명해나가야 한다. 근거가 불충분한 자료 또는 비논리적인 추정은 피하는 것이 좋으며 사업의 잠재된 문제점과 발생할 수 있는 위험 요소를 기술하고, 그에 대한 대안을 제시함으로써 변화에 대한 대처 능력을 표현하는 것이 바람직할 것이다.

또한 결론에 대한 자신감 및 명료성을 보여줌으로써 사업계획의 종합 결론은 설득력 있는 내용으로 간단명료하게 작성하며, 주된 생산제품만 기술하며 부수적이고 다양한 생산제품에 관한 기술은 되도록 피함으로써 주요 내용을 강조하며 핵심을 부각할 필요가 있다. 향후 기술개발 가능성과 사업의 발전 잠재력을 강조하여 장래성을 보여주며, 인력 및 경영진의 사업 관련 이력을 기술함으로써 사업 주체의 경영 능력 강조한다. 자체 조달 가능한 자금의 명세와 규모를 정확히 표현하는 등 사업계획 전반에 대한 정확성과 자금조달 가능성을 보여줌이 좋다.

사업계획서 작성 시 창업자가 갖지 않아야 할 자세로 첫째, 사업계획서 작성은 지루한 작업이다. 둘째, 사업계획서는 복잡하다, 셋째, 나는 사업계획서를 작성할 필요가 없다. 넷째, 사업계획서는 단 한 번만 작성하면 된다는 것에 있다.

성공 사업계획서 작성 지침으로는 첫째, 독자에 맞는 사업계획서를 준비하라. 둘째, 포괄적으로 충분히 검토한 후 다시 작성하라. 셋째, 외부전문가의 의견을 구하라. 넷째, 쉽게 해당 항목을 찾을 수 있게 작성하라. 다섯째, 통계자료에 기초하여 예측하라. 여섯째, 인터넷을 사용하라. 그리고 구두 프레젠테이션에 대비한 구성과 자료의 준비가 필요하다.

7. 사업계획서의 구성 및 내용

사업계획서의 구성은 사업내용의 요약, 회사소개 및 아이템의 소개를 포함하는 사업 전반에 대한 소개 부문과 시장 및 내부역량 등 환경 분석 부문, 투자 및 생산, 판매 등 운영계획 부문, 그리고 재무정보과 투자자에 대한 제공정보를 포함하는 이익 확인 부문으로 구분할 수 있다.

현재 사용되고 있는 각종 사업계획서의 내용은 그 해당 용도에 따라 여러 가지의 계획내용을 포함하고 있으나 종류별 사업계획서의 형식은 거의 유사하며 이들 각 사업계획서의 전체 내용을 종합하여 표준사업계획서를 제시하면 다음의 [그림 8-4]와 같다.

1. 기업체 현황
   - 회사 개요
   - 업체 연혁
   - 창업 동기 및 기대효과
   - 사업 전개 방안 및 향후 계획
2. 조직 및 인력 현황
   - 조직도
   - 조직 및 인력구성의 특징
   - 대표자 및 경영진 현황
   - 주주 현황
   - 관계회사 내용
   - 종업원 현황 및 고용 계획
   - 교육훈련 현황 및 계획
3. 기술 현황 및 기술개발 계획
   - 제품(상품)의 내용
   - 제품(상품) 아이템 선정 및 사업 전망
   - 기술 현황
   - 기술개발투자 현황 및 계획
4. 생산 및 시설계획
   - 생산 및 시설현황
   - 생산공정
   - 원·부자재 사용 및 조달계획
   - 시설투자 계획
5. 시장성 및 판매계획
   - 관련 산업의 최근 상황
   - 동업계 및 경쟁회사 현황
   - 판매 현황
   - 시장 총규모 및 자사 제품 수요 전망
   - 연도별 판매계획 및 마케팅 전략
6. 재무계획
   - 재무 현황·재무추정
   - 향후 수익 전망
7. 자금 운용 조달계획
   - 소요자금
   - 조달계획
   - 연도별 증자 및 차입계획
   - 자금조달 상 문제점 및 해결방안
8. 특정 분야별 계획
   - 공장입지 및 공장설립계획
   - 자금조달
   - 기술개발 사업계획
   - 시설 근대화 및 공정 개선계획
9. 첨부서류
   - 정관
   - 등기부등본
   - 사업자등록증 사본
   - 최근 2년간 결산서류
   - 경영진·기술진 이력서
   - 공업소유권(특허·실용신안·의장) 및 신기술 보유 관계 증빙서류
   - 기타 필요서류

[그림 8-4] 사업계획서의 구성

표준사업계획서에는 요약사업계획서(총괄 요약문)를 제외하였는데, 요약사업계획서는 본 사업계획서와 별도로 작성되어 이해관계자, 특히 벤처캐피탈 등 투자자와 잠재적 참여자 등에게 우선하여 제시된다. 이는 사업계획에 대한 이해관계자의 관심을 확인하거나 유도할 수 있으며, 사업의 기회에 대한 보호의 목적도 있다.

사업계획서 작성 단계에 따른 결과물을 검토하면 사업계획서의 작성 진행 수준에 따른 진척 사항과 내용을 확인할 수 있다. 전체적 흐름은 다음의 [그림 8-5]와 같다.

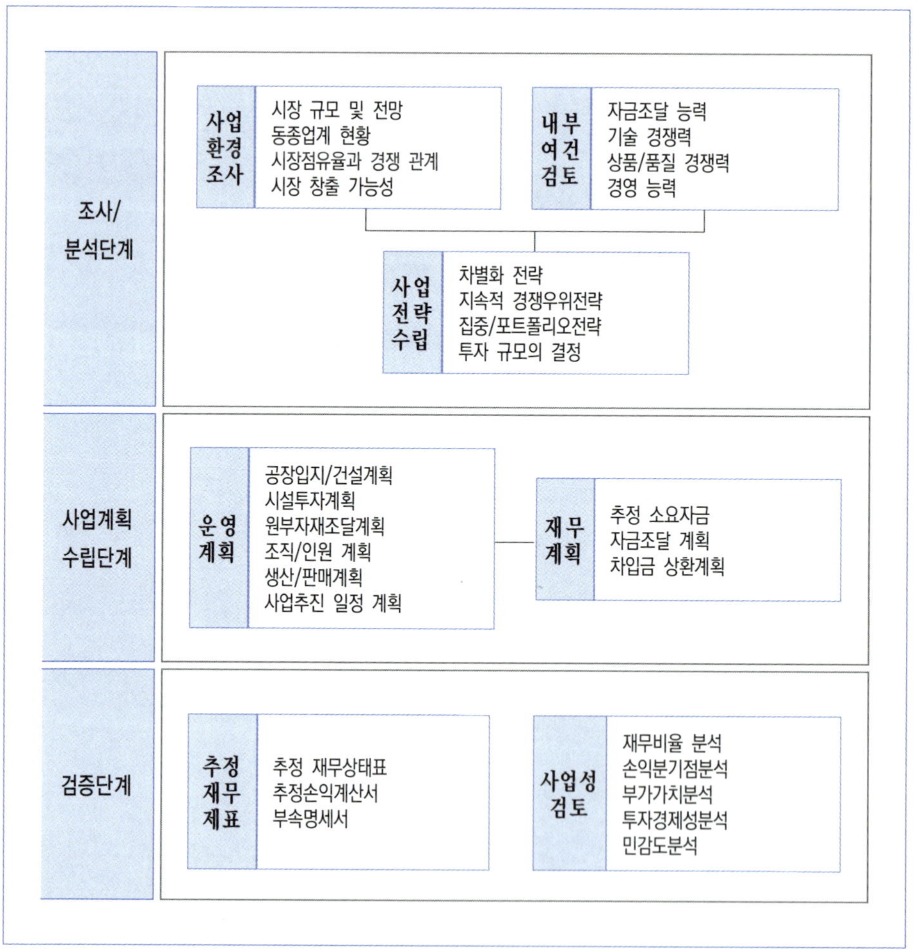

[그림 8-5] 사업계획서 작성 단계와 결과물

제2절 사업계획서 작성 방법

사업계획서의 작성은 사업계획서 부문별 작성 요령을 이해하고 본인이 직접 작성해 보아야 하며, 작성 요령을 잘 숙지하여 활용하면 훌륭한 사업계획서를 만들 수 있을 것이다. 사업계획서를 만드는 기술은 사업을 성공시키는데 필요한 기술과 반드시 일치하지는 않는다. 이해관계자들은 창업 팀의 기회에 대한 이해와 분석 및 그에 대한 헌신을 보려는 것이다. 그들은 컨설턴트가 아니라 팀과 리더에게 투자하는 것이다.

사업계획서의 핵심은 시장 기회의 분석과 경쟁성 분석, 그리고 결론으로 얻게 되는 성공할 수 있는 경쟁전략에 대한 분석이다.

1. 사업계획 총괄 요약문

사업계획서 총괄 요약문은 사업계획서의 전체 내용을 요약한 것이 아니다. 또한 요약문은 사업계획서의 서론 부분이 아니며, 사업계획서의 머리말도 아니고, 주요 사항만 임의로 모아 놓은 것이 아니다.

총괄 요약문은 사업계획서 내에 있는 매우 짧은 간결한 사업계획서로 청사진, 사업개념 인식 또는 정의를 주 내용으로 한다.

총괄 요약문의 목적은 대내적으로는 작성 과정을 통해 사업내용을 구체화하며, 우선순위를 결정할 수 있으며, 사업계획서 작성의 지침이 되고, 경영진의 조기 참여를 유도할 수 있다. 대외적으로는 사업계획서의 사전검토와 사업 보호, 사업에 관한 독자의 관심과 상상력 유인, 사업계획서의 세부 내용에 관한 관심 제고 및 사업계획서 나머지에 대한 음미 기회를 제공한다.

총괄 요약문의 작성 시기는 사업계획서를 작성하기 전에 총괄 요약문의 초안을 작성하고, 본 사업계획서를 작성한 후 총괄 요약문을 수정 작성함이 바람직하다. 총괄 요약문 작성 시 기술적 고려사항으로는 2~3쪽 이내로 가능한 한 짧으면서 전체 사업계획서를 읽기 쉽도록 관심과 흥미를 유도하게 작성하여야 한다. 사업의 독특함을 설명할 수 있도록 사업의 기회에 초점을 맞추며, 강조점이나 의견에 대한 근거 자료가 본문에 있음을 확신시켜라. 사업개념, 목표시장, 재무예측 등의 근거로 구체적 숫자를 사용토록 하라. 투자의 세부적 내용을 기재하고, 설명력에 대한 검토를 다양하게 하라

2. 회사 및 사업 개요

회사소개와 자사 제품과 서비스에 대한 컨셉, 그리고 경쟁을 벌일 업종과의 중복영역은 중요한 고려 대상이다. 회사의 미션인 사업의 목적에 대한 정의와 목표시장에 대한 명시가 중요하다. 회사의 과거 역사(배경), 회사의 현재 상태(강점과 약점), 회사의 미래 목표(전략), 법률적인 이슈 및 소유권, 주요 경영자와 회사의 중요한 일정표를 제시하여야 한다.

작성 시 기술적 고려사항으로는 회사 개요에 있어 제품과 서비스에 대하여 5W1H를 사용하는 등 명확하게 설명한다. 시장의 특성과 회사의 초점을 정확히 설명하라. 작은 기업일수록 사업을 구체적으로 정의, 설명하라. 기 진행 상황이 있다면 간략히 언급하고, 손실이나 소유권변동이 있다면 설명하라. 경영진에 대한 프로필은 장황하지 않게 하나 사업과 관련 있는 경력은 기재하라(경영팀에 관한 내용 별도로 작성한다).

작성 주요 내용으로는 산업 현황, 회사의 개요, 제품과 서비스, 진입전략과 성장전략 등이 있다. 산업 현황은 제안된 사업이 진행될 동일 산업계의 현 상황과 업계의 구조를 설명한다. 시장의 규모, 성장추세, 경쟁사들을 간단히 제시하고, 신제품이나 신기술, 새로운 시장과 고객, 새로운 자원의 조건, 새로운 시장 진입자와 퇴출자, 사업에 긍정적으로나 부정적으로 영향을 미칠 국가적 또는 경제적 동향과 요인들을 설명한다.

회사의 개요에는 사업의 컨셉, 주요 사업의 내용, 제공할 제품과 서비스, 그리고 주요 대상 고객을 개략적으로 설명한다. 사업 배경을 설명한 후 창업 시기를 적시하며, 회사의 이념이나 비전을 제시하라. 사업과 관련한 회사의 발자취를 간략히 기술하고, 과거의 경영실적을 제시한다. 과거의 낮은 성과가 있다면 이도

기술하고 그러한 상황의 재발 방지와 영업의 개선을 위한 현재와 미래의 노력을 설명한다.

판매할 제품과 서비스의 일차적인 사용뿐만 아니라 중요한 2차적 사용까지 포함해서 설명한다. 제품과 서비스의 고유한 특성을 강조하고 이것들로 어떻게 의미 있는 가치를 만들거나 부가할 수 있는지를 강조하라. 현재의 시장 상황과 제품이 출시되었을 때의 시장과의 차이점에 초점을 맞추어서 제시하라. 제품에 대한 단점(노후화를 포함한다)에 대한 설명도 포함한다. 제품의 현 개발 단계를 제시하고 완전한 개발 및 시장에의 출시까지의 시간과 비용을 제시하라. 업계에서 우위를 점할 수 있는 제품의 특징을 설명하고, 산업재산권 등 독점적 특성을 제시한다.

마케팅 계획의 핵심적인 성공변수(제품의 혁신성, 타이밍의 우위, 마케팅의 방법 등)를 제시하고, 처음 5년간의 성장에 대한 예측 및 시장진입 및 성장전략의 도출 근거를 설명한다. 이에는 기회와 부가가치, 다른 경쟁적 우위(경쟁사의 약점 같은)에 관한 내용이 제시되어야 한다.

3. 시장분석

시장분석의 중요성과 시장분석의 정보가 사업계획서의 다른 부분에 결정적 영향을 준다는 점에서 창업가는 이 부분을 가장 먼저 검토해야 한다. 사업계획서의 여러 부분 중 가장 어렵고 중요한 부분이기도 하다. 여기서 제공되는 정보는 경쟁적 상황에서 시장이 확대되고 있을 때 자신의 기업이 시장을 장악할 수 있다는 점을 보여주어야 한다.

일반적으로 산업분석, 목표시장 분석, 경쟁자 분석 등이 이루어진다. 산업분석은 유사 제품을 공급하는 모든 기업이나, 밀접하게 관련된 다른 산업, 그리고 이들을 지원하는 공급 및 유통시스템에 대한 분석이 이루어진다. 또한 산업 규모, 시장, 제품, 유통시스템, 성장추세에 대한 정보를 과거, 현재, 미래로 구분하여 작성한다.

목표시장 분석은 누가 우리 제품에 관심이 있고, 그 시장에의 접근방안 및 적합한 판매경로 선정의 기초가 된다. 목표시장 분석의 내용으로는 목표시장이 무엇이며, 규모는, 세분화 정도는, 시장의 추세 등을 파악한다. 또한 소비자나 경쟁자에 대한 인식으로 소비 의사결정 요인은 무엇이며, 경쟁 상황은 어떠한지를 확인해야 한다. 아울러 이에 대한 대응(방어) 전략을 수립한다. 대응 전략에는 인구통계학적 특성, 지정학적 특성, 심리적 특성, 소비 형태 특성 등 고객 특성을 고려해야 한다. 또한 회사의 기대성장률을 생각할 때 주요 제품의 잠재고객은 충분한가?, 산업의 성장 여부는 어떠한가? – 성장산업이어야 가치 있는 시장이다 – 와 같은 시장조사가 이루어져야 한다.

다음으로 경쟁자 분석이 이루어져야 한다. 경쟁자가 없다고 생각하는 것은 시장 상황에 대한 깊이 있는 검토가 없었다는 것으로 인식되어 독자에게 신뢰를 상실하게 된다.

경쟁자 프로파일을 검토하여 누가 당신의 경쟁자인가?, 그들의 기본특성은 무엇인가? 등을 확인하여야 하며, 시장점유율, 강점과 약점의 비교, 제품 특성, 이미지, 고객 관계 등과 같은 시장변수, 재정이나 다양성과 같은 기업변수, 잠재 경쟁자 및 대체재, 진입장벽, 경쟁자 정보 원천 등의 내용을 확인하여야 한다.

이러한 시장분석 및 경쟁자 분석 중 중요한 요소들에 관한 내용을 정리하면 다음과 같다.

첫째, 고객으로 제품의 주요 고객이 누가 될 것인지를 검토한다. 잠재고객들은 공통된 특징과 정체성을 지닌 비교적 동질적인 집단으로 분류되어야 한다(고객 세분화). 예를 들면 자동차 부품은 제조사와 정비업체에 공급하는 유통업체 두 군데를 고객으로 할 수 있고, 이에 따라 두 개의 세분시장에 대한 검토가 이루어져야 한다. 각 세분시장에서 주요 구매자들은 누구이고 어딘지를 나타내어라. 또한 고객에의 접근이 쉬우며, 잘 받아들여지는지, 고객이 어떻게 구매하는지(유통경로), 그 조직에서의 의사결정은 어느 부서에서 내리는지, 그리고 이 결정에 걸리는 시간 등을 검토한다. 고객의 구매과정을 설명하되, 구매 결정에 미치는 요소(가격, 품질, 시간, 배달, 훈련, 서비스, 인맥 또는 정치적 압력 등)에 대한 근거와 현재의 구매 결정을 바꾸게 될 이유가 포함되어야 한다.

현재 확보된 주문, 계약 또는 MOU 등을 제시한다. 이것은 강력한 영향력을 가지는 자료이다. 제품에 관해 관심을 보이는 잠재고객 명단과 그들이 관심을 두는 이유도 설명한다. 또한 관심을 보이지 않는 잠재고객과 그들의 이유도 기술하고, 부정적 고객 반응을 극복할 방안도 제시한다. 시장에서 얼마나 빨리 제품이나 서비스를 수용할 것인지를 확인한다. 현재 사업을 하고 있다면 현재의 주요 고객명단과 판매 동향을 제시한다.

둘째, 시장 규모와 동향에 대한 검토의 제시이다. 향후 5년간의 총 시장 규모와 시장점유율을 세분 시장별로, 지역별로, 국가별로 나누되 출시할 제품에 대하여 단위별, 가격별, 잠재 수익별로 제시한다. 또한 주요 고객집단별, 지역별, 국가별로 3년간의 전체 시장 잠재성장률을 제시한다. 시장 성장에 영향을 미치는 주요한 요인(업계 동향, 사회경제적 추세, 정부 정책, 인구통계학적 변화 등)들과 과거의 시장추세를 검토한다. 과거와 미래에 예상되는 성장률의 차이를 설명해야 한다.

셋째, 경쟁과 경쟁우위에 관한 것으로 경쟁사에 대한 장단점을 현실적으로 평가한다. 대체품을 평가하고, 국내외의 공급기업의 목록을 제시한다. 경쟁상품이나 대체품을 시장점유율, 품질, 가격, 성능, 서비스, 보증조건 등 기타 관련 사항을 근거로 비교한다. 고객과 경쟁사가 제공하는 경제적 이익 측면에서 자사 제품이 창출하는 근본적인 가치를 비교한다.

기존 제품의 장단점을 검토하여 이들이 고객의 요구를 만족시키지 못한 이유를 제시한다. 개선된 제품과 시장 우위를 점할 수 있게 허용한 경쟁사의 약점을 기술한다. 예를 들면 불친절하다거나, 대응하지 않는다거나, 변화를 감지하지 못한다거나 등이 있다. 경쟁사들의 시장점유율, 매출액, 유통방법, 생산능력 및 재무 상태, 비용구조, 수익성, 이윤추세 등을 검토한다. 서비스, 가격, 성능, 비용, 품질 면에서 시장의 선두는 누구이며, 최근에 퇴출당하거나, 새로 진입한 회사에 있어 진입과 퇴출의 이유를 설명한다.

주요 경쟁사의 고객이 구매하는 이유와 떠나는 이유를 검토하며, 경쟁사의 영업에서 취약점과 자사의 경쟁우위를 설명한다. 무엇 때문에 그들과의 경쟁이 쉽거나 어려운지를 설명하고, 특히 특허와 같은 독점적 이익을 통해 얻어지는 경쟁적 우위를 제시한다.

넷째, 시장점유율과 매출추정치를 제시한다. 제품이 현재나, 잠재적인 경쟁에 직면했을 때 팔릴 수 있는 이유를 설명한다. 구매계약을 했거나, 하려고 하는 주요 고객을 제시하고 이들 계약의 범위와 성립이유를 제시한다. 미래의 주요 고객에 대한 것도 기술한다.

제품의 장점, 시장 규모와 동향, 고객, 경쟁사와 제품, 전년도의 판매 동향에 대한 평가에 근거하여 다음 3년 동안의 시장점유율과 매출액 추정치를 제시한다. 이때는 사용한 주요 가정을 명시하여야 한다. 매출 성장과 평가된 시장점유율이 업계의 성장, 고객 및 경쟁사의 장단점과 어떻게 연관되어 있는지를 보여준다. 현재 사업이 진행되고 있다면 전체 시장, 당신 회사의 시장점유율, 지남 2년간의 매출액도 제시하라.

마지막으로 지속적인 시장평가에 대한 제시이다. 고객의 욕구와 서비스를 평가하고, 제품의 업그레이드와 신제품 개발계획, 생산시설의 확장계획의 범위를 정하고, 제품의 가격을 결정하기 위해 지속해서 목표시장을 어떻게 평가해 나갈 것인지를 설명한다.

시장분석 작성 시 기술적 고려사항으로는 산업의 성장추세를 설명할 때 구체적으로 그 이유를 설명해야 하며, 산업분석은 경쟁 상황이 아니라 당사와 경쟁사가 어디에서 경쟁하는지를 설명하는 것이다.

시장 상황을 설명할 때 추측에 의존하는 실수를 배제해야 하며, 당신 산업에 대한 부정적인 정보를 포함하는 것에 두려워 말라. 현실을 정확하게 파악하고 있음을 알리는 설명이 된다. 관련 인용 자료는 첨부하고, 고객과 시장(지역 등)을 일반화하지 말고 구체화하며, 시장에 영향을 주는 요인을 분석하고, 대응 방안을 제시함이 중요하다.

경쟁자 분석 작성 시 기술적 고려사항은 '경쟁자는 없다'라고 절대 하지 말라. 신뢰 상실의 원인이 된다. 경쟁자는 명확히 정의되지 않으므로 직접적인 경쟁자뿐 아니라 간접 경쟁자도 고려하라. 경쟁자를 보는 시야를 넓혀라. 고객이 왜 경쟁자의 제품을 구매하는지 평가한 후 강점과 약점을 분석하라. 이때 표를 이용함이 가장 효과적이다.

4. 마케팅 계획

마케팅 계획의 가장 기본적인 전제는 '당신 회사는 무엇을 판매하려고 합니까?'와 '당신의 고객은 무엇을 살려고 합니까?'이다. 고객이 원하는 요구의 달성 방법에 있어 어떤 요소들이 가장 중요하게 영향을 미치는지, 그러한 요소들의 수준이 서로 부합되는지를 검토하는 것이다. 이를 통해 예상 매출액이 어떻게 달성되는지를 보여준다.

마케팅 계획에서는, 기회를 살려 경쟁적 우위를 확보할 총괄 마케팅 전략을 세밀하게 작성해야 한다. 이에는 제품정책, 가격정책, 유통정책, 판촉 및 광고 정책을 포함한다. 또한 언제 누가 무슨 일을 해야 할 것인지도 설명되어야 한다.

총괄 마케팅 전략에는 회사가 가진 분명한 마케팅 전략을 설명하고, 목표로 하는 틈새시장에서 주어진 가치 사슬과 유통통로를 설명한다. 예를 들면, 이미 주문받은 고객과 우선 판매 노력을 기울일 대상, 그리고 2차 대상 고객을 구분 제시한다. 또한 잠재고객의 특성을 파악하고, 접근방법을 제시한다. 이에는 기존의 판매중심 시장에 임대시장의 개척과 같은 혁신적인 시장 확대 방법의 도입과 같은 예를 들 수 있다.

현금흐름 주기를 결정하는 데 기초가 되는 계절적 동향을 검토하고 비수기 판매 증진의 방안을 제시한다. 정부의 지원책 여부를 확인하고 방안을 제시한다.

마케팅에서 다루는 주요한 요소로 가격결정은 고객의 지급 의향, 경쟁자의 가격, 제품 특성이 가격에 미치는 효과에 대한 사항들이다. 이러한 가격전략은 원가 전략과 함께 기업의 이익전략을 구성하는 요소이며 가격차별화 전략에 있어서 고가 전략, 이익 극대화 전략, 저가 전략, 매출 증대 전략이 있다.

가격을 어느 정도 수준으로 정해야 ① 시장에서 받아들여져서, ② 경쟁 속에서 일정한 시장점유율을 유지하고 증대시킬 수 있으며, ③ 수익을 창출할 수 있을지를 설명한다. 참신성, 품질, 보증, 타이밍, 성능, 서비스, 원가, 효율 증진 등을 통해 부가된 가치나 고객 입장에서의 비용 회수 측면에서 당신이 정한 가격과 경쟁업체나 대체품과의 가격 차이와 당신의 가격전략을 판단한다. 당신의 가격이 경쟁사보다 가격이 낮다면 어떻게 낮출 수 있는지와 어떤 방식으로 수익을 유지할 수 있는지를 설명하여야 한다.

가격과 시장점유율, 수익 간의 상관관계를 논하는 것을 포함한 가격정책을 설명한다. 예를 들면, 더 높은 가격은 판매량을 줄일 수도 있으나, 총이윤은 증가시킨 다와 같은 것이다. 현금매출이나 대량 구매 시 할인정책을 설명한다.

제품전략이란 기업이 제공하고자 하는 제품이나 서비스의 유형과 특징을 정의하고 파악한다. 그 결과 시장 포지셔닝이 결정되는 데 제품의 독특성, 어떠한 고객의 욕구를 충족시킬 것인지, 제품에 대한 고객의 인식 및 가격의 위치, 기술 리더십, 경영자 스타일, 서비스 철학, 제품 품질 등이 복합적으로 결합하여 나타난다.

유통전략은 목표시장을 표적으로 하여 유통경로를 개척하고 유통시스템을 유지, 관리하는 활동으로 일반적으로 유통경로가 충실화될수록 소비자의 제품구매는 쉬워지나 유통 비용은 상승한다. 사업장의 위치선정은 목표시장에의 접근성이 가장 중요하다.

또한 소매업자, 도매업자, 영업직원 등 유통경로에 있는 구성원에게 주어지는 각각의 이익의 폭과 가치 사슬을 설명한다. 그리고 할인정책, 독점권 등의 정책을 설명하고, 경쟁사와 비교를 제시한다. 직접 판매팀을 유지할 계획이면 조직의 구성 방법 및 인원 등을 제시한다. 제시하거나 사용하고 있는 유통경로에 있어 특별한 문제점이나 현재의 잠재적 취약점을 언급하고, 개선방안을 제시한다.

판매촉진 활동은 제품의 매출을 늘리고 기업의 이미지를 좋게 하는 활동으로 수단만이 아니라 비용과 효과를 고려해야 한다. 이에는 판매 방법인 경로와 판매원 관리 및 촉진 활동이 있다. 판매 예상에 대비한 촉진 활동의 일정과 예산을 제시하며, 어떤 종류나 광고나 판촉 행사를 통해 제품을 소개할 것인지, 판매권자에게 제공한 판매보조물을 줄 것인지, 전시회 등이 필요할 것인지 등에 대하여 설명한다.

마케팅 계획 작성 시 기술적 고려사항으로는 고품질/저가격 정책으로 경쟁력 확보라는 정책에 독자는 의문을 가진다. 따라서 이러한 정책을 제시할 때 수익성 유지방안의 제시가 필요하다. 경쟁사 대비 고가격의 경우 그 기초를 구체적으로 제시할 필요가 있다. 경쟁사의 매장에서 구매해보고 평가하여야 하며, 경쟁사의 강·약점의 파악을 위한 판매망, 가격, 제품, 가치, 서비스, 납기 등 제 분야를 고려해야 한다. 모든 판매망이 기존의 경쟁자와 같은 기회를 나에게 준다고 전제하지 말아야 한다. 다른 요구가 있을 것을 고려해야 한다.

5. 기술 현황 및 개발계획

개발 기술의 성격 및 범위, 제품과 서비스가 시장성을 가질 수 있을 때까지 투자되는 기간과 비용을 검토한다(흔히 개발비용은 종종 낮게 추정된다는 점에 주의하라). 이러한 기술개발은 공학적인 작업이 수반될 수도 있고, 디자인의 개선 또는 특별한 기술과 장비와 직원을 찾아내어 조직하여 서비스 업무를 제공하는 것일 수도 있다.

작성 주요 내용에는 개발현황과 과업, 난관과 위험, 제품의 개선과 신제품, 개발 예산 및 독점권 문제를 포함한다. 개발현황과 과업은 각 제품과 서비스의 현재 상태와 좀 더 나은 시장성을 갖기 위해 요구되는 개발사항을 설명한다. 회사가 보유한 현재 혹은 앞으로의 개발에 필요한 역량과 전문적인 기술을 제시한다. 제시한 제품의 가치를 실현할 수 있는 시기를 제시하여야 한다. 난관과 위험은 예상되는 주요 설계나 개발상의 문제점과 해결책을 밝힌다. 설계와 개발비용에 끼칠 영향, 시장에 도입하기까지의 기간에 발생할 우려와 위험 등에 대한 논의를 포함한다.

제품의 개선은 초기 제품에 대한 설명과 덧붙여서 개선의 방향과 같은 소비자 집단에 팔 수 있는 관련 신제품이나 서비스의 계획을 제시한다. 개발과 관련한 인건비, 자재비 등의 개발 예산과 관련되는 비용을 제시하고, 예상되는 현금흐름의 예측을 포함해야 한다.

보유하고 있거나 필요한 산업재산권을 설명하고, 배타적 또는 독점적 권한을 가진 계약 내용을 제시한다. 소유권에 대한 분쟁과 같이 계류 중이거나, 타이밍에 관한 독점적 권리와 예상 시장에서의 미해결 문제의 영향에 대하여 설명해야 한다.

또한 완성된 개발제품이나 서비스에 대한 설명(제품화와 상품화), 제품 또는 서비스의 특성(경쟁사와의 차이점, 비교우위 등), 제품 연구개발 활동에 있어 기술 관리와 개발전략, 그리고 제품생산 및 보증, 수리 활동도 계획서에 포함되어야 한다.

작성 시 기술적 고려사항으로는 차별성을 강조하고, 모방에 의한 대비방안 기술을 제시하고, 핵심 성공 요인에 초점을 맞추고, 경쟁 상의 강점을 구체적으로 기술해야 한다.

6. 생산 및 운영계획

제조 및 공장 가동 계획은 공장의 위치, 필요한 시설의 종류, 소요 공간, 시설과 장비 그리고 필요한 인력을 포함한다. 제조업의 경우 생산계획에는 재고관리, 구매, 생산관리 및 판매 또는 아웃소싱(make-or-buy decisions)에 대한 정책이 포함되어야 한다.

사업상의 기본적인 영업주기를 특징짓는 조달주기를 확인하고, 계절적 수요 등에 대한 대비도 제시한다. 지리적 입지는 노동력의 조달, 고객 또는 협력업체와의 근접도, 교통의 접근성, 국세 및 지방세의 유리 여부, 공업용수나 전기와 같은 기본적 사회간접자본에의 접근성 측면에서 위치의 장단점을 설명한다.

기 창업기업이라면 현재 사용하고 있는 공장과 사무실 공간, 창고와 공장용지, 설비나 장비를 설명하고 현재의 시설이 적정한지를 설명한다. 아울러 규모에 있어 경제성을 검토한다. 창업이라면 생산에 필요한 시설을 언제 어떻게 확보할지를 제시한다.

시설과 공간을 임차할 것인지 매입(건축)할 것인지를 제시하고, 이에 따른 예산과 시간을 밝히고, 투여되는 자금이 자금조달의 어느 정도 비중을 갖는지 검토한다. 아울러 3년 이후의 판매 예상에 부합하는 장비나 시설을 추정하고, 현재 시설의 증설 및 개선계획을 제시한다. 부품의 조달 및 하청기업의 관리, 납품 관리(기일, 품질, 수량 등), 재고관리비용 및 노동의 숙련도 등 기술 외적인 문제에 대한 검토도 포함해야 한다.

고객서비스 및 불만을 최소화하기 위한 품질 관리와 검사 절차를 수립해야 하며, 제품 및 생산공정에 적용되는 국내외 규제를 확인한다. 즉, 면허, 허가, 환경 승인 등 사업착수에 필요한 사항을 기재한다. 관련 법상 또는 계약상의 의무와 책임을 검토한다.

운영 활동은 회사의 일상적인 업무의 설명으로 개념적, 이론적인 내용을 실무에서 어떻게 적용할 것인가를 검토하는 과정이다. 운영 활동에 대한 계획이 내부 목적일 경우 더욱 중요하다. 이에는 활동의 규칙, 절차 매뉴얼 작성도 필요하다.

운영계획 작성의 출발점은 계획된 활동이 회사의 성격과 성공 여부의 결정에 중요한 본질적 활동인가?, 경쟁에 있어 핵심 역량을 구성하는 중요한 활동인가?, 사업 수행과정에서 자주 직면하는 문제해결을 위한 활동인가? 이다. 이러한 검토를 바탕으로 사업 활동에 큰 영향을 주는 활동 중심으로 계획을 수립할 필요가 있다.

생산 및 운영계획의 작성 내용으로는 개발 전담부서, 주요 활동 일정, 내·외부의 잠재적 문제와 같은 내용의 개발 활동, 구매 의사결정, 사업장 위치, 설비, 노동력, 품질경영, 재고관리, 서비스, 보험, 정부 규제, 창업 일정-12~18개월 정도-과 같은 생산활동이 있다.

운영계획 작성 시 기술적 고려사항으로는 개발상태 설명에 있어 지식재산권에 관한 사실과 기타 주요한 개발내용을 포함해야 한다. 투자유치 계획서일 경우는 개발상태 기술에 각별한 주의가 필요하다. 나의 계획을 듣는 상대방은 특정 분야의 전문가임을 명심하라. 부품을 자체 생산 또는 외부 조달한다면 그 이유에 대하여 수익성 관점에서 설명이 필요하다. 사업장의 위치선정에 대한 이유를 시장, 수송, 원재료, 인력의 관점에서 설명할 필요가 있다.

7. 경영팀

경영팀에 대한 작성은 경영 참가자의 역할에 대한 설명과 핵심 경영인과 이들의 1차 의무에 관한 내용, 기업구조에 관한 내용, 이사회와 지분구조에 대한 설명이 제시된다. 사업에 헌신하겠다는 경영진의 자세와 기술과 관리의 적절한 균형 및 해당 사업에 대한 경험과 사업 능력을 밝힌다. 구체적으로 조직, 핵심 경영자, 경영 보상과 소유권, 상여금 및 기타 계약, 이사회 등에 대한 설명이 포함된다.

조직에 관한 내용은 회사의 핵심 경영자의 역할과 각 직위를 담당할 사람을 소개한다. 주요 임무를 수행하는 임원을 고용할 수 없다면 이러한 기능을 어떻게 보완할 것인지에 대한 설명이 필요하다. 초기에 핵심 인력이 참여할 수 없다면 언제 합류할 것인지를 제시해야 한다. 핵심 경영자에 대한 경력, 특별한 관련 노하우, 수완, 과거 및 현재의 실적을 제시하고 그들이 역할을 충분히 수행할 수 있음을 증명하라. 아울러 책임도 명시하라.

핵심 경영팀이 받을 임금, 주식 소유 계획, 스톡옵션이나 보너스에 대한 계획을 설명하고, 그들의 과거 보수와 비교하여 제시한다. 또한 제공된 옵션 등 계약의 권리 부여에 대한 제약을 설명한다. 다른 투자자의 참여가 예상되어 있다면 그들의 소유 지분 비율과 참여 시점, 참여가격 등도 제시한다. 아울러 이사회의 규모와 구성에 대한 정책을 제시한다.

또한 다른 주주와 관련되었거나 그들에게 보장된 권리, 제약 또는 의무를 제시한다. 또한 고문이나 전문가를 통해 받을 필요한 서비스를 밝히고 관련자를 제시한다.

8. 경제성 분석 및 위험 정보

이익과 수익의 규모와 지속성을 명료하게 포함한 경제적, 재정적 특징들은 기회가 매력을 지닐 수 있도록 뒷받침해 주는 기초이다. 사업의 근간이 되는 영업과 현금흐름 주기, 가치 사슬 등은 합리적인 수준이 되어야 한다. 이에는 총이익과 영업이익, 잠재 수익과 지속성, 고정비, 변동비 및 제조 간접비, 손익분기점까지의 시간, 양(+)의 현금 흐름에 도달하기까지의 개월 수 등이 제시되어야 한다.

특히 적절한 업계의 표준, 경쟁사에 대한 정보, 또는 자사의 경험을 참고하여 사업이 산출해 낼 수 있는 예상 세후 수익의 흐름에 대한 규모와 지속성을 제시한다. 아울러 이 수익이 얼마나 지속될지 또는 소멸할지를 명시한다. 시장장벽의 조성, 기술적인 그리고 시장에서의 조달시간(lead time)과 같은 그 이유를 설명한다.

주어진 시장진입전략과 마케팅 계획 그리고 제안된 자금조달계획으로 성립되는 단위 손익분기점 도달 매출 시점을 설명하고, 이러한 가정하에 현금흐름이 양(+)이 되는 시점을 제시한다. 현금이 고갈되는 시점을 예상하고 상세한 대비를 제시한다. 사업의 성장과 규모의 변화에 따라 발생할 현금 흐름의 변동을 단계별로 설명한다.

벤처 기회에는 위험과 문제가 따르며, 사업계획서에는 이들에 대한 의외의 가정이 항상 포함되어 있다. 작성하고 계획한 모든 계획과 반대되는 결과의 가능성과 위험성에 관해 설명해야 한다. 판매계획 등에 전제된 사항이 합리적인지를 검토하여야 한다. 치명적인 결함을 가진 것처럼 보일 기회라면 그것을 합리화하는 이유를 미리 제시한다. 만약 서술되지 않은 부정적인 요인을 잠재적 투자자가 발견한다면 기회(벤처기업 또는 창업자)에 대한 신뢰는 저하될 것이고, 자금을 유치하는 데 어려움이 따를 수 있다. 투자자 대부분은 경영팀의 내용을 먼저 확인하고, 그다음에 이 부분을 읽는다는 점을 염두에 두자. 이 부분을 빠트린다면 사업계획서를 읽는 사람에게 다음 사항 중 하나인 것으로 오인되게 된다. 첫째, 창업자는 상대방을 매우 순진하거나 생각이 없는 사람이라고 생각한다. 둘째, 창업자는 상대방을 속이려 하고 있다. 셋째, 창업자는 문제를 인식하고 대처할 만큼 충분한 객관성을 갖고 있지 못하다.

제시한 사업 기회의 위험성을 밝혀내어 설명하는 것은 관리자로서의 당신의 능력을 나타내고, 벤처캐피탈이나 개인 투자자의 신뢰를 얻을 기회이다. 위험성을 인정하고 논의하는 데 있어 주도권을 잡는다면 투자자들에게 당신이 문제를 이미 파악하고 있고, 충분히 문제를 다룰 수 있다고 생각하게 만드는 데 도움이 된다. 언급할 위험은 다음과 같다.

① 사업계획서에 내포된 가정과 위험성, ② 주문확보 전의 자금고갈, 경쟁사에 의한 가격 덤핑, 업계 전반에 걸쳐 잠재해 있는 불리한 추세, 예상액을 초과하는 설계나 제조 비용, 예상 매출액 미달, 제품개발 일정의 차질, 부품이나 원자재의 조달과 관련한 얘기치 못한 어려움이나 장기지연, 은행신용 획득 상의 예기치 못한 어려움, 대량주문 시 운영 부족, ③ 성공에 영향을 미칠 가장 치명적인 가정

과 문제 및 위험이 무엇인지를 지적하고, 각 경우에 있어 불리한 상황 전개에 따른 부정적인 영향을 최소화할 대안과 계획을 제시한다.

9. 재무계획 및 투자자를 위한 정보

재무 정보는 창업자에게 회사가 직면한 재정적인 문제에 정면으로 부딪치게 한다는 점에서 중요하다. 또한 창업자나 투자자에게 투자 기회를 평가하는 기초가 되며, 투자 결정의 근거가 된다.

재무계획의 목적은 벤처기업의 잠재력을 보여주고, 재정적 생존능력을 위한 시간표를 나타내는 데 있다. 재무 상태의 표준을 세워 놓고 재무관리를 하기 위한 운영계획으로서도 필요하다. 재무계획 일부로서 자금운용표의 작성도 중요하다. 현금흐름의 필요 금액을 추정하려면 현금흐름에 기초한 회계방식을 채택한다. 가능하면 3년간의 재무제표와 근거 자료로서의 매출 수준과 성장, 수금과 지급 기간, 재고요건 등의 전제를 제시하여야 한다.

재무계획에서 제시하는 정보는 과거 및 미래의 추정재무제표(재무상태표, 손익계산서, 현금흐름표)와 예측 시 사용한 재무 정보, 손익분기 분석과 재무비율을 포함한 재무 분석정보 및 소유구조 현황과 투자요청 명세를 작성한다. 아울러 벤처사업을 위한 투자의 상환(회수) 방법을 설명한다.

재무계획의 작성 시 기술적 고려사항은 회계기준에 따라 재무제표를 작성하고 전문가의 검토도 필요하다. 모든 예측자료에는 계절성, 사업주기 등에 의한 효과를 포함하여야 하며, 현금의 필요성을 과소평가하는 우를 범하지 말라. 회사의 성장에 관한 가정은 충분한 근거를 제시하여야 하며, 투자자가 어떻게 돈을 벌 수 있으며, 투자의 대가가 무엇인가에 대하여 언급하여야 한다.

투자자를 위한 제공정보의 내용은 ① 기업이 원하는 것은 무엇이며, 투자자에게 제안할 수 있는 것은 무엇인가?, ② 기업의 강점과 약점은 무엇이며, 약점에 대한 대책은 무엇인가?, ③ 투자하도록 하는 매력 포인트는 무엇인지, 투자자가 부담해야 할 리스크는 무엇인가?, ④ 투자자는 어떤 방법으로 투자금을 회수할 것인가? 를 제시하여야 한다.

추정 재무상태표는 ① 장래의 일정 기간에 영업활동을 수행한 결과 기말에 자산·부채·자본의 상태가 어떻게 변화할 것인가를 보여주는 것이다. ② 추정손익계산서가 주로 수익성을 검토하기 위하여 작성하는 데 반하여, 추정 재무상태표는 경영정책, 경영의 안정성, 경영의 유동성 등에 대한 관점에서 작성되는 것이다.

작성 요령은 ① 추정 재무상태표를 작성함에 있어서는 최근의 재무상태표를 출발점으로 하여 그 숫자가 어떻게 변화할 것인가를 계정과목별로 하나하나 추정하여야 한다. ② 먼저 전기 말 재무 상태(기존 업체) 또는 현재의 재무 상태(신설업체)를 기준으로 하여 작성한다. 즉 기준연도 재무상태표를 작성한 후 계정과목별로 순 증감액을 가감하여 현재의 재무상태표를 표시한다. ③ 매출액을 기준으로 총자본회전율(매출액/총자본)을 곱하여 자산총계 및 부채와 자본총계를 산출한다. ④ 기업경영분석은 한국은행에서 제공하고 있는 중소기업의 동 업계 재무상태표상 자산총계 및 부채와 자본총계에 대한 각 계정과목의 비율을 참고하여 연도별 각 계정과목의 금액을 산정한다, ⑤ 각 자산계정의 합계와 자산총계, 부채와 자본 각 계정과목의 합계가 부채와 자본총계 합계와 일치하여야 한다. ⑥ 감가상각은 추정 시에는 종합상각법(단일평균 감가상각률)을 적용하는 것이 간단하나, 회사에 적합한 방법(세무서에 신고한 방법)으로 사용해도 된다(정액법, 정률법 등). ⑦ 자본금은 전기 말 자본금에서 당기 증가분을 가산하여 당기의 자본금으로 표기한다.

추정손익계산서는 기업의 장기 경영계획을 바탕으로 자금의 수지. 즉 자금의 원천(조달)과 자금의 운용 계획에 의거 작성된다. 추정손익계산서는 기업의 향후 성장 가능성을 타진해 볼 수 있는 가장 중요한 재무제표로 연도별 매출액 규모는 얼마나 되며, 당기순이익은 어느 정도를 실현하여 기업의 궁극적 목표인 수익 달성 가능 여부를 예측할 수 있다.

작성 요령은 ① 당기 제품 제조원가는 제품별로 제품 한 단위당 원재료비, 노무비, 경비를 산출하여 당기 총제조 비용을 산정한 후, 여기에 기초재공품 재고액을 가산하고, 기말 재공품 재고액을 차감하여 당기제품제조원가를 산정한다. ② 판매비 및 관리비는 인건비와 기타 경비로 구분하여 작성한다. ③ 영업외비용은 이자 비용 등을 말하며, 일괄하여 계상한다. ④ 영업외수익은 금융 자산운용에 따른 이자수익 등을 기재한다. ⑤ 특별손실과 특별이익은 해당 항목이 있으면 계상한다. ⑥ 마지막 단계인 법인세비용 등을 산출하여 세전 순이익에서 차감하여 당기순이익을 산출한다. ⑦ 정확한 당기순이익을 산출하기 위해서는 전문가의 세무조정이 필요로 하지만 추정손익계산서 작성 시에는 세무조정을 생략한 채 바로 세율을 적용하여 법인세비용 등을 산출하고, 법인세 차감 전 순이익에서 법인세비용 등을 차감하여 당기순익을 계상한다.

10. 첨부서류

사업계획서 속에 포함하기에는 계획서의 내용이 너무 방대해져 곤란하지만 필요한 관련 정보를 이 항목에서 제시한다. 즉, 사업계획서에는 사업의 하이라이트만 요약하여 제시하고, 수집된 다양한 정보는 필요한 시 확인토록 하는 것이 독자의 부담을 감소시켜 준다. 특히 투자유치를 위한 외부독자에 제시할 때 이 점은 매우 중요하다.

첨부서류의 주요 내용은 주요 경영진의 이력서, 경영자의 신용 관련 서류, 제품 사진이나 구매주문서 사본, 시장조사 자료 및 결과, 마케팅 홍보 자료, 제조공정 및 기계의 사양, 임대차계약서 또는 리스 계약서, 구매계약서, 지식재산권 관련 사본, 주요계약서 사본 및 기타 증빙서류 등이 있다.

투자자를 위한 외부용일 경우 각종 서류는 확인을 위하여 요구할 때 제시하는 것이 일반적이다.

자금조달과 투자유치

제5편

제 9 장 재무관리

제10장 자금조달과 투자유치

제 9 장
재무관리

제 9 장
재무관리

제1절 재무관리

1. 재무관리의 개요

1) 재무관리의 중요성

창업의 목적은 사람마다 다양하겠지만, 무엇보다도 돈을 벌기 위한 목적이 가장 크다고 할 수 있다. 창업에 도전하는 모든 사람은 창업 아이템이 고객이 원하는 것이고, 아직 시장에 없다고 생각하여 많은 돈을 벌 수 있다고 생각하지만, 실제 성공확률은 높지 않다.

창업자가 폐업하는 근본적인 이유는 사업을 통해 벌어들인 돈으로 갚아야 할 돈을 약속된 날짜에 갚지 못하기 때문이다. 일정 기간은 은행의 대출이나 지인으로부터 차입하여 사업을 유지할 수 있지만, 사업을 통해 돈이 들어오지 않는다면 버티기 힘들다.

이 과정에서 생각했던 것보다 매출이 발생하지 않고, 생각보다 비용이 많이 발생하면, "이럴 줄 알았다면 차라리 창업하지 말걸"이라는 후회를 한다. 즉, 창업을 준비하면서 수입과 지출에 대한 충분한 이해와 준비 없이 창업에 도전했기 때문에 예상보다 적은 수입과 과다한 지출에 어려움을 겪게 되고 결국 실패하게 된다.

따라서 성공적인 창업을 위해서는 무엇보다 재무관리가 중요하다. 즉, '창업 이후 매달 수입 예측과 고정적 지출 등 다양한 비용을 추정할 수 있어야 한다. 창업 초기에는 수입보다는 지출이 많다. 부족한 자금을 어떻게 조달해야 하며, 이익이 발생하는 경우 이익을 어떻게 활용해야 할 것인가를 고려해야 한다. 이러한 분석을 바탕으로 사업을 통해 많은 돈을 벌 수 있는가에 대한 최종 판단이 필요하다.

대부분 창업자는 본인이 생각한 아이템과 기술의 우수성에만 관심을 두고, 실제로 사업을 통해서 돈을 얼마나 벌고, 번 돈을 어떻게 관리해야 하는 부분을 소홀히 생각하는 경우가 많다. 아마도 그 부분을 소홀히 하는 가장 큰 이유는 사업의 타당성 분석을 위한 회계나 재무관리의 전문지식이 요구되기 때문일 것이다. 실제로 경영학, 회계학, 재무관리 등을 전공하지 않은 창업가들은 더 어려움을 느낄 것이다.

다음의 단어 중 용어를 들어보았거나 그 의미를 대략 이해하고 있는 것은 몇 개인가? 하는 것이다. 50% 이상의 단어가 생소하다면 본 장을 학습하는데 많은 시간과 노력을 들여야 할 것이다.

손익계산서, 대차대조표, 현금흐름표, 자산, 유동자산, 비유동자산, 부채, 자기자본, 매출, 매출원가, 판매비, 일반관리비, 영업이익, 순이익, 화폐의 시간적 가치, 할인율, NPV

2) 재무관리의 목적

재무관리는 아이디어가 제품화(상품) 과정을 거쳐 시장에서 성공할 수 있는지 가능성을 체계적이고 합리적인 방법으로 파악해 보는 것이다. 이는 성공적인 창업을 위해 얼마나 가치가 있는가를 판단할 수 있게 된다. 집중해서 배우고 배운 방법론을 통해 냉정하게 판단할 수 있어야 한다. 만약 본인의 아이템이 사업성이 없다고 판단되면 과감히 계획을 포기하거나, 사업계획을 수정해야 한다.

재무관리는 창업의 실패를 줄이는 데 필요한 사전 점검 장치이며, 동시에 하고자 하는 창업(사업)의 성공확률을 높일 수 있는 유용한 수단이다. 또한 재무관리는 본인이 작성한 후 외부전문가나 기관, 제3자의 객관적이고 냉정한 검토를 받아 보는 것이 좋다. 특히, 예비창업자는 창업 아이템을 과도하게 확신하는 경향이 있어서 객관적인 판단이 반드시 필요하다. 사업타당성 분석은 상당한 전문적 지식과 경험이 필요하기 때문이다.

재무관리의 기본지식

해외여행에서 언어에 대한 지식이 부족하여 곤란한 경험을 당한 적이 있을 것이다. 그 나라의 언어를 유창하게 구사할 수 있었다면, 더 저렴하게 물건도 구매할 수 있었을 것이며, 길을 몰라 헤매는 일도 없었을 것이며, 그 나라의 문화에 대해 더 많은 것을 얻었을 것이다.

회계와 재무에 대한 지식은 비즈니스의 언어로도 비유된다. 회계와 재무에 대한 지식이 없는 창업가는 그 나라의 언어를 모르고 여행을 떠나는 것과 같다고 할 수 있다.

여행을 위해서는 해당국가의 언어를 배워야 하듯이, 창업가가 창업이라는 새로운 세계로의 여행에 성공하기 위해서는 재무제표에 대한 기본적인 이해가 필요한 것이다. 기업을 둘러싼 다양한 이해관계자들의 의사결정에 도움을 주는 재무제표 중에서도 창업가가 반드시 알아야 하는 것으로는 재무상태표, 손익계산서, 현금흐름표가 있다.

2. 재무전략의 수립

1) 재무전략 계획

재무관리에 있어 자금조달 전략의 원칙에는 필요할 때 자금을 조달할 수 있는 적시성, 필요한 양과 질적 적절성, 자금에 관한 일상적인 정보수집으로 자금조달을 준비하는 대비성이 요구된다. 무엇보다도 자금조달의 생명은 적시(適時)에 조달되어야 한다. 따라서 최소한 약 1년 이상의 자금계획을 수립하여야 하며, 구체적인 자금조달 건에 대해서는 약 6개월 전부터 준비해야 필요한 시기를 맞출 수 있다. 특히 정책자금의 경우 신청 기간이 정해져 있으므로 시기를 놓치면 다음 해에 신청해야 한다는 점을 유의해야 한다.

두 번째는 양과 질이 적절해야 한다. 조달된 자본의 이익 창출 능력이 자본조달

비용보다 클 때 자금조달의 의미가 있는 것이다. 자금의 양 측면에서는 유동성 위험을 최소화하는 정도로, 자금의 질 측면에서는 자기자본과 타인자본의 구성 비율과 장·단기 부채의 구성 비율 및 균형을 고려하여야 한다.

세 번째로 자금과 관련한 일상적인 정보수집에 노력해야 한다. 창업 초기기업들이 자금조달(정책자금)에 실패하는 원인의 대부분이 정보 부족이다. 창업자는 자금 및 지원정책 등에 관한 정부의 정보 제공 웹사이트인 '기업마당(bizinfo.go.kr)'에 수시로 방문하여 관련 정보를 확인할 필요가 있다.

2) 재무전략 수립 시 고려 요인

재무전략을 수립하기 위해서는 다음과 같은 요인들이 고려돼야 한다. 현재까지의 경영 실적과 성과, 투자자가 인식하고 있는 위험, 산업과 기술, 벤처기업의 잠재력과 수립에 영향을 미치는 요소, 예상되는 퇴출 시기, 벤처기업의 예상 성장률, 벤처기업의 나이와 발전단계, 투자자의 요구 수익률과 내부 수익률, 필요 자본과 벤처기업의 자체 산정액, 성장·통제·유동성·회수 등에 관한 설립자의 목표, 상대적 교섭 위치, 투자자의 요구 조건 등과 같은 상황과 조건에 대한 이해가 선행되어야 한다.

3) 재무전략 수립 체계

재무전략의 수립을 위한 논리와 작업의 흐름을 예시하면 다음의 [그림 9-1]과 같다.

재무전략은 현금 조달과 소진의 시기 등을 예측하고 이에 대한 대안을 마련하는 등 기업 재무 전반에 관한 사항뿐 아니라 사업 기회를 추구하는 과정에서 수립된 마케팅이나 생산 운영 등에 관한 전략에 따라 자금을 조달하기 위한 여러 요구사항을 고려하여 수립된다.

이러한 요구사항에는 자금의 조달과 운영에 있어 자금원의 이용 가능성, 적절성, 비용 등의 요인들이 영향을 미친다. 또한 투자자와 채권자의 실제 행동은 개인적 특성과 현재의 시장 상황, 그리고 때로는 지역에 따라 변한다는 사실을 아는 것이 중요하다. 이들을 확보하기 위한 재무전략의 수립은 투자자들이 어떠한 투자 기회를 추구하는가에 의존한다.

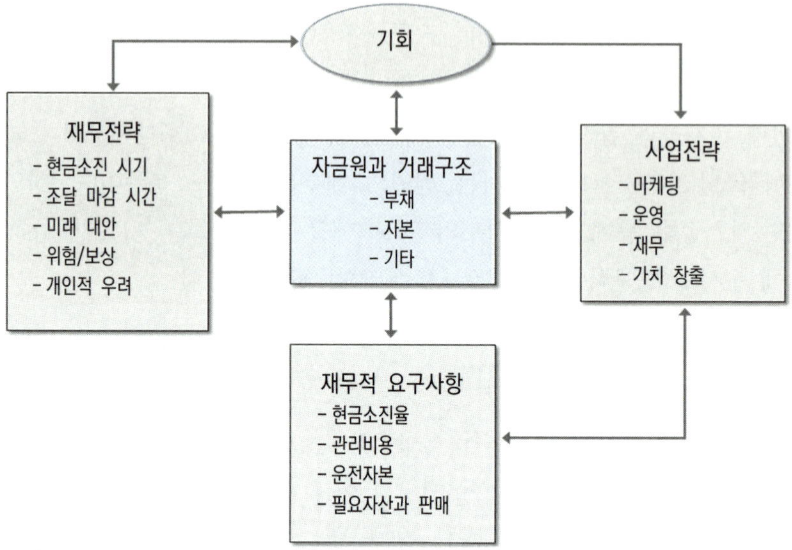

[그림 9-1] 재무전략 수립 체계

제2절 재무제표의 이해

1. 재무제표의 개념

1) 재무제표의 정의와 개념

재무제표란 기업의 활동을 요약하여 정보이용자에게 전달하는 주요 수단으로서 차입이나 유상증자와 같은 재무 활동, 조달한 자금을 경제적 자원을 취득하는 데 사용하는 투자활동, 그리고 이에 기초하여 이익을 창출하는 영업활동의 결과를 숫자의 집합으로 보여주는 각종 표이다.

2) 재무제표의 종류

- **재무상태표** : 일정 시점에 현재 기업이 보유하고 있는 경제적 자원인 자산과 경제적 의무인 부채, 그리고 자본에 대한 정보를 제공하는 재무 보고서이다.
- **손익계산서** : 일정 기간에 기업의 경영성과에 대한 정보를 제공하는 재무 보고서이다.
- **현금흐름표** : 일정 기간에 영업활동, 투자활동, 재무 활동으로 인한 기업의 현금 유입과 유출에 대한 정보를 제공하는 재무 보고서이다.
- **이익잉여금처분계산서(결손금처리계산서)** : 이익잉여금의 처분사항(결손금의 처리사항)을 보고하기 위한 재무 보고서이다.
- **자본변동표** : 자본의 금액과 그 변동에 관한 정보를 제공하는 재무 보고서이다.
- **재무제표에 대한 주석** : 재무제표 일부이며 재무제표 본문의 내용을 보충하거나 추가로 설명한다. 그러나 재무제표에 대한 주석은 외부감사를 받는 기업의 경우에만 작성하며, 그 외의 경우에는 사실상 작성하지 않는다.

2. 재무상태표

1) 재무상태표의 정의와 개념

재무상태표(Statement of Financial Position)는 기존의 대차대조표(balance sheet)가 국제회계기준에 맞추어 명칭이 변경된 것으로 일정 시점에 기업이 소유한 경제적 자원(자산) 및 그 자원에 대한 청구권(부채나 자본)을 나타내는 표이다. 표의 차변인 자산은 기업 투자활동의 결과를 보여주고, 대변인 부채와 자본은 재무 활동의 결과를 보여준다.

재무상태표의 차변과 대변 또는 자산과 부채 및 자본 사이에는 다음과 같은 관계가 성립한다.

$$자산 = 부채 + 자본$$

2) 재무상태표의 작성

재무상태표는 기업의 재무 상태를 일정 시점(결산 일자로 대부분은 12월 31일)에 기업 재산의 구성·사용현황을 자산이라 하고 차변에 기록하며, 자금의 조달 원천상태인 부채와 자본을 대변에 표시하여 나타낸다.

자산·부채의 분류 방법은 1년 이내 현금화 또는 변제 의무가 있는지의 여부에 따라 유동성의 기준으로 한다. 자산은 1년 내 현금화 또는 수시로 변동하는 유동자산과 1년 후 변동하거나 계속 고정성을 가진 비유동자산으로 분류된다.

부채도 유동부채와 비유동부채로 구분된다. 이러한 자산, 부채, 자본의 구성은 차변에 자금의 운용과 사용현황을 보여주는 자산으로 당좌자산·재고자산·투자자산·유형자산·무형자산이 있다.

자금원·조달인 대변에는 은행·타인·채권자 등으로부터 조달한 자금 현황과 명세인 부채와 주주의 투자금인 자기자본, 기업 자체의 잉여금 축적과 당기순이익으로 구성된다.

재무상태표의 각 계정과목의 내용은 다음과 같다.

현금 및 현금성 자산은 현금, 통화대용증권, 당좌예금, 보통예금, 현금성 자산을 기재하며, 정기예금, 정기적금, 사용 제한예금, 정형화된 금융상품 중 결산일로부터 1년 이내 도래 예정인 것은 단기금융상품으로, 1년 이상인 것은 장기금융상품으로 구분하여 표시한다.

수취채권에는 외상매출금, 받을어음, 미수금, 대여금 등이 있으며, 결산일에 회수 불확실한 금액을 추정하여 대손상각비와 대손충당금으로 인식하여 자산의 채권 잔액에서 차감하는 형식 또는 차감하여 표시한다.

유가증권은 시장성 있는 주식, 채권으로서 매수 및 매도가 빈번하게 이루어지는 경우는 단기매매증권(당좌자산)으로, 만기까지 보유할 의도와 능력이 있는 채권은 투자자산으로 만기보유증권으로 구분 표시하며, 단기매매증권 또는 만기보유증권으로 구분되지 않는 채권 및 단기매매증권으로 구분되지 않는 주식은 투자자산의 매도가능증권으로, 피투자회사에 대해서 중대한 영향력을 행사할 수 있는 경우의 투자주식(투자자산)의 지분법 적용 투자주식으로 표시한다.

〈표 9-1〉 재무상태표(예시)

재 무 상 태 표

제×기 20××년 ×월 ×일 현재

회 사 명: (주) 창 업 (단위 : 원)

과 목	제×(당)기	과 목	제×(당)기
	금 액		금 액
자 산		부 채	
Ⅰ.유 동 자 산		Ⅰ. 유 동 부 채	
(1) 당 좌 자 산		1. 매 입 채 무	
1.현 금 및 현금성자산		2. 단 기 차 입 금	
2. 단 기 금 융 상 품		3. 미 지 급 법 인 세	
3. 단 기 투 자 자 산		4. 미 지 급 비 용	
4. 매 출 채 권		5. 유 동 성 장 기 부 채	
대 손 충 당 금		6. × × 충 당 부 채	
5. 단 기 대 여 금		7. ……………………	
대 손 충 당 금			
		Ⅱ. 비 유 동 부 채	
(2) 재 고 자 산		1. 사 채	
1. 상 품		사 채 발 행 차 금	
2. 제 품		2. 장 기 차 입 금	
3. 반 제 품		3. 장 기 성 매 입 채 무	
4. 재 공 품		현재 가치 할인 차금	
5. 원 재 료		4. 퇴 직 급여 충당 부채	
Ⅱ. 비 유 동 자 산		부 채 총 계	
(1) 투 자 자 산		자 본	
1. 장 기 금 융 상 품		Ⅰ. 자 본 금	
2. 매 도 가 능 증 권		1. 보 통 주 자 본 금	
3. 장 기 대 여 금		2. 우 선 주 자 본 금	
4. 지분법적용 투자주식			
5. 투 자 부 동 산		Ⅱ. 자 본 잉 여 금	
6. 만 기 보 유 증 권		1. 주 식 발 행 초 과 금	
(2) 유 형 자 산		2. 감 자 차 익	
1. 토 지		3. 기 타 자 본 잉 여 금	
2. 건 물			
감 가 상 각 누 계 액		Ⅲ. 자 본 조 정	
3. 구 축 물		1. 주 식 할 인 발 행 차 금	
감 가 상 각 누 계 액		2. 자 기 주 식	
4. 기 계 장 치		3. 자 기 주식 처분 손실	
감 가 상 각 누 계 액			
5. 차 량 운 반 구		Ⅳ. 기타 포괄 손익 누계액	
감 가 상 각 누 계 액		1. 매도가능증권평가손익	
6. 건 설 중 인 자 산		2. 해외 사업 환산 손익	
(3) 무 형 자 산			
1. 영 업 권		Ⅴ. 이 익 잉 여 금	
2. 산 업 재 산 권		(또는 결 손 금)	
3. 광 업 권		1. 이 익 준 비 금	
4. 개 발 비		2. 기 업 합 리 화 적 립 금	
(4) 기 타 비 유 동 자 산		3. × × 적 립 금	
1. 보 증 금		4. 미처 분 이 익 잉 여 금	
2. 장 기 성 매 출 채 권		(또는 미처리결손금)	
		자 본 총 계	
자 산 총 계		부 채 와 자 본 총 계	

재고자산은 정상적인 영업활동 과정에서 판매를 위하여 보유하거나 생산과정에 있는 자산 및 투입될 원재료나 소모품 등으로 상품, 제품, 반제품, 재공품, 원재료, 미착품 등이다. 건설업, 부동산매매업에서는 분양을 위한 토지, 건물도 재고자산으로 분류한다.

유형자산의 취득원가는 매입액에 취득부대비용을 포함한다. 자본적 지출은 생산능력의 증대, 내용연수의 연장 등을 가져오는 지출로써 당해 자산의 장부가액에 가산한 후 미래의 기간에 걸쳐 감가상각비를 통해서 비용을 배분한다.

수익적 지출은 당초 성능 수준의 회복이나 유지보수를 위한 지출로써 지출연도의 비용으로 처리한다.

감가상각이란 토지를 제외한 사용 중인 자산에 대해서 취득원가를 내용연수에 걸쳐 배분하는 과정으로 감가상각의 3요소는 상각대상금액(취득원가 – 잔존가액), 내용연수(추정치임, 일반적으로 법인세법을 준용함), 감가상각방법(정액법, 정율법, 생산량비례법 등에서 선택)이 있다.

무형자산 과목의 개발비는 연구 활동 비용으로 들어간 연구비(판매비와 관리비), 개발활동비용 중 미래 경제적 효익을 확실하게 기대할 수 있는 경우(무형자산), 그렇지 않은 경우의 경상 개발비(판관비 또는 제조원가)가 있다.

산업재산권에는 특허권, 상표권, 실용신안권, 의장권 등이, 인수합병 시 발생하는 영업권, 라이선스, 컴퓨터 소프트웨어, 저작권 등 기타의 무형자산이 있다.

충당부채는 당기에 관련 비용이 발생하였으나 지출은 미래에 이루어질 것이 확실한 경우 당기에 비용 및 충당부채를 인식하는 것으로 퇴직급여 충당부채, 제품보증 충당부채 등이 있다.

자본은 보통주자본금, 우선주자본금의 자본금, 주식발행초과금, 자기주식처분이익, 감자차익의 자본잉여금, 차감계정인 자기주식, 주식할인발행차금, 자기 주식처분손실과 가산 계정인 주식 선택권, 미교부주식배당금, 출자전환 채무를 포함한 자본조정, 매도가능증권 평가손익, 해외사업환산손익을 표시하는 기타 포괄손익누계액, 법정적립금, 임의적립금, 미처분이익잉여금(미처리결손금)의 이익잉여금(결손금)이 표시된다.

3. 손익계산서

1) 손익계산서의 정의와 개념

기업의 경영성적을 표시한 장표로 기업이 특정 기간(일반적으로 1.1. ~ 12.31.)에 벌어들인 총수입과 수입에 대한 기간대응 비용 및 생산·제조·공사원가 등을 차감한 잔액인 당기순이익(혹은 당기순손실)을 계산하여 표시한 것이다.

손익계산서의 개념은 당기순이익(당기순손실)을 총수익에서 원가를 포함한 총비용을 차감하여 계산한다.

2) 손익계산서의 작성

차변인 자금의 사용과 비용에는 비용·손실·원가·소멸원가·지출·납부 등이 표시되고, 대변(이익수익원천)에는 외부로부터 벌어들이는 수익인 총수입을 기재한다.

매출액의 계산식은 총매출액에서 매출에누리, 매출환입, 매출할인을 차감한 금액으로 업종에 따라 상품매출액, 제품매출액, 공사수익, 임대수익 등으로 표시한다. 재화의 판매는 인도기준, 용역제공은 진행기준에 따라 수익을 인식한다.

매출원가는 판매된 제품(상품)의 원가로서 일반적인 원가 흐름의 가정은 다음과 같다. 선입선출법은 먼저 생산(매입)된 재고자산이 먼저 판매되었다고 가정하는 방법이고, 후입선출법은 나중에 생산(매입)된 재고자산이 먼저 판매되었다고 가정하며, 평균법은 기초재고와 당기에 생산된 재고자산이 평균적으로 판매된 것으로 가정하는 방법이다.

감가상각비는 매년 감가상각비를 같은 금액으로 인식하는 정액법과 상각률을 기초로 하여 계산하여 매년 감가상각비가 감소하는 정률법이 있다.

영업외수익 및 영업외비용은 자산의 처분가액과 처분 당시의 장부가액의 차이인 자산의 처분 손익, 외화자산 및 부채의 장부가액과 결제 시점의 환율을 적용한 금액의 차이인 외환차손, 화폐성 외화자산 및 부채의 기중 발생금액과 결산일의

〈표 9-2〉 손익계산서(예시)

손 익 계 산 서

제×기: 20××년 ×월 ×일부터　20××년 ×월 ×일까지

과 목	제×(당)기
	금 액
Ⅰ. 매출액	
Ⅱ. 매출 원가	
1. 기초 상품 (또는 제품) 재 고 액	
2. 당기 매입액 (또는 제품제조원가)	
3. 기말 상품 (또는 제품) 재고액	
Ⅲ. 매출 총이익	
Ⅳ. 판매비와 관리비	
1. 급여	
2. 퇴직급여	
3. 복리후생비	
4. 지급임차료	
5. 접대비	
6. 감가상각비	
7. 무형자산상각비	
8. 세금과공과	
9. 연구비	
10. 경상개발비	
11. 대손 상각비	
Ⅴ. 영업이익 (또는 영업 손실)	
Ⅵ. 영업외 수익	
1. 이자수익	
2. 배당금수익	
3. 임대료	
4. 단기투자자산평가이익	
5. 외환차익	
6. 외화환산이익	
7. 전기오류수정이익	
8. 지분법이익	
9. 유형자산처분이익	
Ⅶ. 영업외비용	
1. 이자비용	
2. 단기투자자산평가손실	
3. 외환차손	
4. 외환환산손실	
5. 기부금	
6. 재고자산감모손실	
7. 유형산처분손실	
8. 전기오류수정손실	
Ⅷ. 법인세비용차감전순이익	
Ⅸ. 법인세비용	
Ⅹ. 당기순이익(또는 당기순손실)	
Ⅺ. 주당 손익	

환율을 적용한 금액의 차이인 외화환산손익, 전기에 인식한 손익에 오류가 포함되어 있음을 당기에 발견하여 이를 수정한 금액인 전기오류수정손익이 있다. 중대한 전기오류수정손익은 이익잉여금에 반영한다.

법인세비용은 법인세법 등의 법령에 따라 회계연도 동안 부담할 법인세, 주민세(법인세의 10%), 농특세(공제 및 감면세액의 20%)의 합계를 말한다. 법인세법에 따른 이익금(수익)과 손금(비용)의 정의는 기업회계기준에 의한 수익과 비용의 정의와 달라서 법인세 차감 전 순이익에 법인세율을 곱한 금액이 법인세비용과 반드시 일치하는 것은 아니다.

4. 현금흐름표

1) 현금흐름표의 정의와 개념

발생주의 회계원칙에 따라 기업 실체의 경제적 거래나 사건에 대해 관련된 수익과 비용을 그 현금 유출입이 있는 기간이 아니라 당해 거래나 사건이 발생한 기간에 인식하는 것을 말한다.

재무상태표와 손익계산서는 회계 기간별로 발생주의에 따라 수익과 비용을 대응시키고 또한 자산과 부채의 변동도 함께 기록한다. 따라서 재무상태표나 손익계산서만으로는 일정 기간에 기업의 자금흐름을 파악할 수 없는 문제점이 있어 이를 보완하는 장표이다.

2) 현금흐름표의 작성

현금흐름표는 일정 기간에 기업의 세 가지 활동으로 인한 현금의 변동에 초점을 맞춘 것이다. 현금흐름표의 기본적인 구조는 다음과 같다.

영업활동 현금흐름 + 투자활동 현금흐름 + 재무활동 현금흐름 = 현금의 증가(감소)

현금흐름표의 내용을 구성하는 영업활동・투자활동・재무활동은 다음을 말한다. 영업활동은 일반적 상거래 활동과 관련하여 주로 재무상태표상의 유동자산 및 유동부채에 변동을 가져오는 모든 거래를 의미하며, 일반적으로 제품의 생산,

〈표 9-3〉 현금흐름표(예시)

현금흐름표

(단위 : 백만 원)

과 목	당 기
영업활동으로인한현금흐름	(15,334)
당기순이익(손실)	1,165
현금유출없는비용등의가산	4,292
퇴직급여	1,295
감가상각비	1,770
무형자산상각비	16
대손상각	209
유가증권처분손실	144
이자비용	×××
현금유입없는수익등의차감	(119)
영업활동관련자산・부채의변동	(20,672)
매출채권의감소(증가)	(14,458)
재고자산의감소(증가)	(××××)
투자활동으로인한현금흐름	(6,084)
투자활동으로인한현금유입액	5,203
장기금융상품의감소	629
유형자산의처분	××××
투자활동으로인한현금유출액	(11,287)
장기금융상품의증가	828
유형자산의취득	××××
재무활동으로인한현금흐름	27,540
재무활동으로인한현금유입액	35,190
단기차입금의증가	3,840
장기차입금의증가	2,217
유상증자	××××
재무활동인한현금유출액	(7,650)
단기차입금의감소	535
장기차입금의상환	××××
현금의증가(감소)	6,122
기초의현금	10,974
기말의현금	17,096

상품 · 용역의 구입 및 이들의 판매 활동을 말한다. 투자활동은 재무상태표상의 비유동자산 및 영업활동과 관련 없는 유동자산의 변동을 가져오는 모든 거래를 의미하며, 현금의 유출은 이들 자산의 취득과 관련된 거래이고, 현금의 유입은 이들 자산의 처분과 관련된 거래이다. 재무 활동은 영업활동과 관련 없는 부채의 변동을 가져오는 모든 거래와 자본의 변동 중 신주의 발행이나 배당금의 지급 등과 같이 부채 및 자본 계정에 영향을 미치는 거래이다.

5. 재무비율 분석

1) 재무비율 분석의 정의와 개념

재무비율 분석이란, 재무제표에서 경제적 의미와 이론적인 관계성이 분명한 어느 두 항목의 상대적 비율을 구하여 이해하기 쉬운 지표로 나타낸 것이다. 즉 기업 경영내용에 대한 의미 있는 정보를 추출하는 방법으로서 가장 오랫동안 널리 사용되어 왔으며, 기업 관계 자료 중에서 가장 손쉽게 얻을 수 있는 재무제표를 이용한 것이지만, 경영자, 금융기관, 투자자의 의사결정에 유용하게 이용되고 있다.

2) 재무비율 분석의 유용성

재무비율 분석의 유용성은 ① 재무비율은 쉽고도 가장 저렴하게 구할 수 있는 재무제표로부터 논리적 연관성이 있는 두 항목을 서로 나누어 구해지므로 계산이 쉽다는 점이다. 즉 기술적으로 정보화하기 쉽다. ② 재무제표를 구성하는 항목은 매우 많으므로 재무비율도 수없이 구성할 수 있겠지만, 경제적 의미와 논리적 관계성이 분명하여 의사결정자에서 실제로 의미 있는 정보로 이용되고 있는 것은 50여 가지를 넘지 않는다. 따라서 이용하기에 간편하다는 장점이 있다. ③ 재무제표의 두 항목으로 계산되지만, 기업의 지급 능력, 안정성, 효율성, 수익성 등에 관한 다양한 정보를 제공함으로써 여러 형태의 의사결정에 도움이 되는 비교적 풍부한 의미의 정보를 제공한다.

3) 재무비율 분석의 종류

재무비율 분석의 종류와 측정내용, 주요 측정지표는 아래와 같다.

분류	측정내용	주요 측정지표
유동성 비율 (Liquidity ratio)	단기채무 상환능력, 지급 능력	유동비율, 당좌비율
레버리지 비율 (Leverage ratio)	타인자본 의존도, 특히 장기채무상환 능력	부채비율, 자기자본비율, 고정비율, 고정장기적합률
수익성 비율 (profitability ratio)	이익 창출 능력 측정 경영의 효율성을 투하자본에 대한 수익으로 측정	총자산순이익률, 매출액순이익률, 총자산경상이익률, 자기자본 순이익률, 자기자본 경상이익률,
활동성 비율 (activity ratio)	기업보유 특정 자산의 활용도 측정치	총자산회전율, 매출채권회전율, 재고자산회전율, 유형자산회전율
성장성 비율 (growth ratio)	외형 및 수익력 측면에서 상대적 지위가 얼마나 향상되고 있는가를 측정	총자산증가율, 매출액 증가율, 유형고정자산 증가율
생산성 비율 (productivity ratio)	생산활동에 투하되는 인적·물적 자원의 능률 혹은 업적을 측정하며, 성과 배분과 경영합리화 정도를 알 수 있음.	부가가치율, 자본생산성, 노동생산성
시장가치 비율 (market value ratio)	주가와 관련된 비율, 수익과 위험에 대한 종합적인 정보를 제공하는 종합적 성과척도	주당이익, 주가수익비율, 주가순자산비율, 배당 성향, 유보율, q-비율

비율분석 중 대표적인 것으로는 대체로 안정성, 수익성, 성장성 3가지를 들 수 있다. 이러한 재무비율은 과거나 현재의 비율과 산업평균치나 경쟁회사의 비율과 비교하여 재무 상태를 평가하는 분석 도구로 사용된다. 재무비율을 이용한 분석은 기업의 재무 상태를 간단히 파악할 수 있다는 장점이 있지만 ① 재무비율 분석이 과거의 자료를 중심으로 하고, ② 일정 시점이나 일정 기간을 중심으로 분석하며, ③ 비율상호간의 연결이 없으며 종합적인 결론을 얻을 수 없고, ④ 절대적인 기준치나 표준치가 없다는 점은 한계로 지적된다.

① 안전성 지표

구 분	산 식
유동비율	$\frac{\text{유동자산}}{\text{유동부채}} \times 100$
부채비율	$\frac{\text{부채총계}}{\text{자기자본}} \times 100$
차입금의존도	$\frac{\text{차입금}}{\text{총자산}} \times 100$
영업이익대비 이자보상비율	$\frac{\text{영업이익}}{\text{이자 비용}}$

② 수익성 지표

구 분	산 식
매출액영업이익률	$\frac{\text{영업이익}}{\text{매출액}} \times 100$
총자산순이익률	$\frac{\text{당기순이익}}{\text{총자산}} \times 100$
자기자본순이익률	$\frac{\text{당기순이익}}{\text{자기자본}} \times 100$
총자산대비 영업현금흐름비율	$\frac{\text{영업활동으로인한현금흐름}}{\text{총자산}} \times 100$

③ 성장성 및 활동성 지표

구 분	산 식
매출액증가율	$\frac{\text{당기매출액}}{\text{전기매출액}} \times 100 - 100$
영업이익증가율	$\frac{\text{당기영업이익}}{\text{전기영업이익}} \times 100 - 100$
당기순이익증가율	$\frac{\text{당기순이익}}{\text{전기순이익}} \times 100 - 100$
총자산증가율	$\frac{\text{당기말총자산}}{\text{전기말총자산}} \times 100 - 100$
자산회전율	$\frac{\text{매출액}}{(\text{기초총자산} + \text{기말총자산})/2}$

제3절 회계 및 세무

1. 회계의 개요

1) 회계의 정의

회계(會計)란 특정 기업과 관련하여 발생한 경제적 사건을 식별(identifying), 기록(recording)하여 특정 기업의 이해관계자들에게 보고(communicating)하는 과정이다.

부기(簿記)는 거래의 장부 기록만 의미하는 데 반해 회계란 유용한 회계정보를 산출하여 정보이용자에게 제공하는 것을 의미한다.

2) 회계의 주요 개념

회계등식(會計等式)은 "자산 = 부채 + 자본 + 수익 – 비용"의 계산식으로 표현되는 회계의 기본개념이다. 회계등식의 구성요소인 자산(assets)은 미래에 경제적 효익을 기대할 수 있는 자원으로 현금, 매출채권, 미수금, 상품, 토지, 건물, 비품 등으로 구성된다. 부채(liabilities)는 기업이 부담하고 있고, 미래 경제적 효익의 희생이 예상되는 의무로 매입채무, 미지급금, 차입금, 사채 등으로 구성되어 있다. 자본(stockholders' equity)은 자산에서 부채를 차감한 잔여액으로 자본금, 자본잉여금, 이익잉여금으로 구성도 한다.

수익(revenue)은 경영활동과 관련된 순자산의 증가를 지칭하며, 기업의 수입(Receipts)과 별개이다. 즉 수익과 이익(gain)은 서로 다른 개념이고 회계에서도 구분하여 표시하고 있다. 이에는 매출, 이자수익, 유형자산 처분이익 등으로 구성된다. 비용(expense)은 경영활동과 관련된 순자산의 감소로 지출(expenditure)과 별개이다. 비용과 손실(loss)도 구분 표시된다. 매출원가, 급여, 광고선전비, 이자비용, 유형자산 처분손실 등이 이 항목의 구성요소이다.

2. 회계의 기록

1) 장부 기록의 과정

장부(帳簿)의 기록에는 분류와 기록의 편리를 위해 계정이라는 항목을 사용한다. 이는 세부적으로 구분된 거래기록의 개별단위를 지칭하며 현금, 매출채권, 상품, 건물, 차입금, 자본금, 매출, 급여 등과 같다.

2) 분개

분개(分介)는 거래가 발생할 때 어떤 계정을 얼마나 증가 또는 감소시켜야 하는지 결정하는 과정이다. 분개는 복식부기의 원리가 적용되며 거래를 두 개의 측면으로 나누어 표시한다. 이를 복식부기라 하고 기록된 양측인 대차를 일치함으로써 기록의 정확성을 기한다.

- ㅇ 자산증가 – 자산감소, 비용감소, 부채증가, 자본증가, 수익증가
- ㅇ 부채증가 – 자산증가, 비용증가, 부채감소, 자본감소, 수익감소
- ㅇ 자본증가 – 자산증가, 부채감소, 자본감소, 수익감소
- ㅇ 수익증가 – 자산증가, 부채감소
- ㅇ 비용증가 – 자산감소, 부채증가

3) 결산

결산에는 현금주의와 발생주의라는 회계처리 시점에 대한 두 가지 인식원칙이 있다. 현금주의(cash basis)는 현금이 유입되는 시점에서 수익(또는 이익)을 인식하고, 현금이 유출되는 시점에서 비용(또는 손실)을 인식하는 방법이다. 현금흐름액을 객관적으로 측정할 수는 있으나, 현금흐름의 시점을 조작함으로써 손익 조작이 가능하고, 미래현금 흐름을 예측할 수 있는 정보 제공에 한계가 있다. 발생주의(accrual basis)는 현금의 유출입과 관계없이 수익(또는 이익) 및 비용(또는 손실)이 발생하는 시점에서 인식하는 방법이다. 미래 현금흐름을 예측할 수 있는 정보를 제공할 수 있으나, 수익과 비용의 발생 여부에 대한 주관적 판단 및 금액에 대한 추정이 개입되어 손익 조작이 가능하다.

3. 기업 형태별 세무

1) 개인기업의 장단점

개인기업의 장점으로는 기업이윤 전부를 기업주가 독점할 수 있으며, 설립등기가 필요 없고 사업자등록만으로 사업 개시가 가능하므로 기업설립이 쉽다. 창업비용과 창업자금이 비교적 적게 소요되어 소자본으로도 창업할 수 있다. 기업활동에 있어 제반 정책 수립이 자유롭고, 신속한 계획 수립 및 계획변경이 쉬우며, 일정 규모 이상으로는 성장하지 않는 중소규모의 사업에 안정적이고 적합한 기업형태이다.

개인기업의 단점으로는 기업의 대표자가 기업경영에서 발생하는 채무에 대하여 무한책임을 지며, 대표자가 바뀔 때는 폐업하고, 신규로 사업자등록을 해야

하므로 기업의 계속성이 단절된다. 또한 일정 규모 이상의 이익이 발생 시 높은 세율의 소득세가 부과된다.

2) 법인기업의 장단점

법인기업의 장점으로는 신주발행 및 회사채 발행 등을 통해 많은 사람으로부터 자본조달이 쉽고, 대표자는 회사 운영에 대해 일정한 책임을 지며, 주주는 주금납입을 한도로 채무자에게 유한책임을 진다. 대외공신력과 신용도가 높아서 영업 수행과 관공서, 금융기관 등과의 거래에 있어서 유리한 면이 있다.

법인기업의 단점으로는 대표자가 기업자금을 개인용도로 사용하면 회사는 대표자로부터 이자를 받아야 하는 등 세제상 불이익이 있으며, 회사설립 시 창업절차가 복잡하고 많은 자금이 소요된다. 개인기업과 법인기업의 세제상의 특징을 비교하면 아래와 같다.

〈표 9-4〉 개인기업과 법인기업의 비교

내 용	개인기업	법인기업
과세근거법	소득세법	법인세법
과세소득	총수입금액 - 필요경비	이익금 - 손금
과세기간	매년 1월1일부터 12월 31일까지	정관에 정한 회계기간
과세소득	특정 소득에 대해서는 종합과세를 하지 않고 원천징수만으로 분리과세	분리과세가 인정되지 않음
이중과세 여부	하나의 원천소득에 대해 이중 과세가 되지 않음.	법인에게 법인세 과세 후 주주의 배당에 대해 소득세 과세
세율구조	소득세 : 세율 : 10%~40%로 누진적용 주민세 : 소득세의 10%	법인세 : 16%~28% 3단계 누진세율 주민세 : 법인세의 10%
납세지	대표자의 주소지	법인 등기부상의 본점 소재지
기장의무	수입금액에 따라 간편장부의무자, 복식부기 의무자로 구분	수입금액 관계없이 복식부기 의무자
외부감사제도	적용되지 않음	자산총액 70억 원 이상인 경우 공인회계사의 회계감사 받음
재무상태표공고	공고 의무가 없음	법인세 신고 기간 내 일간신문에 공고 의무 있음(외부감사 대상 법인)

4. 창업(스타트업)기업의 조세특례

(1) 조세의 지원 방법

세법에서 사용하고 있는 조세의 지원 방법에는 비과세·감면·소득공제·세액공제와 같은 직접지원 제도와 준비금·일시 상각·과세이연과 같은 간접지원제도의 두 가지 방법이 있다. 직접지원 제도인 비과세는 조세 정책적인 목적 등 여러 가지 이유로 특별한 신청이나 승인 절차가 없이 과세 대상에서 제외하는 것이다.

(2) 소득공제

소득공제는 과세소득이 되는 소득, 즉 당연히 과세해야 할 금액에서 일정 비율 또는 일정 금액을 공제해 줌으로써 세금의 부담을 덜어주는 제도이다. 세액공제는 과세표준에 세율을 적용하여 산출세액을 계산한 후 이 세액을 일정 비율 또는 일정 금액을 공제하는 제도로서 여러 가지 세금 절감 방법 중에서 가장 직접적으로 세금혜택을 주는 방법이다. 이에는 투자세액공제, 연구인력개발비 세액공제 등이 있다. 세액감면은 세법에서 정하는 바에 따라 특정한 소득에 대하여 세금을 완전히 면제해 주거나 일정 비율만큼 낮춰 주는 제도로 창업 중소기업 등에 대한 세액감면 등이 있다.

(3) 준비금 제도

간접지원제도인 준비금 제도는 미래에 지출이 예상되는 금액을 미리 비용으로 산입하여 세액을 감소시킨 이후 일정 기간 경과 후 이익금으로 환입하는 기간까지 과세를 이연시키는 제도로 연구인력개발준비금 등이 있다. 과세이연 제도는 당해 연도에 과세하지 않고 뒤로 미루어 추후에 과세하는 제도로 개인기업의 법인전환 시 양도소득세의 이월 과세하는 것 등이 있다.

이러한 조세지원에는 일부 제한이 있는데 ① 중복지원의 배제로 조세에 대한 특례나 감면은 정책 목적별로 규정되어 있어서 특정한 사안에 대해 여러 가지의 조세지원이 동시에 적용될 수 있으므로 세법에서는 같은 감면 대상이 같은 유형 간에 중복되거나 서로 다른 유형 간에 같이 규정되어 있는 경우에는 하나만을 선택

적용하도록 하고 있다. 즉 세액공제와 세액감면 중 하나만 선택하게 되어 있다.

② 최저한세의 적용으로 조세부담의 형평과 안정적인 재정수입을 확보하기 위해서 일정한 수준 이상의 세금 감면은 제한하여 조세부담의 기초가 되는 소득이 있는 경우에는 최소한의 세금을 부담하도록 하고 있는데 이것을 최저한세제도라고 한다.

5. 중소벤처기업의 조세특례

(1) 중소벤처기업의 세액감면

창업 중소기업 등에 대한 세액감면은 조세특례제한법 제6조에 의거 수도권 과밀억제권역 이외에서 창업기업 또는 벤처기업을 대상으로 하고 있다. 또한 벤처기업육성에 관한 특별조치법 제2조의2 요건을 갖춘 벤처기업이거나 연구개발비가 당해 연도 수입금액의 5% 이상인 중소벤처기업으로 창업 후 3년 이내 벤처기업으로 확인받은 기업이 대상이다.

(2) 감면내용

감면내용으로는 당해 사업에서 최초로 소득이 발생하는 과세 연도와 그 다음 과세 연도 개시일로부터 3년 이내에 종료하는 과세 연도까지 소득세 또는 법인세를 50% 감면해 준다. 창업벤처중소기업의 경우 벤처기업의 확인을 받은 날 이후 최초로 소득이 발생한 과세 연도와 그다음 과세 연도 개시일로부터 3년 이내에 종료하는 과세 연도까지 소득세 또는 법인세를 50% 감면한다.

다음의 경우에는 창업으로 볼 수 없으므로 세액감면의 적용을 배제한다. 합병·분할·현물출자·사업 양수를 통해 종전의 사업을 승계하거나 종전 사업에 사용되던 자산을 인수 또는 매입하여 동종의 사업을 영위하는 경우(단, 인수자산가액의 사업용자산의 총금액에서 차지하는 비율이 30% 이하면 창업으로 인정함)와 개인사업을 법인으로 전환하여 새로운 법인을 설립하는 경우, 폐업 후 사업을 다시 개시하여 폐업 전의 사업과 동종의 사업을 영위하는 경우 및 사업을 확장하거나 다른 업종을 추가하는 경우 등 새로운 사업을 최초로 개시하는 것으로 보기 곤란한 경우는 창업으로 인정되지 않기에 배제된다.

조세특례제한법 제119조 제3항에는 등록세 감면을 정하고 있는데 창업 중소기업 및 창업벤처중소기업이 당해 사업을 영위하기 위해 창업일(창업벤처중소기업은 벤처기업으로 확인받은 날)로부터 4년 이내에 취득하는 사업용 재산에 관한 등기에 대한 등록세를 면제한다.

다만 등기일로부터 2년 이내에 당해 재산을 사업에 직접 사용하지 않거나 다른 목적으로 사용, 처분(임대 포함)할 때는 면제세액을 추징한다. 창업 중소기업 법인설립의 등기에 대한 등록세는 면제한다.

조세특례제한법 제120조 제3항에 취득세 감면을 규정하고 있는데 창업 중소기업 및 창업벤처중소기업이 당해 사업을 영위하기 위해 창업일(창업벤처중소기업은 벤처기업으로 확인받은 날)로부터 4년 이내에 취득하는 사업용 재산에 대해서는 취득세를 면제한다. 취득일부터 2년 이내 당해 재산을 사업에 직접 사용하지 않거나 다른 목적으로 사용, 처분(임대 포함)할 때는 면제세액을 추징한다.

조세특례제한법 제121조에는 재산세 감면을 정하고 있는데 창업 중소기업 및 창업벤처중소기업이 당해 사업에 직접 사용하는 사업용 재산에 대하여는 창업일로부터 5년간 재산세의 50% 상당액을 감면한다.

농어촌특별세법 제4조 제3호에는 농어촌특별세 비과세를 정하고 있는데, 창업 중소기업 및 창업벤처중소기업의 위 규정에 따라 감면되는 법인세 또는 소득세, 등록세 및 취득세에 대하여는 농어촌특별세(감면세액의 20%)를 부과하지 아니한다.

지방세법 제280조 제3항에는 지방세 중과배제를 정하고 있다. 감면 대상은 중소기업창업 지원법에 따라 지정된 창업보육센터에 입주하는 자, 벤처기업집적시설에 입주하는 벤처기업, 산업기술단지에 입주하는 자에 대하여 과밀억제권역 안에서 본점 또는 주사무소의 사업용 부동산을 취득하는 경우와 공장을 신설 또는 증설하기 위해 사업용 물건을 취득하는 경우 취득세 3배 중과를 배제한다. 또한 대도시 안에서의 법인설립에 따른 등기 및 부동산 등기에 따른 등록세 3배 중과도 배제한다.

과밀억제권역 안에서 공장 신설, 증설의 경우 5년간 재산세 5배 중과를 역시 배제한다.

제 10 장
자금조달과 투자유치

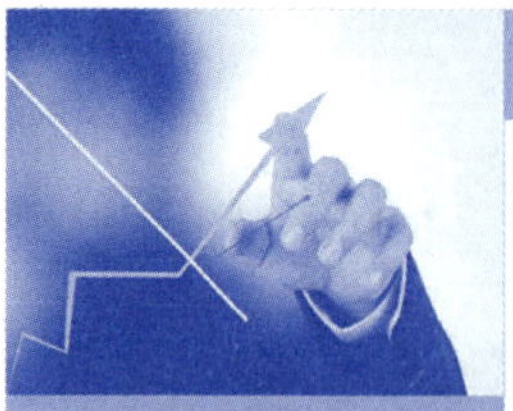

제 10 장
자금조달과 투자유치

제1절 자금조달

1. 자금조달의 중요성

벤처스타트업에서 자금조달은 기업의 성공과 실패를 결정하는 가장 중요한 요소 중의 하나다. 적절한 시기에 적절한 원천으로부터의 자금조달은 기술이나 아이디어 못지않게 사업성과에 큰 영향을 미친다.

창업 과정에서 자금이 얼마나 필요할 것인지, 언제 필요할 것인지, 그리고 이러한 의사결정이 경영활동에 어떠한 영향을 미칠지를 알 수 있다면 창업은 더욱 성공적으로 이루어질 수 있을 것이다.

창업자들의 주요 관심사 중 하나는 필요한 자금을 어디서, 어떻게 마련하는가의 문제이다. 자금을 어디서 어떠한 조건으로 조달하였는가가 창업자의 소유 지분에도 영향을 미친다.

초기에 지분투자 방식 중심으로 자금을 조달하는 경우 창업자의 지분 비율은 빠르게 줄어들 수 있으며, 증자과정에서 어떠한 배율로 자금을 조달하는가에 따라 창업자에게 돌아올 수 있는 미래의 수익에 커다란 차이가 있게 된다. 불리한 조건으로 초기 자금조달을 하는 경우 자신의 노력과 기여보다 보상이 줄어들게 된다.

반면에 차입에 의한 자금조달을 하는 경우 금융비용의 부담이 커지게 된다. 부채비율이 증가하면 도산의 위험이 커지게 되며, 기업 실패의 경우 창업자의 개인적 채무로 남거나 신용불량 상태에 빠지게 된다. 또한 창업 초기에는 기업의 신용이 약하기 때문에 차입에 의한 자금조달 자체가 어렵고, 개인적인 담보에 의한 자금조달은 벤처사업과 같이 위험이 큰 경우 적절치 않은 경우가 많다는 점을 신중하게 고려해야 한다.

자금조달은 창업 초기뿐만 아니라 성장단계에서도 매우 중요하다. 성장단계에서 급속히 소요 자본이 증가하게 되는 경우 IR(벤처투자 유치를 위한 기업 홍보 활동)을 통해 외부자금을 대규모로 조달해야 할 필요성이 생기게 된다. 적절한 시기에 적절한 방법을 통해 유리한 조건으로 자금을 조달할 수 있다면 벤처의 성공 가능성은 커진다.

또한 창업자금 조달 시 어떤 내용의 자금을 누구로부터 조달하는가가 벤처의 성공을 위해서 중요하다. 창업 주주의 구성이나 자금조달의 원천을 보면 창업기업의 장래를 예측하는 것도 어느 정도 가능하다.

가령 명성이 있는 벤처캐피탈의 투자나 정부의 지원을 얻어낸 벤처기업이라면 추가 투자유치에서도 유리한 평가를 얻을 수도 있다. 미국의 경우 업계의 전문성이 높은 엔젤 등으로부터의 자금조달은 초기 무명 기업의 부담(Liability of newness)을 완화하는 데 큰 도움이 된다.

일반적인 창업의 경우 초기에는 대개 창업자 자신의 자금을 기초자금(seed-money)으로 시작한다. 그 후 사업이 조금씩 진행됨에 따라 자본이 더 필요해지면 외부로부터의 조달을 늘리게 된다. 그러나 벤처창업의 경우에는 창업 시점에서 적절한 외부자원의 동원을 염두에 두고 시작해야 한다.

위험이 큰 사업에 개인 부담이 높은 자금 동원은 여러 가지 면에서 적절치 않으며, 자금조달의 적시성(timing)이 기업경쟁력의 확보와 유지에 결정적인 요소이기 때문이다.

기업의 성장단계에 따라 위험과 보상을 고려한 다양한 방법의 자금조달이 필요하다. 이러한 점에서 벤처의 자금조달을 단계화된 자금조달(staged financing)이라고 한다. 자금조달의 형태는 다음의 [그림 10-1]과 같다.

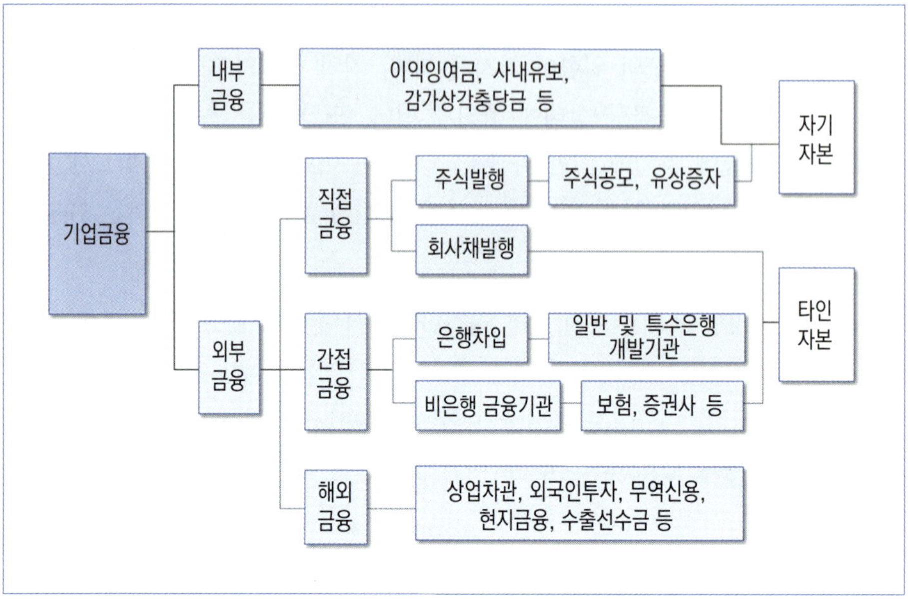

[그림 10-1] 기업의 자금조달 형태

2. 자금관리

벤처스타트업의 재무관리에 있어 세 가지 핵심 원칙은 첫째, 더 많은 현금이 적은 현금 보다 선호된다. 둘째, 현재의 현금이 미래의 현금보다 많이 선호된다. 셋째, 위험도가 낮은 현금이 위험도가 높은 현금보다 선호된다는 것이다. 이러한 원칙은 매우 단순하지만, 이 원칙을 잘 지키면 위기를 맞을 확률이 낮아진다.

조달된 자금을 어떻게 쓰고 관리하여야 하는가의 문제 역시 자금조달만큼 중요하다. 이러한 문제는 벤처기업의 장단기 재무전략 수립에 직결된다. 벤처의 자금관리에 있어 핵심적인 문제는 첫째, 가치창조로 조달된 자금으로 어떻게 기업의 가치를 창출할 수 있을 것인가, 둘째, 가치분배로 창출된 가치를 어떻게 배분하며 또 어떻게 다시 활용할 것인가, 그리고 관리에 따른 위험을 어떻게 관리해야 할 것인가이다. 벤처기업에 있어 재무전략을 개발하는 것, 선택 가능한 대안들을 파악하는 것, 그리고 자금을 조달하는 것 등은 잠재력을 지닌 벤처기업의 생존과 성공에 있어 결정적인 과업이다.

결과적으로 창업가는 창업 벤처기업의 자금조달과 관련된 핵심적인 문제들인 다음의 〈표 10-1〉의 문제들에 직면하게 된다.

〈표 10-1〉 벤처기업의 자금관리 고려사항

고려사항	내 용
가치 창출 (value creation) -주주, 고객, 직원	- 누구를 위하여 가치를 창출하고 양의 현금흐름(positive cash flow)을 이루며 현금 회수 대안을 만드는가?
가치 배분 (slicing the value pie) -위험과 수익배분 -현금-위험-시간	- 다른 벤처기업의 인수를 위한 거래를 어떻게 할 것인가? - 외부 위험 자본을 조달하는데 관련된 핵심적인 사항과 법적 절차는 무엇인가? - 창업자들은 외부의 자금주에게 사업계획을 어떻게 효과적으로 설명할 수 있는가? - 예측하고 대비하여야 할 위험에는 어떠한 것이 있는가? - 시기(timing)는 각각의 영역에서 얼마나 결정적이고 중요한가?
위험처리 (covering risk) -부채 : 통제 -자본 : 단계적 모집	- 창업 및 인수, 확장하는 데 있어 어느 정도의 자금이 필요하며 필요한 자금은 언제, 어디서 효과적으로 조달할 수 있는가? - 어떤 종류의 자금조달 원천이 사용 가능한가? - 자금조달을 적절히 하기 위해서는 어떻게 하여야 하는가? - 꼭 필요한 재무 네트워크로서 관계를 관리할 사람은 누구인가? - 성공적인 창업가들은 기회를 포착해서 활용하기 위한 다양한 재무자원을 어떻게 관리하였는가? 그들은 어떠한 재무적 함정에 어려움을 겪었으며 어떻게 빠져나올 수 있었는가?

특히 신생기업은 재무적 요구사항을 명확하게 이해하는 것이 중요하다. 왜냐하면 신생기업들은 고객과 수익이라는 측면에서 안정적 기반을 확보한 기존의 기업에 비해 상대적으로 더 어려운 재무적 난관들을 통과하여야 하기 때문이다. 초기의 기업들은 많은 자금이 있어야 하지만 차입하기엔 현실적으로 어려운 상황에 직면할 것이다.

그리고 성장 속도가 빠를수록 현금에 대한 필요성은 더욱 커지게 된다. 이러한 현상은 다음의 [그림 10-2]에서 볼 수 있다.

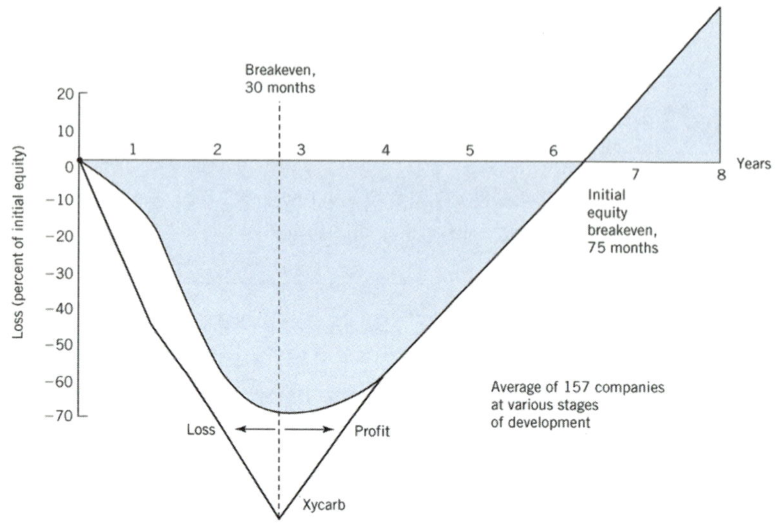

[그림 10-2] 창업 벤처기업의 초기 재무 상태

출처 : 최종열 외, 벤처창업과 기업가정신, 2017.

그림은 초기 투자액에 대한 손실 비율을 시간의 경과에 따라 나타내고 있다. 음영 부분은 초기부터의 누적 현금흐름을 나타낸다. 이들 기업의 경우 영업 손익분기점에 도달하는 데 30개월이 소요되었으며, 초기 투자액을 회수하는 데 75개월이 소요되었다.

그림에서 보듯이 현금이 유입되기 전에 한동안 계속해서 유출된다. 이러한 현상이 벤처기업이 직면하고 있는 재무적 문제의 핵심이다.

3. 자금조달 방법

스타트업 대표가 가장 면밀하게 공부해야 할 것 중의 하나가 바로 자금조달에 대한 이해이다. 자금조달 방법에는 여러 가지가 있다. 그냥 담보를 주고 금융기관으로부터 대출을 받는 것이라면 고민할 필요도 없을 것이다. 담보 물건 여부에 따라 은행에서 결정해주기 때문이다.

그러나 창업 초기부터 대출에 의존하다 보면 유동성에 상당한 부담을 가질 수밖에 없기 때문에 대부분 투자유치를 고민하게 되며, 따라서 창업자는 투자자에 대한 이해가 반드시 필요하다.

각각의 투자자는 그들 나름의 단계와 순차적 구조를 갖추고 있어서 투자받으려고 하는 스타트업의 규모와 컨디션에 따라 상대해야 할 투자자 그룹이 다르다. 가령 매출도 전혀 없고 팀구성도 제대로 되어 있지 않은 초기 스타트업이 무작정 창업투자사나 신기술금융회사 등과 같은 벤처캐피탈을 찾아간다면 이는 백번 투자 실패로 이어질 것이 뻔하다.

또한 스타트업 대표는 벤처스타트업의 자금조달 주체와 유형에 따라 외부 조달원을 구분할 필요가 있다. 이는 자금조달의 원칙에 부합하면서 기업의 지배구조 및 장기적인 외부 투자의 확보에 영향을 미치는 요인이기 때문이다. 창업과 동시에 조달하는 자금은 창업자를 포함한 내부가 원천이며 창업 주주로서 참여하는 경우가 대부분이다. 다음으로는 기업의 부족한 운영자금의 조달원으로 쉽게 접근할 수 있는 것이 임원, 주주, 직원으로부터의 차입이다. 이는 부채로서 기업의 재무제표에 기재된다. 다음으로 기업의 자금조달원은 정부의 출연금이나 보조금 등 정책자금과 금융기관 차입금, 상거래 신용 등을 활용하게 된다. 마지막으로 시장진입 후 어느 정도 규모의 성장이 있을 때 외부 조달원으로부터 자본금을 확충하는 투자유치가 일어난다.

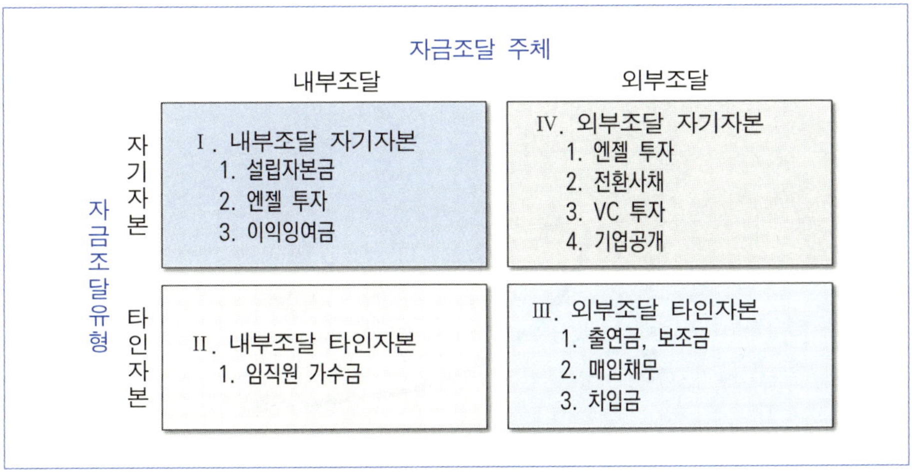

[그림 10-3] 자금조달 매트릭스

스타트업 대표는 처음부터 자금조달을 외부에서 찾고자 하는 경우가 많으나 그러한 경우는 매우 드문 경우로 다음의 매트릭스를 참조하여 자금조달 전략을 수립하여야 한다.

Q 펀드, 많이 들어는 봤지만 정확히 펀드란?

A 펀드는 여러 사람의 돈을 모아서 전문가가 주식, 채권 등에 대신 투자, 운용하는 금융상품이다.

Q 펀드의 장점은?

A 1) 주식, 채권 부동산 등 각 분야 최고의 전문가가 대신 자금을 운용해 주는 점
2) 소액으로도 분산투자가 가능한 점(위험 부담 저감)
3) 개인이 투자하기 힘든 해외 주식이나 채권, 부동산, 실물 자산 등 다양한 대상에 쉽게 투자할 수 있음

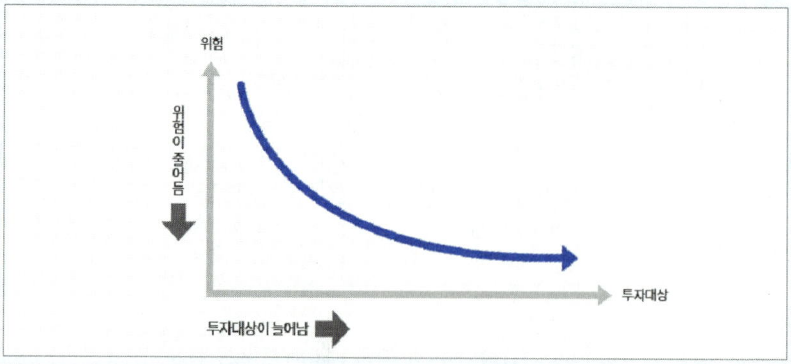

Point 분산투자로 투자대상이 늘어나면 투자 위험이 줄어든다.

Q 펀드 종류는?

A 자산을 어디에 투자하는지에 따라, 어떤 구조로 되어 있는지에 따라, 그리고 예외 상황이라 할 수 있는 기준의 특수한 펀드를 들 수 있음

【투자대상별 분류】

증권펀드	주식, 채권 등에 50%이상 투자
부동산펀드	부동산 관련 자산에 50%이상 투자
특별자산펀드	실물, 수익권 및 출자지분 등에 50%이상 투자
혼합자산펀드	증권, 부동산, 특별자산 등 자유롭게 비중을 조절하여 투자
MMF	단기금융상품에 100% 투자
파생형	투자하는 파생상품의 위험평가액이 펀드 자산의 10%를 초과
재간접형	펀드 자산의 40%를 초과하여 다른 펀드에 투자

출처 : https://www.hanwhafund.co.kr/webapp/hw_kor/hw_invest_guide/hw_start_fund.jsp

제2절 투자유치를 통한 자금조달

일반적으로 투자자라고 하면 우리가 흔히 알고 있는 엔젤, 벤처캐피탈 정도일 것이다. 그러나 투자 실전에 들어가면 이는 매우 다양하고 세부적이며, 전문적인 지식과 접근 전략이 필요하다.

엔젤만 하더라도 개인 투자자, 전문 엔젤, 적격 엔젤, 엔젤클럽, 개인투자조합 등이 있고, 엔젤투자매칭펀드와 맞물려 전체 투자 규모가 결정된다. 스타트업에 투자하는 투자자 유형은 다음의 〈표 10-2〉와 같다.

〈표 10-2〉 스타트업에 투자하는 투자자 유형

<table>
<tr><th>조직</th><th>분류</th><th>투자 규모</th><th>투자자 유형</th><th>관할 기관</th></tr>
<tr><td rowspan="3">개인</td><td rowspan="4">엔젤</td><td rowspan="13">대체로 아래로 갈수록 투자금이 큰 편임</td><td>개인 엔젤</td><td>중소벤처기업부</td></tr>
<tr><td>전문개인투자자</td><td>중소벤처기업부</td></tr>
<tr><td>투자형 크라우드 펀딩</td><td>금융위원회</td></tr>
<tr><td rowspan="14">조직</td><td>엔젤 클럽(엔젤 네트워크)</td><td>중소벤처기업부</td></tr>
<tr><td rowspan="2">소형VC</td><td>창업기획자(액셀러레이터)</td><td>중소벤처기업부</td></tr>
<tr><td>산학연협력기술지주회사</td><td>교육부</td></tr>
<tr><td rowspan="5">일반VC</td><td>창업-벤처 전문 경영참여형 사모집합투자기구 운용사</td><td>금융위원회</td></tr>
<tr><td>중소기업창업투자회사</td><td>중소벤처기업부</td></tr>
<tr><td>유한(책임)회사</td><td>중소벤처기업부</td></tr>
<tr><td>해외펀드 운용사</td><td>국적에 따른 관할 국가 기관</td></tr>
<tr><td>신기술사업금융 전문회사</td><td>금융위원회</td></tr>
<tr><td rowspan="2">일반 금융권</td><td>기타 금융기관(은행, 증권사, 자산운용사, 캐피탈, 보험사)</td><td>금융위원회</td></tr>
<tr><td>경영참여형 사모집합투자기구 운용사</td><td>금융위원회</td></tr>
<tr><td colspan="2" rowspan="3">공공기관 직접 투자</td><td>한국벤처투자(KVIC)</td><td>중소벤처기업부</td></tr>
<tr><td>기술보증기금</td><td>중소벤처기업부</td></tr>
<tr><td>신용보증기금</td><td>금융위원회</td></tr>
<tr><td colspan="2">일반법인</td><td>일반 주식회사</td><td>(별도로 없음)</td></tr>
</table>

1. 크라우드 펀딩을 통한 자금조달

1) 크라우드 펀딩의 개념

크라우드 펀딩(crowd funding)은 군중 또는 다수를 의미하는 영어 크라우드(crowd)와 자금조달을 뜻하는 펀딩(funding)을 조합한 용어이다. 창의적 아이템을 가진 초기 기업가를 비롯한 자금수요자가 중개업자(온라인소액투자중개업자)의 온라인 플랫폼에서 집단지성(The Wisdom of Crowds)을 활용하여 다수의 소액투자자로부터 자금을 조달하는 행위를 크라우드 펀딩이라고 한다.

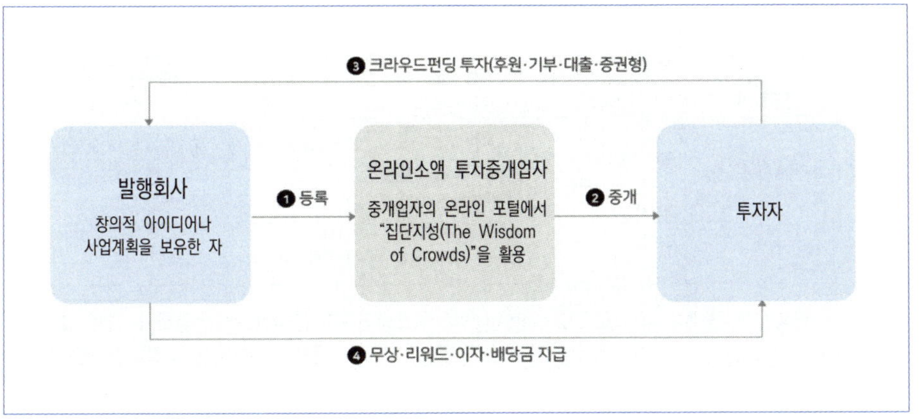

[그림 10-4] 크라우드 펀딩의 절차

일반적으로는 '웹이나 모바일 네트워크를 통해 대중으로부터 자금을 모으는 행위'라고 정의된다. 소비와 투자가 동시에 이루어지기 때문에 기존 금융권의 방식으로 해결하지 못했던 기업의 자금 문제를 해결할 수 있는 새로운 방법이 제시되며 전 세계적으로 주목받기 시작했고, 현재 다양한 플랫폼 형태로 등장하고 있다.

크라우드 펀딩의 역사 및 성공사례

크라우드 펀딩은 2000년대 중반 미국과 유럽 등 선진국을 중심으로 발전했으며, 국내에서는 2011년 관련 업체가 생기면서 본격적으로 성장했다. 중소기업벤처부에 따르면 전 세계 크라우드 펀딩 시장 규모는 2012년 27억 달러(약 3조 원)에서 2015년 334억 달러(약 37조 원)로 10배 이상 빠르게 확대됐다.

크라우드 펀딩 시장의 빠른 성장세는 앞으로도 지속될 것으로 전망된다. 세계은행(WB)은 글로벌 크라우드 펀딩 산업 규모가 오는 2020년 900억 달러(약 100조 원)에 이를 것으로 추산했다. 2016년 발간된 '유엔미래보고서 2050'에서도 크라우드 펀딩 시장이 주식시장을 대체할 것으로 전망했다.

초창기 크라우드 펀딩은 미국과 유럽을 중심으로 시작되었으며, 그 역사는 1700년대 거슬러 올라간다. 아일랜드에 사는 조너선 스위프트가 사비 500파운드를 들여 가난한 상인을 돕는 '소액대출'에서 시작됐다고 알려졌다. 스위프트는 '주변 이웃 2명에게 정직하고 성실한 사람이라는 평가를 받는 것'을 조건으로 담보 없이 자금을 빌려줬고, 대부분 자금을 회수했다. 이러한 자금조달법은 이후 '아이리시론 펀드'라 불리며 빈곤계층의 소규모 사업지원을 위한 금융 수단의 역할을 했다.

금융 소외 지역의 문제를 해결하는 형태의 소액 자금 대출로 시작됐다. 우리에게 익숙한 형태의 온라인 크라우드 펀딩 플랫폼은 인터넷이 보편화되면서 자리 잡은 형태다. 주로 자금난을 겪는 문화·예술 분야에서 새로운 금융 수단으로써 활용됐다.

◆ 크라우드 펀딩의 역사

태동 1700년대	소액금융의 시작 1980년대	인터넷과 결합 2000년대	혁신적 도약 2010년대	대한금융 역할 현재
'아이리쉬 론 펀드' : 저소득 상인 돕는 '소액 대출' 프로그램	'그라민 은행': 가난한 여성 자립 지원 전통적 방식의 소액대출 체계화	'온라인 기반': 다수의 대중 인터넷 기반 적은 돈 모아 큰 자금 형성 美'인디고고' '킥스타터' 설립	'공유와 확산' 가속화 : 디지털 기술 및 SNS 발달로 성장 韓'텀블벅''와디즈''오마이컴퍼니'등 설립	'규모화·대중화'단계로 도약 : 美잡스법 도입, 규제 완화(2012) 韓 지분형 크라우드펀딩 허용(2016)

해외사례 중에는 인디고고(Indiegogo)와 킥스타터(Kickstater)가 유명하다. 인디고고(Indiegogo)는 영화 제작비 펀딩으로 시작했으며, 출판, 음반, 공연 등의 문화예술 영역에서 인권 보호, 동물 보호 등 사회적 문제해결을 위한 기금 조성으로 저변을 넓혀갔다. 우리나라에서도 펀딩을 통해 영화 제작이 이뤄지고 있는데, 외국이 대출형 펀딩으로 진행되는데 반해 우리나라는 리워드형으로 먼저 펀딩이 이뤄졌다. '귀향', '연평해전', '카트' 등의 영화가 대표적인 성공사례다.

영화에 대한 펀딩은 국내에서는 크라우드 펀딩이라는 플랫폼에 대한 인식이 퍼지기 시작한 계기가 되기도 했다. 이후 투자형 크라우드 펀딩이 법제화되면서 제작비뿐 아니라 관객수에 따른 수익도 공유할 수 있는 길이 열렸다. '인천상륙작전', '사냥', '재심' 등의 영화가 투자형 크라우드 펀딩으로 자금을 모집할 수 있었다.

2) 크라우드 펀딩의 지원 범위와 유형

크라우드 펀딩이 주목받는 이유는 창의적인 아이디어나 기술, 제품 및 서비스를 가진 초기 창업기업이나 개인을 위한 새로운 투자방식이기 때문이다. 투자받는 방식과 목적에 따라서 기부형, 대출형, 보상품 제공형, 수익배분형으로 구분할 수 있다.

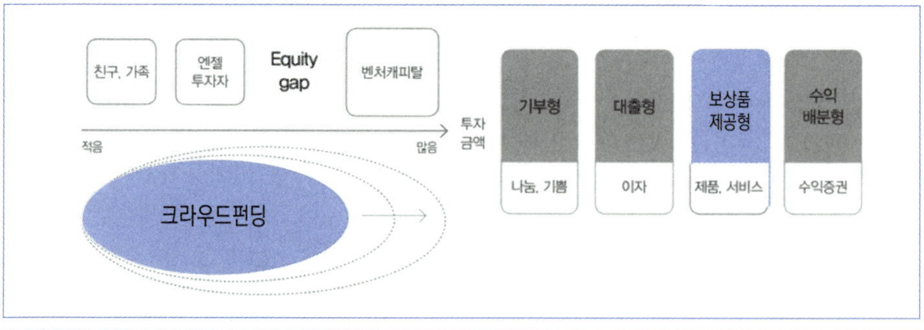

[그림 10-5] 크라우드 펀딩의 지원 범위와 유형

출처 : 크라우드산업연구소(www.crowdri.org)

(1) 기부형(Donation-Based)

기부형은 금전 이외의 현물이나 서비스로 보상받을 수 있는 투자 방법으로 2008년 미국의 인디고고(indiegogo.com)[1]가 문화·예술·공연에 엔젤투자자를 유치하고 공연에 필요한 자금을 조달한 것이 시초가 되었다. 금전적, 물리적 보상을 기대하지 않고 기부를 통한 기쁨을 보상으로 여기는 펀딩이다.

'와디즈'에서 진행된 "아이스버킷 챌린지 런"과 같은 프로그램이 대표적이다. 참가비 5만 원을 내고 아이스버킷 챌린지와 러닝을 하면 참가비가 '루게릭요양센터' 설립에 사용된다. '루게릭요양센터'는 국내 최초로 건립되는 것으로 완공이 되면 펀딩에 참여한 소비자들은 "내가 루게릭요양센터를 세우는 데 일조했다."라는 감정적 보상을 받게 된다.

(2) 대출형(Lending-Based)

P2P 형태로 자금이 필요한 개인이 펀딩 포털을 통해 자신의 재무 상태, 자금의 목적과 상환계획을 정리하여 등록하면 펀딩 포털은 사실 여부를 확인한 후 등록을 허가하고, 이를 투자자들은 예치된 금액 내에서 신청금 일부를 역경매 방식으로 투자하는 형태를 대출형이라고 한다. 그 외 원리는 금융기관이 대출해주고 일정 기간 이자수익을 받는다.

대표적인 대출형 플랫폼으로는 '소모렌드' 등을 들 수 있다. 미국, 유럽과 마찬가지로 국내에서도 가장 큰 크라우드 펀딩 시장을 형성하고 있다. 개인의 스토리에 공감해 낮은 이자율로 손실 위험을 감수하고 진행되는 펀딩이다.

(3) 보상품 제공형(Reward-Based)

보상품 제공형은 소비자가 원하는 제품, 서비스 생산에 참여함으로써 원하는 제품을 얻는 가장 먼저 얻을 수 있는 형태이다. 프로슈머(prosumer: 참여형 소비자)의 개념과 유사한데 기업은 소비자의 참여가 이익이 된다고 믿고, 소비자는 생산에 참여함으로써 원하는 제품을 만들 수 있다.

이는 사전주문 개념으로 제품이나 서비스 등을 결과물로써 보상받는 형태로 국내 크라우드 펀딩 플랫폼에서 가장 많이 진행되는 방식이다. '텀블벅', '와디

1) 대표적인 기부형 플랫폼으로는 '12년 기준 10만 건의 프로젝트에 총 5억 3,500만 달러를 운용 중인 킥스타터와 함께 세계 최초의 크라우드 플랫폼을 운영 중이다.

즈', '오마이컴퍼니' 등 다양한 플랫폼이 보상형 펀딩을 운영하고 있다.

(4) 수익배분형(Equity-Based)

수익배분형(지분투자형)은 신생기업이나 비상장기업을 대상으로 한다. 창업기업의 성공한 후 주가 배당 및 상장이익 등의 수익을 받는 것을 말한다. 보상은 펀딩한 금액에 비례해 주식이나 채권 등의 지분으로 받는다.

이는 미국의 JOBS (Jump start Our Business Startups) 법이 계기가 되어 전 세계적으로 제도화되고 있다. 기업의 부채비율이 낮아져 자산건전성이 강화되고 초기기업이 겪는 자금경색 기간의 생존율을 높임으로써 사업 성공의 확률을 높이고, 우호적인 엔젤투자자를 많이 확보한다는 장점이 있다.

국내에서는 '온라인 소액투자 중개업' 등록을 해야 지분투자형 크라우드 펀딩을 진행할 수 있으며 '와디즈'가 1호로 등록됐다. 국내 지분투자형 펀딩에서는 80% 정도가 '와디즈'에서 진행되고 있으며, 가장 최근에는 신선 해산물을 공급하는 '세컨드리스트'에서 밀키트 산업에 증권형으로 투자하는 크라우드 펀딩을 진행했다.

3) 크라우드 펀딩의 장단점

크라우드 펀딩의 장점은 프로젝트 소유주에게 자금 모집 외에도 SNS를 통한 마케팅 효과, 지지층 확보 등을 기대할 수 있다. 또 투자자는 기부를 통한 사회적 보상과 수익분배를 통한 경제적 보상을 얻을 수 있다.

특히 지분투자형은 이른바 기업의 자금줄이 말라가는 양산화 단계 전인 '죽음의 계곡'에서 기본 금융을 대체할 수 있는 대안이 되기도 한다.

한편, 단점은 보상에 관한 이해 부족과 아이디어 노출, 프로젝트 소유주와 투자자 간 정보 비대칭, 도덕적 해이, 법적·제도적 장치 미흡 등의 문제점이 있으며, 법률적으로는 지분투자형의 경우 증권법 적용 대상이 된다. 회원 수가 50인 이상일 때 증권 공모가 돼 법적인 책임과 절차가 복잡해진다.

최근에는 크라우드 펀딩 활성화를 위한 법률 개정안이 발의된 상태에 있다. 추후 창의적인 아이디어 노출 문제 해소와 국민 관심 유도 방안, 스타트업 평가체계 도입, 신뢰할 수 있는 투자정보 제공, 투자자 보호 장치 마련, 투자 참여 방법의 다양화, 다양한 크라우드 펀딩 플랫폼을 한곳에서 확인할 수 있는 '메가 포털' 제공, 스타트업 사후 지원 시스템 마련 등이 크라우드 펀딩을 활성화를 위한 방안으로 제시되고 있다.

2. 엔젤투자를 통한 자금조달

1) 엔젤의 개념

벤처스타트업은 연구개발의 제안 및 성과가 획기적인 제품으로 이어져 성공할 수 있는지가 불확실하므로 초기 단계에서는 특히 자금조달이 어렵다. 엔젤(angel)이란 기술과 아이디어의 사업성은 우수하지만 자본 및 관리능력이 부족한 창업 전 또는 창업 초기(start-up, early stage) 벤처기업의 창업 또는 성장 초기 단계에 천사처럼 자금지원과 함께 경영지도를 해주는 개인 투자자를 말한다. 이러한 개인 투자자들이 투자하는 자금을 엔젤캐피탈(angel capital)이라고 한다.

원래 엔젤은 미국의 브로드웨이에서 자금이 부족하여 무산될 위기에 처한 오페라 공연에 후원자가 나타나 자금을 지원해줌으로써 공연을 성공리에 마칠 수 있게 되자 이들을 천사(天使)라고 칭송한 것에서 유래한 용어이다. 이것이 전 세계 벤처의 산실인 실리콘밸리로 건너가 돈 많은 개인이 창업 초기의 기업을 대상으로 투자함으로써 엔젤이란 말이 유행하게 되었다.

미국은 엔젤을 'accredited investor', 영국은 'business angel' 등으로 지칭하고, 우리나라의 「벤처기업육성에 관한 특별조치법」에서는 "엔젤이란 창업 7년 이내의 벤처기업 또는 전환한 지 7년 이내의 벤처기업에 투자하는 개인 또는 개인들로 구성된 조합"으로 지칭한다. 이상에서 살펴본 것처럼 엔젤에 대해 다양하게 정의되고 있지만 공통적으로 "창업 초기의 벤처기업에 투자하는 개인 투자자"라는 개념을 기반으로 하고 있음을 알 수 있다. 이처럼 개인 투자자가 불확실성이 큰 창업 초기 단계에 상대적으로 매우 낮은 가격으로 벤처기업의 주식에 투자하여 기업의 성장과 발전을 지원함으로써 기업가치를 상승시키고 이를 통해 막대한 자본이득을 얻는 것을 엔젤투자라 한다.

엔젤의 존재는 사업가의 입장에서는 대단히 고마운 존재다. 또한 엔젤은 자기 경험을 활용하여 기업이 성장할 수 있도록 자문역할을 해주는 경우 기업성공에 결정적으로 중요한 기능을 하는 경우가 많다. 애플, 마이크로소프트, 야후 등 미국의 성공한 벤처기업의 뒤에는 엔젤의 역할이 있었다.

엔젤은 대개 벤처기업 유경험자나 벤처 관련 전문가들로서 융자가 아닌 지분 참여에 의한 투자를 선호한다. 따라서 기업 성장에 따라 배당을 받거나 인수·합병 또는 기업공개 시 주식양도 차익을 통해 투자수익을 추구한다. 벤처창업자는 투자를 받기 때문에 기업 실패 시 채무자로서 곤란에 빠질 우려가 없다. 그러나 기업가치가 급성장할 때 초기 투자에 비해 과도한 지분을 주게 되는 불이익이 있다. 따라서 벤처기업가와 투자자 간의 상호신뢰 및 이해관계를 잘 조정하는 것이 엔젤투자 성공 요인 중의 하나다.

2) 엔젤의 필요성

엔젤이 벤처기업의 자금조달에서 중요한 이유는 창업 초기 자금조달이 가장 어려운 시기에 자금을 지원하기 때문이다. 창업 초기의 벤처기업은 대규모의 생산설비를 구축하지 않고 대량의 재고를 부담할 필요가 없어 많은 자금이 필요하지는 않다. 하지만 대부분 연구개발에 집중하는 단계로 연구개발의 성공 여부가 불확실하고 연구개발이 성공한다고 할지라도 시장에서의 검증이 이루어지기 전이기 때문에 외부로부터의 자금조달이 어려운 시기이다.

특히, 우리나라의 금융기관들이 담보 내지는 보증을 요구하기 때문에 담보력이 취약한 창업 초기의 벤처기업이 금융기관을 통해 자금을 조달하는 것은 거의 불가능한 실정이다. 또한 벤처캐피탈(venture capital)의 투자는 통상적으로 사업화가 이루어진 기업에 집중될 뿐 아니라, 창업 초기 벤처기업의 경우 투자 규모가 작아 벤처캐피탈이 투자하기에는 부적합하므로 엔젤투자를 통해 초기 자금을 조달하는 것이 무엇보다도 필요하다.

이처럼 엔젤투자는 벤처기업을 활성화해 고용 창출, 생산증대 및 경제의 장기적 성장 기반을 강화하고, 저금리 시대로의 이행에 따른 자금의 투기화를 부분적으로 방지하여 산업 자금으로의 유입을 촉진하는 효과를 지니고 있다. 또한 지역

단위로 엔젤이 활성화되면 그 지역에 기반을 둔 기업들도 활성화되어 지역경제 활성화 및 지역 균형발전의 효과도 있다.

기업의 측면에서도 엔젤투자는 경영 투명성과 벤처기업의 성공확률을 높이는 역할을 하고 있다. 엔젤투자가 이루어지는 과정에서 엄격한 투명성이 요구되고 있어, 투명하지 않거나 부적절한 리더십을 보이는 기업은 투자유치가 어려울 수 있기 때문이다.

3) 엔젤의 유형

엔젤의 유형은 역할, 특성, 자금 또는 투자 주체에 따라 다양하게 분류되고 있다.

(1) 역할에 따른 분류

리드엔젤(lead angel)과 서포트엔젤(support angel)로 구분할 수 있다. 리드엔젤(Lead Angel)은 벤처기업 지원에서 주도적인 역할을 하는 엔젤로 풍부한 자금과 기업경영의 경험, 기술평가 능력을 보유하고 있으며, 벤처기업에 자금을 지원하고 경영에 참여하는 경우가 많다.

리드엔젤은 경영에 참여하여 스스로 투자위험을 줄이고, 추가적인 투자를 유치하기도 하며 재무적, 마케팅적, 관리적 조언과 지원을 제공하여 성장을 지원한다.

서포트엔젤은 전문지식을 가지고 창업자를 지원하는 변호사, 회계사, 컨설턴트 등의 전문직 종사자 또는 벤처기업가의 지인으로 자신의 인맥을 통해 벤처기업에 거래처와 인재를 소개해 주는 등 간접적으로 벤처기업의 성장을 지원하는 엔젤을 말한다. 서포트엔젤은 벤처기업을 지원하는 대가로 현금 대신 기업의 주식을 받는 경우가 많으며, 자기 자금을 투자하기도 한다.

(2) 특성에 따른 분류

엔젤로 활동하는 사람들의 경력에 따라 구분하면 다음과 같다.

첫째, 경영자 출신 엔젤(corporate angel)은 기업 경영자 출신으로 투자한 기업에서 일하기를 원하고, 하나의 기업에만 투자하는 경향이 있는 엔젤을 말한다.

둘째, 기업가 엔젤(entrepreneurial angel)은 성공한 기업의 소유자로서 사업다각화, 시너지효과와 창출 등의 목적으로 전문분야에만 투자하는 성향이 있는 엔젤을 말한다.

셋째, 취미 엔젤(enthusiast angel)은 연배가 높은 은퇴한 부자로서 투자를 취미로 하여 소액을 여러 회사에 나누어 투자하며 경영 참여에는 크게 관심을 두지 않는 엔젤을 말한다.

넷째, 경영 관여 엔젤(micro manage ment Angel)은 독자적으로 창업하여 성공한 사람으로 자신의 경영전략을 수용토록 시도하고 기업의 이사회에 참가하고자 하는 성향이 있는 엔젤을 말한다.

다섯째, 전문직업인 엔젤(professional angel)은 의사, 변호사, 회계사 등의 전문직업 종사자들로 관련된 분야에 있는 기업에 투자하는 성향이 있는 엔젤이다. 여러 기업에 통시에 투자하며 고수익에 대한 기대를 하고 있지만, 경영에 직접적인 관여를 하지는 않는다.

여섯째, 수익 우선 엔젤(portfolio angel)은 높은 투자수익에만 관심을 두는 엔젤로 대부분 재테크의 차원에서 투자하는 성향이 있으며 경영 참여에는 관심이 없지만, 투자수익과 회수에는 많은 관심이 있는 엔젤로서 대부분의 엔젤이 이에 해당한다.

(3) 자금에 따른 분류

기업에 투자하는 자금의 성격과 형태에 따라 러브머니(love money)와 엔젤캐피탈(angel capital)로 구분하기도 한다. 러브머니(love money)는 벤처기업의 창업경영자는 설립 초기에 자신의 자본을 중심으로 사업을 경영하게 되고, 부족한 자금은 친구, 친지, 동업자들의 투자를 통해 조달하게 되는데 이러한 자금을 러브머니라고 한다.

엔젤캐피탈(angel capital)은 러브머니와는 달리 엔젤이 자신과 특별한 관계가 없는 다른 사람의 사업에 투자하는 자본을 엔젤캐피탈이라 한다. 엔젤펀드(angel fund)는 개인들이 엔젤투자조합을 결성하여 투자하는 이른바 조합자금으로, 개인뿐 아니라 법인이 참여하기도 하며, 조직적으로 투자 결정이나 경영지원의 역할을 분담하는 예도 있다.

(4) 투자 주체에 따른 분류

기업에 투자하는 자금의 주체에 따라 구분하기도 하는데, 먼저 비즈니스엔젤(business angel)은 개인의 전문지식 및 경험을 토대로 독자적인 기업의 발굴 및 투자를 결정하는 개인 투자자를 말한다.

엔젤클럽(angel club)은 엔젤투자에 관심이 있는 개인 투자자들의 자발적 모임으로, 회원 다수의 전문지식 및 경험을 모아 공동기업 발굴 및 투자정보 교류를 목적으로 운영된다. 클럽을 통해 발굴된 기업에 공동으로 투자하는 예도 있으나 회원 모두가 꼭 투자해야 하는 의무는 없으며, 개인의 판단에 따라 투자 여부를 결정한다. 구성원 제한 및 출자의무 등 법적 제한이 없는 동호회 성격의 투자클럽이라고 할 수 있다. 개인(엔젤)투자조합은 벤처기업육성에 관한 특별조치법 제13조 또는 제14조 및 동 법 시행령 제5조 또는 제6조에 위임된 사항에 대하여 그 시행에 필요한 사항으로서 중소벤처기업부 고시 제2021-65호에 의한 「개인투자조합등록 및 투자확인서발급규정」에 근거하여 "출자액 총액이 2억 원 이상이며 조합원 수가 49인 이하인 개인들로 구성된 조합"을 말하며, "벤처기업이 새로이 발행하는 주식, 무담보전환사채 또는 무담보신주인수권부사채를 인수하는 방법으로 자금을 지원"한다. 개인들이 적정 투자 규모로 자금을 규합하거나 투자의 위험을 분산시키고 투자수익을 높이기 위하여 투자전문가에게 위탁(업무집행조합원)하거나 조합에서 직접 투자를 결정한다. 투자전문회사인 창업투자회사(벤처캐피탈사)가 기관이나 개인들로부터 투자 자금을 모집하고 직접 업무집행조합원이 되어 자금을 위탁 운용하면서 투자하는 것을 말한다.

3. 액셀러레이터를 통한 자금조달

1) 액셀러레이터의 개념

액셀러레이터(accelerator)는 이러한 스타트업 기업을 발굴해 지원하는 기업이나 기관을 말한다. 액셀러레이터는 사전적 의미로 자동차의 가속장치를 뜻하는 말로, 자동차의 가속장치를 밟은 것처럼 스타트업의 성장을 가속한다는 의미이다.

액셀러레이터는 2000년대 중반 이후 미국이나 유럽, 이스라엘 등 창업이 활발한 국가를 중심으로 활성화되었다. 초기 스타트업을 발굴해 3~6개월 정도 멘토링, 실전 창업 교육, 시설제공 등의 프로그램을 지원한다. 지원 대상은 대개 기수별로 선발하여 프로그램을 거친 뒤 투자자들에게 자사의 제품과 서비스, 아이디어 등을 공개하여 투자유치를 받는다. 액셀러레이터는 프로그램을 무료로 제공하는 대신, 지분투자를 통해 스타트업이 성공하면 이익을 얻는다.

2) 벤처캐피탈과의 차이

액셀러레이터와 벤처캐피탈은 스타트업에 투자하는 회사를 뜻한다. 이 둘의 가장 큰 차이점은 투자금액이다. 액셀러레이터의 경우 벤처캐피탈에 비해 상대적으로 적은 금액을 투자한다. 액셀러레이터가 상대적으로 적은 돈은 투자하는 이유는 극초기 단계의 스타트업에 투자하기 때문이다. 벤처캐피탈의 경우는 스타트업 기업이 어느 정도 성장을 하고 그에 따라 대규모 자금이 필요한 경우에 투자한다. 벤처캐피탈은 기업이 value-up을 할 수 있도록 지원하는 역할이라면 액셀러레이터는 기업이 초창기에 생존할 수 있도록 도와주는 역할이라고 볼 수 있다.

3) 액셀러레이터의 역할

스타트업이 달성해야 할 첫 번째 과제는 바로 기업의 성장(growth)이다. 실리콘밸리의 많은 스타트업 사이에서는 해킹(hacking)을 해서라도 성장을 해야 한다는 다짐을 나타내는 그로스 해킹(growth-hacking)이라는 단어가 유행일 정도이다. 하지만 필요한 자금을 투자 유치하는 일, 아이템을 개발하고 발전시키는 일, 법률, 세무, 회계 등의 기업으로써 갖추어야 할 작업 등 기업의 성장을 위해 창업자가 해야 할 일은 너무 많고 어렵다. 슈퍼맨이 되어야 하는 창업자를 도와 기업의 성장을 시키는 역할을 액셀러레이터가 지원하는 것이다.

액셀러레이터는 대부분 ① 인지, ② 지원, ③ 프로그램, ④ 데모데이(demo day), ⑤ 포스트 데모데이(post demo day)의 5단계 프로세스를 통해 지원한다. 우선, 정기적으로 지원한 창업팀 중 유망 창업팀을 선발한다(인지). 선발된 팀에게 경비 수준의 후원(지원)과 3~4개월의 교육 및 업계 전문가와 교류할 수 있는 장을 마련한다(프로그램). 데모데이를 통해 엔젤투자자 등의 투자 기회를 제공하며, 포스트 데모데이에서는 직접 투자자 앞에서 사업계획을 발표하도록 돕는다.

창업기업의 성장과 창업자를 슈퍼맨이 되도록 도와주는 액셀러레이터는 성장을 도왔다는 보람만 얻는 것이 아니다. 슈퍼맨이 된 창업가는 투자 및 멘토링의 대가로 일정 지분(대부분 10% 내외)을 받는다. 이를 통해 추후 지분 매각을 통해 수익을 창출하여 다음 창업기업을 도와주기 위해 준비한다.

4) 국내 액셀러레이터 유형별 현황

국내에는 민간주도형 액셀러레이터와 정부지원형 액셀러레이터가 창업기업의 성장을 돕고 있다. 패스트트랙아시아, 프라이머, 베이스타트업, 벤처스퀘어, 닷네임코리아, 스파크랩, 벤처포트, 벤처파트너스, 디캠프, 상생혁신센터, 뉴-스타트업 플랜 등이 활동하고 있다. 민간주도형 액셀러레이터 같은 경우 1990년대 말 벤처 붐을 이끌었던 벤처 1세대의 주도하에 운영되고 있으며, 대기업이 지원하는 액셀러레이터도 등장하고 있다.

〈표 10-3〉 국내 액셀러레이터 유형별 등록현황(2021.11.30. 기준)

(단위: 개, %)

유형 구분	「상법」 상 회사						「민법」 상 비영리법인				전체
	주식회사	창투사	기술지주	신기사	신창사	LLC	비영리 법인	창조센터	산학 협력단	협동조합	
기업(개)	258	14	17	1	5	14	27	17	4	-	357
비율(%)	72.3	3.9	4.8	0.3	1.4	3.9	7.6	4.8	1.1	-	100
	86.6						13.4				100
*TIPS	23	11	7	0	4	1	1	1	0	-	48

출처: k-startup, 창업기획자[액셀러레이터] 등록제도

5) TIPS 프로그램

창업가들은 TIPS(Tech Incubator Program for Startup) 프로그램에 주목할 필요가 있다. TIPS란 민간 액셀러레이터가 투자하고 정부가 지원하는 혁신적인 민관협력 모델로 자금 지원뿐만이 아니라 성공한 선배 창업가들로부터 전문 멘토링을 받을 수 있다는 점이 큰 장점이다. 투자 유치가 어려운 초기 스타트업에 최대 10억 원의 자금을 지원할 수 있으며, 2021년 11월 현재 48개 운영사를 통해 창

업팀을 지원하고 있다.

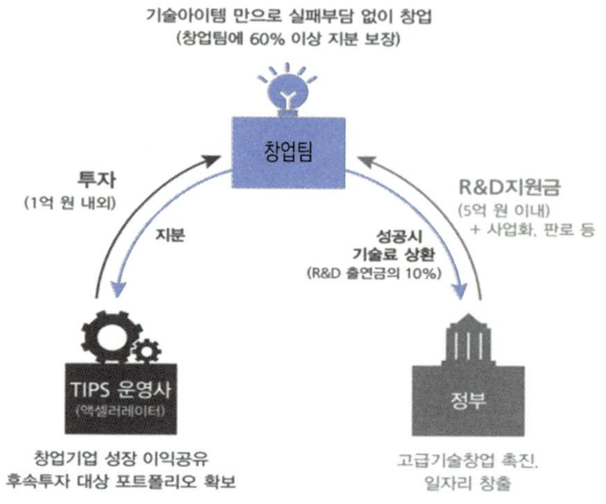

글로벌시장을 목표로 하는 기술력을 갖춘 유망한 창업팀에게 과감한 창업 도전 기회를 제공하기 위하여 성공 벤처인 중심의 엔젤투자사, 초기전문 벤처캐피탈, 기술 대기업 등을 운영사로 지정하여 엔젤투자・보육・멘토링과 함께 R&D 자금 등을 매칭하여 일괄 지원한다.

지원 조건은 창업팀당 최대 10억 원 내외(최장 3년 이내)로 엔젤투자(1억 원) + 성공벤처인의 보육・멘토링 + R&D(5억) + 추가지원 4억(창업자금 1억 원, 엔젤매칭펀드 2억 원, 해외 마케팅 1억 원) 등을 지원한다. 지원 규모는 다음의 〈표 10-4〉와 같으며, 세부 사항은 팁스타운(http://www.jointips.or.kr)에 방문해서 알아보면 된다.

〈표 10-4〉 TIPS 프로그램 지원내용

총사업비

<table>
<tr><th rowspan="3">구분</th><th rowspan="3">보육기간</th><th>창업사업화자금</th><th colspan="3">기술개발자금(R&D)</th><th rowspan="3">추가연계지원</th></tr>
<tr><th rowspan="2">엔젤투자금
(운영사)</th><th rowspan="2">정부출연금</th><th colspan="2">민간부담금</th></tr>
<tr><th>현금</th><th>현물</th></tr>
<tr><td rowspan="2">창업팀
(1팀 기준)</td><td rowspan="2">2~3년</td><td rowspan="2">1억원
내외(정부출연금
20%이상)</td><td>최대 5억원</td><td>민간부담금의
50% 이상</td><td>해당금액</td><td rowspan="2">· 창업자금 연계지원 1억원
· 엔젤매칭펀드 2억원
· 해외마케팅 1억원</td></tr>
<tr><td>기술개발자금의
80% 이내</td><td colspan="2">기술개발자금의 20%이상</td></tr>
</table>

4. 벤처캐피탈

1) 벤처캐피탈(venture capital)의 의의

창업 벤처기업들은 고도의 기술력과 장래성은 있으나, 역사가 짧고 경영기반이 취약하다. 따라서 일반 금융기관에서는 위험부담이 커서 융자하기 어려운 벤처기업 등의 중소기업에게 자금을 공급하고 그 성장을 지원하고자 하는 기업 또는 투자자 그룹을 벤처캐피탈이라고 한다. 이들은 벤처기업의 특성인 높은 위험을 부담하면서 높은 수익을 추구하며, 이들 기업에 자금을 공급하고 사업화 및 성장을 지원하는 기업과 투자자 그룹이다.

① 벤처캐피탈은 유형의 담보를 요구하는 것이 아니라 투자기업의 기술력, 성장성을 평가하여 무담보 주식 투자를 원칙으로 한다.

② 벤처캐피탈은 투자기업이 성장하지 않으면 이득을 얻을 수 없으므로 투자기업과 위험부담을 함께 한다.

③ 벤처캐피탈은 신제품이나 신기술개발 및 기업화를 지향하는 창업단계나 초기 성장단계의 기업 또는 사업의 성공 가능성이 인정될 때 자금지원과 기술개발, 기술도입, 인력훈련 등 기술개발 및 기업화 관련 자금의 투자까지도 포함하며 그 성장을 돕는 각종 경영지원으로 투자이득을 얻는 금융 활동을 수행한다.

④ 벤처캐피탈의 금융 수단 혹은 금융 활동은 주식의 인수, 전환사채나 신주인수권부사채의 인수, 약정 투자 등 투자뿐만 아니라 투자된 기업에 대한 융자, 리스, 팩토링 등 금융지원 이외에 투자기업의 성장지원을 위한 경영관리, 기술지원 등 각종 컨설팅 활동을 포함한다.

2) 벤처캐피탈의 기능

(1) 벤처기업에 대한 자금지원

벤처기업은 통상 연구개발, 창업, 위험 동반성장, 안정성장이라는 4단계를 거친다. 은행은 벤처기업이 안정성장단계에 들어서야만 벤처기업의 융자신청에 응하나 안정성장의 후기에는 증권시장을 통하여 자금조달이 가능하게 된다. 그러나 기업화 단계, 즉 창업 또는 위험 동반성장의 단계에는 자금 수급상의 갭이 크게 발생하는데, 이때 벤처캐피탈은 벤처기업에 자금을 공급함으로써 이러한 자금 수급상의 갭을 메워주는 기능을 담당한다.

이처럼 벤처캐피탈은 미공개기업이 기업의 공개나 자력에 의하여 은행으로부터 자금을 조달할 수 있는 단계에 이를 때까지 지속해서 지원한다. 전통적인 벤처캐피탈의 자금공급 형태는 주로 미공개주식의 취득 또는 전환사채의 인수이지만 때에 따라서 이미 자본 참여를 하는 회사에 대하여 융자를 하기도 한다. 이 경우 융자는 이자소득보다는 투자기업의 주식의 가치를 유지하거나 높이기 위한 수단으로 사용된다.

(2) 벤처기업 경영지원

창업자는 연구개발에는 유능하지만, 제품의 판매, 재무, 노무 등 기업의 경영에는 그다지 익숙하지 못할 수도 있다. 또한 신생기업에는 창업자를 도와줄 수 있는 인재가 부족할 수도 있다. 벤처캐피탈은 이러한 경우에 적합한 인재를 알선해 주고 판매, 금융 등에 대해 조언을 함으로써 투자기업의 성장을 지원해주기도 한다. 벤처캐피탈이 투자기업을 육성, 지원하는 것은 더 많은 자본이득을 얻기 위해서나 불확실성이 높은 신생기업에 대한 투자를 더욱 안전하게 하기 위해서도 필요하다. 그러나 현실적으로 벤처캐피탈이 어느 정도의 성장지원기능을 발휘하는가는 벤처캐피탈 자체의 역량 및 벤처캐피탈과 투자기업 간의 신뢰 관계 등에 달려 있다.

(3) 상장 시의 주식공개

미공개기업이 주식공개를 추진할 때, 규정에 따라 구주주가 일정 지분의 주식을 공개할 필요가 있다. 그러나 대주주 간의 경영권 문제, 공개 시기와 주가에 대한 예상 등의 문제로 인하여 필요한 주식 수가 공개되지 못하는 경우가 있다. 이러한 경우에 벤처캐피탈은 기업의 요청에 따라 필요한 주식을 공개함으로써 원활한 기업상장을 위해 기여할 수 있다.

3) 벤처캐피탈의 성장단계별 역할

벤처캐피탈이 대상으로 하는 벤처기업은 성공적일 때 창업되어 성숙하기까지 일정한 발전단계를 거치게 되는데 이를 기업의 라이프사이클이라는 관점에서 보면 착안단계, 성장단계, 확장단계, 성숙단계로 구분된다. 이러한 각 단계에서는 해결해야 할 경영과제가 다르므로 자금의 용도나 조달 방법도 달라진다. 벤처기업의 발전단계에 따른 벤처캐피탈의 역할을 살펴보면 다음과 같다.

(1) 착안단계

기업은 개인의 마음속에서 출발한 신기술이나 신제품의 기업화가 착안하는 단계로부터 시작된다. 여기서는 새롭게 검증되지 않은 아이디어나 제품을 모형으로 제작하고 그 시장범위를 정하는 작업이 이루어진다. 불확실성이 매우 높은 시기로 이 단계에서의 벤처캐피탈 투자는 거의 없으며, 자금은 창업자 본인이나, 가족, 친지 등이 제공한다.

(2) 창업단계

신기술이나 신제품의 기업화로 사업을 시작하려는 단계이다. 제품시장의 범위가 정해지면 경영진이 구성되고 생산에 착수하게 된다. 이 단계에서는 창업자금이나 기업화 자금이 소요되며, 아직 불확실성이 높은 단계로 투자자의 마음을 끌기에는 부족하다.

(3) 성장단계

제공하고자 하는 제품이 시장에서 의미 있는 성장이 확인되어 기업으로서 급속히 성장하는 단계이다. 따라서 기술개발, 설비투자 및 마케팅을 위한 성장자금이 필요하게 된다. 경영의 틀이 완전히 잡히지 않고, 재무구조의 개선이 이루어지지 않은 상태이다. 그러나 손익분기점을 지나고 지속적인 성장의 가능성이 보이면 벤처캐피탈은 적극적으로 투자한다. 기업으로서도 이 단계에서 투자받는 것이 유리하다.

(4) 확장단계

기업이 시장, 수익 및 재무 면에서 사회적으로 인정을 받는 단계이다. 규모를 확대하거나 신제품을 추가하고자 하며 또는 새로운 시장에 진출하고자 한다. 이 단계에서는 금융기관으로부터의 차입행위가 비교적 쉽다.

(5) 성숙단계

실질적으로나 형식적으로 주식공개를 할 수 있는 단계이다. 이제까지는 성장성에 중점을 두었으나 이 단계부터는 기업의 종합적인 경영력에 의한 기반을 형성해 가는 시기로 벤처캐피탈은 자본을 회수하는 시기이다.

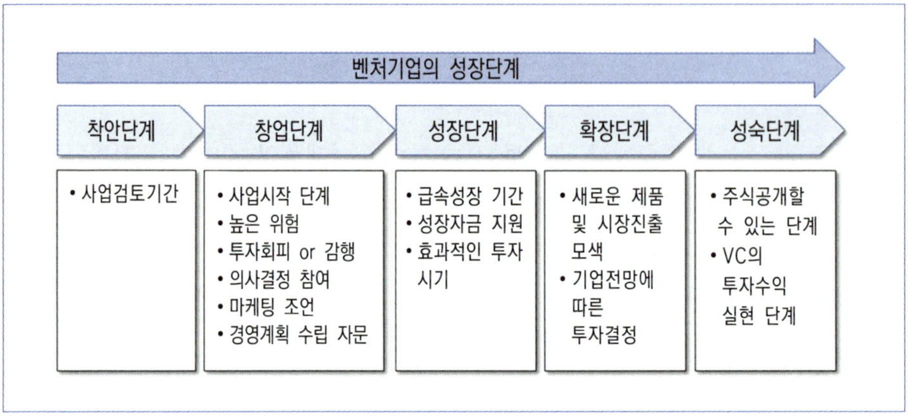

[그림 10-6] 벤처캐피탈의 성장단계별 역할

〈표 10-5〉 벤처기업 성장단계별 벤처캐피탈 지원자금

단계	종류	내용
초기단계 자금지원	창업준비 자금지원 (Seed Financing)	제품개발, 시장조사, 사업계획자금
	연구개발 자금지원 (R&D financing)	신기술과 시제품이 연구개발자금
	창업 자금지원 (Starting Financing)	창업 중이거나 창업 후 1년 이내의 기업제품을 시판하지 않는 기업의 지원자금
	시작단계 자금지원 (First-Stage Financing	초기 단계의 제조 및 판매 활동 필요자금
성장단계 자금지원	2단계 자금지원 (Second-Stage Financing)	제품을 생산 시작하여 재고가 증가하는 기업의 운전자금
	3단계 자금지원 (Mezzanine Financing)	매출 증가기업의 시장 확대와 마케팅을 위한 자금
	연결 자금지원 (Bridge Financing)	IPO 6개월 또는 1년 전 기업확장자금, 공개 시 씨드 머니로 상환되는 자금
기업매수/인수자금지원	기업매수 자금지원	다른 기업의 전체 또는 일부의 매수 시 필요한 자금
	기업인수 자금지원	비공개 기업 혹은 기존 기업의 일부를 인수하여 사업 활성화 등 추진하는 경우

4) 벤처캐피탈의 활용 절차

벤처캐피탈은 기술력에서 우위를 가진 벤처기업을 발굴하여 투자 지원하는 한편, 자금 및 경영·기술 등의 지원을 통해 성장을 도와주며 증권시장에의 상장까지 함께 노력한다. 벤처캐피탈의 투자지원을 받으려는 벤처기업 경영자 또는 창업자는 우선 사업계획서를 제출하는데, 이때 사업계획서는 각종 수치가 정확하고도 적절하게 표시되어야 신뢰를 얻을 수 있다. 또한 영위하는 사업이 특수성과 기술 우위성이 있어야 하고 기대수익률이 높아야 유리하다. 벤처기업의 특성은 대기업과 경쟁할 수 있는 기술의 우위를 가지고 있거나 대기업이 진출할 수 없는 틈새시장을 목표로 하는 데 있기 때문이다. 또한 자기 기술에 대한 자신감과 추진력, 나아가서 벤처기업 경영자로서의 역량 등을 잘 알릴 수 있어야 창업투자회사 등의 투자를 받을 수 있다. 벤처캐피탈의 투자 절차는 다음과 같다.

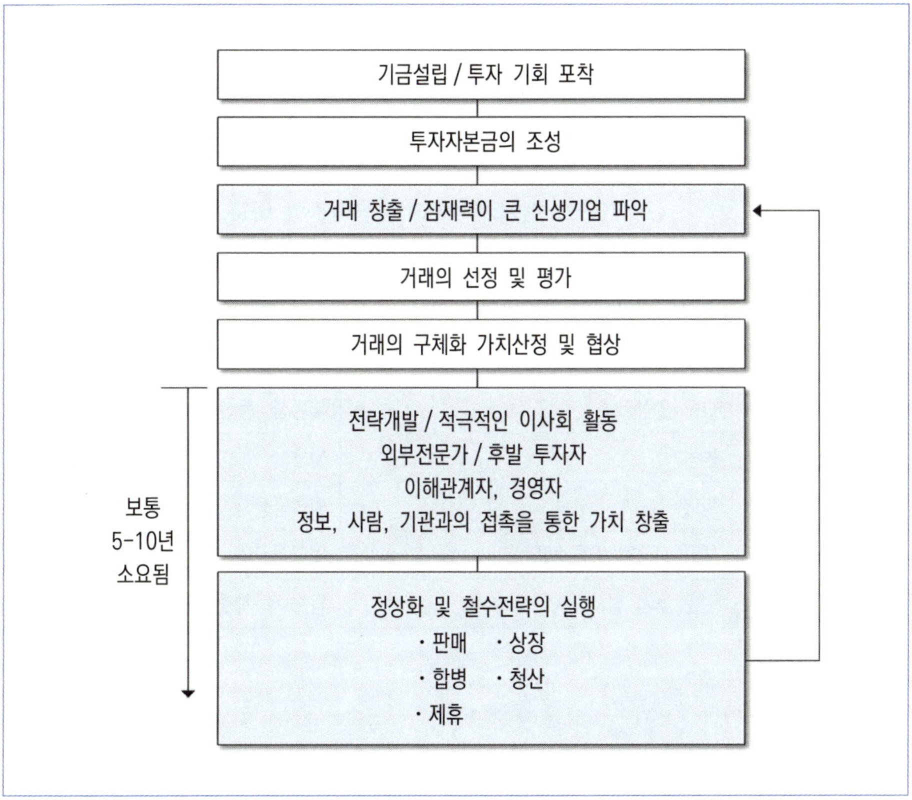

[그림 10-7] 벤처캐피탈의 투자과정

5) 벤처캐피탈과 금융기관 비교

벤처캐피탈은 제품 및 서비스의 성공 가능성을 검토 후에 창업기업에 자금을 투자하고, 기술개발이나 경영지원으로 투자이익을 얻는 회사 또는 방법을 의미한다.

주로 융자를 위주로 금융기관을 통한 자금조달과는 투자금 회수 방법 및 리스크 등에서 차이가 있는데 금융기관은 신용도나 담보를 조건으로 자금의 규모 및 회수 시기 등을 결정하지만 벤처캐피탈은 창업기업의 시장성 및 성장 가능성을 평가하여 무담보 투자를 원칙으로 하고 있다.

창업된 이후라 하더라도 벤처기업은 기술력과 장래성은 있으나 위험부담이 크기 때문에 일반 금융기관이 자금공급을 꺼리는 경향이 있다. 따라서 융자 위주의 자금지원과는 달리 벤처기업의 기술력과 성장성을 평가하여 무담보로 자금을 지원하고 주식을 확보하는 것이 벤처캐피탈의 역할이다.

벤처캐피탈 투자자는 주주의 지위를 갖기 때문에 벤처기업이 성장하지 않으면 이득을 얻을 수 없으며, 벤처기업과 운명을 같이 하는 형태가 된다.

〈표 10-6〉 벤처캐피탈과 금융기관의 비교

구분	벤처캐피탈	금융기관
자금 지원대상	성장가능성이 있는 창업(벤처)기업	담보 제공능력이 있는 창업기업
지원행태	주식, 전환사채, 신주인수권부사채 인수	융자
담보	요구 안함	부동산, 동산 등의 담보 보증서
리스크	높음	낮음
회수방법	환매, M&A	원리금상환
기대수익	투자 성공에 따른 이익	일정기간의 이자
지원결정	전문 투자 심사	담보 및 대출 여력

제3절 정부 정책자금을 활용한 자금조달

1. 정부 정책자금 활용의 이해

기업이 조달할 수 있는 자금은 투자유치 등의 직접금융 외에도 금액의 크고 적음에 상관없이 정부에서 무상으로 지원하는 자금, 정책적으로 융자해 주는 자금, 은행에서 차입할 수 있는 자금, 보증기관으로부터의 보증에 의한 차입자금 등 무수히 많은 자금이 존재하고 있지만 모든 기업이 누구나 공평하게 지원받을 수 있는 것은 아니다.

자금조달을 위해서는 자금이 필요한 시기, 자금조달 방법, 조달 후의 관리 방법 등에 대한 전략이 기업의 실정에 맞게 설정되어야 하고 자금 종류별 특성을 잘 이해해야 한다.

2. 창업 정책자금의 유형

4차산업혁명 시대를 맞이하여 창업과 관련한 다양한 정책자금 지원이 이루어지고 있다. 정책자금을 창업기업과 일반기업으로 구분하여 지원하는 경우는 많지 않으나 일반적으로 창업기업이 활용할 수 있는 정책자금을 정부 출연자금과 정책자금 대출로 나누어서 정리할 수 있다.

정책자금은 크게 두 가지가 있다. 하나는 순수한 자금지원 방식이 있고, 또 하나는 금리가 낮은 저리 대출 방식이 있다. 두 가지 방식의 가장 큰 차이는 나중에 돈을 갚아야 하느냐, 갚지 않아도 되느냐의 차이다.

(1) 순수한 자금지원 방식

순수한 자금지원은 약 2,000만 원~1억 원의 금액을 사업계획서 평가를 통해 지원하는 방식이다. 즉 사업계획대로 사용하면 갚지 않아도 되는 자금이다. 엄격한 심사가 병행되기 때문에 지원금을 받기가 쉽지는 않지만, 사업계획서 작성 방법에 관한 공부가 필수이다. 관련 사업 공고가 뜨면 한번 도전해 볼 필요가 있다.

이런 자금을 받을 수 있다면 초기 사업 진행에 있어서 큰 도움이 될 것이다. 기술창업과 관련된 자금지원은 중소벤처기업부의 지원이 가장 많다. 지자체에서도 다양한 지원사업을 시행하고 있다. 정부 정책자금으로 창업을 도전하고자 한다면 창업진흥원(K-startup)을 방문하여 많은 정보를 습득해야 하고, 철저한 사업계획서를 준비해 두어야 한다. 정보와 사업계획서는 곧 돈이다.

(2) 금리가 낮은 저리 대출 방식

금리가 낮은 저리 대출 방식은 보통 기술보증기금이나 신용보증기금에서 일정한 평가 후 보증서를 발급받는 방식이다. 수천만 원에서 수억 원까지 보증서를 발급해 준다. 이 보증서를 가지고 거래 은행에서 대출받으면 된다. 대출 이자는 정부에서 일정부분 지원을 해주기 때문에 시중 대출 금리에 비하면 상대적으로 저렴하다. 그러나 꼭 알아야 할 점은 이것이 대출이라는 것이다. 정부에서 지원해주는 것은 원금을 지원하는 게 아니라 이자의 일부를 지원해주는 것이다.

다음의 〈표 10-7〉은 정책자금의 종류와 지원 대상의 특성에 대하여 요약하고 있다.

〈표 10-7〉 정책자금의 종류

분류	내용	지원금액	지원 기간	기술 성격	상환
출연	출연자금을 지원받는 경우 연구 기간이 만료된 후 기술료로 납부	수천~수억	1~2년 이내의 단기	요소기술 개발 및 상용화, 기술 수준 높다. 경쟁률 높다 지원 규모 중간	기술료(정액, 정률)로 상환
융자	담보(물적 담보/기술 담보)를 취득하고 은행권 이자보다 낮은 이자율로 장기 대출	수억~수십억	5년 정도의 장기	상품화, 기술 수준 중 이하. 경쟁률 낮다. 지원 규모 크다.	지원금 및 이자 상환
투자	정부에서 투자하는 벤처 캐피탈 자금	수억~수십억	3년 정도의 중기, 성장단계별로 다수 지원 가능	전 단계로 수익모델/아이디어 중심. 기술 수준 전 단계. 경쟁률 아주 높다. 지원 규모 적다	IPO, M&A 등을 통한 회수

제4절 금융차입자금을 통한 자금조달

1. 은행권 자금

은행권을 통한 자금조달은 담보 및 신용도 위주의 대출이 관행화되어 있으므로 융자 전 점검 사항으로 거래 은행이나 금융기관 상품의 혜택을 고려, 신용대출 여부나 담보제공 능력, 보증인 여부와 신용보증기금 등 보증기관 활용 여부, 여러 대출상품 중 금액, 시기, 대출 조건을 고려하여 유리한 금융상품을 선택하는 등 사전에 장기적인 자금조달계획 수립이 필요하다. 은행 융자 절차는 다음의 [그림 10-8]과 같다.

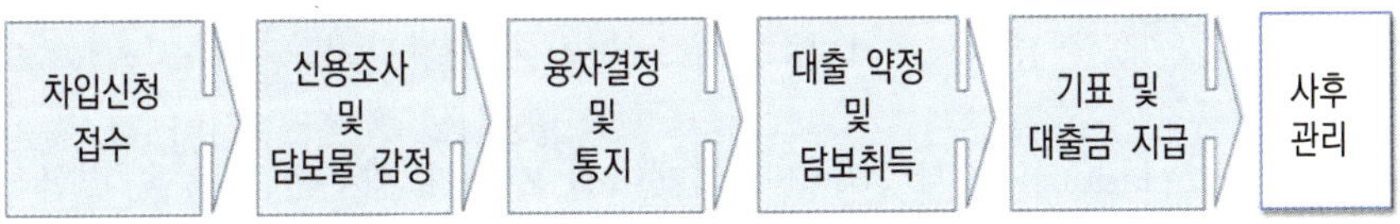

[그림 10-8] 은행 융자 절차

2. 보증기관의 보증

보증기관의 보증은 부동산 담보가 부족한 기업이 보유하고 있는 기술력 등 무형의 신용을 발굴하여 기술보증기금이나 신용보증기금이 신용(기술)보증서를 발급함으로써 기술력 있는 기업이 금융기관 등으로부터 자금조달을 지원받을 수 있도록 하는 제도이다. 담보보다는 신용도를 위주로 하며 보증서발급 심사 시 기술, 성장성 등의 비중이 높다.

신용보증 신청 방법은 기술보증기금에 직접 보증신청, 대출받을 금융기관을 거쳐 기술보증기금에 보증신청, 또는 대출받을 금융기관이 기술신용보증기금에 신용보증을 추천하는 방법이 있다. 일반적인 절차는 다음의 [그림 10-9]와 같다.

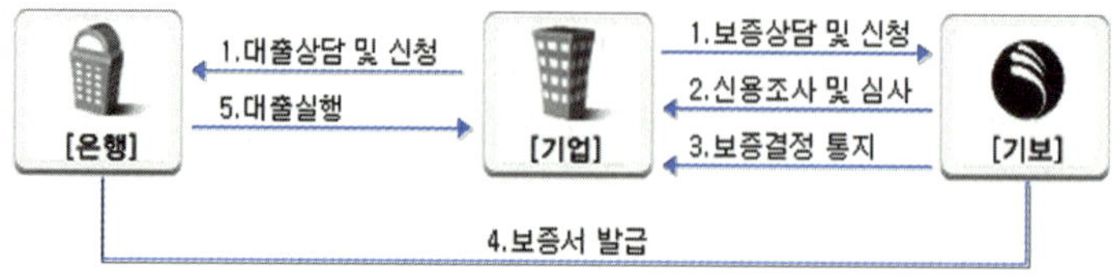

[그림 10-9] 보증기관 이용 대출 절차

제5절 IR

1. IR의 개념

IR(Investor Relations)은 기업의 커뮤니케이션 기능과 재무적 기능을 결합하여 현재 및 잠재적인 투자자들에게 기업의 성과와 전망에 대해 정확한 정보를 제공하는 전략적인 마케팅 활동이다. 즉 IR은 자기 회사의 내용을 잘 설명하여 투자를 유도하는 것으로 이미지를 관리하는 행위라 할 수 있다.

직접금융 시대를 맞아 기업에서 중요한 것은 일반투자자의 기업에 대한 이미지(대중적인 이미지)이다. 따라서 CEO는 정치인과 비슷하다고 할 수 있다. IR을 얼마나 잘하느냐도 CEO의 중요한 역할 중 하나이다. CEO는 30% 정도의 시간을 IR에 할애할 수 있어야 한다.

IR은 투자자를 위한 기업 자체의 전사적 마케팅 활동이어야 하며, 재무 기능과 커뮤니케이션 기능을 결합해 전략적으로 대처하는 기업활동이어야 한다. 회계원칙에 입각한 정확한 재무 내용과 경영성과 및 장래 전망 등을 적시(Timely)에 현 주주 및 잠재적 장래 투자자에게 구체적이고 효과적으로 전달함으로써 기업의 전체적인 가치 제고와 기업이미지 향상(Image making)을 꾀하고 궁극적으로는 투하자본의 효율을 높이는 마케팅 활동이어야 한다. 이는 전략적이고도 전사적인 마케팅 활동이어야 한다.

2. IR의 방법

프레젠테이션(Presentation)에 의한 IR은 구두에 의한 기업 발표는 사람을 매체로 한 면대면(face to face) 커뮤니케이션으로, 가장 기본적인 의사소통의 수단이자 효과가 뛰어난 IR 방법이다.

(1) 기업설명회(information meeting)

기업이 결산실적, 주요 경영정책 또는 재무 상태 등에 대하여 애널리스트(분석전문가)와 기관투자자들을 초청하여 보고하는 형태의 대규모 기업 발표이다.

우리나라의 경우 기업공개 시 공개 예정 기업이 수요예측(book building) 전에 기업 내용을 설명하는 기업공개 설명회와 코스닥 시장 활성화 차원에서 코스닥 등록법인의 경영성과와 경영계획을 투자자에게 보고하는 코스닥 등록법인 합동 기업 설명회가 활성화되어있다.

(2) 소집단 미팅(small group meeting)

대략 10인 정도의 소수 인원으로 진행하며, 애널리스트와 펀드매니저를 초청하여 너무 격식을 차리지 않은(informal) 분위기 속에서 진행하는 기업 프레젠테이션으로 간단한 회사의 현황 보고에 참석자들의 질문과 회사 측의 답변으로 진행된다.

(3) 1:1 미팅(one on one meeting)

주주 또는 영향력이 큰 기관투자자와 1:1로 만나서 서로의 대화를 통해 목적한 바를 추구해 가는 커뮤니케이션 방법으로 충분한 정보를 가지고 질의응답 형식으로 진행되므로 효과가 뛰어난 방법이다.

(4) 기타

공장견학(factory tour), 자사의 제품과 관련된 기술, 신제품에 대한 최신 기술을 소개하는 기술설명회, 인쇄, 출판물 배포에 의한 IR 등이 있다. IR 커뮤니케이션의 방법을 정리하면 다음의 〈표 10-8〉과 같다.

〈표 10-8〉 IR 커뮤니케이션의 방법

방법	내 용
기업설명회	기업의 결산실적, 재무 상태, 중요 경영활동 등을 시장 참여자를 초청하여 보고하는 대규모 기업 프레젠테이션
소그룹미팅	펀드매니저, 애널리스트, 세일즈맨, 언론 등을 대상으로 비공식적인 분위기에서 진행하는 기업 프레젠테이션
컨퍼런스콜	다수의 사람이 동시에 기업과 전화로 접속하여 최근 실적, 이슈 등에 대한 기업설명을 듣고 질의응답을 하는 프레젠테이션
인쇄물에 의한 IR	법적 공시와 자발적 공시로 나눌 수 있으며 법적 공시는 우리나라의 경우 상법이나 증권거래법이 규정하고 있는 공시이며 자발적 공시는 주주, 투자자, 애널리스트 등을 위한 배포자료 등이 있음
사이버 IR	자사의 홈페이지나 이메일, 증권 관련 사이트 등 인터넷을 통한 IR로 현재 가장 중요하고 영향이 큰 커뮤니케이션 방법임

프레젠테이션은 청중의 니즈에 부합하는 자기 생각을 한정된 시간 내에 표현, 전달함으로써 청중의 관심과 동의를 얻는 한편 자신이 원하는 의사결정을 얻어내는 의사소통(communication) 기술이며 철저한 준비가 성공의 관건이다. 성공적인 프레젠테이션의 요소로는 자신감, 3P의 분석(People, Purpose, Place), 내용의 확실한 이해, 전달 내용의 정리 기술, 내용의 전달 기술, 리허설이 있다. 3P의 분석은 다음의 [그림 10-10]과 같다.

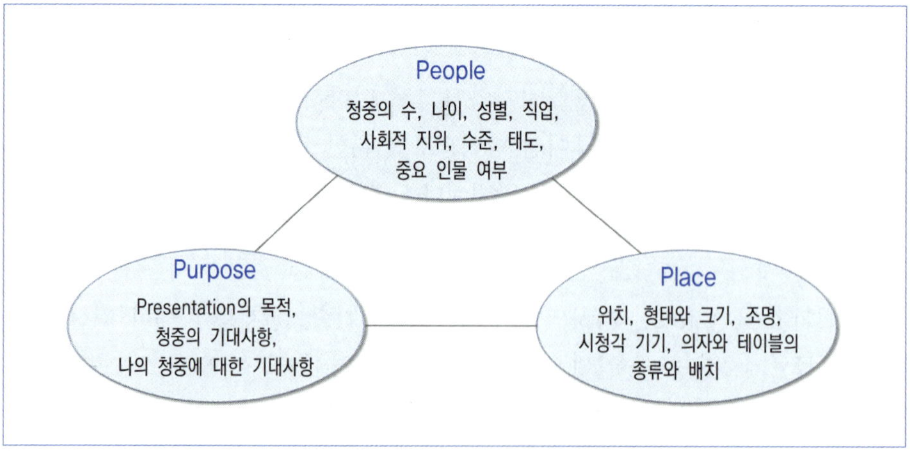

[그림 10-10] 프레젠테이션의 3P 분석

3. 투자자 설득하기(엘리베이터 피치 이해하기)

어느 날 우연히 엘리베이터 앞에서 투자자를 만났다고 가정해보자. 바쁜 투자자에게 본인이 개발한 제품을 1분간 어떻게 하면 효과적으로 홍보할 것인가? 이런 상황에 대비해 만들어진 것이 엘리베이터 피치이다. 엘리베이터 피치란, 말 그대로 엘리베이터 안에서 약 1분 이내 짧은 시간 안에 투자자의 마음을 사로잡을 수 있도록 이야기하는 것을 말한다.

엘리베이터 피치(elevator pitch)의 피치(pitch)는 제품을 팔기 위해 주장이나 권유, 홍보 등의 설득 활동을 뜻한다. 엘리베이터 스피치(elevator speech)로 표현하기도 하며 언뜻 즉흥적인 것 같지만 사실 사전에 충분한 준비가 되어 있어야 그 효과를 발휘할 수 있다.

시간, 장소에 구애받지 않고 1분 이내에 당신의 사업의 핵심을 설명할 수 있어야 한다. 1분이면 사업의 성공 여부에 대해 판가름하기에 충분한 시간이기 때문이다. 실제 투자자들이나 관련 사업을 하는 전문가들은 현장에서 더 많은 정보를 가지고 있고 천천히 이야기 들을 만한 시간이 없다. 그들에게 무엇이 매력적으로 다가갈지 포인트를 확실히 짚어서 짧은 시간 내에 핵심 아이디어에 대해서 전달하고 빠른 판단을 내릴 수 있도록 준비해야 한다. 아이디어 공모전이나 공식적인 자리에서도 넉넉한 시간을 배정받는 경우는 드물다.

먼저 60초 이내에 150~225단어로 정리를 한 엘리베이터 피치를 기본으로 1분, 3분, 5분 등으로 늘려서 연습해 보자. 언제 어디서나 가장 필요한 핵심을 이야기할 수 있는 준비를 해두는 것은 매우 중요한 일이다. 그 뿐만 아니라 논리정연하게 이야기하는 법을 익힐 수 있고 실제 업무에서 상사에게 보고내용을 설명하거나 공적으로 간결한 전달이 필요할 때도 유용하다.

(1) 내용구성

✓ **효과적인 스피치를 위한 방법**

적절한 시간 배분과 논리적인 내용 구성

구분	내용
서론 / 주제	시간 : 10초 내용 : 주제에 대한 이야기를 한 문장으로 말하기
본론 / 화제	시간 : 40초 내용 : 주제에 대한 스토리를 첨가하여 이야기하기
결론	시간 : 10초 내용 : 마무리 요약하기

효과적인 스피치를 위해서는 전달할 내용에 대한 확신이 있어야 한다. 지피지기 백전백승이다. 관심, 열정, 요구사항, 간결함을 담아 전달할 이야기들을 구성해보자. 여러분의 팀원에 대한 확신,

경영자로서의 창업자에 대한 확신, 투자금 회수에 대한 비전과 고객을 모을 수 있는 대의명분을 상대방의 마음속에 심어줘야 한다.

다음 페이지의 워크시트를 활용하여 여러분과 여러분이 투자받고자 하는 제품이나 서비스에 대해 적어보자. 창업자와 팀에 관한 이야기도 중요하지만, 구체적으로 이야기하기에는 부족하다. 여러분이 최적임자라는 확신이 들도록 경험과 전문성을 짧게 설명할 포인트를 찾아야 한다.

하지만 상대방이 듣지 않는다면? 엘리베이터에 투자자가 혼자 타고 있다면 어쩔 수 없이 이야기를 더 들어줄 수도 있겠지만 동행이 있다면 첫 이야기에서 제재당할 수도 있다. 듣는 이의 관심을 확실하게 잡아끌 강력한 한마디가 필요하다. 질문의 형태로 시작해서 여러분이 답을 가지고 있음을 표현해도 좋다.

큰 그림으로 시장의 문제점을 요약하고 명쾌한 해결책을 제시한다. 되도록 전문적, 기술적인 용어는 피하고 일상적인 용어를 사용하며 간결하게 함으로써 열정이 전달되어야 한다. 듣는 사람의 관심과 전문성에 맞추어 피치를 조절하면 관심도를 높일 수 있다. 시간에 쫓겨 명함을 건네는 것도 의도하는 바를 요청하는 것도 잊어버리지 않도록 주의하자.

상대방이 관심을 가졌다면 잠시 엘리베이터에서 내려 여러분의 제품이나 서비스 또는 근거자료 등을 활용하여 해결하고자 하는 문제와 해결되었을 때의 가치를 추가로 이야기할 시간을 얻을 수 있을 것이다. 그리고 다음 약속까지 잡게 된다면 여러분은 성공적인 엘리베이터 피치를 마무리한 것이다.

(2) 메시지 맵

여러분의 아이디어를 메시지 맵을 만들어 준비해 둔다면 언제 어디서든지 핵심을 설명할 수 있다. 가장 먼저 친근하게 이야기할 수 있는 메시지를 만들어 그것만으로도 큰 맥락의 이해가 갈 수 있도록 한다. 그리고 그 메시지를 지지하는 3가지 포인트를 정해서 이야기한다. 제품의 특성이 될 수도 있고 구성원의 강점이 될 수도 있다. 그 후 조금 더 세부적인 정보를 작성함으로 기본적으로 생길 수 있는 의문을 해소해준다. 다음은 'LUSH'에서 전달하고자 하는 메시지 맵이다. 'LUSH'를 처음 접하는 사람도 무엇을 하는 회사인지 확연히 느껴지지 않는가?

1. 친근하게 이야기할 수 있는 메시지 만들기
2. 메시지를 지지하는 3가지 포인트 잡기
3. 추가적인 정보 작성하기

(3) 피치 하기

앞에서 작성한 엘리베이터 피치의 주요 내용과 그것에서 뽑아낸 메시지를 효과적으로 전달할 수 있게 하려면 연습이 필요하다. 가족이나 친구 등 주변 지인들을 상대로 연습을 해보자. 실제로 우연히 만났을 때 잠깐만 시간을 내달라고 하고 연습해 본다면 더 효과적으로 자신의 부족한 부분을 확인할 수 있을 것이다. 그리고 그들로부터 엘리베이터 피치에 대한 피드백을 받아 적어두고 반복적으로 지적되는 부분을 먼저 고쳐나가자. 예상 질문도 미리 적어보고 키워드 위주의 자료도 준비해 두면 긴장도를 훨씬 낮출 수 있다.

또한 다양한 버전을 만들어서 각기 다른 상황에 대비할 수 있도록 준비하자. 투자자에게는 팀과 어떻게 수익을 창출할 계획인지에 초점을 맞추고 고객에게는 문제점과 그것을 어떻게 해결해줄지에 대해, 그리고 잠재 파트너에게는 여러분이 이루어 놓은 것과 앞으로 할 일에 대한 중요성에 대해 초점을 맞추어 연습한다.

그리고 피치 할 때 현장에서 가장 중요한 것이 무엇일까? 커뮤니케이션의 55%는 시선, 동작 등의 바디 랭귀지이고, 38%는 어조나 음량과 같은 말하는 법이라고 한다. 내용에 대한 준비가 끝났다면 피치라는 모습을 동영상으로 찍어 어떤 문제점이 있는지 살펴보고 고치도록 한다.

❑ 워크북 ❑ 엘리베이터 피치를 통해 투자유치에 성공하자!

* 투자유치를 하기 위한 스킬인 엘리베이터 피치에 대해서도 알아보았다. 이번 시간에는 모두가 투자자라 생각하고 자신의 사업 핵심을 간략하게 전달해보도록 하자.

* 엘리베이터 피치는 다음과 같은 3가지 룰(Rule)을 적용한다.

  첫 번째, 발표 시간은 "3분"으로 제한한다.
  두 번째, 피치 방식은 자유롭게 한다(연극, 노래, 프레젠테이션 등 다양한 방법).
  세 번째, 투자는 개인별로 하되(개별 100만 원씩) 자신이 속한 조에 하지 않는다.

이와 같은 룰을 적용하여, 투자유치 대회를 열어보자. 누가 가장 많은 투자금을 확보하여 창업 초기의 안정적인 현금흐름과 기업 성장을 위한 발판을 마련할 수 있을까?

엘리베이터 피치 투자대회 순서

STEP 1
- 엘리베이터 피치 준비 / 40분
- 주의 사항 : 발표 방법은 자유롭게 한다.

STEP 2
- 발표 / 21분
- 주의 사항 : 엘리베이터 피치는 꼭 3분으로 연습한다.

STEP 3
- 투자의 시간 / 15분
- 주의 사항 : 투자는 개인별로 하되 자신이 속한 조에 하지 않는다.

STEP 4
- 투자 결과 발표 / 5분
- 주의 사항 : 1등 팀에게는 100점의 점수

성장전략과 회수(Exit)

제6편

제 11 장

벤처스타트업의 성장전략

제 11 장 벤처스타트업의 성장전략

제1절 벤처스타트업의 경쟁우위 전략

1. 지속적 전략 우위 전략

창업의 기회를 발견하고, 창업팀을 구성하고, 자원을 동원하여 사업의 구체화를 위한 활동은 그 시점에서는 경쟁의 우위를 가질 수 있다. 하지만 경쟁자의 진입과 기존 기업의 보복 등으로 지속적 기회를 가지는 데에는 많은 장애가 있다.

경제적 교환에서의 경쟁우위는 제2장 벤처스타트업의 창업전략에서 언급된 바와 같이 고객에게 더 나은 가치를 제공하는 능력으로 정의된다.

창업기업은 창업단계 및 성장기에 핵심적 의사결정을 통해 시장에서 경쟁우위를 가질 수 있는 제품의 개발과 경쟁 지위 확보를 위한 전략적 위치의 설정이 중요하다.

지속적 경쟁우위의 역할은 경쟁 자체를 없애버리거나, 경쟁을 피할 수 있게 해주거나, 경쟁 기업이 쉽게 모방할 수 없도록 해준다. 특허, 등록상표, 고객지향적 기업 문화 등이 지속적 경쟁우위의 배경이 된다. 지속적 경쟁우위는 전략적 경쟁우위이다.

경쟁우위의 지속성은 처음 시장 진입 시 경쟁우위를 유지하며, 경쟁 기업과 차별화되는 핵심 역량을 보유하며, 지속 가능한 경쟁우위를 어떻게 유지하는가가 전략수립의 핵심 요소이다. 따라서 창업자는 보유하고 있는 자원을 활용한 경쟁우위를 가질 수 있는 지위의 확보가 중요한데 이를 전략적 위치선정(strategic positioning)이라 한다.

경쟁우위는 창업벤처가 신생기업의 어려움(liability of newness)을 극복하고 생존할 수 있는가를 결정하는 핵심 요소이다. 이는 투자자 등 이해관계자가 가지는 관심의 핵심이 된다. 이는 '불공정한 경쟁우위'(unfair advantage)라고 불리는 경쟁자의 측면에서 볼 때는 불공정하다고 느낄 정도의 명확한 경쟁우위 요소를 말한다.

이는 쉽게 모방할 수 없는 핵심 역량의 보유를 통해 보유할 수 있으며, 시장은 항상 변하고, 경쟁자는 어디서나 있을 수 있다는 자세를 유지하여 지속적인 혁신을 이룰 때 가능하다.

기업이 활용할 수 있는 전략을 요약하면 주어진 시장에서 사업의 경쟁적 위치를 어떻게 정의하느냐의 문제인 사업부 수준과 어떤 사업에 진출할 것인가를 결정하는 전사적인 전략으로 구분할 수 있고 수준별 전략은 다음의 [그림 11-1]과 같다.

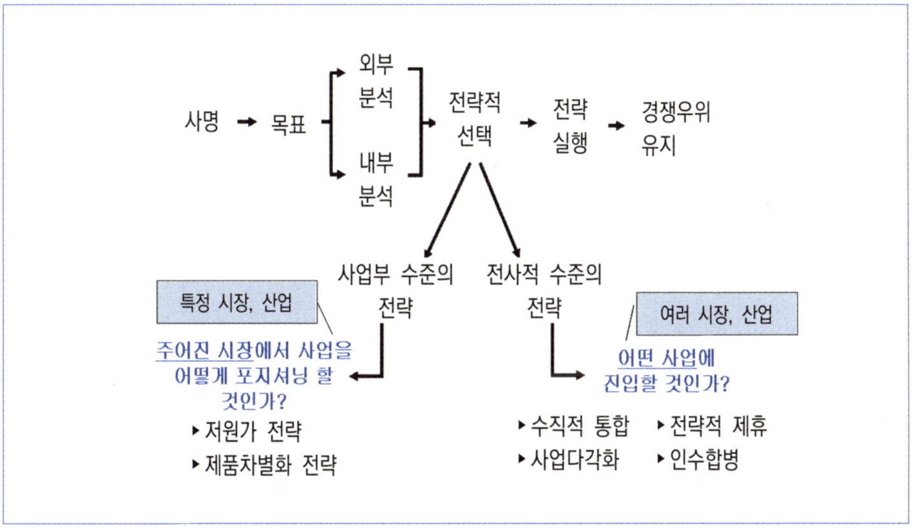

[그림 11-1] 전략의 선택

1) 사업부 수준 경쟁전략

사업부 수준에서 기업이 취할 수 있는 전략으로는 포터(M. Porter)가 제시한 원가 우위, 차별화, 집중화 전략으로 구분할 수 있다. 즉 자사 제품의 성능과 품질에서 우월한 제품을 생산하여 시장에서 공급하거나, 낮은 비용으로 생산하거나, 특정 고객집단의 니즈를 충족시키는 기업 경영방침을 말한다. 어떤 전략을 활용할 것인가는 회사가 보유하고 있는 자원과 역량 및 기업이 속한 산업구조에 따라 영향을 받는다.

차별화 우위(differentiation)는 고객이 느끼는 효용의 차별성을 강화하는 것으로, 초기시장에서는 원가 우위와 구분이 어려우나 시장이 성장하면서 기술 및 마케팅의 차별화로 나타난다. 이는 진입장벽을 우회하여 진입에 따르는 비용과 위험부담을 줄일 수 있을 뿐 아니라, 기존 기업의 보복적 행위를 효과적으로 대처할 수 있는 수단이다. 기술혁신 차별화에는 제품, 공정 기술혁신, 특허, 노하우 등을 이용하는 방법을 말하며, 마케팅 차별화는 유통방법, 판촉 방법, 서비스 방법의 혁신으로 이루어진다. 쏠리테크 및 케이티컴의 경쟁전략을 차별화 우위의 전략을 들 수 있다.

원가 우위(cost leadership)는 전반적 비용우위(overall cost advantage)의 확보를 의미한다. 이는 제품 설계, 원부자재의 조달, 생산공정의 이점 등의 활용을 통해 이룰 수 있다. 또한 누적 생산량이 증가할수록 생산원가가 낮아지는 경험 효과(experience effect)의 활용이 있다. 이는 숙련도의 향상, 생산방식의 개선 및 규모의 경제(economy of scale)에 의한 효과이다. 원가 우위를 확보하기 위해서는 공정혁신(process innovation)이 지속해서 이루어져야 한다. 창업 초기에는 제품의 성능향상 등 차별화에 중점을 두어 효율을 간과하는 경향이 있다.

하지만 초기부터 효율적인 생산역량 보유를 위한 관리의 효율화 체계를 수립하지 않으면 시장의 급성장에 따른 생산 규모의 확대에 적절한 대응을 하지 못하게 된다. 따라서 구매, 생산, 유통 등 가치 사슬 경로상의 각 활동에 있어 비용을 절감할 수 있는 노하우의 축적이 필요하다. 이에는 생산공정의 자동화, 제품 설계의 개선, 생산 및 유통방법의 혁신, 재고관리 방법의 혁신 등의 방법이 있다. 델컴퓨터와 엠케이이전자를 사례로 들 수 있다.

집중화 전략은 특정 고객집단, 특정 지역, 특정 제품에 집중하여 경쟁우위를 확보하고자 하는 전략이다. 이 전략은 좁은 범위의 고객과 시장을 대상으로 하여 경쟁 기업과 효과적으로 대응한다는 것이다. 즉 경쟁자들이 쉽게 접근할 수 없는 틈새시장을 찾아서 경쟁우위를 확보할 수 있다면 높은 수익을 유지할 수 있을 것이다. 쿠쿠 홈시스나 컴투스의 시장진입전략을 집중화 전략의 사례로 들 수 있다.

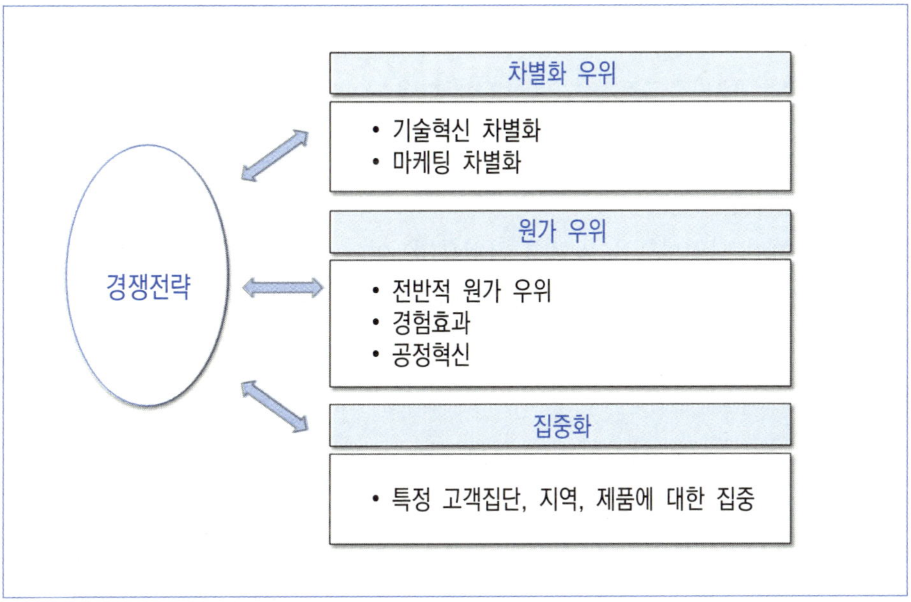

[그림 11-2] 사업부 수준의 전략

2) 전사적 수준의 경쟁전략

전사적 수준의 전략으로는 수직적 통합, 전략적 제휴, 사업다각화, 인수·합병 전략이 있다. 이 중 벤처스타트업의 지속적 우위 전략으로는 연속화 전략과 전략적 제휴가 활용될 수 있다. 수직적 통합은 전·후방 통합을 통해 시너지 효과를 추구하는 전략으로 M&A와 함께 많은 자금과 경험을 요구한다. 또한 이러한 전략은 시장의 주도권을 확보할 정도가 아니면 경쟁 기업이 경계를 증폭하게 만들어 시장환경을 악화시킬 우려가 있다. 사업다각화 또한 기업의 자원과 역량을 분산시킬 위험을 함께하고 있기에 초기 벤처스타트업의 성장 전략으로는 많은 위험을 내포하고 있다.

연속화 전략이란 초기 제품의 성공에 이어 지속적인 연구개발을 통해 후속 제품을 시장에 연속으로 출시하여 소비자에게 강한 인상을 줌으로써 소비자에게 선도기업으로서의 이미지를 확보하는 전략이다. 후속 제품으로는 초기 제품과는 전혀 다른 새로운 제품이나 초기 제품의 업그레이드 제품을 출시할 수 있다.

새로운 후속 제품으로 성공한 사례로는 휴맥스가 있다. 초기 단순 무료 수신기 모델에서 다양한 수신 제한 장치 모델로 수평적 확대 및 DVR의 개발은 기술 선두기업으로서 위치를 공고히 하였다. 업그레이드 제품으로 시장에서의 입지를 구축한 사례로는 엔씨소프트가 있다. 또한 다음, 아이레보 등도 연속화 전략으로 성공한 사례라 하겠다.

다음은 인터넷 포털사업에서 메일 서비스로, 다음 카페로, 다음 쇼핑으로 계속 업그레이드하여 사업모델을 확고히 하였으며, 아이리버는 MP3 플레이어와 디지털 인감도장 사업에서 출발하였으나 실패한 후 암호 기술을 기반으로 디지털 도어락 사업(게이트맨)에 진출하여 성공하였으며, 홈네트워크 시큐리티(보안) 사업으로 확장하고 있다.

전략적 제휴는 외부자원 활용을 통해 내부 경영자원의 불리함을 극복하는 전략으로, 벤처스타트업은 외부자원 활용의 대안으로 전략적 제휴를 시도한다. 전략적 제휴는 계획적이고 명확히 제시된 목적수행을 위해 설립되며, 벤처스타트업의 전문성과 유연성을 견지하면서 다양한 집단으로부터 제공되는 역량의 활용이 가능하다. 즉 경쟁 관계에 있는 기업이 일부 사업 또는 기능별 활동 부문에 있어 경쟁 기업과 일시적인 협조 관계를 갖는 것을 의미한다. 이들의 형태로는 라이센싱, 상호 마케팅 협정, 합작투자 등이 있다.

전략적 제휴의 목적은 자원과 위험의 공유, 제품개발과 시장진입의 속도 단축, 산업표준의 선택, 기업의 유연성 확보를 위해 추진하게 된다. 벤처스타트업의 경우 때로는 대기업의 자금 및 유통망의 활용 차원에서 또한 좋은 평판의 확보 및 홍보, 인지도 상승의 효과를 얻기 위해서, 벤처스타트업 간에는 공동 마케팅이나 상호 시너지 효과의 창출을 위해 전략적 제휴를 한다. 이러한 전략적 제휴가 성공하려면 상호 간에 제휴의 목적을 명확히 해야 하며, 상호신뢰를 바탕으로 해야 한다.

2. 성장을 위한 벤처스타트업 활용전략

1) 벤처스타트업의 시장진입전략

벤처스타트업의 경쟁은 새로운 제품이나 서비스를 가지고 시장에 진입함으로써 시작된다. 초기 시장진입 시에는 진입장벽을 어떻게 극복할 것인가에 초점을 두어야 한다. 진입장벽을 낮추거나 우회하기 위해 새로운 제품이나 새로운 기술 등을 활용한다. 경쟁 확보를 위한 전략으로는 원가 우위, 차별화, 집중화 전략이 사용되며, 정책의 변화, 시장 불균형의 발생, 사회적 관계 등을 적절히 활용함으로써 시장진입에 유리한 위치를 선점할 수 있다.

시장진입을 위한 벤처스타트업이 활용해야 전략으로는 공격자 우위(attacker's advantage), 틈새시장(niche market) 진입전략, 선발자 우위(first mover advantage) 활용 및 자산 간결화(asset parsimony) 전략이 있다.

신생 벤처스타트업이 제공하는 새로운 제품이나 서비스는 대체재로서 기존 기업의 영역을 침범하는 경우가 대부분이다. 반도체가 진공관을, IC에 의한 트랜지스터의 대체, PC가 메인프레임 컴퓨터를, 무선통신기기도 삐삐(페이저)와 PCS폰에서 셀룰러 폰으로 대체되어 가는 경우이다. 크리스텐슨(Christensen)은 이를 지속성 기술과 와해성 기술의 개념으로 설명하고 있다. 주류기업들은 지속성 기술의 성능향상을 목표로 하지만, 와해성 기술은 기존의 고객들이 전통적으로 중요시하는 것과는 달리 판이한 성능 특성을 도입하는 경향이 있다. 오랜 역사를 가진 브리태니커 백과사전은 MS의 엔카타(Encarta)라는 CD 롬 백과사전에 시장지배력을 빼앗긴 것이 와해성 기술의 사례이다.

공격자는 기술혁신을 이용하여 새로운 컨셉의 제품을 가지고 시장에 진입하게 된다. 그러나 현재의 리더 기업은 기존의 기술을 바탕으로 한 경쟁우위를 가지고 있어서 새로운 기술로 전환하기 쉽지 않다. 이는 기존 기술에 의한 자원과 역량을 구축하는데 막대한 투자가 있었고, 이것이 일종의 매몰 비용(sunk cost)으로 작용하기 때문이다. 또한 기존의 경영시스템, 전략, 인력구조 등으로 인한 조직의 관성(organizational inertia)이 작용한다. 80년대 후반 IBM의 딜레마나 GM의 몰락이 그 예이다.

틈새시장 진입은 시장이 작거나 중요성이 낮아서 기존의 경쟁자가 효과적으로 서비스를 제공하기 힘든 시장이다. 예를 들면 모바일 게임 산업은 전체 규모가 1,000억 원 정도로 이동통신 서비스 사업자가 진입하기에는 진입 비용과 비교해 수익을 창출하기가 쉽지 않다. 또한 이동통신 서비스 사업자의 측면에서는 모바일 게임은 다양한 콘텐츠 일부로 시장의 중요성이 크지 않다. 반면 벤처스타트업의 측면에서는 상당히 매력적인 시장이 된다. 또한 처음에는 작은 규모의 시장이지만 환경의 변화로 인해 규모가 확대되는 경우가 있다. MS의 경우 IBM이 PC 산업의 중요성을 인식하지 못하고 OS를 외주함으로써 틈새시장에 진입하였다. 이후 PC 산업의 성장에 따라 MS는 독보적인 존재가 되었고, IBM이 OS2를 개발하는 등 대응하였으나 시장의 신뢰성과 인지도를 갖춘 MS를 넘지 못하게 된다.

벤처스타트업은 선발자의 이점(first mover advantage)을 활용하는 것이 경쟁우위 확보에 유리하다. 선발자의 이점에는 기술우위, 자원획득, 전환비용의 유발 등이 있다. 선발자는 다른 경쟁자보다 기술적 우위에서 앞서갈 수 있다. 또한 공급자와의 유리한 조건 또는 장기적 계약 등을 통해 핵심적 자원의 획득에서도 우위를 확보할 수 있다. 고객들에 대하여는 전환비용(switching cost)의 부담을 느끼도록 함으로써 상대적 교섭력의 우위를 유지하고, 신규 참여자에 대한 진입장벽을 구축할 수 있다.

선발자의 이점은 초기 잠재시장에 진출하여 진입장벽 극복 비용을 절감하며, 경쟁자의 참여 기간 동안 초과 이익을 취할 수 있으며, 선도자로서의 명성을 가질 수 있다. 선점의 이익을 누리려는 경영자는 시장의 변화를 파악하고 있어야 하며, 추세를 통해 시장을 예측하고 미리 진출할 필요가 있다. 1981년 창업한 풀무원식품은 70년대 중반 무공해 농장에서 출발하여 소득수준의 향상에 따른 건강과 환경문제에 관한 관심이 높아질 것을 예상하고 유기농, 무공해 식품 사업에 진입함으로써 선발자의 우위를 활용한 사례라 하겠다. 인터넷 기업도 선발자 우위를 통한 회원 수의 확보와 방문자 증대는 기업의 중요한 자산이다.

자산 간결화는 초기 자원의 제약을 극복하기 위해 사무실이나 공장 등의 자산에 투자되는 비용을 최소화하는 전략이다. 즉 고정비를 최소화하고 아웃소싱을 통해 부족한 자원을 보완하는 것이다. 이는 벤처스타트업의 특성인 탄력성과 신속성이 잘 반영된 전략이기도 하다.

공격자의 우위와 방어자의 딜레마	• 지속성 기술(Sustaining Technology) • 교란성 기술(Disruptive Technology) • 기술혁신의 활용
틈새시장 진입전략	• 벤처기업은 선택과 집중을 통한 시장진입이 절대적으로 필요
선발자 우위 활용	• 기술우위, 자원획득, 전환비용의 유발 등의 측면에서의 선발자 우위 • 교섭력의 우위 유지와 신규 진입자에 대한 진입장벽 형성
자산 간결화 전략	• 벤처기업의 초기 투자자본의 제약으로 인한 투자 비용 최소화 전략

[그림 11-3] 벤처스타트업의 시장진입전략

2) 첨단기술시장

불연속적인 혁신을 기반으로 하는 첨단기술 제품은 지속해서 개발되고 있다. 특히 새로운 아이디어와 신기술을 가지고 첨단제품 시장에 뛰어드는 벤처스타트업들도 많이 있다. 그러나 성능 좋고, 품질이 우수한 제품을 보유한 벤처스타트업들은 자신들의 제품이 왜 시장에서 성공적으로 성장하지 못하는지를 이해하지 못해 실패하는 경우가 생긴다.

이러한 신기술 제품은 본질에서 소비자의 행동 및 태도의 변화와 기존 산업 인프라의 변화를 요구하는 불연속적 혁신을 근간으로 하고 있기 때문이다. 즉 소비자가 신기술 제품에 적응하기 위해서는 전환비용(switching cost)을 지불해야 하며, 전체 산업이 신기술 제품의 혁신을 받아들이느냐에 따라서 그 제품의 운명이 결정되기 때문이다.

첨단기술 제품시장은 주어진 제품군이나 서비스에 대하여 공통적인 욕구와 필요가 있으며, 이들이 구매 의사결정 시 특정 소속집단 내에서 서로의 경험이나 사례를 참조(reference)하려는 성향이 있는 실재하거나 잠재적인 고객집단의 시장을 말한다. 이러한 첨단기술 산업의 마케팅은 완전 완비제품(whole product)과 기술수용주기이론을 중심으로 파악해야 한다. 완전 제품은 레빗(T. Levitt)이 처음 사용하였고, 데비도우(B. Davidow)가 '첨단기술 마케팅'(marketing high technology)에 사용하면서 미국의 실리콘밸리에 알려지게 되었다. 기술수용주기이론이 등장하기 전에 실리콘밸리의 첨단기술 분야의 마케팅 담당자들은 브랜드 인지도 제고를 위한 광고 촉진 활동을 중심으로 전통적인 소비자 마케팅 전략을 수행했으나 만족할 만한 성과를 얻지 못했다.

첨단기술시장의 수용 특성을 로저(Everett M. Rogers)는 혁신의 확산이론으로 설명하고 있다. 혁신의 확산은 기술 수용 주기로 구분하고 있는데 첨단제품시장을 3개 시장에 5가지 유형의 고객으로 설명하고 있다. 기술 수명주기에 따라서 우선 초기시장, 주류시장, 말기시장으로 구분하고, 초기시장에서는 혁신수용자(innovators, 2.5%)와 선각수용자(early adopters, 13.5%)로 구성되고, 주류시장은 전기 다수구매자(early majority, 34%)와 후기 다수구매자(Late majority, 34%)로 구성되며, 말기시장은 첨단제품에 대한 지각수용자(Laggards, 16%)로 구성되어 있다. 이러한 각 고객은 제품수용에 대한 태도와 사고방식에 있어서 차이가 있다. 반면 최근에는 slow adopters가 드러나면서 마케팅에 있어 long tail 법칙이 적용되기도 한다.

(1) 기술수용주기이론과 단계별 고객 특성

① 초기시장

혁신수용자는 기술 애호가(technology enthusiasts)로 이들은 초기시장의 중심으로서 신제품의 구조를 빨리 이해하고 첨단제품이 기존 제품들보다 경쟁력이 있는 이유를 먼저 인식하는 고객이다. 신기술을 배우는데 관심이 높고, 모든 사람으로부터 유능한 초기 평가자라는 인정을 받고 있다. 기술 애호가들은 구매집단으로서 또는 회사의 구매 결정에 큰 영향력을 행사하는 사람으로서 역할을 한다. 초기 혁신자 시장을 공략할 때는 신기술 제품의 가격을 낮게 책정해야 하며, 회사나 조직의 예산에서 지출된다면 그들에게 가격에는 신경을 쓰지 못할 정도의 매력적인 가격을 제시해야 한다.

직접반응 광고(direct response advertising) 중심으로 전문적인 기술과 관련된 매체에 메시지를 남겨 놓을 필요가 있다. 또한 이미지 광고는 배제하고, 기술에 대해서 사용 욕구를 불러일으키는 방식을 취해야 한다. 초기시장에서 기술 애호가들은 첨단제품을 출시하는 벤처스타트업에게 매우 중요하다. 즉 이들의 구매 및 사용을 통해서 시장 내에서 참조 원천이 될 수 있어서 이들과의 관계를 유지하는 것이 중요하다.

선각수용자(visionaries) 집단은 부상하는 신기술을 전략적인 기회로 연결할 수 있는 통찰력을 가진 집단으로서 초기에 기술 제품을 수용하는 집단이다. 선각수용자 집단은 생산성 향상과 자사의 고객에 대한 서비스를 획기적으로 개선하기 위해서 당시에 충분히 검증되지 않은 기술적 혁신(breakthrough)을 과감하게 채택함으로써 위험을 수용하고, 그것을 통한 가치 창출에 초점을 두는 성향을 지닌다. 초기 수용자들의 주요 특징은 가격에 민감하지 않고, 전략적 우위를 지키기 위해 상당한 금액을 투자할 여력이 있다. 벤처스타트업은 이들의 구매를 통해서 초기의 기본적인 자본을 얻을 수 있다. 벤처스타트업은 초기시장의 기술 수용자들의 기대치를 관리하고 지속해서 확신을 심어줄 수 있는 영업 인력이 필요하다.

② 주류시장

전기 다수 수매자인 실용주의자(pragmatists)는 시장의 주류를 이루는 집단으로서 단계적이고 측정할 수 있는 예측 가능한 진보, 즉 점진적인 발전을 목표로 하고 있다. 무엇보다도 다른 사용자를 참조하여, 확신하길 원하며, 위험부담을 하지 않는 '경향이 있다. 이들은 일단 한번 사로잡으면 중요한 고객이 되지만, 그전에 먼저 신뢰를 얻어야 한다. 실용주의자들은 제품구매 시에 제조 회사, 품질, 보조제품의 다양성, 시스템 인터페이스, A/S 내용 등을 자세히 검토하는 특성을 보인다. 또한 실용주의자들은 제품가격에 상당히 민감하며, 유통 관계를 최소한으로 유지하여 자신들의 구매력을 지속해서 유지하고, 문제 발생 시 통제할 수 있는 핵심 사항을 찾아내고자 하는 특성을 가진다.

이러한 실용주의자 집단에게는 이들이 참석하는 회의나 제품발표회에 참가해야 하고, 이들이 자주 보는 잡지에 기술을 광고 등을 게재할 필요가 있다. 이들의 관심을 끌고 있는 제품의 응용제품을 개발하고, 이들과 거래하는 판매회사들과 제휴를 맺는 것이 좋다.

후기 다수구매자인 보수주의자(conservatives)는 불연속적 혁신에 반대하는 경향을 보이며, 첨단기술에 대해서 두려움을 가지고 있는 매우 보수적인 특성을 보인다. 사용에 필요한 모든 것이 함께 제공되며, 이미 조립된 완전한 제품을 대폭 할인된 값에 사기를 좋아한다. 보수주의자들 집단의 후기시장은 큰 기회로서 저렴한 가격에 약간 뒤처진 안전한 기술을 중심으로 그들의 사업 필요성에 맞추어 단일 기능의 시스템으로 재포장하는 것이 유리하다. 즉 이들을 공략하기 위해서 벤처스타트업은 완전 제품을 준비하고, 가장 효과적으로 배포할 수 있는 유통망을 확보하는 것이 중요하다.

③ 말기시장

첨단기술 시장의 마지막을 구성하는 지각수용자는 회의론자(skeptics)로 첨단기술 시장에 거의 참가하지 않는다. 따라서 이들의 영향력을 최소화하거나 무력화시키는 것이 중요하다. 한편으로 이들의 주장에 대해서 장점은 수용할 필요가 있다. 첨단기술 제품은 업무처리의 능률을 향상해 결과적으로 각 개인의 시간을 절감시켜 준다. 하지만 각 개인이 절약한 시간만큼 일을 더 해서 회사에 득이 되도록 하지는 않는다. 또 엄청난 비용을 들여 추가한 기능들이 제대로 사용되지 않고 있다. 그 이유는 사용자들이 그 기능을 배우려 하지 않기 때문이다. 또한 첨단제품을 쓸 수 있도록 하기 위한 설비와 교육에 투자된 시간 이상의 경제적 효과를 내는 사람들도 있지만 그렇게 할 수 없는 사람들도 그만큼은 된다는 것도 사실

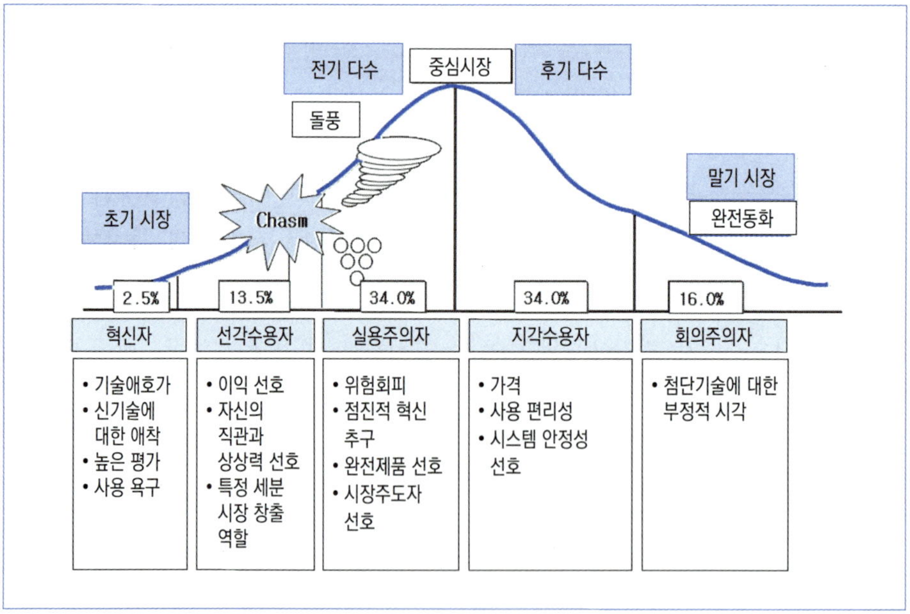

[그림 11-4] 기술 수용 주기

출처 : 최종열 외, 벤처창업과 기업가정신, 2017.

이다. 다시 말하면 교육받느라 허비된 시간과 비용 그리고 그들을 지원하기 위해 구매된 시스템의 비용 또한 그 시스템을 효과적으로 이용할 수 없음으로써 발생하는 손실은 매우 크다. 따라서 벤처스타트업은 회의론자들의 욕구를 만족시키기 위해서는 완전 제품 해결책을 통해서 이들을 설득하고, 이들의 비판을 수용하여 제품을 향상할 필요가 있다.

(2) 벤처스타트업의 캐즘(chasm) 극복 전략

① 캐즘의 특징

첨단기술 시장에서는 각 시장에서 새로운 단위 시장으로 이동할 때, 참조사례가 될 만한 고객기반이 부족하다는 매우 중요한 특성을 보인다. 다음의 [그림 11-4]에서 알 수 있듯이 초기 수용자와 전기 다수 사이에 크게 벌어진 대 단절, 즉 캐즘이 존재한다. 캐즘에서 가장 위험한 점은 새로운 고객이 부족하다는 것이다.

신기술의 채택에 적극적이고, 전략적인 초기 수용자 집단이 주도하여 생성된 기회의 초기시장은 포화상태에 이르게 되고, 주류시장의 고객들이 구매 욕구를 느낄만한 수준에 이르지 못했기 때문에 매출이 급격히 감소하고, 자금 흐름이 악화하기 시작한다. 게다가 새로운 경쟁자에 대해서 반응을 하지 않던 주류시장의 기존 경쟁자들이 한두 건의 중요한 경쟁에서 패한 다음에 갑자기 신규 경쟁자를 의식하고 영업력을 가동해서 반격에 나선다는 사실이다.

캐즘을 극복하기 위해 벤처스타트업의 경영진은 참조 성공사례를 만들고, 불연속적인 기술혁신만이 현실적인 해결책이라는 점을 실용주의자들에게 설득하는 데 필요한 보조제품들과 인터페이스의 기반구조를 구축하려 하지만 예산의 부족 상황을 맞게 된다. 이 경우 투자 자금이 부족해지고, 기존 투자자들도 의심을 가진 채로 시간을 보내게 되며, 악질적 투자자들은 캐즘 기간을 현재 경영진의 불신임과 퇴진시키기 위한 수단으로 활용하려고 한다. 따라서 이러한 캐즘을 극복하기 위해서는 전략적인 노력이 필요하다.

② 캐즘 극복의 노력

캐즘 극복의 가장 중대한 목표는 초기시장의 한계를 극복하고 주류시장으로 진입하는 것이다. 이러한 주류시장으로의 진입은 하나의 공격행위로서 시장진입

시에 기존의 경쟁자들이 거세게 대응하면서 새로운 참여자의 진입을 막으려고 한다.

캐즘에 빠진 신생 벤처스타트업은 경쟁자들로부터 주류시장을 탈환하기 위해서는 우선으로 다른 제품과 회사들로 구성된 공격 결사대를 결성해야 한다. 일단 목표틈새시장으로 진입한 뒤에 주류시장의 전략적 목표 세부시장으로 옮겨가는 것이다. 벤처스타트업은 일단 목표틈새시장으로부터 경쟁자들을 몰아내고, 추가적인 세분시장들을 확보하면서 전체 시장을 지배하기 위해 계속해서 이동해야 한다. 캐즘을 극복하려는 신생 벤처스타트업은 목표틈새시장 공략에 집중해야 한다. 이러한 전략의 효과는 다음과 같다. 첫째, 쉽게 성취할 수 있다. 둘째, 장기적 성공의 지렛대 효과를 얻을 수 있는 실행 가능한 구체적인 목표에 기업의 역량을 집중시킴으로써 벤처스타트업에 활력을 불어넣어 줄 수 있다. 그러나 상당수의 기업은 주류시장이 보여주는 엄청난 가능성에 현혹되어 집중력을 잃고 모든 기회를 좇아다니다가 실용주의적 구매자들이 인정할 만한 상품을 개발하지 못해 결국 캐즘을 뛰어넘는 데 실패하게 된다.

따라서 신생 벤처스타트업이 캐즘을 뛰어넘기 위한 유일한 목표는 주류시장에 전진기지를 확보하는 것으로 해야 하며 이를 위한 세 가지 방안을 실천해야 한다. 첫째, 고객들이 원하는 모든 서비스 등이 결합한 제품, 즉 완전 제품을 제공해야 한다. 둘째, 구매자들 사이에서 제품에 대한 좋은 평판이 구전되게 하는 강력한 전파력을 확보하는 것이다. 셋째, 틈새시장에서 초기에 50% 이상을 점유함으로써 시장주도력을 확보해야 한다.

실용주의자들이 주류시장에서 신생 벤처스타트업을 선도자로 인정하게 되면, 그다음부터 계속 선두 자리를 지키도록 만들어 준다. 한편으로 주류시장의 고객들은 제품의 기능 부족에 불평하고, 경쟁제품에 상응하는 품질을 요구한다. 벤처스타트업은 고객들의 구매 결정을 단순화시키고, 품질을 향상하며, 고객들이 완전 제품을 구매하는 데 드는 비용을 낮추며, 제품 공급자가 바로 옆에 있다는 안정감을 제공해야 한다.

캐즘 극복을 위한 전략의 흐름과 세부 전술을 요약하면 다음의 [그림 11-5]와 같다.

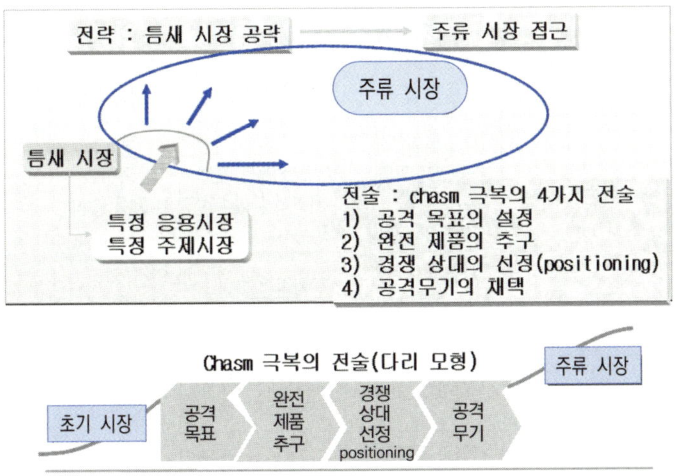

[그림 11-5] 벤처스타트업의 Chasm 극복 전략

캐즘 극복을 위해서는 시장의 세분화가 필요하며, 니치 시장의 개발은 "누구에게 팔 것인가?"라는 시장을 정의하고, "무엇을 팔 것인가?"라는 제품을 정의하여야 한다. 이러한 정의를 바탕으로 고객 특성을 파악하여 적합한 시장진입전략을 수립하여야 할 것이다. 기술 수용 주기를 활용한 단계별 고객 특성은 다음의 〈표 11-1〉, 〈표 11-2〉와 같다.

〈표 11-1〉 기술 수용 주기의 단계별 고객 특성 – 개인 특성

개인 특성	혁신자	초기 수용자	초기 다수	후기 다수	Laggards
사회적 지위	상위 소수	중상류	중하류	하중류	하류
수입	고소득	고소득	평균 이상	평균수입	평균 이하 수입
직업	상위 전문직	중간 관리직 중규모 사업	중소기업 사장	노동직	단순 노동직
주택	고급 주택	좋은 아파트 넓은 집	다가구 주택	저수입 주택 마련	빈민가
학력	사립 교육	대학 교육	고등학교 상업학교	고등교육	낮은 교육 수준
시간 지향성	현재 지향	미래 지향	현재 지향	현재 지향 (안전 욕구)	과거 지향

〈표 11-2〉 기술 수용 주기의 단계별 고객 특성 – 심리적 특성

심리 특성	혁신자	초기 수용자	초기 다수	후기 다수	Laggards
니즈의 특성	자기 실행 욕구 (잠재성의 현실화)	존경 욕구	소유 욕구	안전 욕구	생존 욕구
인지 (perceptions)	넓은 시야	특권 사회적 지위 자각 상위 계층 선망	지역적 야심, 포부, 지역적 사회수용	가정과 제품 중심	매일매일의 생존
자기 인식	엘리트 의식	사회적 노력가 동료 그룹의 리더 모험심이 있는	참조 그룹과 가정에서 존경받음	안전, 가정중심 공격적, 냉소적 희망 없음	숙명론적 하루 벌어 하루 사는
포부 그룹	상류층	혁신자 집단	중산층에서 분리된 자신의 그룹	하층에서의 분리	포부가 없음
참조 그룹	스포츠 사교 여행 그룹	산업과 지역사회 주도 골프, 대학, 친목회	노조, 가정, 보조단체	가정, 노조	소수 그룹 지향

캐즘 극복의 전술인 다리 모형의 첫 번째 단계인 공격목표의 선정은 시장 세분화를 통해 목표 고객의 전형적인 특성을 파악하고, 선정된 공격목표인 목표 고객의 첨단기술 제품 구매 전후에 느끼는 만족, 불만족 시나리오를 구성하여야 한다. 다음으로는 가치 삼각형과 가치 나열표를 작성하여 공격목표의 우선순위를 결정하여야 한다. 이러한 공격목표 결정의 순서도는 다음의 [그림 11-6]과 같다.

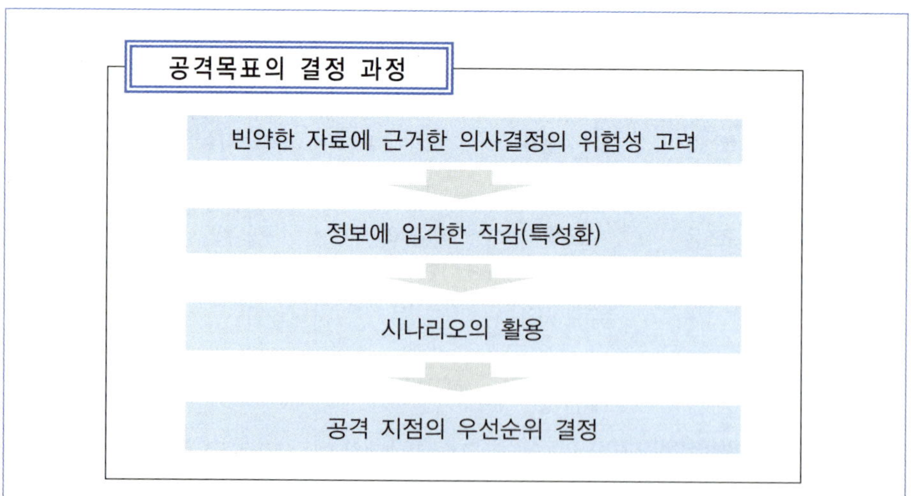

[그림 11-6] 공격목표의 결정 과정

두 번째 단계인 완전 제품의 추구는 실용주의자의 특성인 제품의 안전성과 완전성을 중시함(whole product)과 시장 주도적인 제품을 선호함을 충족시켜 주는 단계이다. 이를 위한 전술 실행으로 자사 제품을 보완해 줄 수 있는 제품을 생산하는 기업과 제휴 또는 동맹을 통해 시장에서의 인지도 및 제품에 대한 신뢰도를 높인다. 또한 완전 제품(whole product) 모델의 실행을 통해 고객이 추가적인 노력을 하지 않더라도 제품을 충분히 사용할 수 있도록 기존의 차별화된 성능 및 가치에 사용기능의 편의성을 추가하여야 한다. 즉 플러그인 제품으로 만들어야 한다.

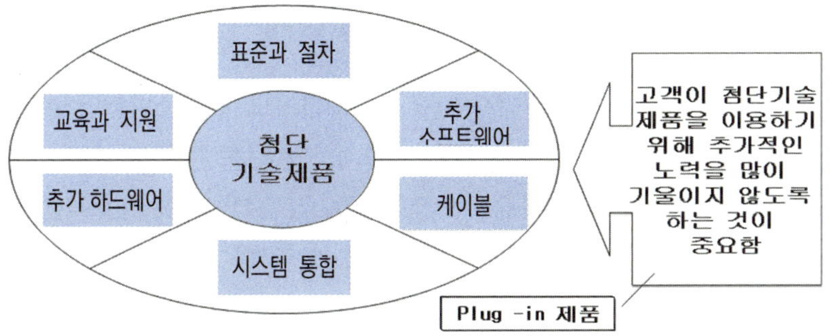

[그림 11-7] 완전 제품의 구성

세 번째인 경쟁상대의 선정은 실용주의자의 특성인 제품의 기술이나 제품의 시장성에 관심을 가지는 특성에 부합되어야 한다. 실행 전술로는 자사 제품이 경쟁제품보다 경쟁우위에 있다는 것을 인식시켜야 할 것이다. 경쟁을 위한 자사의 포지셔닝의 흐름은 다음의 [그림 11-8]과 같다.

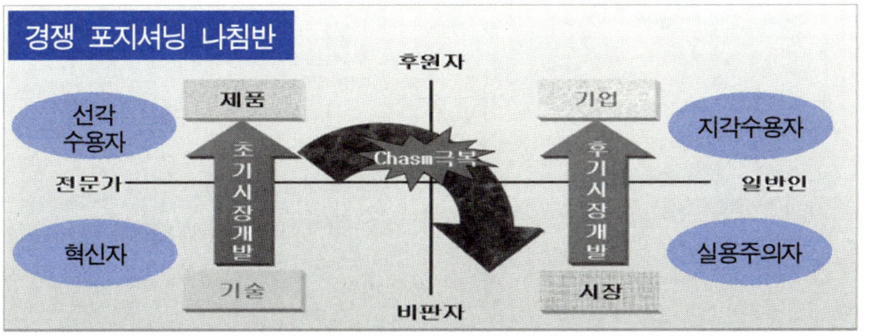

[그림 11-8] 경쟁상대의 선정

제품의 수용범위에 따라 전문가와 일반 대중으로 구분하고, 기술적 수용과 이해의 정도에 따라 비판자와 후원자로 구분할 수 있다. 초기시장 진입 시기에는 기술과 제품의 개발에 초점이 맞춰지나, 주류시장에 진입하기 위해서는 비판적 일반인인 실용주의자를 설득할 수 있어야 한다. 기업의 제품과 기술 보완이 시장의 요구에 초점이 맞춰져야 할 것이다.

마지막 단계인 경쟁 무기의 채택은 첨단기술 시장에서도 유통과 가격이 중요한 경쟁 무기임을 고려하여야 한다. 자사의 이윤 증대보다 유통경로에 이익이 많이 돌아가게 하여 이를 통한 시장선도를 주도할 수 있을 정도로 가격설정을 하여야 한다.

또한 캐즘 극복을 전술적 고려사항을 충족하더라도 벤처스타트업 이해관계자들의 역할이 중요하다. 즉 벤처사업가, 벤처캐피탈은 물론 연구개발 담당자, 생산 담당자 및 마케팅 담당자의 유기적인 협조가 중요하다. 캐즘 극복을 위한 관계자의 역할들을 정리하면 다음의 [그림 11-9]와 같다.

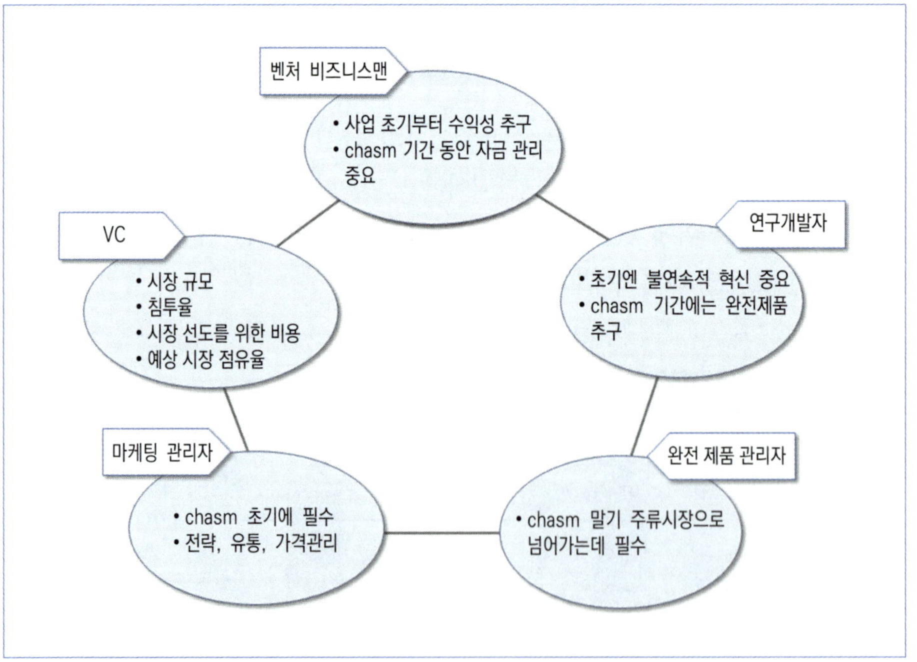

[그림 11-9] Chasm 극복을 위한 역할

(3) 캐즘 이후의 단계

첨단제품의 신생 벤처스타트업은 캐즘을 넘은 이후에는 새로운 전략으로 주류 시장에 진입하여야 한다.

일반적으로 볼링 앨리 단계와 돌풍 단계를 통해서 급진적인 성장을 해야 한다.

볼링 앨리(Bowling Alley)단계는 일반 주류시장에 앞서 교두보인 틈새시장이 먼저 수용하는 시기로 고객의 강력한 구매 충동 사유와 틈새시장에 일치하는 완전 제품을 만들려는 벤처스타트업의 의지로 추진된다.

이 단계에서는 고객 중심의 틈새시장에서 캐즘 극복을 위한 전략처럼 교두보 확보, 즉 세분시장에서의 선도자가 되는 전략을 수행해야 한다. 특히 중요한 점은 제품 중심이 아닌 고객을 기반으로 하는 응용 분야 중심적인(application-centric) 관점으로 전략을 수행해야 한다는 점이다.

돌풍(Tornado) 단계는 대중적인 수요시장의 수용 시기로, 일반시장은 새로운 인프라 패러다임으로 전환하게 된다.

볼링 앨리 단계와는 다르게 대중시장을 대상으로 전략을 수행해야 한다. 틈새시장에서 어느 정도 선도자의 위치를 차지한 후에는 시장에서 돌풍을 일으켜야 한다.

이러한 돌풍 단계에는 경쟁자를 가차 없이 공격하고, 유통망을 확장하고, 고객을 당분간 무시하는 전략을 실행해야 한다. 반면에 첨단기술의 인프라 보유자에게만 독점적으로 초점을 맞추어 전략을 실행해야 한다.

중심가(Main street) 단계는 후속 시장의 발전단계로 인프라가 전진 배치되는 단계로서 남은 잠재시장의 가능성을 완성하는 단계이다.

이 단계에서는 고객 중심적인 방향으로 다시 전략을 실행해야 하며, 공통의 표준 인프라를 대량맞춤생산(mass-customization)을 통한 부가가치 확보에 적합하게 만드는 데 초점을 두어야 한다. 예를 들면 델컴퓨터의 전략과 같이 고객의 개별욕구와 필요에 맞추는 '고객 맞춤' 전략이다.

완전 동화(Total assimilation) 단계는 불연속적 혁신이 완전 동화되는 시기로, 기술 수용 주기의 말기를 말한다. 첨단기술 분야에서는 이 시기가 매우 빠르게 진행된다. 변화의 견인차 구실을 하는 반도체 엔진이 가격 대비 성능을 계속하여 향상함으로써 완전히 새로운 패러다임을 시장에 출현시켜 방금 출현한 선두주자를 밀어낼 수 있다.

3) 벤처스타트업의 마케팅 특성

벤처스타트업의 마케팅 특성은 특정한 제품 및 서비스로 단일 시장을 대상으로 하고 있기에 기존 기업과는 마케팅 상에 있어 다른 특성을 보인다.

마케팅의 주요 고려 요소인 제품, 가격, 촉진에 있어 주요한 고려사항 및 특성을 정리하면 아래와 같다.

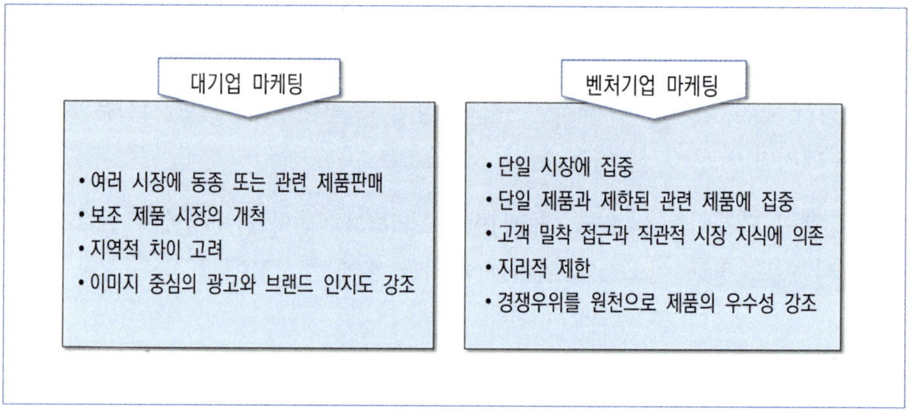

[그림 11-10] 벤처스타트업의 마케팅 특성

제품의 가격을 적정하게 정하는 것이 매우 중요한데 이때의 고려사항으로는 경쟁사 또는 대체품과의 경쟁압력의 단계 정도, 시장의 수요에 대한 충분한 공급 여부, 수요의 계절성 및 주기 변화, 유통비용, 제품의 수명주기 단계, 제품비용의 변화, 경기상황, 판매자가 제공하는 고객서비스, 판매촉진 활동의 양과 시장의 실제 및 잠재적 구매력에 따라 가격전략을 탄력적으로 수립해야 한다.

제품의 특성에 따라 소비자에의 접근 및 전략적 주요 요소가 달라진다. 이러한 제품의 특성과 주요 전략적 요소를 정리하면 다음의 〈표 11-3〉과 같다.

〈표 11-3〉 제품 특성과 주요 전략적 요소

소비재 제품 (Consumption Goods)	· 소비재는 단기간에 소모되는 물리적·유형적인 아이템 · 고객 만족에 집중하여 시장에서 성공 · 고객에게 강력한 이익을 제공하는 것을 알림
내구재 제품 (Durable goods)	· 상대적으로 긴 사용 기간을 갖는 제품 · 지속성을 통한 고객 만족 제공 · 내구재는 자본적 지출, 소비재는 일반 지출
서비스 (service)	· 소비자의 긴장감(nervousness)을 다루는 것이 핵심 · 전략의 요소 - 신뢰성 - 외향성 - 유형물의 제공
엔터테인먼트 (Entertainment)	· 고객에게 즐거움을 주는 것 · 주로 민간의 언어를 통해서 이루어짐 · 주요 광고 매체가 고객
정보 (Information)	· 정보 판매에 있어서 매체의 역할을 인식하는 것이 중요 · 올바른 매체 선택을 통해서 정보 판매의 지속성 유지 · Content의 가치를 향상할 수 있는 매체의 선택
고급 아이템 (Status items)	· 명성을 통해서 구매자가 자부심을 느끼도록 하게 함. · 명성의 원천 - 권력, 출생지, 부, 재능
사회적 만족 (Social satisfaction)	· 사람들과의 사교적 모임을 제공 · 기업과 고객과의 관계보다 실제로 고객들 간의 상호 관계를 잘 관리해야 함.

기업이 가지는 유통채널의 특성은 아래와 같다. 유통채널은 새로운 시장 진입자에게 기존 기업과 같은 혜택을 주지 않음을 명심해야 한다. 그들은 기존 기업과의 거래를 통해 다양한 혜택과 관행을 유지하고 있다. 신규 진입자로 인한 관행에 불이익의 발생을 원하지 않을 것이며, 불이익을 감수한다면 그에 상응하는 추가적인 조건을 요구할 것이다. 다음의 〈표 11-4〉는 유통채널의 특성을 보여주고 있다.

〈표 11-4〉 유통채널의 특성

구 분	장 점	단 점
직접 마케팅 (direct marketing)	· 직접적, 즉각적 통제 · 신속함, 융통성의 확보 · 판매 방식의 시험 및 개발 가능	· 고객과의 밀착성 부족 · 고객에게 제품설명이 필요한 상품은 직접 마케팅이 어려움
내부 판매인력 (In-house sale force)	· 고객과의 친밀한 관계 · 대화를 통한 시장정보의 계속적 수집	· 비용의 증대(고정비 부담) · 관리의 필요성 -성공 요소 : 교육훈련과 follow-up
외판원 (Sales reps)	· 고정비 부담의 완화 · 빠른 판매 가능성	· 기업이미지의 손상 가능성 · Reps에 대한 통제력 약화 · 충성도가 낮음 · 시장에서 기업을 고립시킬 위험
체계적 유통 (systematic distribution) 유통업자	· 대규모 판매 네트워크 구축 · 상대적으로 지속적인 판매 채널 구축 · 우수한 유통업자는 회사의 좋은 이미지 구축에 도움	· 시장에서 기업을 고립시킬 위험 · 유통업자나 최종소비자 모두 고객으로 모두 만족시켜야 하는 어려움

이러한 유통경로의 선정과 가격정책은 불가분의 관계가 있는데, 다음의 [그림 11-11]과 같다. 주류시장에 적합한 유통경로를 탐색하고, 제품가격에 적합한 경로를 선택하며, 시장을 선도할 수 있는 가격을 책정한 후, 유통채널에도 충분한 이윤이 보장되어야 한다.

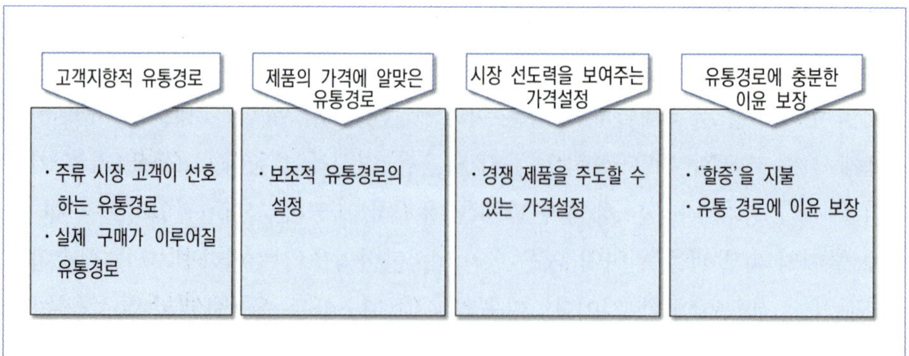

[그림 11-11] 유통경로와 가격결정 과정

제2절 벤처스타트업의 글로벌화

1. 벤처스타트업의 글로벌화 전략

기업의 글로벌화는 대기업뿐만 아니라 중소·벤처기업도 선택이 아닌 필수적으로 고려하여야 할 경영과제이다. 세계 경제의 개방화, 통합화가 급진전하고 있고, 첨단기술 제품의 표준화와 모듈화로 글로벌시장이 동질적으로 변화하고 있다.

교통·통신수단의 발달은 외국과의 시공간 거리를 줄이고 있으며, 해외사업 경험이나 교육을 받은 경영자가 증가하고, 글로벌 자본시장의 영향력 증대와 정부 규제 완화 등으로 기업경영의 글로벌화가 가속화되고 있기 때문이다.

특히, 글로벌화를 추진할 때 해당 기업은 협소한 내수시장 규모로 인한 성장의 한계를 극복할 수 있으며, 양질의 투입자원과 인력 등 경쟁자원의 확보가 가능하고, 글로벌 스탠더드에의 접근, 선진 지식 조기 습득 등을 통해 국제경쟁력 및 수익성을 높일 수 있으며 다양한 기업성과를 얻을 수 있다.

하지만, 해외시장은 국내와 언어, 통화, 거래문화, 법률적·제도적 환경 등이 크게 다르고, 벤처기업의 경우 대기업은 물론 중소기업보다도 자금, 인력, 정보 등 보유자원과 사업 경험이 짧아 해외 진출에 더 큰 어려움과 실패 가능성을 가진 것도 사실이다.

1) 적극적 해외 진출

일부 벤처스타트업들은 기업의 창업과 동시에 글로벌화를 시도하기도 한다. 그 원인은 국내에서의 시장 창출이 힘들거나, 국내 시장 규모가 지나치게 협소하거나, 해외에서의 성공을 기반으로 하여 국내 시장에 진입하기 위함이다. 이러한 벤처스타트업들은 제품의 특성이 자국 내 현재 시장의 트렌드보다는 해외시장의 트렌드에 더욱 적합하므로 초기부터 적극적으로 글로벌화를 시도한다.

국내보다는 해외에서 시장을 창출한 벤처스타트업의 대표적인 사례는 휴맥스,

창업 초기의 적극적인 해외 진출 후 국내 시장을 공략한 사례로는 하나코비의 락앤락을 들 수 있다. 창업 초기 단계에서 적극적인 글로벌화에 성공한 기업의 또 다른 사례로는 디지털 영상저장장치(DVR)를 개발 생산하는 아이디스를 들 수 있다. 아이디스는 전 세계 보안장비 시장에서 최상위의 위치를 점하고 있으며 매출의 80%를 세계 시장에서 일구어내고 있다.

2) 기술 선점 및 획득을 위한 글로벌화

기술개발의 속도가 빠르거나 기술개발 비용이 많이 들 경우, 기술혁신이 빈번한 경우, 기술 표준의 선정이 중요한 경우에 적극적으로 글로벌화한다. 바이오 기술의 경우 기술개발의 속도는 빠르지 않지만 막대한 개발비용과 기간이 소요되며 국제적 네트워크를 통해 정보를 확보하는 것이 중요하다. 이러한 목적에서 바이오테크 벤처스타트업들의 경우 초기에 해외 진출을 시도하는 경우가 많다. 정보통신 벤처스타트업들은 기술개발이 급속하게 이루어짐에 따라 기술의 국제표준을 굳히기 위해서 혹은 협소한 국내 시장을 해외시장에서 보완하기 위해서 진출하는 예도 있다.

또한 기술 습득을 위한 해외 진출이 활발하다. 실리콘밸리에 진출하는 벤처스타트업은 대부분이 여기에 해당한다. 한국기업은 선진기술의 습득을 위한 연구소나 R&D 센터를 현지에 설립함으로써 기술력이 우수한 현지 기업과 제휴를 맺거나 조사 활동을 통해 학습하고 있다.

해외에서 창업하여 국내 시장으로 진입하는 역진입(逆進入)현상도 나타나고 있다. 로커스도 미국에서 창업하여 국내 시장으로 들어온 사례로 들 수 있다. 파크시스템도 실리콘밸리에서의 창업 경험을 바탕으로 국내 재창업을 통해 성공한 사례이다. 해외시장이 동질 해지고 국가 간 영역을 넘는 데 드는 비용이 대폭 감소하였기 때문에 반드시 국내 시장에서 창업하지 않더라도 경영에 어려움이 크지 않다.

3) 지역별, 성장단계별 다른 글로벌화 동인

벤처스타트업은 진출 시장 및 성장단계에 따라 다른 글로벌화 요인을 가진다. 전자는 진출 대상 국가가 어디인가에 따라서 차이를 보이고, 후자는 어떤 기업이 해외로 진출하는가에 따른 차이라고 할 것이다. 하지만 이 두 가지의 요소가 혼합되어 나타나는 것이 일반적이다.

벤처스타트업의 창업 초기에는 주로 제품의 개발을 위한 기술 습득이나 창업 자금 및 핵심 인력이 중시되므로, 자금이나 인력확보를 위한 해외 진출이 시도된다. 성장단계에서는 생산을 위한 생산설비의 확보를 위한 해외 활동이 활발히 일어난다.

기술개발에 성공하였으나 이러한 기술을 상업화할 설비나 제조공정을 보유하지 못했거나, 해외 진출국의 특성에 따라 진출하는 경우가 많다. 성숙기의 경우 차기 제품생산을 위한 R&D 네트워크의 형성이나 마케팅 능력의 확보를 위해 해외 진출을 시도하고, IPO 이후에는 기능별 전략적 협력의 필요성에 의해 해외 활동을 추진한다.

2. 벤처스타트업의 글로벌화 유형

기업의 글로벌화는 일반적으로 수출 활동, 제휴를 통한 기술 및 자원의 이전, 직접 투자의 형태로 구분될 수 있다. 전통적으로 기업들은 수출과 직접 투자를 선호해왔던 것과 달리 벤처스타트업은 주로 합작투자나 제휴를 통해 글로벌화를 시도하고 있다.

이는 자원의 습득이나 학습의 과정을 중시하는 벤처스타트업의 특성을 반영한 것이다. 벤처스타트업의 글로벌화는 전략적 제휴의 모습을 많이 띤다고 할 수 있다.

다음의 〈표 11-5〉는 벤처스타트업의 해외 진출 유형에 따른 장단점을 보여주고 있다. 벤처스타트업의 해외 진출에 있어 특별히 어떠한 진입유형이 우선되거나 선호되는 것은 아니다. 진출 희망국 사정, 기술이나 인력의 특성, 제품의 속성 및 산업 특성, 벤처스타트업이 보유하고 있는 자원의 차이, 벤처창업가 혹은 창업팀의 해외 경험에 따라 다르게 나타난다.

〈표 11-5〉 벤처스타트업 해외 진출 유형에 따른 장·단점

	단독 진출	투자자와 합작법인	조인트 벤처 설립
장점	* 신속한 회사 설립 및 안정적 사업추진 가능 * 사업 성공 시 자본 이득 극대화	* 사업자금 확보 가능 * 신속한 시장접근 가능 * 인재 확보 및 거래처 확보가 비교적 용이	* 사업자금의 확보 가능 * 신속한 시장접근 가능 * 시장정보 획득 용이 * 인재 및 거래처 확보 용이
단점	* 인재 채용, 투자유치, 거래처개척 등 사업 확대에 애로 * 시장정보 부족으로 시행착오의 우려	* 투자사와의 비즈니스 접목에 마찰 우려 * 사업추진의 속도 저하 * 주식분산으로 인한 자본이득의 감소	* 합작 파트너와의 문화적 갈등 우려 * 이해관계자 관리의 어려움 * 사업추진의 속도 저하

벤처스타트업은 기술적 우위를 바탕으로 해외시장에서 경쟁하거나, 자신에게 부족한 정보나 기술 인력을 해외시장을 통해 조달하기도 한다. 따라서 대기업 중심의 해외 진출 전략과는 다른 특성을 나타내고 있다.

이러한 차이점은 해외 활동에 따른 비용의 감소, 산업 특성의 변화 등과 같은 기업 외부환경적인 요인들에 의한 점도 있지만, 벤처스타트업의 한계를 극복하기 위한 노력의 결과이기도 하다. 대기업은 자신이 보유한 핵심 역량의 확장 및 이전을 위해 해외시장에 진출하는 데 반해 벤처스타트업은 새로운 사업 기회의 선점과 기술 획득 핵심 역량의 구축과 같은 동인을 가진다. 또한 대기업은 대체로 수출→현지생산→현지 개발이라는 단계적인 진출을 선호하는 데 반해 벤처는 진출 동기에 따라 순서에 상관하지 않는 특징을 보인다.

벤처스타트업의 글로벌화 동인은 주로 시장의 개척, 생산 효율성의 추구, 기술 및 자금 확보, 마케팅 인력 및 노하우 습득, 생산과 관련된 지식습득과 같이 자금, 인력, 기술 등과 같은 자원의 획득을 중심으로 하는 활동이라고 할 수 있다. 미국 실리콘밸리에 진출하는 벤처스타트업들은 주로 실리콘밸리의 앞선 기술의 습득과 차후 나스닥 상장을 하기 위한 동기를 가진다.

또한 앞선 지원제도나 인프라의 활용하고 학습할 수 있는 장소로써 활용한다. 유럽이나 일본에 진출하는 벤처는 주로 기술제휴와 현지 시장진입으로 신뢰도를 획득하고 이러한 신뢰도를 바탕으로 하여 다른 시장으로의 확대를 위한 교두보로 삼는 예도 있다.

3. 국내 벤처스타트업의 글로벌화 정책

1) 벤처스타트업의 해외 진출 필요성

(1) 협소한 내수시장으로 인한 성장의 한계

한국의 벤처스타트업들이 해외 진출을 시도하는 공통적인 원인이 협소한 내수시장의 한계이다. 벤처스타트업 초기에는 국내 시장만으로도 충분하였지만, 기업 규모의 성장에 따라 시장 규모의 한계가 오게 된다. 이를 돌파하고 도약하기 위해서는 필수적으로 해외 진출을 시도하게 된다. 또한 유망한 산업의 경우 국내에 많은 기업이 등장하여 경쟁이 격화되기 때문에 후발주자들을 견제하면서 충분한 시장을 확보하기 위해서도 해외 진출을 하게 된다.

(2) 정보통신 기술의 발달로 인한 해외 진출 비용감소

정보통신 기술의 발달은 국가 간 이동장벽을 급속하게 제거하였다. 교통수단의 발달이 각국의 기업들이 해외로 진출하게 되는 밑거름의 역할을 하였다면, 이제 정보통신 기술의 발달은 기업들의 해외 진출을 일상적인 기업 행위의 일부분으로 만들어 가고 있다. 본사와 현지 기업 간의 의사소통 및 자료교환에 드는 비용이 감소하면서 벤처스타트업들이 이를 활용하여 적극적으로 해외 진출을 시도하게 되었다.

(3) 시장의 글로벌화와 경쟁 격화

시장의 글로벌화에 따라 외국기업의 국내 시장 진출도 활발해지게 되었다. 국내에만 머물러 있는 기업들은 과거에는 정부의 산업 보호정책에 의해 안정적인 시장을 어느 정도 확보할 수 있었으나 이제는 해외기업들의 국내 진입 가속화 및 글로벌 소비자의 등장으로 해서 안정적인 시장이 존재하지 않고 어느 곳이나 글로벌 경쟁을 피할 수 없게 되었다는 것이다. 이처럼 글로벌 경쟁이 가속화되고 있는 가운데 국내 시장만을 고집하는 것은 결국 경쟁에서 뒤떨어지는 결과를 낳을 뿐이므로 적극적인 해외 진출을 통해 국제경쟁력을 강화하는 것이 필요하다. 해외 진출을 시도한 많은 한국의 IT 벤처스타트업들은 국내 시장의 경쟁 격화로 인해 글로벌화를 선택한 경우가 많다.

(4) 글로벌 스탠더드(Global Standard)에 접근

해외 진출을 통한 글로벌 표준화와 규모의 경제 달성 및 신규시장의 확보 필요성이 증가했다. 정보통신 기술의 발달로 글로벌화가 가속되면서 모든 산업에서 글로벌 표준을 잡기 위한 경쟁이 치열하게 진행되고 있다. 특히 인터넷 및 첨단 기술 산업에서는 이러한 경쟁이 더욱 강화되고 있다. 첨단산업에서 자사의 기술이 산업의 표준을 획득하게 되면, 매출액의 급속한 성장에 비례하여 단위당 생산원가가 감소하는 수확 체증의 법칙이 작용하기 때문이다. 반면 산업표준을 획득하지 못한 기업의 경우 새로운 산업표준을 따라가야 하는데 드는 추가적인 비용부담과 함께 기업이미지의 하락으로 막대한 손실을 감수해야만 한다.

(5) 선진 지식의 조기 습득

벤처스타트업은 해외 진출을 통해 선진기업들이 가지고 있는 경영 노하우 및 기술지식을 습득하고자 하는 동기가 있다. 이는 주로 미국이나 유럽 등의 선진국 시장에 진출하는 기업들에서 발견된다. 해외 선진기업들의 지식을 습득하기 위한 가장 좋은 방법은 현지에서 그들과 경쟁하면서 지식을 습득하고, 개발하는 것이다. 바이오 기술 벤처스타트업들이 미국의 실리콘밸리를 중심으로 하여 진출하는 주요한 목적이 선진 지식의 조기 습득과 그들과의 정보교류의 목적이라고 볼 수 있다.

2) 벤처스타트업의 해외 진출전략

(1) 적극적 현지화 실시

현지 시장에서의 어려움을 타파하기 위해 한국기업은 적극적인 현지화를 실시하고 있다. 현지화를 위한 방법은 현지인 사장 채용이나 현지인 고용을 통한 현지화가 대표적인 사례이다. 한국기업이 현지화에 적극적인 이유는 한국의 경영관행이 진출 국가의 것과 잘 맞지 않는 경우가 많아 현지에 맞게 수정될 필요성이 있기 때문이다.

(2) 네트워킹의 활용

해외에 진출한 기업은 해외 경험이 부족하여 적절한 지원을 획득하기가 어렵기 때문에 동원 가능한 네트워크를 활용할 필요성이 있다. 현지에 정착해 있는 교민을 적절하게 활용하는 것이 초기 네트워크 형성에 많은 도움이 된다. 실제로 중국이나 실리콘밸리에 진출한 벤처스타트업이 현지에 형성된 자생적 한인 네트워크를 활용하여 현지에 성공적으로 정착한 사례도 존재한다.

그러나 중국진출의 경우 조선족에 대한 의존으로 인한 문제점도 나타나고 있다. 중국은 조선족이 있어서 중국어에 대한 숙련이 없이도 의사소통의 장애를 해결할 수 있다. 이러한 이유로 신중한 준비 없이 진출하여 실패를 겪는 기업들이 많이 있다.

(3) 선진 기술력을 바탕으로 진출

글로벌화가 벤처 성장에 중요한 촉진제 역할을 하지만 기술력이 없는 경우 시장경쟁에서 금방 뒤처질 수 있다. 글로벌 시장은 최고의 기술력을 겸비한 선진기업들의 경연장이기 때문에 기술력의 중요성은 커진다. 중국 시장 만 하더라도 세계 최고의 기업들이 자신이 가지고 있는 최고의 제품을 가지고 경쟁하고 있는 시장이다. 또한 중국 정부에서도 첨단기술을 바로 도입하여 기술격차를 줄이고자 노력하고 있다.

따라서 최고의 제품이 아니면 성공하기 힘든 경우가 중국 시장이다. 이처럼 선진 기술력을 보유하지 않고서는 해외시장에서 경쟁하기 어려운 경우가 많으므로 진출 전에 자기 기술력을 냉정하게 평가해 보아야 한다.

(4) 틈새시장의 공략

벤처스타트업은 태생적으로 새로운 혁신 기술을 자신의 제품에 사용하는 경우가 많아서 시장의 크기가 상대적으로 작다. 틈새시장의 공략 시 주의할 사항은 현지 시장의 변화를 정확히 판단해야 한다는 것이다. 틈새시장은 매우 유동적이기 때문에 생성과 소멸의 주기가 매우 짧다.

소비자의 욕구는 명확하지 않은 경우가 많아서 정확한 시장 상황을 조사하는 것은 필수적이다. 2000년대 초반 많은 한국의 인터넷 벤처스타트업들이 해외시장 진출을 추진한 적이 있다. 그러나 이러한 노력이 대부분 실패로 돌아간 이유가 국내에서 존재하던 틈새시장이 문화적 차이나 소비자 관심의 부족으로 인해 해외에서는 존재하지 않았기 때문이다.

3) 국내 중소벤처기업의 글로벌화 추진방안

국내 스타트업이 유니콘 기업으로 성장할 수 있도록 해외 진출 거점을 조성하고 국내외 협력 채널을 제공하는 등 해외 진출과 교류 활성화를 위한 기반을 구축할 계획이다. 그간 정부의 수출 및 해외 진출 지원정책은 제조업 중심으로 수출성과를 높이는 데 집중했다. 이제는 스타트업이 해외에 진출하는 데 어려움이 없도록 스타트업에 적합한 지원 모델을 만들어 가야 할 시기이다.

먼저, 독립형 공간으로 구성된 수출인큐베이터를 개방형으로 바꾸고 스타트업 중심의 프로그램도 제공하면서 국내 스타트업과 해외 현지 스타트업, 연구기관 등 혁신 주체 간 자유로운 교류와 협업을 할 수 있는 곳으로 전환할 계획이다. 지원기관·지자체·대학 등이 보유한 해외 협력 채널과 재외국민 네트워크 등 현재 흩어져 있는 정보를 수집·통합하여 스타트업에 제공하기 위해 해외 협력 채널을 상호 연결하는 공유플랫폼을 구축하고, 수출 친구 맺기 등 해외 네트워크 활용사업을 발굴·확대할 계획이다.

또한 국내 스타트업과 글로벌 자본과의 연계를 위해 글로벌 대기업과 VC, AC 등과의 교류, 투자유치를 지원하고, 바우처 제도를 도입하여 스타트업이 해외 진출에 필요한 사항을 자율적으로 선택할 수 있도록 하며, 해외 자본의 국내 스타트업 투자 유도를 위해 해외 벤처캐피탈 글로벌 펀드를 3,000억 규모로 올해 추가로 조성할 계획이다. 특히, 한-아세안 스타트업이 AC, VC 등과 활발하게 네트워킹하고 스타트업 간 협업이 가능하도록 환경을 조성하기 위해 스타트업 국제기구 설립을 추진할 계획이다. 이 기구의 주요 역할은 국가 간 창업비자, 창업허가 등 제도 개선과 스타트업의 역량 강화를 위한 사업을 수행하는 것이다.

4) 정부 중소벤처기업의 수출지원고도화 방안

4차산업혁명 시대에 무역환경이 변화하면서 산업과 시장 구조가 빠르게 변해가고 있고, 이에 따라 중소벤처스타트업 기업의 역할이 더욱 중요해지고 있다. 정부는 글로벌 개방형 혁신을 통해 수출하는 스타트업 선도모델을 발굴하고 현지화 액셀러레이팅, 금융, 마케팅 등 패키지 지원으로 2025년까지 수출 스타트업 5만 개, 수출 소상공인 5만 개, 온라인 수출과 기술수출 중소기업 5만 개를 이루겠다는 정책목표를 제시했으며, 정책목표 달성 시 수출 중소기업 수가 최대 2배까지 확대될 것으로 기대했다.[1)]

국내 수출기업의 96%를 차지하는 중소기업을 스타트업, 소상공인, 일반중소기업으로 구분해 다음과 같이 대상별 수출 활성화를 위한 정책 방향을 설정했다.

1 (스타트업) 유망 스타트업 수출지원체계 혁신	2 (소상공인) 수출 소상공인 육성을 위한 지원 기반 확충	3 (일반중소기업) 온라인 · 기술수출 중소기업 맞춤형 지원
❶ 개방형 혁신 통한 스타트업 수출 선도모델 확산	❶ 수출 유망 소상공인을 위한 제도 · 협업체계 마련	❶ 온라인 수출 중소기업 물류 고도화 등 지원
❷ KSC 기능 고도화 등 스타트업 해외 진출 거점 혁신	❷ 소상공인 온 · 오프라인 수출 지원프로그램 도입	❷ 기술수출 활성화를 위해 기술교류 · 마케팅 등 지원 강화
❸ 유망 스타트업 수출 마케팅 지원 강화	❸ 소상공인 수출역량 강화를 위한 교육 · 컨설팅	❸ Brand K 분야별 특화지원 및 성과확산

[그림 11-12] 중소기업 수출지원 고도화 방안

출처 : www.korea.kr/news (대한민국 정책브리핑)

(1) 스타트업의 유망 스타트업에 대한 수출지원체계 혁신

글로벌기업과 네트워킹을 통해 합작법인(joint venture) 설립, 제품양산 등 수출을 이루는 스타트업-글로벌기업 간 선도모델 발굴하고 선도모델 스타트업에 대한 현지화(PoC) 액셀러레이팅과 사업화 자금, 금융 · 투자유치 · 해외 마케팅 등 패키지로 지원한다.

그리고 코리아스타트업센터(KSC)의 스타트업 액셀러레이팅 지원 기능에 한국벤처투자의 글로벌 투자유치 지원을 연계하는 원루프 지원시스템을 마련하고 스타트업 신수출 모델별로 현지 액셀러레이터를 통해 맞춤형 지원을 제공하는 '수출 액셀러레이팅' 프로그램을 운영한다.

---

1) 대한민국 정책브리핑(2021.5.21.)

(2) 수출 소상공인 육성을 위한 정책적 지원 기반 구축

글로벌 진출 가능성이 큰 소상공인을 발굴・선정하는 '수출 유망 소상공인 지정 제도'를 신설하고, 수출 유망 소상공인에 대해 소상공인・수출지원기관이 수출 역량진단, 자금, 해외 마케팅을 연계 지원하는 협업시스템을 구축한다. 해외에서 관심이 있을 소상공인 제품을 발굴(연 100개)해 디지털 콘텐츠로 제작해 온라인전시회를 통해 바이어 연결 등을 지원한다. 해외 빅바이어를 초청해 소상공인 집적지구 현장 투어 추진, 수출 소상공인에 대한 금융 지원 기반도 구축한다.

소상공인 온라인교육 플랫폼 '지식배움터'를 통해 기본적인 수출신고, 국가별 시장 전망 및 e커머스 활용방안 등 실무교육을 추진하고 소상공인의 온라인몰 입점, 상품리스팅 및 배송 최적화 등 온라인 수출 전 단계에 걸쳐 컨설팅을 지원한다.

(3) 온라인 수출・기술수출 중소기업에 대해 맞춤형 지원 강화

온라인 수출 중소기업의 공동물류센터 활용, 자체 물류센터 건립, 물류관리 최적화 등 물류 고도화를 패키지로 지원하고 4,000억 원 규모의 수출지원 펀드 운용사 등을 대상으로 기업설명(IR)을 개최하고, 온라인몰 스마트화를 지원한다.

해외 기술 수요・협력 기관과 국내 기술 수출 중소기업 간 기술 교류 상담회를 개최(2021년 30여 회) 하고, 기술 구매 수요가 많은 국가를 선정해 현지 마케팅을 지원하는 기술수출인큐베이터(BI) 특화프로그램을 도입한다.

300억 원 규모의 기술수출 중소기업 전용 자금도 신설하고, '기술수출 혁신개발 사업' 신규 기획을 검토한다.

제 12 장
벤처스타트업의 회수(Exit)

제 12 장 벤처스타트업의 회수(Exit)

제1절 회수의 의의

1. 창업기업가의 길

성공한 창업가들이 공통으로 느끼는 감정은 새로운 길에 대한 도전 의식과 흥분이다.

이것이 창업가들에게 그 길로 뛰어들지 않고는 견딜 수 없게 만든다. 이는 월트 디즈니가 잘 표현했는데 "나는 돈을 벌려고 영화를 만드는 것이 아니다. 나는 영화를 만들기 위해 돈을 버는 것이다." 이처럼 창업은 가치 있는 것을 추구하는 스릴이다.

이들 창업가는 "벤처는 현금뿐만 아니라 시간, 주의력, 에너지 등 정말 믿을 수 없을 정도로 많은 것들을 끊임없이 빨아들이는 블랙홀"이라고 말한다. 대부분 사람은 벤처가 자기들이 상상했던 것보다 훨씬 더 힘들고 어려운 과정임을 알게 되었다고 말한다. 그런데 많은 사람이 벤처기업을 그만두기는커녕 다시 시작하려고 하며 그것도 되도록 빨리하려고 한다. 더 나아가서 이들 창업가는 벤처기업을 하는 것이 과거에 다른 일을 했던 것보다 더 만족스럽고 재미있다고 말한다.

창업가들이 만족할만한 순이익을 내는 데에 대부분 10년, 15년, 어떤 경우는 20년이 걸리기도 한다. 또한 창업가들은 전적으로 사업에 몰입해야 하고, 엄청난 양의 일거리에 묻혀 가족에게 소홀하게 되며, 종종 에너지의 완전 소진도 경험하게 된다.

이는 "창업가가 창업의 험로를 즐기지 못하고, 그 길이 가치 있다고 여기지 못한다면 자칫 잘못된 목적지로 가는 엉뚱한 기차를 타게 되는 결과가 될지도 모른다."라는 분명하고도 엄숙한 경고를 해주려는 것이다.

2. 회수의 의미

회수(Exit)란 투자후 출구전략[1)]을 의미하는데 투자자의 입장에서 자금을 회수하는 방안을 의미한다. 예를 들어 벤처스타트업의 회수전략으로는 매각, 주식시장에 상장, 인수합병, 기업청산 등이 있을 수 있다. 회수는 투자전략이라고도 하며, 또 다른 창업을 모색할 수 있는 발판을 제공해 생태계를 선순환시키는 구실을 한다.

1) 회수 목표

창업해보지 않은 사람들이 이해하는 데 가장 간단하면서도 어려운 원리 중 하나가 부와 현금이 회사를 세운 '결과'이지 '원인'이 아니라는 점이다. 이들은 돈을 버는 것과 돈을 쓰는 것의 차이를 잘 모른다. 성공한 기업가들 대부분은 이런 구분을 잘하고 있으며, 회사가 성장하는 것을 즐거워한다. 그들은 돈을 버는 과정에 정신을 집중하면 저절로 보상받는다는 것을 알고 있어야 한다.

창업 과정에는 중요한 모순이 있다. 좋은 기업을 세우되 회수하는 것을 잊지 말아야 한다는 점이다. 언뜻 보기에 이 말은 이해하기 어려운 모순처럼 보인다. 특히 가족 소유의 기업을 몇 대에 걸쳐 대대로 경영해 온 기업가의 경우는 더 이해하기 힘들다. 이러한 모순을 이해하기 위해서는 회수를 그저 사업체를 팔고 나서 골프나 치고 해변을 거닐며 노는 것으로 볼 것이 아니라, 이러한 기업을 공개

1) 출구전략(exit strategy)은 본래 군사전략에서 사용되던 용어이다. 베트남전쟁 당시 미 국방부 내부에서 군대를 철수할 방안을 모색하던 과정에서 처음 제기되었으며, 1993년 소말리아 민병대와 미군 사이에 벌어진 모가디슈 전투 이후 미군의 철수를 요구하는 여론이 높아지면서 대중에게 널리 알려지게 되었다.

하여 기업의 리스크를 줄이고 기업활동의 선택 폭을 넓히거나 새로운 활로를 개척하는 한 수단으로 생각해야 한다는 것이다. 즉 창업 과정에서 회수는 꼭 필요한 것이며 기업을 포기하는 것이 아니라는 점이다.

회수목표를 세우고 이를 달성할 전략을 수립하는 것이 바로 성공한 기업가와 실패한 기업가를 구분 짓는다. 많은 창업가는 자신을 위해 일거리를 만들고 돈을 버는 데만 관심이 있다. 그러나 자본이익으로 가치를 창출함으로써 근로자와 투자자를 포함한 다른 많은 사람이 잘살 수 있도록 기업을 키우는 일은 이와는 전혀 다른 일이다.

회수목표를 세우는 것은 단지 기업주가 세금을 낸 후 현금을 챙겨 순이익을 올리는 것만이 아니며 이와는 다른 많은 목표를 이루게 한다. 그 목표는 사업을 발전시키는 과정에서 높은 기준을 만들고 최고를 향하여 전력투구하게 만든다. 그뿐만 아니라 그 목표는 동기를 부여하는 힘을 주고 전략적인 초점을 제공함으로써 고객이나 근로자 또는 상품이나 서비스를 희생시키지 않고 분기별 이윤을 극대화한다.

그 외의 이유도 있다. 회수 지향적인 벤처기업은 회수할 수 없는 벤처기업에 비하여 일에 대한 부담감이 실제로 훨씬 덜할 수 있다. 사실 그러한 기업은 회수의 목표를 갖지 않은 기업을 경영할 때보다 훨씬 스트레스가 적을 것이다. 더구나 회수 지향적인 기업가들이 선택하는 방안들은 투자자와 다른 기업가 또는 은행가와 시장의 호응을 엄청나게 끌어낼 것이다. 옛말에 “성공이 또 다른 성공을 부른다.”라는 진리처럼 말이다.

또한 회수를 할 만한 벤처기업을 일구어내는 데에는 아주 중요한 사회적 이유가 있기도 하다. 이들 기업은 다양한 방법으로 엄청난 영향을 끼치고 부가가치를 공급한다. 또 이들 기업은 기술혁신이나 다른 부문을 혁신하는데, 새로운 일자리를 창출하는데, 투자자에게 수익을 주고 경제적 활력을 불어넣는 데 크게 기여한다. 그뿐만 아니라 회수과정 속에서 이들 기업은 재투자와 재생의 밑거름이 되기도 한다. 이 같은 창업 재능의 순환과 자본의 순환은 경제부흥과 개인의 창업에 대한 민간의 책임을 중시하는 미국 시스템의 핵심으로 자리 잡고 있다.

창업한 회사는 기회를 창출하며, 이를 인지하는 프로세스를 영구화시켜 경제

부흥과 혁신을 도모하고 현 경제에 새바람을 불어넣는 방식으로 비교적 장기간에 걸쳐 자기 조직을 정비하고 관리해 나갈 것이다. 따라서 회수의 목표는 단지 회사를 매각하여 처분하고 떠나는 것만이 아니다. 오히려 기업이 재투자와 재생의 바탕이 되어 기업에 내재한 실제의 부가가치를 창출해내는 것이 회수의 장기적 목표이다.

2) 회수 시점

회수를 위한 전략 수립에 있어 가장 중요한 것은 시점이다. 하지만 창업가들은 시종일관 회수의 문제를 생각하는 것을 회피해 왔다. 스티븐 홈버그(Steven Holmberg)는 1983년부터 1986년 사이의 컴퓨터 소프트웨어 산업을 조사한 결과, 100개의 조사 대상 기업 가운데 80%만이 회수에 대한 비공식적 계획을 하고 있음을 확인할 수 있었다. 나머지 기업들에서는 기업주들이 회수계획을 회피하고 있음을 확인할 수 있었다. 이들 중 15%는 회수전략이 사업계획서에 공식적으로 쓰여 있었으며, 나머지 5%의 기업의 경우 공식적인 회수계획이 사업계획서에 첨부되어 있었다.

일단 창업을 하고 나면 생존을 위해 몸부림을 치다가 이윽고 상승국면을 맞는데, 대개 기업을 매각하는 일은 창업자가 좀처럼 마음먹기 힘든 일이다. 창업가들은 거의 모두 기업을 매각하는 것을 자신의 '자식'을 내버리는 것과 같은 것으로 여긴다. 따라서 회사 전체를 잃을 가능성에 직면하여 위기감이 느껴질 때까지 매각을 고려하지 않는다. 그런데 대개 그럴 가능성은 예기치 못하게 닥쳐온다.

신기술의 개발로 기존의 생산설비를 못 쓰게 되거나, 큰 경쟁업체가 갑자기 소규모 시장에 뛰어들거나, 대량 적자가 발생하는 경우가 생길 수 있다. 이렇게 되어 공황감에 사로잡힌 창업가와 주주들은 기업을 급매물로 내놓게 된다. 기업은 불리한 시기에 좋지 않은 이유로 매각시장에 나오기 때문에 헐값에 팔릴 수밖에 없게 된다. 적시에 자발적으로 매각하는 것이야말로 창업가들이 모색해야 할 전략이다. 창업가들은 어느 정도 수익이 생기기 시작하거나 진행 중인 사업에서 초기 투자비를 초과하여 상당한 수익을 보고 있을 때는 회수의 문제를 전혀 고려하지 않는다. 대부분 창업가는 고객 확보와 지속적인 매출수익을 올리는 것이 생각했던 것보다 훨씬 힘들고 오랜 기간이 필요하다는 데 의견을 같이한다.

더구나 수익추정을 쉽게 생각해서 계획하게 되면 현금을 손에 쥐게 될 때까지의 시간과 노력을 잘못 계산하게 되는 것이다. 어떤 면에서는 성장 잠재력이 큰 벤처기업일수록 회수가 실현될 가능성이 크다. 전략적 측면에서 보면 문을 닫고 있을 때보다 기업을 경영하고 있을 때 매각하는 것이 더 현명하다. 매각할 기회를 놓치면 재앙이 닥칠 수 있다.

회수전략을 구상하는 것은 아주 복잡하고 어려운 문제이다. 따라서 이러한 전략을 조기에 수립하기는 쉽지 않다. 회수전략을 세우는 데에 있어서 몇 가지 지침들과 주의사항이 도움이 될 것이다.

첫째, 인내하여야 한다. 기업을 세우고 육성하는 데 성공하려면 앞에서 보았던 것처럼 몇 년이 걸린다. 따라서 인내가 중요할 수 있다. 회수전략은 7년에서 10년의 세월을 잡아야 하며 적어도 3년에서 5년 정도의 기간을 잡지 않으면 비효과적이다.

둘째, 비전을 가지고 대비하여야 한다. 인내심을 가지라는 것의 다른 뜻은 급변하는 상황으로 인한 결과에 당황하지 말라는 것이다. 어쩔 수 없이 매각하게 되면 대개 최악의 상황에 빠지는 것이다.

셋째, 현실적인 가치평가를 해라. 조급함이 알찬 회수의 적이라면 탐욕은 그 기업엔 사형집행자이다. 비현실적인 자기평가는 변화하는 환경에 의해 기업의 상황 악화를 가져올 수 있다.

넷째, 적절한 외부 자문을 구하라. 기업이 성장하고 있는 동안에 회수전략을 세우는 일과 동시에 기업의 가치를 객관적으로 평가하며, 인내를 가지고 기업의 가치를 극대화할 수 있는 역량을 지닌 자문역을 찾는 일은 힘들지만 매우 유용한 일이다.

이때 문제는 기업체들을 매매하는 투자은행가나 기업중개인 같은 사람들은 본질에서 부동산 중개인들과 비슷한 역할과 기능을 하고, 이들의 목적은 대개 몇 달 사이에 얻게 될 커미션이라는 점이다. 그러나 기업체의 리더와 5년 혹은 그 이상을 함께 일한 자문역들은 사업 전반에 대한 전략을 세우고 이를 실행하는 데 도움을 줄 수 있다. 그 결과 기업은 제자리를 잡게 되고, 회수 기회가 나타났을 때 이를 알아 대응하게 된다.

3. 회수 방안

기업이 창출한 가치로부터 회수를 실현할 수 있는 6가지 주요 방안들이 있다. 아래에 열거된 대안들은 가장 흔한 것부터 차례로 제시한 것이다. 각 방안을 충분히 설명하자면 법률제도, 세제 제도, 회계제도 상의 복잡성 때문에 여기서는 간략하게 기술하기로 한다.

1) 자본 창출원(capital cow)

기업가에게 '자본 창출원'(capital cow)은 대기업에서의 자금원(cash cow)에 해당한다. 대부분의 고수익을 내는 벤처(소에 해당한다)는 창업가가 투자하는 돈보다 훨씬 많은 현금(우유에 해당한다)을 생산해 낸다. 그 결과로 엄청난 차입을 끌어올 능력과 재투자 능력을 갖추어 자본이 풍부하고 현금이 넘치는 회사가 된다. 이때 창업주는 공개된 주식을 시장에서 재매입하여 경영권 확보한다. 이런 자본 창출원은 창업가들에게 성장 잠재력이 큰 벤처기업에 투자할 기회를 얻게 한다. 또한 더 큰 기업의 사업 부문을 매수하는 데 참여할 수도 있고 벤처캐피탈의 거래에도 참여할 수 있다.

2) 우리사주제도(ESOP : Employee Stock Ownership Plans)

시장에 기업을 공개할 수 없을 때는 우리사주 정책이 매우 인기 있는 방안이 된다. 창업자들이 가진 주식을 종업원들에게 우리사주 방식으로 매각함으로써 일부 환금성도 확보할 수 있다. 또한 종업원들의 주인의식이 널리 확산할 수 있어서 우리사주 정책은 긍정적인 사기진작책이 되기도 한다.

3) 경영권 매수(MBO : Management Buy Out)

경영권 매수는 창업자가 사업 파트너나 다른 핵심 경영자들에게 경영권을 매각하여 회수를 실현하는 것이다. 자산이 충분하고 현금흐름이 건전한 기업의 경우, 자금조달은 은행이나 보험사 또는 금융기관을 통해 차입매수(LBOs : leveraged buy outs)나 경영권 매수가 이루어질 수 있다. 자산이 부족한 경우라도 부채를 상환할 정도로 현금이 원활하게 돌고 있다면 매수자가 경영권을 매수할 수 있도록 금융기관들이 자금을 지원해 줄 수 있다.

일반적으로 경영자들이 기업소유주의 경영권을 매수하기를 원하지만, 자본이 없는 것이 문제이다. 드문 경우이긴 하지만, 매수자가 선금을 내지 않으면 경영권 매각이 성사될 가능성이 없어 회수의 실현이 의문시되는 일도 있다. 경영권 매수는 대체로 매수자가 일부 금액을 먼저 지불하고 몇 년에 걸쳐 나머지 금액을 어음으로 지급한다. 매수가격을 사업 전망에 중점을 두어 정한 경우에는 매도자는 전적으로 매수자의 능력과 도덕성에 의존하게 된다. 더 나아가 이런 계약 하에서 경영할 때는 가능한 한 빨리 사업을 성장시켜서 그 가격을 낮출 수도 있다. 또한 신상품과 새 인력에 대한 지출을 늘리거나 이익이 거의 노출되지 않게 하는 방법으로도 매매가격을 낮출 수 있다. 이런 경우 이익을 거의 내지 못하던 기업이 할인된 가격으로 매각된 다음 2~3년 후에 큰 수익을 내는 일이 종종 있다. 이때 매도자는 그러한 거래로 인해 손해를 보게 된다.

4) 인수합병(M&A)과 전략적 제휴

다른 회사와 합병하는 것도 회수를 실현할 수 있는 또 다른 방안이다. 이때는 합병하는 회사의 주식을 매각대금으로 받는 주식 스와핑의 방법이 사용되며, 합병회사가 상장회사이거나, 합병 후 조기에 공개하면 현금화가 가능할 것이다.

전략적 제휴 시에는 창업자들에게 절실하게 요구되는 자본을 자신들의 보유기술에 관심을 두는 대기업으로부터 상당한 정도로 끌어올 수 있다. 이러한 계약에서는 대개 매수자가 창업자들의 주도권을 완전히 매수한다.

5) 매각(賣却)

대부분의 기업 자문역들은 매각을 가장 이상적인 방법이라고 본다. 사람들이 현금을 주식보다 더 선호하기 때문이다. 주식교환 방법은 매수기업의 주가가 예측불허이고 자주 변동하는 것이 문제이다. 대부분 매수기업은 자사의 주가가 완만한 내림세에 있을 때는 최초의 구매가에서 일정 비율로 매수가격 하향 가능성을 남겨 놓는다. 흔히 인수기업은 향후 몇 년 동안 피인수 기업의 핵심 경영자를 유지하는 계약을 체결하려고 한다. 이렇게 하는 것이 올바른 것인지는 기업가 개개인이 처한 상황과 그의 목표에 따라 좌우된다.

6) 기업공개(IPO)

경영에서 자금 창출원(capital cow) 이외에 가장 신뢰하는 자금조달 수단은 기업을 공개하는 것이다. 주식시장에 등록된 벤처나 장외에 있는 특정 벤처기업의 가능성은 주식거래를 통해 스포트라이트를 받는다. 예비창업자들에게 있어서 이러한 포부는 두말할 필요 없이 매력적이다. 그러나 일부 선택된 기업들만이 기업을 공개하고 있으며, 일단 기업이 공개된 이후에는 이익보다는 손해를 가져오는 등 생각지 못한 문제들이 많이 발생할 수 있다. 주식시장의 폭락으로 신주의 발행가격은 물론 공개 모집한 주식가격이 몇 분의 일로 줄어드는 경우가 있다.

기업공개를 하면 기업의 능력에 따라 고속 성장에 필요한 자금을 확보하는 등 몇 가지 유리한 점들이 있다. 공개자본시장은 장기적으로 자본을 확보할 수 있지만, 각종 필요한 절차와 규제가 뒤따른다. 기업은 공개의 절차를 통해 자금을 조달하여 사업을 확장하거나 관련 시장으로의 진출을 도모할 수 있을 것이다. 창업자들이나 최초 투자자들은 현금화하려고 시도할 수 있지만, 공개시장에서 경영진 또는 내부인사들이 처분할 수 있는 주식의 양이나 시기 등을 제한하는 규정이 있으므로 현금화하려면 기업공개 후 몇 년이 걸릴 수 있다.

또한 기업공개를 하게 되면 기업에 대한 일반인들의 인식이 높아질 뿐만 아니라 브랜드를 비롯한 프랜차이즈, 자사 생산제품의 시장성을 높이는 데도 도움을 줄 수 있다. 그러나 기업을 공개함으로써 인하여 생기는 불리한 점들도 있다. 예를 들어 단기적 사업수익성과 실적에 초점이 집중되어 기업의 장기적 투자 및 전략이 소홀히 다루어지는 것은 기업공개의 부정적인 면이라고 볼 수 있다.

공개요건 때문에 공개하는 기업들은 사내 기밀이 새 나가고 세제상의 불리한 재무 자료를 내놓을 수밖에 없을 것이다. 또 일반 주주들을 의식해서, 공개기업의 경영자들은 내부자거래의 위험이 있을 수 있기에 기업정보 흐름에 대해서도 신경을 써야 한다.

제2절 M&A와 기업공개

1. 기업 인수합병(M&A)

1) M&A의 개념

M&A(Merger and Acquisition)는 합병(merger)과 인수(acquisition)의 합성어로 국내에서는 '기업 인수합병'이라는 용어와 같이 사용하고 있다. 협의의 M&A는 기업의 인수합병만을 의미하지만, 최근에는 별도의 독립된 둘 이상의 기업이 하나의 경제적 실체가 되는 모든 행위를 포함하는 개념으로 확장되고 있다. 이에 따라, 주식교환을 통한 전략적 제휴, 합작, 임원겸임, 영업양수도, 자산 양수도, 포괄적 주식교환, 우회상장 등 다양한 방식의 기업 결합이 M&A로 통칭하기도 한다.

합병은 두 개 이상의 기업이 결합하여 법률적으로나 실질적으로 하나의 기업으로 재편되는 것을 의미한다. 거래 당사자인 기업 중 일부 혹은 전부가 해산하나 그 재산의 청산절차를 거치지 않고 경영권이 포괄적으로 인수기업 또는 신설기업으로 이전된다. 재편 결과 존속되는 기업의 성격에 따라, 법률적으로 기존 기업들이 소멸하고 새로운 기업이 탄생하는 신설합병(consolidation)과 기존 기업 중 하나에 다른 주체들이 흡수되는 흡수합병(merger)으로 구분된다.

인수는 어느 기업이 다른 기업의 자산 또는 주식의 취득을 통해 경영지배권을 취득하는 행위를 말한다. 기업 인수의 경우, 실질적인 경영권은 인수기업으로 귀속되나 인수기업과 피인수 기업이 독립된 두 기업의 형태를 유지할 수 있다. 기업 인수는 인수 방식에 따라 자산인수와 주식인수, 영업양수도로 나뉘며, 피인수 기업 경영진의 협조 여부에 따라 우호적 인수, 적대적 인수, 중립적 인수로 구분된다. 자산인수는 기업 전체를 인수하는 것이 아니라 우량한 자산만을 인수하는 것으로, 피인수 기업의 경영진과의 긴밀한 협조가 필요해 우호적 인수인 경우가 대부분이다. 주식인수는 기업 자체를 인수하는 것으로 피인수 기업의 부채까지 모두 인수하며, 영업양수도는 영업의 일부 또는 전부를 매매할 수 있다.

2) M&A의 필요성

벤처기업은 일반적으로 신기술이나 새로운 아이디어를 바탕으로 한 상품이나 서비스를 사업화하여 새로운 시장을 창출하고, 나아가 매출과 수익 규모를 확대해 기업공개(IPO) 요건을 갖춤으로써 코스닥(KOSDAQ) 시장에 상장하는 것을 성공으로 간주하고 있다. 그러나 이러한 인식은 급속한 성장을 보이던 우리나라 벤처생태계가 2000년 중반 이후 조정기를 맞이하게 됨에 따라 바뀌게 되었다. 벤처기업의 성장 및 투자액회수 수단으로서 M&A의 중요성이 높아졌다.

우리나라에서는 과거 대기업 집단 주도의 M&A는 부도덕한 것으로, 또한 IMF 외환위기 이후 구조조정과 맞물려 인수 대상 기업은 부실기업으로 인식됐다. 그러나 오래전부터 이미 선진국에서는 신속하게 경쟁우위를 확보하는 사업전략의 하나로 M&A를 인식해왔다. M&A를 통하여 기업 내부자원의 한계를 극복함으로써 새로운 시장의 진입에 있어 비용과 시간 면에서 경쟁자와 비교해 우위를 점할 수 있기 때문이다. 그런데도 우리나라에서는 경영자나 대주주의 이익을 위해서 현재의 지배권을 강화하거나 기업의 생산적 투자를 왜곡하고 경영의 방만화를 초래함으로써 오히려 기업의 재무구조를 약화한다는 인식이 많다.

또한 벤처기업 M&A와 관련된 비리 문제가 불거져 M&A에 관한 부정적 인식은 쉽게 제거되지 않고 있다. 따라서 벤처기업의 M&A가 활성화되기 위해서는 이러한 부정적 인식에서 긍정적 인식으로의 전환이 필요하다.

코스닥 시장의 급속한 침체로 말미암아 기존 상장기업의 자격 문제가 거론되었고 이에 따라 상장요건이 강화된 것도 벤처기업의 M&A가 중요하게 드러난 원인 중 하나라고 볼 수 있다. 상장요건이 강화됨에 따라 VC와 투자자의 투자 자금 회수 수단으로 인식하기 시작한 것이다.

최근 벤처기업의 M&A의 특징은 첫째, 벤처기업은 자금 동원 능력이 떨어지므로 인해 주식교환(stock swap) 방식을 선호한다. 주식교환은 인수 회사가 대상 회사의 개별적인 주주로부터 대상 회사의 주식을 매입하고 그 대가로 인수회사가 주식을 발행하여 대상 회사가 인수회사의 자회사가 되는 형태의 거래를 의미한다. 둘째는 인수개발(A&D)[2]의 활성화이다. A&D는 원천기술 등 기술력을 가진 업체

---

2) A&D(Acquisition & Development)는 인수개발 또는 인수 후 개발로 인수·합병(M&A)의 한 기법이다. M&A와

가 관련 기술을 가진 업체를 인수 후 R&D를 통해 기업가치를 높여 가는 기법으로 기술의 라이프사이클이 짧아지고 기술개발에 필요한 자금이 더 많이 요구되는 상황에서 인수를 통해 기술을 습득함으로써 시간적, 경제적 효과를 누릴 수 있다는 장점이 있다. 그러나 국내의 A&D의 이면을 살펴보면 성장한계에 도달하거나 자본잠식상태의 상장기업을 저가로 인수한 후 이를 지주회사로 삼아 인터넷이나 IT 벤처기업을 추가로 인수하여 기업의 단기적인 외형가치를 상승시키는 형태가 대부분이다. 이러한 형태로 우회상장(backdoor listing)이 많이 사용되기도 한다.

3) 벤처스타트업의 M&A 활성화 방안

벤처생태계가 위축되어 코스닥 시장의 침체가 계속되면서 M&A는 새로운 투자회수 방법으로 주목된다. 그러나 벤처기업 M&A와 관련된 비리 사건이 연달아 발생하여 사회적으로 부정적 인식이 만연한 상태이다. 또한 M&A 관련 법 제도를 완화하여 절차를 쉽게 하자는 업계의 주장과 감독과 규제의 중요성을 강조하는 정부의 견해가 엇갈려 이에 대한 개선도 쉽게 이루어지지 않고 있다. 상황이 이렇다 보니 M&A를 하겠다고 나서는 수요도 많지 않고, 수요가 있다 하더라도 시장에 나오는 M&A 매물도 그다지 신뢰가 가지 않는 경우가 많아 매도기업과 매수기업의 협상이 결렬되는 경우가 허다한 상황이다. 따라서 벤처기업의 M&A 활성화를 위해 M&A에 대한 인식의 전환, 수요 기반의 확대, 제도의 개선 등이 요구되고 있다.

(1) 벤처기업 M&A에 대한 인식의 전환

해외 선진국에서는 기업 내부자원의 한계를 극복하고 새로운 시장진입 시 비용과 시간을 절약함으로써 경쟁자보다 우위를 점하도록 하는 효과적인 전략으로 인식되고 있다.

또한 인수 대상 기업의 입장에서도 건전하고 효과적인 회수의 방법으로서 M&A를 인식해왔다. 그런데도 우리나라에서는 M&A가 경영자나 대주주의

연구개발(R&D)의 합성어인 A&D는 기업이 독자적으로 R&D 또는 사업다각화에 나서는 것보다는 다른 기업을 인수해 기술개발에 나서는 것이 비용과 시간에서 낫다고 판단할 때 이뤄진다.(연합인포맥스)

이익을 위해서 현재의 지배권을 강화하거나 기업의 생산적 투자를 왜곡하고 경영의 방만을 초래함으로써 오히려 기업의 재무구조를 악화시킨다는 인식이 많다.

우리나라 벤처기업들은 M&A를 고려하고 있지 않다고 한다. 이러한 부정적 인식을 전환하기 위해 인수기업으로서는 M&A가 효과적인 경영전략이며 성장전략의 일환이라는 인식 제고가 필요하다. 대상기업의 경영자인 경우 기업의 경영권 이전이 경영의 실패가 아닌 또 다른 차원의 성공적 경영 혹은 효과적 회수라는 인식의 전환이 요구된다.

대상기업 주주도 기업을 보다 효율적으로 운영할 수 있는 기업에 경영권이 이전되는 것이 주주로서도 미래에 더 많은 이익을 가져다줄 것이므로 긍정적인 인식으로 전환되어야 한다.

미국의 경우 성장이 급속도로 이루어진다거나 시장에의 진입이 원활히 이루어지는 등 회사가 좋을 시점에 매각에 나서지만, 우리나라의 경우 기업이 망가졌을 때 매각을 시도하고 있다. 당연히 거래가 성사되질 않는다. 이에 따라 투자자의 자본회수도 어려워진다. 벤처생태계의 선순환 구조가 만들어지지 않는 이유이다.

M&A 관련 정책을 수립하는 정부의 역할은 시장 메커니즘이 효율적으로 작동하도록, 즉 비효율적 경영자는 경영권을 상실하고 효율적 경영자는 계속 경영권을 유지하는 것이 균형되도록 관련 제도를 정비하는 것이다. 이때 실질적인 M&A의 활성화는 시장의 원리에 따라 주도되는 것이 바람직하다는 인식의 제고가 필요하다.

즉 인수기업이나 대상기업 어느 쪽에도 치우치지 않는 균형된 정책을 제시해주어야 한다. 지나치게 인수기업 위주의 정책을 추진할 때 효율적인 경영자가 경영권을 상실할 위험이 있고, 대상기업 위주의 정책은 비효율적인 경영자가 계속 경영권을 유지할 위험이 있기 때문이다.

(2) 중개 기능 강화 및 수요 기반 확대

벤처기업 M&A의 중개를 담당하는 투자은행이나 증권사 등은 벤처기업에 대한 평가능력, 자금조달의 구조설계 능력, 성사 가능성을 높일 수 있는 합병계약의 설계 능력, 자본력을 바탕으로 한 인수 능력 등을 강화해야 한다. 또한 M&A 업무를 체계적으로 하기 위해서는 산업별, 규모별, 인수기업별, 대상 기업별 등 각종 특성별로 관련 데이터베이스를 구축하고 성공 실패 사례에 대한 심도 있는 분석 능력도 갖추어야 한다.

M&A를 비롯한 기업구조조정 능력은 한 국가 경제의 경쟁력을 결정하므로 이에 특화된 투자은행의 설립도 고려할 만하다.

M&A 펀드도 주요 목적인 경영권 획득을 통한 기업가치 제고에 충실하게 해야 한다. M&A 펀드의 특성상 만기는 장기인 것이 합리적이며 단기적인 시세차익에 이용되지 않도록 하여야 한다.

4) M&A 성공 전략

글로벌 경제환경에서의 지속적인 경쟁우위의 확보를 위해서는 M&A는 필수적이다. 다만 이러한 M&A의 활용을 위해서는 기업의 특성과 M&A의 성격에 따라 핵심 이슈가 다르므로 전략이 달라야 성공적일 수 있다.

M&A의 유형에는 수평적 확장형, 제품 포트폴리오 확장형, 경쟁역량 강화형, 전후방통합형, 신사업 진출형으로 구분될 수 있다. 수평적 확장형은 동종 산업 내에서 경쟁 기업을 인수·합병함으로써 규모의 경제를 달성하거나 시장지배력을 강화하려는 목적이다.

제품 포트폴리오 확장형은 자사 제품과는 다른 비경쟁적 인접 산업에 속하는 제품 및 서비스 기업을 M&A하여 제품이나 서비스의 구성을 다양화하는 경우이다. 핵심 역량 강화형은 기술, 브랜드, 생산시설 등과 같은 핵심 기능을 M&A를 통해 보완함을 목적으로 한다. 전후방통합형은 부품, 원자재 또는 유통망 등 기존사업 영역에 있어 전후방에 있는 활동을 결합하는 수직적 통합의 유형이며, 신사업 인수는 새로운 영역에 진출하는 다각화의 형태라 할 것이다.

성공적 M&A가 되기 위해서 경우별로 발생할 수 있는 주요한 이슈를 확인하고 이를 사전에 제거함으로써 인수·합병을 통한 효과를 누릴 수 있을 것이다. M&A 유형별 성공 전략과 사례를 정리하면 다음의 〈표 12-1〉과 같다.

〈표 12-1〉 M&A 유형별 성공 전략

M&A 유형	핵심 이슈	성공 전략	사례
수평적 확장형	• 딜 열병과 승자의 저주 • 구조조정, 문화적 갈등 • 제도, 규제 돌발 위험	• CEO 견제 시스템 • 클린 팀 설치 • 대내외 커뮤니케이션 강화	• 록히드 - 마틴 마리에타 • 보다폰-만네스만
제품 포트폴리오 확장형	• 제품 간 포지셔닝 갈등, 유통망 충돌 가능성 • 제 살 깎아 먹기	• 포트폴리오 큰 그림 수립 • 인접 시장 분석 전담팀 구축	• 펩시-퀘이커오츠 • P&G-질레트
경쟁역량 강화형	• 무형자산 가치평가 불확실성 • 핵심 인력 이탈 위험	• 분야별 전문가 평가팀 구성 • 보상 및 가치공유 프로그램	• 노키아-내브텍 • 노무라-리먼브러더스
전후방통합형	• 전략적 유연성 감소 • 내부 조정 관리비용 증가	• 탄탄한 전략적 논거 • 원점에서 가치 사슬 재배열	• 록히드마틴-로럴 • 유니온퍼시픽 - 오버나이트
신사업 진출형	• 기존 조직의 저항과 알력 • 이질적 업무 관행, 프로세스 • 보유 핵심 역량 유용성 감소	• 피인수 기업 독립성 부여 • 산업 융복합 트렌드 반영 • 단계별(리얼옵션) 접근	• AT&T-맥코 • 비아콤-파라마운트

출처 : "글로벌 기업의 M&A에서 배우는 교훈", 2010.5.6. 삼성경제연구소.

2. 기업공개

1) 기업공개와 상장의 개념

(1) 기업공개(initial public offering, IPO)

기업공개(IPO)는 기업설립 후 처음으로 외부 투자자에게 주식을 공개하고, 이를 매도하는 업무를 의미한다. 주식을 공개하는 방법으로는 자신의 회사주를 주식시장에 등록하는 작업을 들 수 있다. 기업공개 과정 가운데, 회사는 외부자금을 빌리는 경우가 많다. 하지만 일단 상장거래가 된 후, 주가가 높아졌을 시, 추가적인 주식발행을 통해 자금조달을 할 수 있다.

기업공개는 넓은 의미로 소수인의 주주로 구성된 폐쇄기업(closed company)이 최초로 일반인을 대상으로 신주를 발행하거나, 이미 발행된 주식을 매도함으로써 주식을 분산시키는 행위를 의미한다.

좁은 의미에서의 기업공개란 당해 법인의 주식을 한국증권선물거래소가 개설하는 유가증권시장 또는 코스닥(KOSDAQ) 시장에서 거래하기 위하여 일반인을 대상으로 신주를 모집하거나 구주를 매출하는 일련의 절차를 말한다.

유가증권 인수업무에 관한 규칙에서는 기업공개를 "한국증권선물거래소가 개설하는 유가증권시장에 상장하기 위하여 주식을 공모하는 행위" 및 "코스닥 상장법인이 유가증권시장에 주권을 신규로 상장하기 위하여 공모하는 행위"를 지칭하고 있다.

(2) 상장

상장(上場)이란, 한자어 그대로 증권시장에 증권을 올려, 즉 발행·등록하여 그 증권이 거래되도록 한다는 뜻이다. 국내 증권시장은 크게 유가증권시장과 코스닥(KOSDAQ, KOrea Securities Dealers Automated Quotation) 시장이 있으며 한국거래소에서 운영하고 있다. 한국거래소 코스닥 시장본부가 운영하는 주식시장의 통칭이다. 시장 자체를 말하기도 하며 또한 이와 연계된 지수를 가리키는 말이기도 하다.

예를 들어, 언론에서 '주가지수 2000을 돌파했다'라고 할 때, 그 주가지수는 유가증권시장에 상장된 종목을 대상으로 선정하는 종합주가지수(KOSPI, Korea Composite Stock Price Index)를 말한다. 이 지수는 1980년 1월 4일의 지수를 100으로 하여 발표하고 있으며 우리나라 주식시장의 움직임을 나타내는 대표적인 지수이다.

한편 코스닥 시장은 유망 중소·벤처기업을 대상으로 하고 있으며 현재 1996년 7월 1일의 지수를 1000으로 하고 있다. 벤처 열풍이 일어났던 1999년에서 2000년에 걸쳐 코스닥 붐이 일어나기도 했었다. 이러한 증권시장들에서 증권을 거래되도록 허용하는 것이 바로 상장이다.

2) 상장의 효과와 혜택

(1) 상장의 효과

기업은 발행한 주식을 어느 시장에서 유통할 것인가를 결정하기 위하여 유통시장별 진입기준과 유통시장의 특성(국제적 인지도, 안정적 주가 형성 등)뿐만 아니라, 산업 및 기업의 특성(성장 사이클, 업종, 업력, 규모 등), 중장기적 성장전략(해외투자자 유치, 합작투자, 외자 조달 등), 주주 및 이해관계자의 요구와 경쟁 기업의 동향 등을 종합적으로 고려하여야 한다. 증권거래소에 상장하게 되면 기업은 다음과 같은 효과를 누릴 수 있다.

① 직접금융 조달 기회 및 능력의 증대

상장법인은 유상증자와 사채발행 등 다양한 방법으로 일반대중으로부터 필요한 자금을 조달할 수 있다. 특히 증권거래소는 주식, 채권(국공채, 전환사채, 신주인수권부사채, 이익참가부사채, 교환사채 등 주식관련사채 포함), 신주인수권증권, 신주인수권증서 등을 상장・매매하고 있는 종합 증권시장이라 할 수 있다. 따라서 상장기업은 자금조달 목적에 적합한 유가증권을 발행하여 유가증권시장에 상장함으로써 장기안정적인 자금을 조달할 수 있으며 발행한 유가증권 전체를 종합적으로 관리할 수 있다.

② 기업의 국제적 인지도 제고

상장법인은 국내외 투자자를 비롯한 많은 사람의 관심 대상이 되며, 기업의 재무 내용이나 경영상황이 신문, TV, 증권 관계기관의 각종 자료 등을 통하여 국내외에 전달됨으로써 기업의 인지도를 높이는 효과를 얻을 수 있다. 특히 한국증권선물거래소는 주요 선진국의 증권 관계기관으로부터 해외 지정증권시장 등으로 인정받고 있으며, 국제 분산투자자 및 해외 바이어들은 국제적으로 인정된 증권시장에 상장된 기업에 많은 관심을 기울이고 있다. 따라서 상장기업은 해외 진출 및 해외 합작투자를 모색할 때 상장기업으로서의 지명도를 활용할 수 있다.

③ 기업의 원활한 구조조정 추진

상장법인은 상장 규정에서 정하고 있는 다양한 방법으로 구조조정을 추진할 수 있다. 즉 기업분할제도, 지주회사제도 등 기업의 구조조정과 관련된 상장제도를 적극적으로 활용하여 기업의 목적에 맞는 방법으로 구조조정을 추진할 수 있다.

특히, 상장기업이 분할(인적 분할 및 물적 분할)하는 경우 분할 재상장 제도를 이용하여 상장할 수 있으며, 상장기업이 기존 상장기업을 자회사로 하는 지주회사(사업지주회사 및 금융지주회사)를 설립하면서도 상장 규정의 특례를 적용받아 신속하게 상장할 수 있다. 또한 비상장법인이 합병, 분할, 분할합병 또는 영업양수(양수한 영업 부문이 회사의 주된 영업에 해당할 때 한정)를 한 경우에도 실질적인 영업활동 기간이 3년 이상일 경우에는 설립 후 3년이 지나지 않은 경우에도 상장을 신청할 수 있어 기업구조조정성과를 조기에 달성할 수 있다.

④ 종업원의 사기 진작과 경영권 안정

상장법인 또는 주식을 신규로 상장하고자 하는 법인이 주식을 모집·매출하는 경우 당해 법인의 우리사주조합에 모집 또는 매출하는 주식 총수의 20% 범위 안에서 우선하여 배정하여야 한다. 따라서 상장기업은 발행하는 주식을 종업원에게 우선하여 배정함으로써 종업원의 사기진작과 주인의식을 제고시키며 생산성 향상을 기대할 수 있다. 또한 종업원이 자사 주식을 보유하게 되면 우호적인 주주집단이 되어 경영권의 안정을 도모하는 효과도 얻을 수 있다.

(2) 상장의 혜택

우리나라의 각종 법령에 따라 유가증권시장 상장법인 및 코스닥 시장 상장법인에 대하여 같은 혜택을 부여하고 있다. 따라서 일반법인뿐만 아니라 중소기업 및 벤처기업이 유가증권시장에 상장하면 코스닥 시장에 상장한 경우와 같은 혜택을 유지할 수 있다. 상장함으로써 얻을 수 있는 법적 혜택을 기업과 주주로 나누어 보면 다음과 같다.

기업에 대한 혜택으로는 일반공모 증자의 용이, 의결권 없는 주식의 발행 한도 특례, 주식배당의 특례, 신종사채의 발행, 사채발행 한도의 확대, 주주총회 소집 절차의 간소화, 자사주 처분 손실준비금 적립이 있으며, 주주에 대한 혜택으로는 주식양도 소득세에 대한 비과세, 상속 및 증여재산의 시가평가, 증권거래세 탄력세율 적용이 있다.

3) 상장 시기의 결정

일반적으로 소수 주주가 경영하던 폐쇄기업이 공모를 통해 기업공개를 하고 발행주식을 유가증권시장에 상장하기 위해서는 사전에 철저한 준비를 하여야 한다. 특히 기업공개 및 신규상장은 기업의 성장 및 발전 과정에서 단 한 차례만 실시하는 것이므로 의사결정에 신중히 처리하여야 한다. 기업공개 및 신규상장의 시기 결정 시에는 일반적으로 다음과 같은 상황을 고려할 수 있다. ① 기업의 수익력 및 장래의 수익력 확보 가능성, ② 자본조달의 필요성 및 향후 재무 정책, ③ R&D 또는 신규 투자계획, ④ 기업 신뢰도 및 인지도 확대, ⑤ 우리사주조합 제도를 활용한 사내 분위기 진작, ⑥ 증권시장의 동향 등을 고려하여야 한다, 특히, 유가증권시장의 예비상장심사 결과 상장 적격성을 통보받은 기업은 상장 적격성 통지접수일로부터 6개월 이내에 상장신청을 할 수 있어, 상장 적격성을 통보받은 후, 증권시장의 동향 등을 고려하여 공모 시기를 조절할 수 있다.

[Next, 엑시콘] "유니콘 기업, 이젠 엑시콘이다"… 뿌려진 씨앗, 수확할 때

K유니콘, 엑시트 생태계 조성… 투자 회수-재투자 선순환 구조 만들어야
복수의결권 도입 · 스톡옵션 개편 등 규제 개선 필요

"씨앗은 이미 뿌려졌다. 이제는 수확을 준비할 단계다." 최근 벤처투자 업계 분위기다. 모태펀드를 중심으로 한 정책 자금은 벤처 생태계 조성에 마중물 역할을 톡톡히 했다. 역대 최고치를 갈아치운 국내 벤처투자액과 벤처펀드 결성 실적, 무엇보다 유니콘 기업(기업가치 1조원 이상의 비상장기업)의 수가 이를 증명한다.

문제는 수확 단계인 투자 회수(엑시트)다. 벤처투자는 늘고 있지만 투자 회수를 위한 정책이나 제도는 미비하다는 게 업계의 공통된 목소리다. 유니콘에서 나아가 엑시콘(유니콘+엑시트) 배출을 위한 준비가 필요하다는 지적이 나온다.

2021년 기준 국내 유니콘 기업은 15개사로 사상 최대치를 경신했다. 올해 새롭게 탄생한 유니콘 기업은 부동산 중개 앱 '직방' 가상자산 거래소 업비트를 운영하는 '두나무' 신선식품 배송 서비스인 마켓컬리 운영사 '컬리' 등이다. 올해 상반기 벤처투자 3조730억원, 벤처펀드 결성 실적 2조7433억원이라는 규모를 보면 하반기에 또 다른 유니콘 기업이 등장할 가능성도 있다.

이런 성과는 모태펀드 · 성장금융펀드 등 정책자금을 통한 정부 지원이 벤처 시장에 마중물 역할을 해준 덕분이라는 평가가 나온다. 정부가 밴처캐피털(VC)에 출자하는 모태펀드를 통해 결성한 모태자펀드 결성금액은 올해 상반기 1조2711억원이었다. 이는 전체

펀드 결성액의 46.3% 규모다. 정책 자금이 벤처 시장에 절대적 영향력을 행사하고 있다는 의미로 해석된다.

다만 정부 정책 방향이 아직까지 유니콘에 머물러 있다는 점은 한계로 지적된다. 중기부가 주관하는 'K-유니콘 프로젝트'는 스타트업이 유니콘으로 성장하는 데 초점이 맞춰져 있다. 기업가치 1000억원 미만의 아기 유니콘과 1000억원 이상~1조원 미만의 예비 유니콘을 선정해 이들을 유니콘으로 키워내는 게 목적이다.

전문가들은 유니콘 만들기에 그치지 않고, 투자 회수에 성공한 엑시콘 창출 목표에 초점을 맞춰야 한다고 입을 모은다. '창업→투자→성장→투자 회수→재투자'라는 벤처 생태계 선순환 구조를 조성하기 위해서다. 관건은 회수 시장 활성화다. 복수의결권 도입, 주식매수선택권(스톡옵션) 개편 등 인수·합병(M&A)과 기업공개(IPO) 선진화 작업이 필요하다는 게 전문가들의 지적이다.

현재 유니콘 기업들도 잇따라 엑시콘으로 비상할 준비를 하고 있다. 크래프톤은 오는 10일 상장을 앞두고 있고 △야놀자 △비바리퍼블리카 △컬리 △두나무 △쏘카 △티몬 등도 IPO 준비에 착수했다. 앞서 유니콘에서 엑시콘이 된 기업들도 전체 8곳 중 6곳이 IPO 방식으로 엑시트에 성공했다. M&A 성공 사례는 우아한형제들과 카카오게임즈 두 곳뿐이다.

이처럼 국내 유니콘의 엑시트가 IPO에 집중된 부분은 유니콘 기업을 많이 배출한 미국·중국과 대비되는 대목이다. 미국에선 M&A를 통한 엑시콘이 91개사(지난해 기준), IPO를 통한 엑시콘이 105개사로 비슷한 비중을 차지한다. 중국은 각각 61개, 54개로 M&A 비중이 더 높다.

(출처 : 아주경제 2021.8.6.)

참고문헌

- 고명숙 외 6, 『손에 잡히는 기업가정신』, 교육부 외 2, 2019.
- 극동기술경영연구원, 『창업벤처 입문』, 남양문화, 2012.
- 김진수 외, 『기술창업론』, 탑북스, 2018.
- 김진수 외, 『손에 잡히는 기업가정신』, 한국청년기업가정신재단, 2018.
- 김흥길, 『기업가정신과 창업경영론』, 탑북스, 2017.
- 문수영 · 서난경 · 노지영 · 김선형, 『기업가정신과 창업 및 진로 탐색』, 어가, 2018.
- 박복재 외, 『제4차 산업혁명 시대의 벤처창업 전략』, 전남대학교출판부, 2017.
- 윤삼근, 『IR& 사업계획서 잘 쓰는 방법 투자유치전략; 벤처 스타트업 투자유치를 위한 지침서』, 창업일보, 2019.
- 윤종록 외, 『창업과 경영』, 형설출판사, 2006.
- 이진성, 『벤처창업과 기술경영』, 도원더북스, 2016.
- 임성준, 『스타트업 아이템 발굴부터 투자 유치까지』, 유노북스, 2020
- 정종영, 『벤처창업과 투자전략』, 무역경영사, 2020.
- 조동훈, 『경영전략, 벤처창업』, 한올출판사, 2000.
- 조문구, 『벤처창업과 투자』, 유한문화사, 2013.
- 조병주, Vesper Karl H., 『기회발견과 창업메카닉스』, 청아출판사, 1999.
- 조선일보, "글로벌 스타트업 투자, 미국서 중국으로 '머니 시프트'", 2019.2.6.
- 조준희, 『중소 벤처기업의 창업과 경영』, 도서출판 대경, 2021.
- 중소기업벤처부, "2018년 벤처투자 동향", 2019.1.24.
- 창의인재, "미래사회의 새로운 패러다임", The Science Times, 2016.
- 최병주 외, 『중소기업 투자유치와 자금조달 실무』, 마인드탭, 2017.
- 최종열 외, 『벤처창업과 기업가정신』, 탑북스, 2017.

- スティーブン G ブランク (著), 堤 孝志 (翻訳), 渡邊 哲 (翻訳) アントレプレナーの教科書. 2016.
- 根井 雅弘 シュンペーター 企業者精神・新結合・創造的破壊とは何か. 2001.
- 根井 雅弘 企業家精神とは何か 平凡社新書. 2016.
- 吉森 賢, 企業家精神 衰退の研究, 東洋經濟新報社. 1989.
- 原 尚美, 『ダンゼン得する いちばんわかりやすい 創業融資と補助金を引き出す本』, ソーテック社, 2015.

• 長谷川秀男『地域経済論－パラダイムの転換と中小企業・地場産業』日本経済評論社. 2001.
• 中村 悟, 『M&Aで創業の志をつなぐ』 日經BP. 2019.
• 秋元 征紘 なぜ今´ シュンペーターなのか. 2015.
• 土井教之・西田稔『ベンチャービジネスと起業家教育』御茶の水書房. 2002.
• 坂本 恒夫, 鳥居 陽介他, 『新ベンチャービジネス論』 税務經理協會. 2020.
• J. A. シュンペーター (清成忠男訳) 『企業家とは何か』 東洋経済新報社. 1998.
• Peter F. Drucker 〔1985〕 Innovation And Entrepreneurship(上田惇生訳) 『イノベーションと起業家精神(下)』 ダイヤモンド社. 1997.
• Peter F. Drucker 〔1985〕 Innovation And Entrepreneurship(上田惇生訳) 『イノベーションと起業家精神(上)』 ダイヤモンド社. 1997.

http://ccej.or.kr(경실련)
http://kotera.or.kr/wp-content
http://news.heraldcorp.com(헤널드경제)
http://taxtimes.co.kr/news(한국세정신문)
https://eiec.kdi.re.kr/publish/naraView.do?fcode(KDI 경제정보센터)
https://home.imeritz.com/index.jsp(메리츠증권)
https://kigyolog.com/article.(起業LOG)
https://m.etnews.com(전자신문)
https://m.hankookilbo.com/News(한국일보)
https://news.einfomax.co.kr/news(연합 인포맥스)
https://news.sktelecom.com(SK텔레콤 뉴스)
https://www.ajunews.com/view(아주경제)
https://www.asiae.co.kr/article(아시아경제)
https://www.chosun.com/economy(조선일보)
https://www.crowdri.org
https://www.datanet.co.kr/news(데이터넷)
https://www.donga.com/news/Economy(동아일보)
https://www.fnnews.com/news(파이네셜뉴스)
https://www.hani.co.kr/arti/economy(한겨레신문)
https://www.hankyung.com/economy(한국경제신문)
https://www.hyosungfms.com/fms/promote(효성 PMS 뉴스룸)
https://www.joongang.co.kr(중앙일보)
https://www.kakaocorp.com/page/news(카카오 뉴스)

https://www.kcpi.or.kr/kcpi/openmag(한국보육진흥원)
https://www.korea.kr/news(대한민국 정책브리핑)
https://www.k-startup.go.kr(창업진흥원)
https://www.mk.co.kr/news/politics/view(매일경제)
https://www.moel.go.kr/info/publicdata/publicopen(한국고용정보원)
https://www.mss.go.kr/site/smba/(중소벤처기업부 보도자료)
https://www.sedaily.com/NewsVIew(서울경제)
https://www.seri.org/_index_.html(삼성글로벌리서치)
https://www.wadiz.kr(와디즈)
https://www1.president.go.kr(청와대 뉴스룸)

찾아보기

ㄱ

ㅂ

ㅅ

ㅇ

ㅈ

ㅊ

ㅋ

ㅌ

ㅍ

저자소개

박 무 일

流通経済大学(Ryutsu Keizai Universit, JAPAN) 경제학부 졸업
동 대학 대학원 경제학연구과 졸업(경제학박사)
재단법인 인천테크노파크 정책연구실, 기업지원실 실장(책임연구원)
한국생산성본부(KPC) R&D부문 지도교수
현) 유한대학교 산업안전과 교수, 현장실습지원센터장
유한대학교 가족회사융합산업협의회 총괄PM교수
중소벤처기업부 소상공인시장진흥공단 소상공인 강사(희망리턴패키지)
사단법인 창직교육협회 이사/전문컨설턴트

【저서】
4차산업혁명과 미래설계, 탑북스, 2021.
기술창업과 기업가정신, 탑북스, 2020.

정 해 주

부산대학교 상과대학 경영학과 졸업
부산대학교 경영대학원 졸업(경영학 석사)
부경대학교 대학원 졸업(경영학 박사)
한국기업금융자문(주) 부산지점장
한국중소기업학회, 한국인적자원관리학회 회원
한국인적자원관리학회 부회장
부산이노비즈센터 지원실장
현) 동서대학교 글로벌경영학부 조교수

서 수 석

공주대학교 사학과 졸업
공주대학교 대학원 전자상거래학과 졸업(전자상거래학 박사)
현) 유한대학교 IT융합비즈니스학과 교수
유한대학교 창업지원센터장
(사)한국전자상거래학회 부회장, 사무국장
통계청 전자상거래동향조사 자문위원회 위원
창업지도사

저자와의
협의하에
인지생략

창의적 벤처스타트업 入門

2022년 3월 10일 1판 1쇄 인쇄
2022년 3월 20일 1판 1쇄 발행

저 자 박 무 일 · 정 해 주 · 서 수 석
발행인 김 광 식
조 판 아 람 기 획

07285
발행처 서울특별시 영등포구 선유로 3길 10, 617호
도서출판 탑 북 스
등 록 2009.12.21 제 2016-000101 호
전 화 02)365-2223 팩스 02)365-2224

ⓒ 2022. 박무일 외

정가 25,000 원
ISBN 979-11-90247-60-3-93320

불법복사는 지적재산을 훔치는 범죄행위입니다.
이 책의 무단전재 또는 복제행위는 著作權法 제136조에 의거,
5년 이하의 징역 또는 5,000만원 이하의 벌금에 처하게 됩니다.